U0897723

政治经济学原理

ZHENGZHI JINGJIXUE YUANLI

主编　郭新赞　郭俊华

中国财政经济出版社

图书在版编目（CIP）数据

政治经济学原理/郭新赞，郭俊华主编．—北京：中国财政经济出版社，2009.8

ISBN 978-7-5095-1687-4

Ⅰ．政…　Ⅱ．①郭…②郭…　Ⅲ．政治经济学　Ⅳ．F0

中国版本图书馆CIP数据核字（2009）第115282号

责任编辑：周桂元　　　　责任校对：李　丽
封面设计：陈　瑶　　　　版式设计：兰　波

中国财政经济出版社 出版

URL：http：//www.cfeph.cn

E-mail：cfeph@cfeph.cn

社址：北京市海淀区阜成路甲28号　邮政编码：100142

发行处电话：88190406　财经书店电话：64033436

北京财经印刷厂印刷　各地新华书店经销

880×1230毫米　32开　15.375印张　361 000字

2009年8月第1版　2013年9月北京第4次印刷

定价：24.00元

ISBN 978-7-5095-1687-4/F·1457

（图书出现印装问题，本社负责调换）

本社质量投诉电话：010-88190744

反盗版举报热线：88190492、88190446

由2007年美国次贷危机而引发的全球金融危机，再次使人们重新回望马克思，拜读马克思的鸿篇巨著《资本论》。2008年10月，德国柏林的卡尔—迪茨出版社售出的《资本论》数量是1990年的100倍。读《资本论》的人中，不仅有学者，更有商界精英，甚至政界要人，如德国现任财政部长施泰因布吕克，法国现任总统萨科齐也在其中。之所以会出现“马克思热”，是因为马克思以辩证唯物主义和历史唯物主义的方法论，对人类社会的发展规律进行了科学的论证，尤其是《资本论》对资本主义生产方式的运动规律以及社会化大生产条件下的商品经济运动规律进行了阐释，并被实践证明是科学的、正确的。因此，以《资本论》为代表的马克思主义政治经济学，在当今仍然是我们社会主义实践的理论基础。

郭新赞和郭俊华二位教师长期从事政治经济学的教学与研究工作，具有扎实的政治经济学理论功底和丰富的教学经验。由他们二位主编的《政治经济学原理》教科书，将社会化大生产条件下的两种不同社会经济制度的运动规律进行了比较系统地分析。在论述中坚持了马克思主义的基本原理，并用马克思主义的基本原理分析、说明、阐释当代实践中的新情况、新问题，具有时代性与创新性。

首先，在基本观点与方法上，教材始终坚持马克思辩证唯物主义和历史唯物主义方法论，阐释了资本主义产生、发展、灭亡的历史过程与发展趋势；揭示了社会主义取代资本主义的必然性以及社会主义的发展阶段与演进的规律。同时，教材又结合国际、国内的历史事实，针对新问题、新情况作出了合乎逻辑的分析。例如，对资本主义经济危机的分析，以三次大危机为实例，分析并印证了资本主义基本矛盾尖锐化而导致资本主义必然灭亡的这一科学论断；对中国选择社会主义的必然性、社会主义发展的初级阶段、社会主义市场经济体制的选择——体制改革与制度转型、中国特色的社会主义与发展道路的形成等作了符合马克思主义基本原理的阐释，较好地体现了历史进程与逻辑分析相统一的方法。

其次，在生产力与生产关系矛盾运动的具体分析上，教材很好地把握了生产力、生产关系与资源配置方式的区别与联系，阐述了生产力发展与经济制度演变、商品经济与市场经济演变的过程，突出了现代科学技术革命、现代市场经济形成、经济全球化等关系的矛盾分析，进而从生产力与商品经济发展的一般性角度，分析了产业结构的调整和升级转换，例如，对文化商品和文化产业作为近年来新兴的朝阳产业为美、日、欧及新兴的市场国家如韩国带来了巨大收益等现象的分析。中共十六大以来，我国将繁荣和发展文化产业作为推动国民经济增长的一个重要的新兴产业。在这部教材中，将文化商品市场及其发展和完善文化产业作为市场体系中的一个重要内容首次提出，并从政治经济学理论上加以说明，不失为是本教材的一个特色。

再次，经济增长与经济发展是世界性课题，也是各国追求的一个重要目标。这部教材在分析经济增长与经济发展的影响因素时，在介绍各种研究成果的基础上，突出了“制度”因素的重要作用。其实，无论是发达国家，还是发展中国家，经济增长与经济发展的历史已经证明，在长期中，影响经济发展的因素除了人口、自然资源禀赋、科学技术、教育等因素外，“制度”是个至关重要的因素。这似乎是新制度经济学的观点，但是，从某种意义上说，马克思主义经济学就是基于生产力与生产关系的矛盾运动，从制度更替与演变角度分析社会变迁的经济学。从这个意义上说，是符合马克思辩证唯物主义和历史唯物主义的。而且，就我国的社会主义建设而言，只有经济发展，才能实现社会主义现代化。实现经济发展的方式不同，影响也不同。依照中共十七大提出的加快转变经济发展方式的精神，这部教材科学地论证了如何以科学发展观为指导实现经济发展方式的转变，体现了我党对马克思主义政治经济学理论的创新和发展。

总之，从这部书的具体内容可以看出，它是一部既对马克思主义政治经济学基本理论进行系统介绍，又密切结合现代资本主义发展新特征与社会主义实践进程，既阐述了一般性原理，又解释了特殊性的关系，是一部与时俱进、体现时代性、具有自己特色的教材。从某种意义上说，如果抛开教材的适应性，它还是一部较好的马克思主义中国化的科研成果，值得一读，值得一学。

当然，该教材编写的目的，并不是针对经济学专业的本科生，主要是针对高校财经类、管理类本科学生使用的。或许正是基于读者对象特点的考虑，该教材在内容设计上，把一些内容与比较复杂的分析舍去了。但是，也正因为如此，其内容与结构更为简洁清晰、表述更为通俗。时代的发展在多元化，教育的对象在多层次化，在教材的编写上，应该体现出一种“百花齐放、百家争鸣”

的景象，这无论是对理论研究，还是对教学与研究，都是极为有益的。事实上，该教材对于非经济类专业的研究生以及喜欢研究政治经济学理论的企业管理人员，同样具有适用性。

是为序。

南开大学经济研究所所长　柳欣

2009 年 6 月于南开园

前　言

本书是在天津市原统编教材《马克思主义政治经济学原理》的基础上，按照财经类院校所设专业理论课的教学需要重新编写的。它适用于财经类高校（含独立院校）、非财经类高校及独立院校的课堂教学，亦可作为财经类专业研究生的教学或自学用书。

创立于19世纪中叶的马克思主义政治经济学，经过一个多世纪实践的洗礼，获得了重大发展，发挥了重要的历史作用，但也面临着当今和平与发展时代的挑战，面临着发展社会主义市场经济的更高、更新的要求。因此，本书在阐述马克思政治经济学基本原理的同时，努力把握马克思主义与时俱进的理论品质，坚持马克思主义中国化的正确方向，坚持理论与实际相结合，并将马克思主义经典著作与我国改革开放和现代化建设时期的重要文献有机结合起来。

为了更好地适应教学的需要，本书在内容上不仅揭示了经济关系的本质，而且侧重和强化了对社会大生产客观要求的经济运行的一般规律的分析和论述。在坚持社会主义核心价值体系的前提下，用历史的眼光看待不同社会经济关系，而在探索和研究经济运行机制时，又不脱离中国的国情。这是教书育人应该遵循的基本准则。在处理政治经济学同财经专业课的关系上，本着既能充分发挥本书的基础理论作用，又要防止重复或取代专业课的原则。同时，适当吸收了当代西方经济学中一些有价值的理论成果，这既是发展和完善社会主义市场经济实践所需要的，也是马克思主义政治经济学作为开放科学的本质要求。

本书是在我国改革开放刚刚走过三十年的历程编写的。三十年的改革开放取得了举世瞩目的伟大成就，开辟了中国特色社会主义道路，形成了中国特色社会主义理论体系，积累了丰富的现代化建设的新鲜经验，构成了最宝贵的理论财富，这些，不仅使这本书的内容更加充实，而且更具时代性、科学性和实效性。当然，由于我们水平、能力所限，书中可能有不当或错误之处，敬请广大读者批评指正。

主　编

2009 年 6 月于天津

目录

导　论 …………………………………………………… (1)

第一节　马克思主义政治经济学的创立和发展 ……… (1)

第二节　马克思主义政治经济学的研究对象 ………… (7)

第三节　马克思主义政治经济学的任务和研究方法 … (12)

第一章　商品经济的基本原理 ……………………… (15)

第一节　社会经济制度和社会经济形态 ……………… (15)

第二节　商品 …………………………………………… (19)

第三节　货币 …………………………………………… (25)

第四节　价值规律 ……………………………………… (35)

第二章　资本和剩余价值 …………………………… (40)

第一节　资本主义生产方式的确立 …………………… (41)

第二节　货币转化为资本 ……………………………… (44)

第三节　剩余价值的生产过程 ………………………… (49)

第四节　剩余价值的生产方法 ………………………… (54)

第五节　资本主义工资 ………………………………… (64)

第三章　资本积累与再生产 ………………………… (71)

第一节　资本主义再生产和资本积累 ………………… (71)

第二节 资本有机构成提高和相对过剩人口 …………（80）
第三节 资本主义积累的一般规律和无产阶级的贫困 ……………………………………（88）
第四节 资本主义的经济危机 ……………………（93）

第四章 资本循环和周转 社会资本再生产…………（110）

第一节 资本循环 ………………………………（110）
第二节 资本周转 ………………………………（116）
第三节 社会总资本再生产 ……………………（127）

第五章 剩余价值的分配……………………………（143）

第一节 平均利润和生产价格 …………………（144）
第二节 商业资本和商业利润 …………………（154）
第三节 借贷资本和利息 ………………………（159）
第四节 资本主义地租 …………………………（168）

第六章 一般垄断资本主义…………………………（176）

第一节 一般垄断资本主义的形成 ……………（176）
第二节 一般垄断资本主义的基本特征 ………（181）
第三节 资本国际化与资本的国际统治 ………（195）

第七章 国家垄断资本主义…………………………（204）

第一节 国家垄断资本主义的产生与发展 ……（204）
第二节 国家垄断资本主义的主要形式…………（209）
第三节 资本主义国家对经济的调节和干预 …（212）
第四节 国家垄断资本主义的作用和实质 ……（222）
第五节 资本主义发展的历史进程 ……………（225）

第八章　社会主义市场经济体制 ……………………（235）
第一节　社会主义市场经济的特征 ………………（235）
第二节　计划经济体制向市场经济体制的根本转变 …（244）
第三节　计划与市场：两种调节手段 ……………（250）
第九章　社会主义初级阶段基本经济制度 …………（257）
第一节　社会主义经济制度产生的必然性 ………（257）
第二节　社会主义初级阶段的基本经济制度 ……（260）
第三节　社会主义生产关系的实质 ………………（273）
第十章　社会主义初级阶段的收入分配制度…………（282）
第一节　社会主义的按劳分配 ……………………（282）
第二节　社会主义市场经济条件下的按生产要素分配 ……………………………………………（289）
第三节　国民收入的初次分配和再分配 …………（295）
第四节　公平与效率 ………………………………（299）
第十一章　社会主义市场经济的运行基础……………（307）
第一节　社会主义的商品流通和货币流通 ………（307）
第二节　市场体系 …………………………………（311）
第三节　市场机制 …………………………………（324）
第四节　市场规则和市场秩序 ……………………（329）
第十二章　社会主义市场经济的微观基础——企业 ………………………………………………（339）
第一节　企业是社会主义市场经济的微观基础 ………（339）
第二节　现代企业制度 ……………………………（345）

第三节 国有企业改革 ……………………………… (352)

第十三章 社会主义的经济发展 ………………………… (360)

第一节 经济增长与经济发展的关系 ………………… (360)
第二节 影响经济发展的因素 ………………………… (365)
第三节 科学发展观与经济发展方式的转变 ………… (373)

第十四章 社会主义市场经济的宏观调控 …………… (387)

第一节 对社会主义市场经济进行宏观调控的必要性 ……………………………………………… (387)
第二节 宏观调控的目标、方式和手段 ……………… (392)
第三节 宏观经济调控政策 …………………………… (401)
第四节 完善社会保障体系 …………………………… (409)

第十五章 科学技术革命与当代世界经济的发展 … (415)

第一节 科学技术革命与社会生产力的发展 ………… (415)
第二节 新科学技术革命对当代经济发展的影响 …… (429)

第十六章 经济全球化趋势及其影响 ………………… (442)

第一节 经济全球化发展的客观趋势及其影响 ……… (442)
第二节 经济全球化与资本主义经济关系 …………… (449)
第三节 经济全球化与中国经济的发展 ……………… (461)

参考文献 …………………………………………………… (475)

后 记 …………………………………………………… (478)

导 论

教学要点

1. 马克思主义政治经济学的形成和发展
2. 马克思主义政治经济学研究的出发点
3. 马克思主义政治经济学的研究对象
4. 马克思主义政治经济学研究的任务和方法

关 键 词

马克思主义政治经济学　物质资料的生产　劳动　劳动力　劳动资料　劳动对象　生产力　生产关系　经济规律

第一节　马克思主义政治经济学的创立和发展

马克思主义政治经济学是马克思主义的重要组成部分。它是由马克思、恩格斯在吸收前人优秀文化遗产和总结国际工人运动经验的基础上创立的，并且在不断发展中显示自己强大的生命力。

一、马克思主义政治经济学的产生是时代的客观要求

政治经济学作为一门独立的社会科学，是在17世纪初产生的。当时资本主义生产关系在西欧一些国家已经有了一定程度的发展，

随着封建制度的解体和资本主义生产方式的形成，一些资产阶级学者对流通领域的社会经济现象进行了研究，由此产生了重商主义政治经济学。“政治经济学”这个名称，就是法国重商主义者蒙克莱田（1575～1622年）在1615年出版的《献给国王和王后的政治经济学》一书中首先提出的，其用意在于表明他所论述的经济问题已超出家庭或庄园经济的范围，而是以整个国家或社会的经济问题为研究对象。此后，“政治经济学”一词被广泛使用。重商主义代表着商业资产阶级的利益和要求，把研究的重点放在流通领域，对资本主义生产方式进行了最早的理论探讨，成为资产阶级经济学说的第一个学派。但由于它的研究范围局限于流通过程，并且只就考察的经济现象作些肤浅的解释，未能揭示社会经济关系的本质，因此，重商主义政治经济学还是一种不成熟的经济理论。“真正的现代经济科学，只是当理论研究从流通过程转向生产过程的时候才开始的。”①

资产阶级古典政治经济学，作为一种完整的经济理论体系，是随着资本主义生产方式在西欧的确立而建立起来的，它产生于17世纪中期，完成于19世纪初期，把研究的重点从流通领域转到生产领域。资产阶级古典政治经济学代表着处于上升时期的工业资产阶级的利益和要求，对资本主义生产关系作了比较深入的探讨，因此，它是一种比较成熟的资产阶级经济理论。

18世纪末19世纪初，随着资本主义社会基本矛盾的发展，资产阶级与无产阶级的矛盾尖锐化，产生了资产阶级庸俗政治经济学，并从19世纪30年代起取代了古典学派而占据统治地位。它的主要代表人物是法国的萨伊和英国的马尔萨斯。他们只研究资本主义经济的表面现象和外部联系，而不去触及资本主义生产的实质，代表着处于没落时期的资产阶级的利益和要求，为其反动统治进行

① 《马克思恩格斯全集》第25卷，人民出版社1974年版，第376页。

辩护。

与此同时，还产生了小资产阶级政治经济学和空想社会主义的经济理论。小资产阶级政治经济学的主要代表人物是瑞士的西斯蒙第和法国的蒲鲁东。他们一方面对资本主义剥削制度进行尖锐批判，另一方面又美化小私有制，企图把历史拉向后退。它主要代表着小资产阶级的利益和要求，是违背社会发展规律的。空想社会主义的经济理论，虽然代表着无产阶级的利益和要求，对资本主义剥削制度进行了无情揭露和批判，并对未来社会提出了种种美好设想，但由于它是唯心主义的，终归只能是一种无法实现的空想。

马克思主义政治经济学是作为资产阶级政治经济学的对立物，由马克思和恩格斯创立的，它的产生反映了时代的客观要求。18 世纪末至 19 世纪中叶，英、法、德等国的产业革命，使资本主义生产方式最终确立。由于生产关系在一定程度上适应了当时生产力发展的客观要求，从而使生产力以前所未有的速度和规模发展起来，创造出比以往多得多的社会财富。但是，资本主义生产方式的发展，使无产阶级与资产阶级的阶级斗争成为主要矛盾。在这样的历史背景下，一方面出现了为资本主义辩护的庸俗经济学，并逐渐取代古典政治经济学而居统治地位；另一方面，无产阶级作为一支独立的政治力量登上历史舞台，强烈要求用无产阶级政治经济学武装无产阶级，指导无产阶级反对资本主义的斗争实践。顺应着历史潮流，19 世纪中叶，马克思主义政治经济学应运而生了。

马克思主义政治经济学是无产阶级政治经济学，它公开申明为无产阶级和其他劳动人民的利益服务。它在认识和揭示社会经济发展规律的过程中，既不受以往剥削阶级狭隘的阶级私利的局限，又不受阶级偏见的妨碍。从根本上讲，马克思主义政治经济学的阶级性和科学性是统一的，所以，它是真正科学的理论体系。

二、马克思主义政治经济学的理论来源

马克思主义政治经济学的创立不仅没有脱离世界文明发展的轨迹，而且是建立在批判继承前人一切优秀成果的基础上。它的主要理论来源是英国古典政治经济学和空想社会主义。

古典政治经济学的创始人是英国的威廉·配第（1623～1687年），经亚当·斯密（1723～1790年）的发展，完成于大卫·李嘉图（1772～1823年）。他们克服了重商主义只局限于对流通领域进行研究的缺陷，将研究重点转向了生产领域。他们的主要贡献是提出了商品价值和社会财富都是由劳动创造的科学观点，初步奠定了劳动价值论的基础，并对资本主义进行了一些符合实际的科学分析。但是，由于其阶级和时代的局限性，他们把资本主义看成是符合人类理性的永恒制度，从而不能揭示资本主义经济的实质。

空想社会主义是19世纪初出现的代表被压迫、被剥削阶级利益的空想社会主义经济理论。代表人物是法国的圣西门、傅立叶和英国的欧文。三个伟大的空想社会主义者反对资产阶级经济学者把资本主义制度看成是永恒的自然的制度，抨击了资本主义制度的各种弊端、祸害，揭露了资本主义的内在矛盾，并提出了代替资本主义制度的一系列未来社会的美好设想。但是，由于他们没有发现唯物主义历史观，因而既不能阐明资本主义雇佣劳动制度的本质，又不能揭示资本主义发展的规律。

马克思主义政治经济学批判地吸收、继承了古典政治经济学和空想社会主义的科学成分，创立了完全科学的政治经济学。它详细地分析了资本主义的经济结构，揭示了它的运动规律。在建立科学的劳动价值论的基础上，创立了剩余价值学说，它彻底揭露了资产阶级剥削无产阶级的秘密，深刻揭示了无产阶级和资产阶级对立的根源。它解决了前人未曾解决的问题，创立了新的经济范畴，揭示了社会经济发展的规律，使政治经济学发生了划时代的变革。

三、马克思主义政治经济学是不断发展的科学

马克思主义政治经济学不是封闭、僵化的理论，而是开放、发展的理论。这首先是因为它所提供的不是现成的教条，而是进一步研究的出发点和供这种研究所使用的方法。马克思在他那个时代所得出的某些个别结论可能会因时间的推移和社会实践的变化而过时，但他观察、分析经济现象的世界观、基本原理和方法论却是常青的。其次是因为马克思主义政治经济学没有、也不可能穷尽政治经济学的全部科学真理，而必然会随着实践的发展而不断丰富、发展和完善。同时，马克思主义政治经济学在发展中也要批判地吸收包括西方经济学在内的各种经济学流派的合理成分，以使自身的发展不偏离世界文明的发展，永葆其旺盛的生命力。

自马克思写下了《资本论》这一科学巨著以后的一个多世纪以来，马克思主义政治经济学的发展始终没有停止过，一代又一代的马克思主义者根据自己所处的时代要求，运用马克思主义政治经济学所提供的世界观和方法论，思考和提出了创造性的理论和观点，对马克思主义政治经济学的发展作出了重大贡献。列宁根据19世纪末20世纪初资本主义发展的新变化，建立了垄断资本主义理论，并对现实社会主义的经济关系实质和经济运行作了开创性研究。斯大林在领导社会主义建设的实践中，对社会主义经济建设的许多重大理论问题作了新的探索。毛泽东从中国半封建半殖民地的社会条件出发，提出了新民主主义革命的理论和纲领，指引中国革命取得了胜利，创立了马克思主义与中国实际相结合的毛泽东思想。邓小平根据当今时代特点，特别是资本主义发展的新情况和中国社会主义经济建设实际提出了社会主义市场经济理论并创立了建设有中国特色社会主义理论，使我国的社会主义建设事业走上了适应生产力发展的新轨道。以江泽民为核心的中国共产党第三代领导集体，在中国社会主义建设和改革的实践中，实现了社会主义经济

理论的一系列创新和发展。所有这些理论和实践，都进一步丰富和发展了马克思主义政治经济学的理论宝库。

四、马克思主义政治经济学的重要地位

马克思主义政治经济学无论在马克思主义理论体系中，还是在经济科学体系中，都居于十分重要的地位。

1. 马克思主义政治经济学是“马克思主义的主要内容”①

首先，马克思主义是由哲学、政治经济学和科学社会主义三部分组成的，而马克思主义政治经济学则是“马克思理论最深刻、最全面、最详细的证明和运用。”② 马克思在政治经济学研究中，根据大量历史资料，全面地考察了资本主义社会生产力与生产关系、经济基础与上层建筑以及它们之间的相互关系，揭示了资本主义社会乃至整个人类社会发展的规律，使辩证唯物主义和历史唯物主义得到了科学的论证和具体的运用。其次，马克思主义政治经济学为科学社会主义理论的创立奠定了坚实基础。在政治经济学的研究中，马克思发现了剩余价值的生产、实现和分配的规律，阐明了资本主义私有制是资本家阶级与工人阶级之间对立的经济根源，从而论证了资本主义必然灭亡的历史趋势，得出了社会主义和共产主义必然胜利的科学结论。“它使社会主义者早先像资产阶级经济学者一样在深沉的黑暗中摸索的经济领域，得到了明亮的阳光的照耀。科学的社会主义就是从此开始，以此为中心发展起来的。”③

2. 马克思主义政治经济学是经济科学的理论基础

在历史上，直到20世纪之前，政治经济学与经济科学还是同义语，不存在政治经济学之外的经济科学。进入20世纪以后，各

① 《列宁选集》第2卷，人民出版社1972年版，第580页。
② 《列宁选集》第2卷，人民出版社1972年版，第588页。
③ 《马克思恩格斯选集》第3卷，人民出版社1972年版，第243页。

种门类的经济科学才在政治经济学的基础上迅速发展起来。至今，经济科学已经成为拥有数百个分支学科的庞大学科体系。在这个学科体系中，将政治经济学纳入理论经济学的范畴。此外，有研究国民经济各部门经济发展规律的部门经济学，如工业经济学、农业经济学、商业经济学、对外贸易经济学等；有研究国民经济某一部门内部分部门经济问题的经济学，如工业部门中的钢铁经济学、煤炭经济学，农业部门中的畜牧业经济学、林业经济学等；有研究经济理论实际应用问题的应用经济学，如会计学、统计学、审计学、经济计量学、广告学等；有研究区域经济问题的区域经济学，如城市经济学、农村经济学、国际经济学等；有从历史角度研究经济问题的经济学，如经济学说史、经济思想史等；还有与经济学有关的边缘科学，如人口经济学、生态经济学等等。在所有这些经济科学中，政治经济学占有极其重要的地位，它是其他各门经济科学的理论基础。

第二节　马克思主义政治经济学的研究对象

一、马克思主义政治经济学研究的出发点是物质资料的生产

马克思主义政治经济学把物质资料的生产作为研究的出发点，是因为物质资料的生产是人类社会存在和发展的基础。首先，人类社会自产生以来所面临的首要问题，就是食物、衣服、住房等物质生活资料的获取，而获取这些物质生活资料只能靠人们的物质资料生产活动。如果停止了生产活动，人类将无法存在，社会也必将灭亡。其次，随着社会的进步和发展，人们的社会生活不断丰富发展，除了维持个人及家庭生活外，还需要从事社会的政治、文化、

教育、卫生、艺术、体育等活动。这些活动占用的人力、物力、财力越多，人类社会文明进步的程度就越高。而这些社会活动的扩展，只能建立在物质资料生产发展的基础上。可见，物质资料生产活动是人类社会最基本的实践活动，离开了这样的实践活动，政治经济学的研究就无从起步。因此，政治经济学研究的出发点只能是物质资料生产。

任何社会进行物质资料生产，都必须具备三个基本要素：人的劳动、劳动资料和劳动对象。人的劳动是指具有一定劳动经验和劳动技能的劳动者在物质资料生产过程中有目的的活动。劳动资料是指人们在劳动过程中用来影响或改变劳动对象的一切物质条件。它主要指生产工具，另外还包括生产建筑物、道路、运河、仓库等。劳动对象是指在生产过程中被劳动者劳动加工的一切物质资料。它可分为两类：一类是原本就存在于自然界的物质，如原始森林、地下矿藏等；另一类是被劳动者加工过的劳动对象（通常称为原材料），如织布所用的棉花，制造机器所用的钢材等。劳动资料和劳动对象的总和构成生产资料。人的劳动过程，就是人的劳动、劳动资料和劳动对象三个基本要素相结合的过程，或者说，人的劳动同生产资料相结合的过程。

二、马克思主义政治经济学的研究对象是社会生产关系

在现实的物质资料生产过程中，人们既要同自然界发生关系，人和人之间也要发生一定的关系。前者表现为生产力，后者表现为生产关系。因此，任何社会生产，都包括生产力和生产关系两个方面。

生产力是人们征服、改造自然生产物质资料的能力。它反映人同自然的关系。生产力包括三个因素，即劳动者、劳动资料和劳动对象。其中，劳动者是生产力中的能动因素；生产资料中的生产工具起着最重要的作用，它是社会生产力发展水平和发展状况的最主

要标志，也是划分经济发展时期的主要标志。

在生产力中，无论是人的因素，还是物的因素，无不同一定的科学技术相联系、相结合。科学技术本身虽不构成生产力的独立因素，但是，当一定的科学技术应用于生产过程时，就可以通过劳动者素质和劳动技能的提高、生产工具的改进和创新、先进生产工艺的推广、劳动对象质量的提高和范围的扩大，以及生产过程组织管理的科学化等等，而转化为现实的、直接的生产力。所以马克思早就指出生产力中也包括科学技术。

在现代社会化大生产中，科学技术是第一生产力。这是因为，科学技术会渗透到生产资料和劳动力之中而起到优化作用。科学技术越是广泛地运用于生产，越是深刻地渗透到生产力的要素中，就越能提高生产力的水平。当代世界生产力的大发展，都是由科学技术的发展所推动的。据统计，在20世纪初的经济发达国家国民生产总值的增长中，科技进步的贡献率仅为5%～10%，到50～60年代上升为50%，今天已高达60%～80%。知识经济的来临，进一步反映出科学技术在现代社会生产力中已居于十分重要的地位。

在一定社会中，人们总是结合起来进行生产，个人单独进行的生产活动几乎是不存在的。只有在生产过程中联系起来，才能形成改造、征服自然的力量，从自然界取得人们所需要的物质资料。人们在物质资料生产过程中形成的相互关系，称为生产关系（亦称经济关系）。政治经济学就是研究社会生产关系的科学。

生产关系有狭义和广义之分。狭义的生产关系是指直接生产过程中结成的人与人之间的关系，如企业中的厂长、经理、工程技术人员、工人等之间的关系；广义的生产关系是指社会再生产过程的生产（直接生产过程）、分配、交换、消费诸环节中形成的人与人之间的关系。实际上，广义的生产关系就是生产关系、分配关系、交换关系和消费关系的总称。

作为政治经济学研究对象的生产关系，是人们各种社会关系中最基本的关系，它支配和制约着人们之间政治的、家庭的、宗教的等各种社会关系，因为生产关系体现着人们之间的物质利益关系。

生产资料所有制以及生产资料与劳动者的结合方式是生产关系的基础，它从根本上决定着生产、分配、交换和消费的社会性质，是生产关系性质的首要标志。同时，生产资料所有制又总是通过生产、分配、交换、消费各个环节来实现自己，这些环节上的关系状况对生产资料所有制起着巩固或是瓦解的作用。

在社会再生产过程中，生产、分配、交换和消费之间，存在着相互联系、相互制约的辩证关系。其中，生产是再生产过程的起点，起着决定作用，即生产的结果决定着分配、交换、消费的对象。作为直接生产过程中的生产关系决定着分配关系、交换关系和消费关系；反过来，分配、交换和消费对生产也有反作用，当分配、交换和消费同生产相适应时，就会促进生产的发展，反之，就会阻碍生产的发展。

政治经济学在研究生产关系时，不能仅局限于对生产关系本质及其规律的表述，同时还要注重研究经济体制和经济运行机制。只有这样，才能从比较具体的经济运动过程和趋势中准确把握一定经济制度的运动和发展规律，从而使政治经济学的研究对象进一步趋于丰富和完善。

三、政治经济学研究生产关系目的在于解放和发展生产力

政治经济学对生产关系的研究，是为了明确建立怎样的生产关系以及采取什么形式才能更好地解放和发展社会生产力。

生产力和生产关系是社会生产不可分割的两个方面。在社会生产中，生产力是生产的物质内容，生产关系是生产的社会形式，二者的有机结合和统一，构成社会的生产方式。在生产方式中，生产力是最活跃、最革命的因素，它处在经常的变化之中。同生产力相比，生产关系一经建立，则具有相对稳定性。生产力和生产关系的

相互关系是：生产力决定生产关系，生产关系对生产力也有反作用。

生产力决定生产关系，表现在两个方面：一是有什么样的生产力，就会有什么样的生产关系与之相适应。也就是说，人类社会性质各不相同的生产关系的存在和更替，都是由一定的生产力发展状况所决定的。二是生产力的发展和变化要求生产关系相应的发展和变化。也就是说，在同一社会形态中，随着生产力发展的不同程度、不同状况和不同阶段，生产关系会发生相应的调整和变革，或发生相应部分的质变，或被新的生产关系所代替。

生产关系对生产力的反作用，也表现在两方面：当生产关系适应生产力的发展要求时，就能推动生产力的发展；当生产关系不适应生产力发展要求时，无论这种生产关系滞后或超前于生产力的发展状况，都会阻碍生产力的发展。

评判生产关系先进和落后的根本标准，归根结底是看它对生产力发展的作用。对推动生产力发展的生产关系，需要巩固和完善；而对阻碍甚至破坏生产力发展的生产关系，必须进行调整和变革。要坚决摒弃脱离生产力标准，而用其他什么标准看待和衡量生产关系是否合理的错误观点。“三个有利于”标准是判断一切经济工作得失成败的根本标准，它同生产力标准是统一的。生产关系的具体形式即经济体制，也必须同生产力的状况相适应。适应生产力发展的生产关系只有在选择了恰当的经济体制时，才能更好地发挥其对生产力发展的推动作用。同时还要求，在一定的经济体制下选择与之相适应的经济运行机制。因为经济运行机制是联结生产力运动和生产关系运动的综合机制。只有合理的经济运行机制，才能将生产关系与生产力有机结合起来，推动经济发展和社会进步。

生产力和生产关系之间的辩证关系，不仅决定了政治经济学必须从生产力和生产关系的矛盾运动中研究生产关系，即研究生产关系必须联系生产力，而且也决定了这种研究的目的是更好地解放和发展生产力。只有服从于这样的目的，才能从理论上认识生产关系变化的原因和更换的依据，才能正确判断一种生产关系是否优越以及优越的程度。

政治经济学对不同社会生产关系的研究是不同的。研究资本主义生产关系，目的是揭示资本主义生产关系对生产力发展的阻碍作用及其历史局限性，寻求改变这种生产关系的动力，同时，也要研究和借鉴资本主义所创造的社会化大生产的优秀文明成果，为社会主义建设和发展所用；研究社会主义生产关系，目的是寻求完善社会主义生产关系的途径，通过生产关系的自我完善和发展，进一步解放和发展生产力。

第三节 马克思主义政治经济学的任务和研究方法

一、政治经济学的任务

马克思主义政治经济学的任务是科学地揭示客观经济规律。所谓经济规律，就是经济现象和经济过程内在的、本质的、必然的联系。人类社会的经济运动，如同自然界的运动一样，都是按照自身固有的规律发展变化的。经济规律和自然规律一样，具有客观性，是不以人的意志为转移的。第一，任何经济规律的产生和发生作用都是以一定的客观经济条件为基础的，并随着客观经济条件的变化而变化。所谓客观经济条件，主要是指一定的社会生产力和社会生产关系的状况。第二，任何经济规律都是不以人们的主观意志为转移的。人们既不能制定或创造经济规律，也不能改造已有的经济规律，更不能消灭、废除经济规律。只有客观经济条件变化了，经济规律才会随之变化。第三，经济规律对人们经济活动的支配或制约往往带有强制性。当人们还不认识或没有完全认识经济规律的客观要求时，经济规律会作为外在的力量，强制地支配人们的经济活动；如果人们的经济活动违背了经济规律的客观要求，社会经济运动就会受到阻碍和破坏，人们就会受到经济规律的惩罚。

既然经济规律是客观的，人们就必须尊重它，按照它的要求办事。也就是说，人们可以通过充分发挥自己的主观能动性认识和利用经济规律。只有认识经济规律，才能科学地表述、概括和揭示它，才能自觉、熟练地运用它。但是，由于受经济发展的成熟程度、阶级利益和思想方法等方面的影响和制约，不同阶级对经济规律的认识是会有差别的。即使是同一阶级，对经济规律的认识也会经历一个由浅入深、甚至曲折和反复的过程。

认识经济规律的目的，在于利用经济规律能动地改造世界，为人民大众谋利益。人们对经济规律认识的越深刻、越全面，行动就越自由，越能发挥主观能动性，从而在实践中达到更好地实现经济利益的目的。

经济规律从它们存在范围上分为不同的类型，即一切人类社会形态共有的经济规律、几个社会形态共有的经济规律和某一社会形态特有的经济规律。资本主义社会和社会主义社会，都有反映各自特性的特殊经济规律，也有反映社会化大生产和经济运行共性的一般经济规律。

二、政治经济学的研究方法

马克思主义政治经济学的基本研究方法是唯物辩证法。也就是运用对立统一规律、量变到质变规律和否定之否定规律，研究社会经济运动，揭示其本质及规律。列宁曾经指出，马克思、恩格斯的伟大贡献之一，就是用唯物辩证法从根本上来改造全部政治经济学。

运用对立统一规律研究社会经济运动，就是分析经济运动中存在的内部矛盾及其运动形式，揭示推动经济发展的内在动力和发展趋势。运用量变到质变规律研究社会经济运动，就是要分析社会经济的发展如何从量变发展到局部质变，进而发展到全部质变，发现这种变化的条件和原因。运用否定之否定规律研究社会经济运动就是要分析经济运动的基本矛盾及其由低级向高级发展的过程，发现引起社会变革的内部原因和外部条件，从而揭示人类社会的发展规律。

政治经济学运用唯物辩证法，要从中国和世界经济生活的实际出发，坚持理论联系实际的原则，创造性地研究和解决各种新问题，实现政治经济学的不断发展和科学化。

在政治经济学的研究过程中，马克思把唯物辩证法具体化，从而形成一系列具体的研究方法，如科学抽象法、分析综合法、定性定量分析法、逻辑与历史统一法以及借鉴法等。

思考题

1. 怎样理解马克思主义政治经济学是不断发展的科学？

2. 马克思主义政治经济学的研究对象是什么？

3. 为什么说政治经济学研究生产关系的目的在于解放和发展生产力？

4. 什么是经济规律？怎样认识经济规律的客观性？

第一章

商品经济的基本原理

教学要点

1. 商品二因素：使用价值和价值
2. 劳动二重性：具体劳动和抽象劳动
3. 商品价值量的决定以及变动
4. 货币的本质及其职能
5. 价值规律及其作用

关键词

商品　使用价值　价值　具体劳动　抽象劳动　社会必要劳动时间　商品价值量　劳动生产率　货币　价值规律

第一节　社会经济制度和社会经济形态

一、经济制度和经济体制

生产力和生产关系的矛盾是人类社会的基本矛盾。为解放和发展生产力，人们必然会对特定的生产关系进行调整。调整生产关系的途径有两条：一是变革社会经济制度。人类社会形态的发展就表现为社会经济制度的变革，我们所经历的五种基本社会经济制度，即原始社会经济制度、奴隶社会经济制度、封建社会经济制度、资本主义经济制度和社会主义经济制度，就是通过变革社会经济制度实现调整生产关系的目的，它表明人类历史进步的总趋势；二是在保持某一特定社会经济制度不变的情况下，对该社会的经济体制进行调整和改革，它表明对这一社会生产关系的进一步完善，以适应和促进生产力的发展。

经济制度是与一定社会生产力相适应的社会生产关系的总和。生产资料所有制以及与其相适应的产品分配方式，构成社会的基本经济制度。经济体制，是一定经济制度所采取的具体经济管理体制和经济运行机制。

经济制度和经济体制都属于生产关系的范畴。从生产关系的层次看，经济制度属于本质层次，反映生产关系的根本性质。当今各国社会经济制度，从本质上分为资本主义经济制度和社会主义经济制度，反映的正是两种不同性质的生产关系；经济体制属于生产关系中的经济运行层次，它是某一社会生产关系的具体形式，反映社会经济采取的资源配置方式。可见，经济制度是经济体制的基础或内容，经济体制以各种具体形式外化经济制度。

在一定社会形态下，经济制度具有相对稳定性，它的变化是经济制度由不成熟到成熟、由不完善到完善、或由发展到衰落的变化。经济体制的变化具有相对独立性，它不一定非要改变经济制度的属性。在不同国家或同一国家的不同时期实行同样的社会经济制度可以采取不同的经济体制；不同经济制度的国家也可以采用相同的经济体制。

一种生产关系，即使从根本上或从本质上适应生产力的发展，但如果其具体形式即经济体制存在严重弊端，阻碍社会生产力的发展，那么这种生产关系固有的优越性也难以得到充分发挥。在这种情况下，就需要在坚持这一社会基本经济制度的前提下，改革其具体实现形式的经济体制，以充分发挥生产关系推动生产力发展的作用。这也正是我国进行社会主义经济体制改革的原因。

二、社会经济的两种基本形态

人们进行物质资料生产，可以采取不同的经济活动和经济联系方式。自然经济和商品经济就是人类社会发展至今的两种基本经济形态。

自然经济是与较低的社会生产力水平相适应的自给自足的经济形态。自然经济存在于整个原始社会历史时期。在奴隶社会和封建社会中，虽然已出现商品经济，但商品经济仍处于从属地位，占统治地位的是自然经济。在自然经济条件下，每个生产者或经济单位的经济活动，几乎都在生产者个人或本单位范围内完成，劳动产品直接满足着生产者或经济单位自身需要。那时，社会分工不发展，甚至排斥社会分工，生产规模小，闭关自守，社会生产力发展十分缓慢。我国农村在历史上长期存在的“男耕女织”为特点的小农经济，就是典型的自然经济。

商品经济是以社会化大生产为基础、以市场交换为目的的经济形态，它包括商品生产和商品流通。

商品经济的产生有两个基本条件：一是由生产力的发展引起的社会分工；二是生产资料和产品属于不同的所有者。有社会分工，使得不同生产者生产不同产品，而他们又都需要别人的产品来满足自己的需要，即互通有无，这就决定了产品交换的必要性，成为商品经济产生和存在的一般基础。但是，仅有社会分工，并不能决定相互交换产品应该怎样进行。由于生产资料和产品归不同所有者所有，从而产生了不同所有者之间经济利益的差别性。为了维护各自利益和体现各自经济利益的差别，他们之间必须通过劳动产品有偿交换的形式来实现彼此间的经济联系，即实行等价交换，这样，产品的交换就表现为商品交换。可见，第二个条件决定了产品交换应该采取的形式，它是商品经济产生和发展的决定性条件。随着商品经济的发展，即使生产资料和产品的所有者由个人发展为群体，只要这种群体之间或群体内部各个经济单位之间还存在着经济利益的差别，那么，商品经济就会依然存在。上述两个条件，是在原始社会末期、奴隶社会初期形成的，所以，正是从那时起，人类社会开始有了商品经济。

商品经济经历了简单商品经济（又称小商品经济）和发达商品经济两个发展阶段。简单商品经济是以生产资料私有制和个体劳动为基础、以手工劳动为技术特征的商品经济，它是商品经济的初始形态，存在于不同的社会经济制度之中，从属于占统治地位的社会经济形态。随着简单商品经济的不断发展，价值规律成为支配社会经济发展的基本规律，市场机制成为调节全社会资源配置的基础性机制，商品经济就发展到发达商品经济阶段。发达商品经济是建立在社会化大生产基础上，以机器大生产为技术特征的商品经济阶段。这一阶段包括资本主义商品经济和社会主义商品经济。

有商品经济就有市场，但有商品经济和市场，不等于就是市场经济。只有当市场在社会资源配置中起基础性作用时，商品经济才发展成为市场经济。因此，市场经济就是市场对资源配置起基础性作用的商品经济，它是商品经济的发达阶段。作为资源配置方式的市场经济，它所对应的是计划经济。

商品经济是在几个社会共同存在过的经济形态，为人类社会带来了文明和进步，有力地推动了社会生产力的发展。人类社会采取什么样的经济形态，不是由某种社会形态决定的，而是由社会生产力状况决定的。人类社会形态可能会出现跳跃式发展，但社会经济形态的发展却无法跳跃。商品经济反映社会生产力的连续、继承和发展的客观规律性，它是社会分工和生产力发展的产物，又是社会生产力尚未发展到更高阶段的必经阶段，是人类社会经济发展不可逾越的阶段。现实的社会主义社会，由于生产力还不发达，商品经济的历史作用远未充分发挥，因此，社会主义国家虽然可以逾越资本主义充分发展的阶段，却不可逾越商品经济充分发展阶段。商品经济的发展是一个相当长的历史时期，它将贯穿社会主义历史阶段的全过程。

第二节　商　品

当今世界任何经济制度的国家里，商品都是社会财富的元素形式或经济细胞，商品货币关系又是经济生活中最普遍、最一般、最大量的经济关系。所以，马克思主义政治经济学对社会生产关系及其发展变化规律的研究，是首先从分析商品开始的。商品是用来交换的劳动产品。直接以交换为目的而进行的生产活动，就是商品生产。

一、商品二因素和生产商品的劳动二重性

（一）商品二因素：使用价值和价值

商品的二因素就是指商品的使用价值和价值。

既然生产商品是为了交换，那么它首先必须对人们有某种用途。比如粮食可以充饥，衣服可以御寒、遮体，书报可以供人阅读，钢铁可以造机器，拖拉机可以耕地等等。商品的这种有用性，即能够满足人们某种需要的属性，就是商品的使用价值。使用价值是商品必须具备的一个首要因素。没有使用价值的物品没人需要它，不能成为商品。但是，有使用价值的劳动产品，如果只为满足自己的需要或无偿被人占有，不用来进行交换，也不是商品。因此，作为商品的使用价值必须是为了满足别人需要的使用价值，必须是为交换而生产的使用价值。有使用价值的劳动产品只有用来交换的时候才是商品。

政治经济学研究商品使用价值的着眼点不在使用价值本身，而

在于商品的使用价值是商品价值和交换价值的物质承担者。

交换价值首先表现为一种使用价值与另一种使用价值相交换的量的关系或比例。例如，10 尺布换 10 千克大米，这 10 千克大米就是 10 尺布的交换价值。10 尺布还可以和其他物品相交换，例如换 1 把锄头，这 1 把锄头也是 10 尺布的交换价值。可见，在市场上，一种商品可以有多种与其他商品相交换的比例，因而能有多种交换价值，而且，各种商品的交换比例还会因时因地不同而不断变化。但在相同的时间和地点，它大体上是既定的，也就是说在同一时间的同一市场上，每一种商品都有为众多交易者共同认可的同一交换价值。

为什么 10 尺布的交换价值等于 10 千克大米或 1 把锄头？不同商品间的交换比例是由什么决定的？显然，它不可能由商品的使用价值来决定。因为各种商品的使用价值在质上是不同的，在量上不能相互比较。

各种商品之所以能够相互比较，并按照一定的比例进行交换，说明它们之间必然有某种共同的东西。这种共同的东西，在质上应是相同的，在量上才是可以相互比较的。这种同质的共同的东西就是凝结在商品中的一般人类劳动。布、米、锄头都是人类劳动的生产物，生产它们的时候都耗费了人的体力和脑力，这是无差别的一般人类劳动。由于不同使用价值的商品中都凝结了无差别的一般人类劳动，因而它们之间可以按一定比例进行交换。这种凝结在商品中的一般人类劳动，就是商品的价值。所以，价值是交换价值的基础，而交换价值则是价值的表现形式，交换价值是由价值决定的。

商品的使用价值和价值是处在一种既相矛盾又相统一的关系之中。一方面，使用价值和价值共存于一个统一体中，缺少了任何一方面都不能构成商品。价值的存在要以使用价值的存在为前提，凡是没有使用价值的东西就不能满足任何需要，没有交换的必要；使用价值是价值的物质承担者，价值存在于商品的使用价值之中。另一方面，商品生产者生产商品的目的并不是为了使用价值，而是为了价值，但要取得价值就必须生产使用价值；而且必须把生产出来的具有使用价值的商品卖出去，他才能从购买者那里实现商品的价值。从购买者来说，他所需要的则是商品的使用价值，但要想获得使用价值就必须支付相应的价值。买卖双方都不能同时既获得商品的使用价值又获得商品的价值。所以，商品的使用价值和价值在交换过程中又是相互排斥、相互矛盾的。

由于商品内部包含着使用价值和价值的矛盾，所以一切商品都必须参加交换过程，只有通过交换把商品卖出去才能使商品的生产者实现商品的价值，使消费者获得商品的使用价值，从而解决存在于商品内部的使用价值和价值的矛盾。

在商品的二因素中，使用价值是商品的自然属性。不论什么社会，使用价值总是构成社会财富的物质内容，是人类社会赖以生存和发展的物质基础。它不反映人们的生产关系，不随社会形态的变化而变化。价值则是商品的社会属性。作为商品以外的其他物品并没有价值这种属性。人们按价值相互交换商品，实质上是相互交换自己的劳动，所以，价值体现着商品生产者之间的生产关系。政治经济学研究商品，实际上是研究商品的价值所反映的生产关系。

（二）生产商品的劳动二重性：具体劳动和抽象劳动

商品的二因素，是由生产商品的劳动的二重性决定的。劳动的二重性是指具体劳动和抽象劳动。

生产商品的劳动，可以从两方面观察。从一方面看，各个商品生产者为了生产各种不同的使用价值，他们的劳动必须采取多种多样的具体形式。以木匠生产桌子和农民生产粮食为例，他们在劳动目的、劳动对象、使用的工具、操作的方法和劳动的结果上都是不相同的。木匠用的是锛、凿、斧、锯，对木料进行加工，制造出来的是桌子。农民却是在土地上，以锹、镐、锄、镰或拖拉机为工具，经过播种、中耕、收获，生产出来的是粮食。这种在一定的具体形式下进行的劳动，叫具体劳动。具体劳动创造商品的使用价值。具体劳动体现的是人和自然的关系。无论在什么社会形态下，人类要获得自身生存和发展所需要的各种使用价值，都必须从事各种形式的具体劳动。这里需要说明的是，在我们说具体劳动创造使用价值的时候，并不是说物品的使用价值是由具体劳动离开劳动对象和劳动手段，即生产资料凭空创造出来的。具体劳动创造使用价值的过程，实际上是劳动者运用劳动手段对劳动对象进行加工，改变自然物质形态，以适应自身特定需要的过程。因此，离开劳动对象和劳动手段即生产资料，具体劳动创造不出任何使用价值。具体劳动与生产资料共同构成使用价值的源泉。17 世纪的英国学者威廉·配第说过一句名言：劳动是财富之父，土地是财富之母。这里所讲的“土地”，则泛指生产资料等自然物质。

生产不同使用价值的具体劳动是千差万别的，在交换时不能相互比较。但是在市场上各种商品却可以相互比较，并按照一定的比例进行交换，这是为什么呢？这其中的原因就是，生产商品的劳动，除了作为具体劳动这种不同的一面以外，还有相同的一面。相同的一面就是它们都是人类劳动力的消耗，是人类体力和脑力的消耗。这种撇开了具体形式的一般人类劳动就叫抽象劳动。商品交换的比例，就是以凝结在商品中的抽象劳动的多少来确定的。抽象劳动形成商品的价值，它体现着商品生产者之间的生产关系，是劳动的社会属性。

具体劳动和抽象劳动不是两次劳动，也不是两种劳动，而是同一劳动的两个方面。生产某种商品的劳动，一方面是与生产其他商品不同的具体劳动，另一方面又是与生产其他商品相同的抽象劳动。就是说，商品生产者在进行具体劳动的同时也就支出了抽象劳动，不论在时间上还是空间上具体劳动和抽象劳动都是不可分割的。具体劳动是劳动的特殊性，抽象劳动是劳动的普遍性。具体劳动回答什么劳动和怎样劳动，抽象劳动回答劳动的多少和劳动时间的长短。正是这种劳动的二重性决定了商品的二因素：具体劳动创造商品的使用价值，与此同时转移了原材料、机器等的旧价值。具体劳动只有同生产资料相结合才能成为创造使用价值的源泉。抽象劳动形成商品的价值。而且抽象劳动是价值的唯一源泉。

劳动二重性理论是马克思的重大贡献，是理解马克思主义政治经济学的枢纽。

第一，劳动二重性理论为劳动价值理论奠定了坚实的基础。马克思以前的资产阶级古典经济学家创造了劳动创造价值的理论，但他们不了解劳动二重性，不了解是抽象劳动而不是具体劳动创造了价值。所以当人们提到生产商品的劳动各不相同为什么却可以相互比较，是什么劳动形成价值时，他们不能做出科学的回答。马克思第一次把生产商品的劳动区分为具体劳动和抽象劳动，提出了劳动二重性理论，明确提出是抽象劳动创造价值，从而把劳动价值论建立在完全科学的基础上。

第二，劳动二重性理论为剩余价值理论奠定了理论基础。马克思正是运用了劳动二重性理论，论证雇佣劳动者的具体劳动在生产出新的使用价值的同时转移了旧价值，而抽象劳动则形成新价值。进而科学地分析了资本主义生产过程的二重性，区分了资本的不同部分在价值增殖过程中的不同作用，揭示了剩余价值的真正源泉，从而创立了剩余价值理论。

第三，劳动二重性理论还为其他一系列理论提供了理论基础。从科学的劳动价值论出发，在剩余价值理论的基础上，马克思进而创立了资本有机构成理论、资本积累理论、资本主义再生产理论等等。总之，马克思的全部经济理论都是建立在劳动二重性理论基础上的。

二、商品的价值量

各种商品的价值，作为一般人类劳动的凝结，在质上是相同的，只有量上的差别。商品的价值量是由生产商品所耗费的劳动量来决定的，而劳动量又是由劳动时间来计量的。因此，总的来说，生产一种商品需要的劳动时间越长，所耗费的劳动时间越多，这种商品的价值量也越大。但是由于各个商品生产者生产商品的主客观条件不同，生产同种商品实际耗费的个别劳动时间是各不相同的。生产条件差、技术不熟练的人花费的劳动时间多，商品的个别价值量大；生产条件好、技术熟练的人花费的劳动时间少，商品的个别价值量小。如果由个别劳动时间决定商品价值量，那岂不是生产条件越差、劳动效率越低的商品生产者越处于有利地位了吗？实际上并不是这样。商品的价值量不是由个别劳动时间决定的，而是由社会必要劳动时间决定的。

“社会必要劳动时间是在现有的社会正常的生产条件下，在社会平均的劳动熟练程度和劳动强度下制造某种使用价值所需要的劳动时间。”① 社会必要劳动时间，由两方面的条件决定：一方面，由生产的客观标准条件，即“现有的社会正常的生产条件”决定。另一方面由生产的主观标准条件，即“社会平均的劳动熟练程度和劳动强度”决定。现有的社会正常的生产条件是指现时某一生产部门内绝大多数生产者所具有的生产资料条件，其中最主要的是劳动工具的状况。另外，即使是在现有的社会正常的生产条件下，由于劳动者的熟练程度和劳动强度不同，生产同一产品所耗费的劳动时间也不相同，因此社会必要劳动时间要以社会平均的劳动熟练程度和强度作为标准。

生产一种商品的社会必要劳动时间并不是固定不变的。它随着每个部门的劳动生产率的变化而变化。劳动生产率是指劳动者创造使用价值的效率。它是用单位时间（小时、日、月、年等）生产的产品数量或生产单位产品所耗费的劳动时间来衡

① 《马克思恩格斯全集》第23卷，人民出版社1972年版，第52页。

量的。劳动生产率的高低，取决于诸多因素。如劳动者的技术熟练程度，科学技术发展水平及其在生产中的应用程度，生产过程的社会结合（分工协作、劳动组织、生产管理等）形式，生产资料的质量和效能，自然条件的优劣等等。社会劳动生产率越高，单位时间内生产的商品数量越多，生产每件商品所需要的社会必要劳动时间越少，单位商品的价值量也就越小。反之，就越大。所以，商品的价值量与生产商品所耗费的劳动时间成正比，和社会劳动生产率成反比。

生产商品的劳动有简单劳动和复杂劳动的区别。简单劳动，指的是不需要经过专门的培养和训练，只要是一个正常的、健康的人都能从事的劳动。复杂劳动，指的是必须经过一定的培养和训练，具有一定专长的熟练劳动者的劳动。在同样的时间内，复杂劳动所创造的商品的价值是几倍于简单劳动所创造的价值。

在交换中，商品的价值量是以简单劳动作为计算单位的。但是复杂劳动折合为简单劳动的比例，并不是由商品生产者自己计算出来的，而是在长期的商品交换过程中自发地形成的。

第三节　货　币

一、货币的产生

货币并不是和商品同时产生的，它是商品生产和商品交换发展到一定阶段的产物。货币的产生，实际上是价值形式发展的结果。商品的价值形式经历了四个阶段，即从简单价值形式开始，经过扩大的价值形式、一般价值形式逐渐发展为货币形式。

（一）简单的或偶然的价值形式

这种价值形式可用等式表示：

1 只绵羊 = 2 把斧子

从历史上看，最初的商品交换，是原始社会末期发生在不同部落之间的偶然的物物交换。当时生产的目的还不是为了交换，能拿来进行交换的还只是部落自己消费有余的少量物品。这种交换带有很大的偶然性。所以，一种商品的价值只能偶然地、简单地表现在和它相交换的另一种商品上。例如，从 1 只绵羊 = 2 把斧子（即 1 只绵羊值 2 把斧子）的等式中，羊的价值从羊本身是看不到的，但是，当羊和斧子相交换的时候，1 只绵羊的价值便从两把斧子上表现出来了。羊和斧子这两种商品在等式中所起的作用是完全不同的，羊的价值是借助于两把斧子表现出来的。两把斧子充当了这只绵羊价值的表现材料，证明羊和自己一样耗费了相等的抽象劳动，有同自己相等的价值。这时斧子已经开始具有一种“等价物”的作用了。它好像一面镜子，从它身上可以反映出另一种商品——羊的价值。绵羊处于相对价值形式，斧子处于等价形式。从价值形式发展的结果看，等价形式具有特别重要的意义。关于等价形式，马克思曾经指出：“一个商品的等价形式就是它能与另一个商品直接交换的形式。”[①] 为什么它能与另一个商品直接交换呢？因为它是等价物，是价值的代表。等价形式具有如下特征：

第一，使用价值成为价值的表现形式。在上述交换关系中，斧子是绵羊价值的表现形式。斧子是用什么表现绵羊价值的呢？是用它的价值吗？当然不是，因为斧子不能表现它自身的价值，斧子是以使用价值完成了价值的表现形式。它不仅把绵羊的内在价值表现出来，而且把价值量的多少也表现出来了。

第二，具体劳动成为抽象劳动的表现形式。充当等价物的斧子，本来是具体劳动的产品，但当它处于等价形式时，它就作为抽

① 《马克思恩格斯全集》第 23 卷，人民出版社 1972 年版，第 70 页。

象劳动的化身而出现了。因而具体劳动就成为抽象劳动的代表或实现形式。

第三，私人劳动采取了社会劳动的形式。在私有制为基础的商品生产条件下，生产各种商品的劳动，都是私人劳动；同时，由于每一种具体的私人劳动，都是社会分工体系的一个环节，是社会总劳动的一部分，因此，它们又都是社会劳动。然而，只有当这种商品能够直接和其他商品相交换时，生产该商品劳动的社会性才会获得社会的承认。在上述交换关系中，处在等价形式上的斧子就具有能够直接同别的商品相交换的作用，所以，制造斧子这种产品的私人劳动，也就具有直接的社会劳动的形式。

简单价值形式已经包含了一切价值形式的本质规定，是价值形式进一步发展的基础。但在这种价值形式中，由于处于相对价值形式上的商品的价值只表现在一种商品上；作为等价物的商品，也只是个别的等价物，因此，价值作为无差别的人类劳动的凝结物就得不到充分体现。

（二）总和的或扩大的价值形式

这种价值形式可用下列等式表示：

$$
1\text{只绵羊}\begin{cases}=2\text{把斧子}\\=3\text{千克茶叶}\\=20\text{千克小麦}\\=1\text{克黄金}\\=\text{若干其他商品}\end{cases}
$$

随着社会生产力的发展，在第一次社会大分工以后，商品交换也日益发展，参加交换的商品品种越来越多，这时一种商品可以和许多种商品相交换，它的价值可以表现在许多种商品上，许多种商品成为羊的等价物。

在总和的或扩大的价值形式中，由于一种商品的价值有一系列的等价物，因而，商品价值的表现从质上说，也就第一次真正表现为无差别的人类劳动的凝结；从量上说，由于绵羊可以按不同比例同其他商品相交换，因此，它们之间的交换比例同它们所包含的劳动的比例更加接近，商品价值量决定交换价值的关系得到了充分体现。但是，在这种价值形式中，等价物无止境，并且不被公认，商品价值还没有一个共同的统一的表现，又经常使商品交换发生困难。

（三）一般价值形式

这种价值形式可用下列等式表示：

2 把斧子 =
3 千克茶叶 =
20 千克小麦 = } 1 只绵羊
1 克黄金 =
若干其他商品 =

当商品生产和商品交换进一步发展以后，物物交换便不再适应商品交换发展的需要，于是一个可以和一切商品相交换的等价物便应运而生，这就是一般价值形式。如上述等式，每个商品生产者都先拿自己的商品换回大家都乐意要的绵羊，再用绵羊去换自己所需要的商品，这样经过两次交换，就可以达到目的。大家都自发地这样做，就使羊逐渐地从其他商品中分离出来，用来表现一切商品的价值，这时，羊在商品交换中就起着一般等价物的作用了。所谓一般等价物，就是可以直接地、无条件地和任何商品相交换，可以直接表现一切商品价值的那种商品。在这里，作为一般等价物的商品，已开始起着货币的作用，只是它还没有固定在某一种商品身上，往往因时因地而异，从而，为商品交换的发展带来了新的困难。

（四）货币形式

这种价值形式可用等式表示：

2 把斧子　　=
3 千克茶叶　=
20 千克小麦　=　1 克黄金
1 只绵羊　　=
若干其他商品　=

货币形式与一般价值形式的区别，仅仅在于充当一般等价物的商品是比较固定地由某种商品来承担。历史上，布、贝、兽皮、牲畜等都曾充当过货币商品，最后才固定在黄金和白银上。这是因为黄金和白银这类商品，寻找和开采要耗费大量的劳动，少量的金银具有很大的价值，而且又具有便于携带、质地均匀、易于分割、久藏不坏等特点，最适宜充当一般等价物，所以一般等价物的作用就逐渐过渡，并最终固定在金银身上。所以马克思说："金银天然不是货币，但货币天然是金银。"① 可见，货币是固定充当一般等价物的商品。

从以上价值形式发展的简单过程，我们了解到货币是怎样产生的。货币是商品交换发展到一定阶段的自发产物，是商品内在矛盾发展的必然结果，是价值形式不断发展的必然结果。

货币的出现，使整个商品世界分为两极，一极是商品，它们都是特殊的使用价值；另一极是货币，它是一切商品价值的代表。这样，商品内在的使用价值与价值的矛盾，就发展为商品与货币的外部对立。货币的出现，一方面，有利于解决商品交换的困难，从而有利于商品经济的发展；另一方面，又不能根本解决商品内在的矛盾，只是使这一矛盾发展为商品与货币的外部对立了。

二、货币的本质和职能

（一）货币的本质

①《马克思恩格斯全集》第 13 卷，人民出版社 1962 年版，第 145 页。

货币是固定地充当一般等价物的商品，体现着商品生产者之间的社会生产关系，这就是货币的本质。这说明，货币也是商品，也具有使用价值和价值；但货币又不是普通的商品，而是固定地起一般等价物作用的商品。普通商品只具有由它的自然属性所决定的使用价值，而货币还具有由它作为一般等价物这种社会职能所产生的特殊的使用价值。普通商品的价值，要通过货币才能表现出来；而货币自身则作为直接的价值体现物而存在，是价值的一般代表，体现一定的商品生产者之间的社会经济关系。

（二）货币的职能

货币的一般等价物的本质，是通过它的职能体现出来的。所谓货币的职能，是指由货币本质决定的活动或过程。货币的最基本的职能是作为价值尺度和流通手段，随着商品经济的发展，又相继出现了贮藏手段、支付手段和世界货币等职能。

1．价值尺度

价值尺度即货币充当衡量和表现商品价值大小的尺度。货币所以能够充当价值尺度，是因为货币本身也是商品，具有价值。如果货币本身没有价值，它就无法衡量别种商品的价值。货币充当商品的价值尺度只是外在的，商品内在的价值尺度是社会必要劳动时间。

货币执行价值尺度职能，只需要想象的或观念上的货币，而不需要现实的货币。货币执行价值尺度职能是通过价格标准来实现的。所谓价格标准，就是货币的单位及其等分，它是计量商品价格的标准。例如，我国古代，货币银的单位是两，一两又分十钱；美国的货币单位是元，一美元分为100美分等。

价格标准与价值尺度不同。首先货币作为价值尺度，是用来衡量商品价值的；而价格标准是由国家规定的货币单位，用来衡量货币本身的数量。其次，货币作为价值尺度是在商品经济中自发产生的；而价格标准则是由国家法律人为规定的。再次，作为价值尺度的货币本身的价值随生产货币的劳动生产率的变化而变化；而作为价格标准则和劳动生产率的变化无关。

商品价值用货币表现出来，叫做价格。比如，一只绵羊值1克黄金，这一克黄金就是一只绵羊的价格。价格是商品价值的货币表现。货币执行价值尺度职能，就是把商品的价值表现为一定的价格。商品价格的高低取决于商品本身的价值和货币本身的价值。在货币价值一定的条件下，商品价格的高低同商品本身价值的大小成正比，商品价值大，价格就高；商品价值小，其价格就低。在商品价值量一定的条件下，商品价格的高低同货币本身的价值量大小成反比，货币本身价值大，商品价格就低；货币本身价值减小时，价格便高。此外，商品价格的高低还受市场上供求关系的影响，供大于求时，价格低；供小于需时，价格高。

2. 流通手段

流通手段职能是指货币充当商品交换的媒介。执行流通手段，不能是观念上的货币，而必须是现实的货币。

货币作为流通手段，使商品交换由直接的物物交换变为以货币为媒介的商品流通，即由商品——商品变为商品——货币——商品。物物直接交换时，卖和买在时间上和空间上都是一致的，卖同时就是买。货币产生以后，货币充当流通手段，商品流通过程分裂为卖和买两个阶段，打破了物物直接交换在时间上、空间上的局限性，从而促进了商品生产和商品交换的发展。但是，另一方面，卖和买在时间上、空间上分开了，如果有一些人卖而不买，就必然会使另一些人的商品卖不出去，这包含了商品相对过剩危机的可能性。不过，在简单商品生产条件下，这仅仅是可能性，还不会变成现实性。

商品流通必然伴随着货币流通。在商品流通中，商品在出卖以后，就退出流通领域而进入消费领域，而货币却在充当一次交换媒介后，接着又去充当另一次交换的媒介。既然货币经常处在流通领域中，反复执行流通手段的职能，那么，在一定时期内，商品流通究竟需要多少货币呢？一般说来，取决于三个因素：①待售商品的总量；②商品的价格水平；③货币的流通速度。前两项的乘积就是商品价格总额。流通中需要的货币量与商品价格总额成正比，与货币流通速度成反比，这就是货币流通规律。用公式表示如下：

$$\text{一定时期内商品流通需要的货币量}=\frac{\text{待售的商品价格总额}}{\text{同一货币单位的平均流通速度（次数）}}$$

货币作为流通手段，最初以金（银）条块的形式，每次交换都要鉴定成色和称重量，有时还要进行分割，这给商品交换带来不便。为了克服这种不便，在技术上就有必要把金银铸成有一定形状、重量、成色和具有面额价值的金属货币，这就是铸币。最初的铸币是由商人铸造的，后来由国家统一铸造。

铸币在流通中会因磨损而减轻分量，成为不足值的铸币。但这种不足值的铸币，仍然可以按原来的面额价值流通，铸币的面额价值和它的实际价值不一致，但还可以按面额价值继续流通这一事实，使得政府后来有意识地铸造各种不足值的货币，以至发行完全没有价值的货币符号来代替铸币流通，这样，就出现了纸币。

纸币是由国家发行并强制流通的价值符号，它是金属货币的代表，它自身没有价值，只是代替金属货币来执行流通手段的职能。因此，纸币流通规律要以金属货币流通规律为基础，纸币的发行量必须以流通中所需要的金属货币量为限。如果纸币发行量同流通中所需要的金属货币量相一致，纸币就同金属货币具有同等的购买力；如果纸币发行量超过了流通中所需要的金属货币量，单位纸币所代表的金属货币价值就会相应减少，纸币就会贬值，物价就会上涨。这种由于纸币发行量超过商品流通所需要的金属货币量所引起的纸币贬值现象，叫做通货膨胀。相反，如果纸币的发行量不能满足流通中所需要的金属货币量，则会导致货币升值，引起物价下跌，这就是所谓通货紧缩。

在现代市场经济中，作为流通手段的不是贵金属，而是纸币（现金）和各种信用货币等，它们统称为货币供应量。货币供应量超过或少于流通中所需要的货币量时，就会引起通货膨胀或通货紧缩。遵循货币流通规律办事，在现代经济生活中有重大意义。因为通货膨胀严重时，往往会使一个国家的经济生活陷入混乱，人民实际收入大幅度下降，甚至引起社会的动荡。如果对通货膨胀进行抑制的过程中，处理不当，又往往带来通货紧缩，进而使经济萎缩。

3. 贮藏手段

贮藏手段即货币退出流通领域，被人们当作社会财富的一般代表而加以贮藏的职能。作为贮藏手段的货币，必须是足值的金属货币或金银制品。货币的贮藏手段职能是随着商品经济的发展而发生的。起初，人们只是把出卖剩余产品而换来的暂时不购买其他商品的货币贮藏起来。随着商品生产和交换的发展，生产商品和购销商品都要一定时间，为了使生产不致中断，需要有一定量的货币贮藏。后来，随着货币的社会权力增大，货币成为掠取社会权力、提高社会地位的手段，这就更促使一些人无止境地去贮藏货币。

在金属货币流通的条件下，货币作为贮藏手段具有自发地调节货币流通量的作用。当商品流通中需要的货币量减少时，多余的货币就会退出流通领域成为贮藏货币；当流通中需要的货币量增加时，一部分贮藏货币又会进入流通成为流通手段。所以，货币作为贮藏手段，起着一种蓄水池的作用。正因为这样，在金属货币流通的条件下，不会产生流通中货币量过多或不足的问题。

4. 支付手段

货币用来偿还债务或支付赋税、租金、利息、工资便是支付手段职能。货币的支付手段职能，是随着商品经济的发展出现赊买赊卖现象而产生的。货币作为支付手段，一方面解决了现金交易中买者不能支付货币的矛盾，从而促进了商品经济的发展；但是另一方面，随着支付手段的发展，商品生产者和交换者之间会形成错综复杂的债务链锁，只要有一个债务人不能如期偿还债务，就会引起连锁反应，从而加深了商品经济的矛盾，使经济危机的可能性进一步扩大。

在货币作为支付手段的职能出现后，一定时期商品流通所需要的货币量也会相应的发生变化。因为，在一定时期赊销商品部分，不需要支付货币；而前一个时期赊销的在本期到期该偿还的债务需要用货币来支付；在相互支付债务时，又可抵消一部分。因此，在货币作为支付手段的职能产生以后，一定时期内商品流通中所需要的货币量，可以用下列公式表示：

$$\text{一定时期流通中需要的货币量}=\frac{\text{待售商品价格总额}-\text{赊销商品价格总额}+\text{到期支付价格总额}-\text{相互抵消价格总额}}{\text{同一单位货币流通速度（次数）}}$$

5. 世界货币

世界货币是随着国际贸易而产生和发展的，货币越出一国范围，在世界市场上充当一般等价物。但作为世界货币的，只能是以重量计算的黄金和白银，而铸币和纸币都不能充当世界货币。

黄金白银作为世界货币，具体执行以下几个方面的职能：

第一，作为一般的支付手段，用来支付国际贸易的差额。

第二，作为一般的购买手段，用来购买别国的产品。

第三，作为社会财富的代表，由一国转移到他国，如战争赔款，向另国借款或贷款，或把金银财富转移到他国等。

以上所述的货币的五种职能，是有机地联系着的，它们共同表现了货币作为一般等价物的本质。价值尺度和流通手段是两个最基本的职能，其余的三个职能是随着商品经济的发展而陆续产生的。

第四节　价值规律

一、价值规律及其表现形式

（一）价值规律的内容和要求

价值规律是商品经济的基本规律，只要商品经济存在，价值规律就必然发生作用。价值规律的基本内容和客观要求是：商品的价值量由生产商品的社会必要劳动时间决定；商品交换要以价值为基础进行等价交换。可见，价值规律既是价值决定的规律，又是价值实现的规律。也可以说，它既是调节商品生产的规律，又是调节商品交换的规律。

（二）价值规律的表现形式

货币出现以后，商品交换以货币为媒介，商品的价值通过商品的价格表现出来，因此，价格运动就成了价值规律的表现形式。如上所述，价值规律所要求的不同商品之间要以价值为基础进行等价交换，就是要求在交换中商品价格要与价值相符。但是这种相符只是作为一种客观趋势来讲的，并不是每次交换都是价格等于价值。事实上，商品价格的高低除了由价值决定以外，它还会受到其他因素，特别是供求关系的影响。在供求相等的情况下，假设其他条件不变，则价格与价值相等，不会发生价格背离价值的现象。但是，现实生活中供求一致的情况是极少见的，供过于求或供不应求才是经常的现象。供求的不一致会造成价格背离价值的运动。当供过于求时，生产者被迫降价促销，结果造成商品价格低于其价值；而供不应求时，生产者趁机抬价，结果是商品价格高于其价值。在供求作用于价格的同时，价格也反过来影响供求。价格下跌会引起供给减少，需求增加。价格上涨，会引起供给增加，需求减少。这样，就形成了供求变动与价格变动相互拉扯，价格围绕价值这个中心上下波动的现象。但价格的上下波动，既不是无限地上涨，也不是无限地下跌，它上涨后又会下跌，下跌后又会上涨，这表明商品的价格归根到底要受价值的制约。所以，商品价格围绕商品价值上下波动的现象不仅不违背价值规律，而正是价值规律发挥作用的唯一可能的表现形式。正如恩格斯所说："只有通过竞争的波动从而通过商品价格的波动，商品生产的价值规律才能得到贯彻，社会必要劳动时间决定商品价值这一点才能成为现实。"①

二、价值规律的作用

在以私有制为基础的商品经济中，价值规律对社会经济具有以下作用：

第一，价值规律自发地调节生产资料和劳动力在社会各生产部门之间按比例地分配，即配置社会资源。人类在生产中需要的劳动力和其他经济资源，总是有限的。这样，就有一个如何按照社会需要，将有限的劳动力和其他资源合理地分配到社会的各个部门的问题，即所谓资源配置问题。在商品经济社会中，按比例分配社会劳动的规律，是通过价值规律来实现的。

价值规律对生产资料和劳动力分配的调节作用，是通过竞争和价格的波动，以及与此相联系的供求关系的变动，即市场机制而实现的。价格的涨落直接关系到商品生产者的利益，供不应求的商品，价格高于价值，生产者由此而能获得更多的经济利益，从而便会有更多的生产资料和劳动力竞相投入到这种生产部门中去，这种部门的生产就会扩大；相反，供过于求的商品，价格会低于价值，生产者由此获利减少，甚至亏本，于是有一部分生产资料和劳动力

---

① 《马克思恩格斯全集》第21卷，人民出版社1965年版，第215页。

竞相从这一部门转移到有利可图的部门中去，这一部门的生产就会缩小。正是由于价值规律通过这种市场机制，调节着生产资料和劳动力在各个生产部门按比例地分配，从而使商品经济各个部门大体上保持一定的比例。

必须指出，价值规律通过市场机制对生产资料和劳动力进行分配是有局限性和破坏性的。因为商品市场价格的涨落是自发的，这种自发涨落的价格对生产的扩大和缩小，对生产资料和劳动力分配的调节也是自发的。而且这种商品市场价格的涨落是在已经形成了商品供过于求或供不应求的条件下发生的，是一种事后的调节。调节的结果也不会恰好达到供求一致时停止，而是可以使供给扩大到已经超过需求或缩小到不足需求的地步。所以价值规律自发调节生产资料和劳动力在各个生产部门的分配，从而调节社会生产与需求的平衡，只是在不平衡中实现的一种趋势。它必然伴随着生产比例和供求平衡关系的不断破坏，造成社会生产力的浪费。因此，在现代市场经济中，价值规律的要求必须通过自觉的和自发的两种机制，即通过计划和市场的结合来实现。当然，作为商品生产者行为的直接调节者，市场机制始终居于基础地位。

第二，价值规律自发地刺激商品生产者改进技术，改善经营管理，进而促进社会生产力的发展。商品的价值量由生产商品的社会必要劳动时间决定，商品交换要以价值为基础进行等价交换。这是价值规律的基本内容和客观要求。然而，由于每个商品生产者生产同种商品的个别劳动时间不同，因此商品的个别价值也不同。都按由社会必要劳动时间决定的价值出售商品，必然会产生收入上的差别。那些劳动生产率高、单位商品中耗费的个别劳动时间少，其商品的个别价值低于社会价值的商品生产者，就可以获得较多的收入；而劳动生产率低、商品个别价值高于社会价值的商品生产者，他们的较多的个别价值只能转化为较少的社会价值，从而获得较少收入，甚至赔本。那些具有中等劳动生产率，生产中耗费的劳动等于社会必要劳动，从而商品的个别价值与社会价值相等的生产者，则可获得平均收入。这种由商品的个别价值与社会价值的差别引起的收入差别，会引发商品生产者之间的竞争。竞争的结果是，劳动生产率高的生产者，可以通过降价的竞争方式来扩大自己所占市场份额，从而对劳动生产率低，商品个别价值高于社会价值的生产者的同行进行排挤。在竞争的压力下，商品个别价值高于社会价值的生产者便面临破产倒闭的威胁。为了追求更大的利益，为了使自己在竞争中处于有利地位，商品生产者必须不断创新，研究和开发先进的科学技术，改进生产的组织管理。大家都这样做，必然会促使社会劳动生产率不断提高，进而推动社会生产力的发展。在激烈的竞争中，落后生产者被淘汰的同时，原先由他们掌握的生产资源就会转移到高效率的生产者手中，整个社会的资源利用率因此得到提高。可见，价值规律具有激励创新、优胜劣汰，促进社会生产力发展的重要作用。但是在私有制的条件下，技术的发展是在追求私利的动机下实现的，因此每个生产者为了保持在竞争中的有利地位，必然要保守技术秘密，这对社会生产力的发展又起着阻碍作用。

第三，价值规律会引起和促进商品生产者的两极分化，造成优胜劣汰的结果。以上谈到，由于商品生产者的生产条件不同，造成劳动生产率的高低不同，因此，生产同种商品的个别劳动时间也不同。生产商品的个别劳动时间低于社会必要劳动时间的商品生产者在竞争中处于有利地位，可以得到更多的利益；相反，生产商品的个别劳动时间高于社会必要劳动时间的商品生产者在竞争中则处于不利地位，其劳动耗费得不到补偿，甚至赔本、破产。最终不可避免地将造成商品生产者的两极分化。在一定的历史条件下就会引起资本主义生产关系的产生。在现代商品经济中，价值规律的这种分化作用，一方面使生产者优胜劣汰，有利于社会生产效率的提高；另一方面使社会成员之间形成贫富差距。在资本主义社会，后者表现为少数大资本进一步剥夺中小资本和小商品生产者，从而加剧资本主义社会的基本矛盾。只有废除了生产资料私有制，才能从根本上防止价值规律造成两极分化的结果，从而使价值规律促进生产力发展的作用更好地得以发挥。

1. 商品生产产生的条件是什么？

2. 什么是商品的二因素和劳动的二重性？商品二因素与劳动二重性的关系如何？

3. 商品的价值量是怎样决定的？商品价值量和劳动生产率的关系怎样？

4. 货币是怎样产生的？它的本质和职能是什么？

5. 什么是价值规律？它的表现形式怎样？它有哪些作用？

6. 如何运用马克思的商品和货币理论研究当代商品经济和市场经济？

第二章

资本和剩余价值

教学要点

1. 资本总公式及其矛盾
2. 货币转化为资本的前提以及劳动力商品的特点
3. 资本主义生产过程的特点是劳动过程和价值增值过程的统一
4. 资本主义生产的本质以及剩余价值的生产方法
5. 资本主义工资是劳动力价值或价格的转化形式
6. 名义工资与实际工资的关系

关 键 词

资本原始积累　资本　劳动力商品　价值增值过程　剩余价值　必要劳动　剩余劳动　绝对剩余价值　相对剩余价值　超额剩余价值　工资

第一节 资本主义生产方式的确立

一、资本主义生产方式的产生

资本主义生产方式是以社会化的机器大生产为物质基础，以生产资料归资本家所有，通过对雇佣劳动进行剩余价值剥削的生产方式。资本主义生产方式是在封建主义生产方式崩溃的基础上建立的。马克思指出："资本主义社会的经济结构是从封建社会的经济结构中产生的。后者的解体使前者的要素得到解放。"①

在封建社会末期，随着社会生产力的发展，社会分工的深化，以及世界市场的开拓，商品经济获得进一步发展，封建生产关系越来越成为生产力发展的障碍。落后的生产关系与先进的生产力之间的尖锐矛盾，引发封建社会自然经济的解体，导致城乡资本主义生产关系的产生。

14～15世纪，地中海沿岸某些城市已经产生了资本主义生产关系的萌芽。当时的工商业，尤其是手工业发展非常迅速。一些生产条件好、掌握新技术的手工业者勇于冲破封建行会限制竞争和阻碍技术进步的清规戒律，使用更多的帮工，扩大生产规模。随着手工作坊规模的扩大，其内部的经济关系也开始发生了变化。富裕的手工业者逐渐脱离劳动，成为使用雇工劳动的经营管理者；而帮工与学徒则沦为雇佣工人。这样，原来的手工作坊逐渐变成了资本主义性质的手工工场。与此同时，一些生产条件较差、经营不善的手工业者难以继续存在下去，最终变成雇佣劳动者。封建社会末期，小商品生产者的两极分化是资本主义生产方式产生的途径之一。

---

① 《马克思恩格斯全集》第44卷，人民出版社2001年版，第822页。

封建社会末期商品经济的发展对资本主义生产关系的产生起到了重要作用。商品经济的发展，促使商人资本发展，一些大商人成了包买商。包买商制度的出现，不仅促进自然经济的瓦解，加速小生产者的分化，而且通过直接剥削、控制家庭手工业者成为资本主义生产方式产生的另一重要途径。最初，商人收购分散的手工业者的产品，利用其垄断地位压低价格。后来，又为手工业者提供生产所需要的原材料。于是，商人就从买和卖两个方面隔断了小生产者与市场的关系，使之从属于自己。最后，商人向手工业者提供包括劳动工具在内的重要生产资料，手工业者则按商人规定的日期、规格、数量和质量提供产品，领取一定报酬。这样，小手工业者逐渐失去了经济上的独立性而沦为雇佣工人，商人包买主则成为工业资本家。

随着商品经济的发展，封建的地租形式也发生了变化，于是资本主义生产关系在农业中出现了。随着实物地租逐步转化为货币地租，地主和农民之间的人身隶属关系逐渐变成单纯的经济契约关系。同时，由于农业已经被卷入了商品经济，农民的分化过程加速了：一方面，少数富裕农民不断扩大土地规模，另一方面，失去土地的贫困农民被迫出卖劳动力，农业中出现了资本主义生产关系的萌芽。

二、资本的原始积累

所谓原始积累，就是生产者和生产资料相分离的历史过程，即对小生产者进行剥夺、使货币资本迅速集中于少数人手中的过程。

资本主义生产方式的确立，必须具备两个基本经济条件：一是大量的有人身自由但失去生产资料的劳动者；二是大量货币财富积累在少数人手中，他们雇佣工人进行大规模的资本主义生产。在封建社会内部，通过自然经济的解体和小商品生产者的分化，已经逐渐形成了这两个条件。然而，单单依靠小生产者的自然分化来积累财富，发展资本主义，将经历一个十分缓慢的历史过程，它远远不能适应15世纪末以来地理大发现所造成的新的世界市场对商品的需求。新兴的资产阶级和资产阶级化的贵族便使用掠夺的手段，加速了生产者同生产资料相分离的过程，迫使直接生产者转化为雇佣劳动者，并把生产资料和财富迅速地集中到少数人的手中。这个资本的原始积累过程在西欧大致是从15世纪末开始，一直延续到19世纪初才告结束。

对农民土地的剥夺，是资本原始积累全部过程的基础。用暴力对农民土地的剥夺，形成资本原始积累过程的基础，在许多国家都曾出现过，以英国的“圈地运动”最为典型。对于“圈地运动”及其在英国资本主义经济发展中的作用，史学家斯塔夫里阿诺斯评论道：“1714年至1820年，英国有600万英亩以上的土地被圈占。这意味着严重的混乱和苦难。贫穷的农民失去了自己的部分甚至全部土地，被充当租地人或做散工的人，否则就不得不去城里寻找工作。……虽然圈占土地的过程是使人不安、令人不快的，但就后来的工业革命而言，它履行两个必不可少的职责——为工厂提供了劳动力，为城市提供粮食。因此，圈地运动可以看作是英国工业在19世纪居首位的一种先决条件”①。

另外，新兴资产阶级为了加速货币财富的积累，他们采用暴力手段，在国内利用国家权力，通过发行公债、增加捐税和保护关税等制度，聚敛大量财富。在海外劫掠殖民地，进行奴隶贸易，贩卖毒品和殖民贸易等。所以，“美洲金银产地的发现，土著居民的被剿灭、被奴役和被埋葬于矿井，对东印度开始进行的征服和掠夺，非洲变成商业性地猎获黑人的场所——这一切标志着资本主义生产

① 斯塔夫里阿诺斯：《全球通史：1500年以后的世界》，上海社会科学出版社1992年版，第285页。

时代的曙光。这些‘田园诗式’的过程是原始积累的主要因素”①。

所有资本主义国家都经历过资本原始积累过程。尽管各国所采取的方式有所不同，但本质是一样的，都是通过暴力手段，迫使小生产者与生产资料分离，并把生产资料和财富集中在资本家手中。所以，资本的原始积累过程，就是暴力掠夺小生产者的过程。资本原始积累的历史就“是用血和火的文字载入人类的编年史的”②。

三、资本主义生产方式的确立

随着资本原始积累的加速进行，西欧各国的资本主义有了迅速的发展。但是，腐朽的封建生产关系及其上层建筑却束缚着生产力的发展。新兴的资产阶级为了扫除资本主义发展道路上的障碍，进行了资产阶级革命。17 世纪中期至 19 世纪上半叶，英、美、法、德、俄、日等国，经过各种形式的资产阶级革命，建立了资产阶级政权，并先后完成了产业革命，实现了从手工劳动到机器大生产的过渡。机器大生产以及工厂制度的建立，使资本主义生产方式彻底战胜了封建主义生产方式，资本主义制度最终确立。

第二节 货币转化为资本

一、资本的总公式及其矛盾

货币是商品流通的最后产物，也是资本的最初表现形式。任何资本家都必须掌握一定数量的货币，才能进行资本主义生产。然而，货币本身并不是资本，比如，小商品生产者手中的货币只是作

① 《马克思恩格斯全集》第 44 卷，人民出版社 2001 年版，第 860 ~ 861 页。

② 《马克思恩格斯全集》第 23 卷，人民出版社 1972 年版，第 783 页。

为商品交换的媒介，而不是作为资本来使用。因此，作为商品交换媒介的货币和作为资本的货币是有根本区别的。只要我们把简单商品流通和资本流通作一比较，两者的区别就可以呈现出来。

简单商品流通公式是：商品—货币—商品（W—G—W）。资本流通公式是：货币—商品—货币（G—W—G）。由简单商品流通公式和资本流通公式可以看出二者的区别：

第一，流通形式不同。一是买卖顺序不同：在商品流通公式中，交换的顺序是先卖后买；在资本流通公式中，交换的顺序是先买后卖。二是流通的起点和终点不同：商品流通公式的起点和终点都是商品，资本流通公式的起点和终点都是货币。三是流通中的媒介物不同。商品流通公式中的媒介物是货币，而资本流通公式中的媒介物是商品。

第二，流通目的不同。在商品流通中，商品生产者交换的目的是为了获得某种使用价值，满足自己生产或生活的需要，是为买而卖；但是，在资本流通中，资本家用货币购买商品，是为了卖掉商品重新换回货币，交换的目的是为了获取价值，是为卖而买。

第三，流通限度不同。商品流通是有限度的，当商品生产者获得了自己所需要的使用价值后，流通过程随之结束；而资本流通过程则是无限度的，由于资本流通的目的是为了追求更多的价值，所以，流通是无止境的。

第四，流通内容不同。在商品流通中，进入交换的是价值量上相等的两种不同的使用价值，如果这两种使用价值相同，商品流通便失去了意义；在资本流通中，虽然最初垫支的货币和最后收回的货币在质上是相同的，但量上是不相等的，否则，资本流通也就失去意义。显然，在资本流通公式中，资本家不仅要收回原来垫支的货币，而且还要获得一个增殖额。因此，严格地说，资本流通过程应该是 G—W—G′，其中 $G' > G$，或者 $G' = G + \Delta G$，ΔG 表示货币价值的增殖额，即剩余价值。

通过对两种流通形式的分析可以看出，在商品流通中，货币只是作为购买手段，充当商品交换的媒介，它并不发生价值增殖，因而不是资本。而在资本流通中，货币在运动中能够带来增加值，发生了价值增殖。因此，这时的货币已不是普通的货币，而是转化为资本的货币，成为资本的存在形式。可见，当货币为资本家带来剩余价值时，货币就转化为资本。所以，资本是能够带来剩余价值的价值。

G—W—G′公式，适用于一切形式的资本运动。不仅商业资本的运动直接表现为先买后卖的过程，而且产业资本和借贷资本运动的基本过程也是这样，它们不过是在这一公式基础上的补充或简化。因此，这一公式概括了产业资本、商业资本和借贷资本运动的共同特点。所以，把它称作是资本运动的总公式，亦称资本的一般公式。

资本总公式表明，货币在运动中发生了价值增殖。从形式上看，资本总公式同价值规律是相矛盾的。因为按照价值规律的要求，商品交换要遵循等价交换原则，交换的结果只会使价值表现形式发生变化，而价值量不会发生变化。然而，资本总公式呈现出来的现象是，经过流通过程，资本价值量却发生了变化，实现了价值增殖。这就是资本总公式的矛盾。

要解决资本总公式的矛盾，关键在于说明剩余价值在什么样的条件下产生的，从哪里产生的，也就是要阐明货币是在什么条件下转化为资本和怎样转化为资本的。

在资本总公式中，剩余价值表现为流通的结果。但是，剩余价值不可能从流通领域中产生，但又不能脱离流通而产生。首先，剩余价值不能从流通领域中产生。在商品流通过程中，无论是等价交换，还是不等价交换，都不能产生剩余价值。如果是等价交换，显然只是价值形式的变换，一定量的价值体现在不同的商品上，但价值量是既定的，没有发生变化。如果是不等价交换，即贱买贵卖，这样似乎可以得到更多的价值。但是，由于商品生产者不断变换买者和卖者身份，他作为买者或卖者多得的利益，而当他作为卖者和买者时便会失掉。即使某些商品生产者在交换中始终能贱买贵卖，从流通中取得了更多的价值，但是，这也不能说明剩余价值的真正来源。因为贱买贵卖，只是原有价值的重新分配，流通中的价值总量并没有增加。一部分人可以借此发财致富，但不能说明整个资产阶级获得的剩余价值是从哪里产生的。其次，离开流通领域，价值也不能发生增殖。因为，在流通之外，商品生产者之间没有接触，他只能同自己的商品发生关系，他只能用自己的劳动创造价值，不能在创造价值的同时又创造剩余价值。可见，商品生产者在流通之外，不同其他商品所有者发生关系，并不能使价值增殖，从而使货币转化为资本。

可见，剩余价值的产生，既不在流通领域，又离不开流通领域。换句话说，货币到资本的转化，必须既在流通领域中，又必须不在流通领域中。这就是解决资本总公式矛盾的条件。

二、劳动力成为商品

资本总公式的矛盾要在价值规律的客观要求内得到解决，资本家就必需在市场上用货币购买到一种特殊的商品。这种商品具有特殊的使用价值，它的使用价值不仅能够创造价值，还能够创造出一个比自身价值更大的价值。这种特殊的商品就是劳动力。

（一）劳动力成为商品的条件

劳动力即人的劳动能力，是存在于劳动者身体之中并在劳动过程中所运用的体力和脑力的总和。劳动力的使用和支出就是劳动。

劳动力是一切社会生产的基本要素，但并非在任何社会形态下都成为商品。劳动力成为商品必须具备两个条件：第一，劳动者在法律上要有人身自由。他必须是自己劳动力的所有者，能够支配自己的劳动力。劳动力的所有者可以把劳动力作为商品出卖，并且按照一定的时间不断地出卖，而不是一次卖光。第二，劳动者丧失了一切生产资料和生活资料，除了自身的劳动力以外，一无所有，必须靠出卖劳动力才能生存。劳动力成为商品的这两个条件，不是自然形成的；劳动力所有者和货币所有者的关系也不是自然的关系，而是一种社会关系，劳动力成为商品的条件以及劳动力所有者和货币所有者的关系是在封建社会末期这个特定历史条件下产生的。

（二）劳动力商品的价值和使用价值

劳动力商品，同其他商品一样，也具有价值和使用价值。劳动力商品的价值，是由生产再生产这种商品所必需的社会必要劳动时间决定的。由于劳动力的生产和再生产就是维持人体生存的生活过程，因而生产和再生产劳动力的社会必要劳动时间可转化为生产劳动者所必需的生活资料的社会必要劳动时间。或者说，劳动力商品的价值可以还原为劳动者正常生存所必需的生活资料的价值。

劳动力商品的价值，由三部分构成：第一，维持劳动者自身生存所必需的生活资料的价值；第二，劳动者抚养后代所必需的生活资料的价值，这是为资本主义生产不断补充新的劳动力所不可缺少的；第三，劳动者为掌握一定的生产技术所必需的教育和训练费用。

与其他商品不同，劳动力商品的价值决定还包括历史和道德的因素。这就是说，劳动力商品的价值决定，不仅取决于劳动者物质生活需要，而且取决于他们精神生活上的某些需要，并且这种需要的程度会随着历史的变化而变化。所谓历史和道德的因素，是指劳动者所在国家的社会经济文化水平、历史传统习惯以及自然条件等。不同国家或同一国家的不同时期，由于经济发展水平、文化、生活习惯、社会伦理道德规范、气候和自然特点等存在差异，劳动者平均必要的生活资料的种类和数量会有差别。随着社会经济的发展，文化水平的提高，劳动者必需的生活资料的种类和数量也会增加，质量和结构会发生变化，劳动力价值的物质内容会不断扩大。

但是，在一个国家的一定时期，再生产劳动力所必需的生活资料的数量和范围还是相对稳定的。

劳动力商品的使用价值是劳动，因此，它不同于一般商品的使用价值。一般商品的使用价值被消费后就不复存在，其价值也相应消失或转移，不发生价值增殖。而作为劳动力商品使用价值的劳动却能创造价值，而且能创造出大于劳动力自身价值的价值，从而成为价值和剩余价值的源泉。资本家购买劳动力，正是看中了劳动力自身价值与劳动力在劳动过程中所创造的价值之间的差额。这样，资本家对劳动力的使用，不仅能收回购买劳动力所预付的价值，还能得到一个价值增殖额——剩余价值，从而使货币转化为资本。可见，劳动力成为商品是货币转化为资本的前提。

劳动力的买和卖是在流通领域进行的，这里通行的是等价交换的原则。曾经被资产阶级描绘成了“自由”、“平等”原则所支配的人间乐园，在这里，资本家是货币所有者，工人是劳动力的所有者，看似是在“两厢情愿”的平等原则下成交的，但是，一进入资本家的工厂，原来的货币所有者就变为资本家，劳动力的所有者变成了雇佣工人。劳动力的消费过程同时就是商品和剩余价值的生产过程。在资本家的工厂里，不仅可以看到剩余价值是怎样生产的，而且可以看到货币是怎样转化为资本的，赚钱术的秘密一定会暴露出来。

第三节　剩余价值的生产过程

一、资本主义的劳动过程和价值增殖过程

资本家在市场上购买到生产资料和劳动力以后，便离开流通领域，进入了资本主义生产过程。

资本主义的生产过程具有二重性：一方面是生产使用价值的劳动过程；另一方面是生产剩余价值的价值增殖过程。所以，资本主义生产过程是劳动过程与价值增殖过程的统一。

劳动过程是劳动者通过有目的的活动，运用劳动资料对劳动对象进行加工，改变自然界物质的性质和形态，创造出满足人们某种需要的使用价值的过程。劳动过程是人类生存和发展的永恒的条件，存在于任何社会。然而，在资本主义制度下，劳动过程作为资本家消费工人的过程，具有两个重要特点：第一，工人的劳动从属于资本家，而且是在资本家的监督下进行的；第二，劳动产品归资本家所有，而不归直接生产者——工人所有。由此，决定资本主义制度下，劳动过程具有强制性，这种劳动的强制性对劳动者来说是一种被奴役或被压迫的行为，对资本家而言，则是其财富增加或资本价值增殖的源泉。

资本主义生产过程同时还是生产剩余价值的价值增殖过程。和其他生产过程一样，资本主义生产过程首先是劳动过程，是生产商品的使用价值的过程。但资本家之所以要让工人生产出使用价值，就在于使用价值是交换价值的物质基础。资本家所关心的，一是他要生产具有交换价值的使用价值，即生产用来交换的商品。二是他要使生产出来的商品的价值，大于生产这种商品所购买的生产要素的价值，即获取剩余价值。所以，资本主义生产过程是劳动过程与价值增殖过程的统一。

为了弄清价值增殖过程，首先把资本主义生产过程作为价值形成过程来考察。在生产过程中，生产商品所消耗的全部劳动形成商品的价值，它不仅包括生产过程中工人支出的活劳动，而且包括已经消耗在生产资料上的物化劳动。这样，价值形成过程既是活劳动创造新价值的过程，又是物化劳动即生产资料的旧价值转移的过程。这两重过程是以生产商品的劳动二重性为基础的。

以棉纺厂一个工人一天生产棉纱情况为例。假定某棉纺厂的资本家让工人生产 10 千克棉纱，平均预付资本的情况为：支付工人一天的工资为 3 元，即劳动力日价值 3 元，相当于工人 6 小时的劳动量；工人劳动 6 小时，需要消耗 10 千克棉花，价值 10 元；消耗的纱锭等劳动资料的价值为 2 元。这样，资本家为生产 10 千克棉纱共预付资本 15 元。

在生产过程中，工人的劳动既是具体劳动，又是抽象劳动。作为具体劳动，工人劳动 6 小时将 10 千克棉花纺成了 10 千克棉纱，棉花和纱锭的价值随之转移到新产品棉纱中去了。工人的具体劳动既创造了新的使用价值，又转移了生产资料的旧价值，共计 12 元。作为抽象劳动，工人在 6 小时劳动中，创造了 3 元的新价值，补偿了资本家支付的劳动力价值。于是，10 千克棉纱的价值包含转移的生产资料旧价值 12 元和工人创造的新价值 3 元，共 15 元。资本家按这样的价值把商品卖出，所获得的价值与原来他垫支的资本价值相同，没有超过预付资本价值的余额，即没有剩余价值，这对资本家没有任何意义的。因此，资本家必须使价值形成过程变成价值增殖过程。

其次，我们考察作为资本主义的价值增殖过程即剩余价值的生产过程。

为了获得剩余价值，资本家决不会只让工人一天工作 6 小时的，他很清楚他购买的是工人一天的劳动力，在这一天中，他要充分行使他对劳动力的使用权。在这里，劳动力自身的价值和劳动力在劳动中创造的价值是两个不同的量，资本家购买劳动力，正是看中了这个价值的差额。

假定，资本家要工人一天劳动 12 小时，生产 20 千克棉纱。那么，资本家预付资本的情况则为：支付工人一天的工资为 3 元；工人劳动 12 小时，需要消耗 20 千克棉花，价值 20 元；消耗的纱锭等劳动资料的价值为 4 元。这样，资本家为生产 20 千克棉纱共预付资本 27 元。工人在 12 小时劳动中，创造了 6 元的新价值，既补偿了资本家支付的劳动力价值3元，又为资本家创造了3元的剩余价值。这样20千克棉纱的总价值为30元，资本家耗费的资本价值为27元，资本价值增殖了3元，这就是剩余价值。

可见，剩余价值的产生，就是由于资本家把工人的劳动时间延长到补偿劳动力价值所需要的时间以上，工人创造的价值超过了他的劳动力价值，这就是价值增殖的秘密。

比较一下价值形成过程和价值增殖过程就可以看出，价值增殖过程不外是超过一定点而延长了的价值形成过程，这个一定点就是工人补偿劳动力价值所需要的时间。工人整个的劳动时间超过这个一定点，价值形成过程就转化为价值增殖过程。所谓剩余价值就是由雇佣工人创造的、而被资本家无偿占有的，超过劳动力价值以上的那部分价值，它直接体现着资本家对雇佣工人的剥削关系。

通过上述分析可以看出，资本总公式的矛盾最终得以解决了。资本家购买了劳动力这一特殊商品之后，在生产过程中，劳动力的使用创造的价值量大于劳动力商品的价值，资本家按商品价值出售商品，不仅收回了资本价值，而且获得了剩余价值。货币转化为资本的过程，既在流通领域进行，又不在流通领域中进行。全部过程都符合价值规律，因为，资本家购买或出售商品都是以价值为基础的。整个过程的关键在于劳动力具有特殊的使用价值，它的使用能创造出大于自身价值的价值。

二、资本的本质、不变资本和可变资本

在现实经济生活中，资本总是表现为一定的物，如厂房、机器、设备、原材料等，这使人们误以为这些物天然就是资本。这是把物的自然属性和物在一定经济条件下所体现的生产关系混同起来了。资本不能离开物而存在，正如价值不能脱离使用价值而存在一样。然而，生产资料等物成为资本，不是由它们的自然属性所决定的，不是因为它们能用于生产一定的使用价值，只是在特定的历史

条件下，在担负着特殊的社会经济职能时，才成为资本。马克思说："资本不是物，而是一定的、社会的、属于一定历史社会形态的生产关系"①。资本家的生产资料等之所以是资本，是因为它被用于榨取工人的剩余劳动。因此，生产资料等只有成为剥削雇佣工人创造的剩余价值的手段时，才是资本。所以，资本的本质不是物，而是体现在物上的一种生产关系，即被物的外壳掩盖着的资本家对工人的剥削关系。

资本虽然具有不同的物质内容，表现为不同的形式，但概括起来可以分为两种形式：一种是以生产资料的形式存在的；另一种是以劳动力的形式存在的。马克思根据这两部分资本在剩余价值生产中所起的作用不同，把资本区分为不变资本和可变资本。

不变资本是以生产资料形式存在的那部分资本。作为不变资本存在形式的生产资料，在生产过程中被消耗掉，生产出新产品，其价值通过工人的具体劳动转移到新品中去，尽管生产资料的不同构成部分转移的方式不同，但都不会发生量的变化，即转移的价值量不会大于它原有的价值量。正因为以生产资料形式存在的那部分资本，在生产过程中不改变自己的价值量，所以叫不变资本（c）。

可变资本是以劳动力形式存在的资本。这部分资本的价值不是转移到新产品中去，而是被再生产出来的。因为资本家购买劳动力支付的价值，被工人购买了生活资料，在生产过程以外被消费掉了，所以，要由工人在生产过程中再生产出新价值来补偿这部分资本。而劳动力在生产过程中发挥作用的结果，不仅再生产出劳动力的价值，并且生产出剩余价值。以劳动力形式存在的这部分资本价值，在生产过程中发生了量的变化，即发生了价值增殖，所以叫做可变资本（v）。

马克思根据预付资本的不同部分在价值增殖中的作用不同，把

① 《马克思恩格斯全集》第25卷，人民出版社1972年版，第920页。

资本区分为不变资本和可变资本具有重要的意义：第一，它进一步揭示了剩余价值的真正来源。剩余价值不是由全部资本带来的，而是由可变资本带来的，即雇佣工人的剩余劳动是剩余价值产生的唯一源泉。第二，这种划分为准确地考察资本家对雇佣工人的剥削程度，计算剩余价值率和剩余价值量，提供了科学依据。

第四节 剩余价值的生产方法

在资本主义的生产过程中，资本家投入不变资本（c）和可变资本（v），经过生产过程，生产出剩余价值（m），结果生产出的商品价值为 $c+v+m$。

一、剩余价值率

从前面的分析可知，剩余价值不是全部资本带来的，而是可变资本自身价值量发生变化的结果，因此，研究资本价值增殖程度，必须抽去不变资本，以剩余价值和可变资本作比较。剩余价值和可变资本的比率叫做剩余价值率。它表示了资本家对工人的剥削程度，因而又称剥削率。如果以 m'代表剩余价值率，则 $m'=\frac{m}{v}$。

剩余价值率还可用劳动或劳动时间来表示。在一个工作日中，工人的劳动时间分为两部分，一部分是再生产劳动力价值的时间，叫做必要劳动时间，在这部分时间内支出的劳动称为必要劳动；另一部分是生产剩余价值的时间，叫做剩余劳动时间，在这部分时间内支出的劳动称为剩余劳动。由于必要劳动时间形成劳动力价值或可变资本价值，剩余劳动时间形成剩余价值，因此，剩余价值与可变资本的比率等于剩余劳动与必要劳动的比率。

剩余价值率 =（剩余劳动时间/必要劳动时间）×100%

即剩余价值率 =（剩余劳动/必要劳动）×100%

上述两种公式是以两种形式表示同一内容，前者以物化劳动形式计算，它表明在雇佣工人的劳动所创造的价值中，资本家和工人各占多少份额；后者采取活劳动形式计算，它表明在工人的一个工作日的全部劳动时间中，有多大部分用于补偿劳动力的价值，多大部分用来无偿地为资本家生产剩余价值。剩余价值率的高低是决定资本家获得剩余价值量多少的一个重要因素，所以资本家总是千方百计提高剩余价值率。

资本家不仅关心剩余价值的相对量即剩余价值率，还关心剩余价值的绝对量即剩余价值量。如果用 M 代表剩余价值量，m/v 代表剩余价值率，V 代表可变资本总量（即全部工人的工资总数），则剩余价值量的计算公式就是：

$$M = \frac{m}{v} \times V = m' \times V$$

由此可见，剩余价值量的大小取决于两个因素：一是剩余价值率；二是可变资本量。在劳动力价值不变的情况下，剩余价值率越高，剩余价值量就越大。资本家为了获取更多的剩余价值，总要千方百计地扩大剥削范围，竭力提高剩余价值率。

二、剩余价值生产方法

资本家提高剩余价值率的办法是多种多样的，概括起来有两种基本方法：绝对剩余价值生产和相对剩余价值生产。

（一）绝对剩余价值生产

在资本主义生产过程中，工作日包括必要劳动时间和剩余劳动时间。在必要劳动时间不变，通过绝对延长工作日所生产的剩余价值称为绝对剩余价值，生产这种剩余价值的方法就是绝对剩余价值生产的方法。

如前例，资本家为了获取更多的剩余价值，可以把工人的工作日由12小时延长为15个小时。在必要劳动时间6小时不变的情况下，剩余劳动时间就由6小时延长为9小时，剩余价值率就从过去的100%提高到150%。可见，在必要劳动时间不变的情况下，延长工作日就会增加剩余劳动时间，从而增加剩余价值的生产。此外，资本家还用提高工人劳动强度的方法来榨取剩余价值。提高劳动强度，意味着工人在同样工作时间内支付了更多的劳动量，实际上等于延长了工作日。这是一种延长工作日时间的隐蔽的形式。

资本家之所以能够采取绝对剩余价值生产的方法，是因为工作日可以在一定界限内伸缩。首先，工作日的最低界限必须大于必要劳动时间。如果等于必要劳动时间，资本家就不能获得剩余价值，资本主义经济就会失去存在基础。其次，工作日也不能无限延长，其最高界限取决于两个因素：一是生理的界限。劳动者在一天24小时内，必须有一部分时间吃饭、休息和睡觉，以满足生理上的和劳动力恢复的需要；二是社会的道德界限，劳动者在一天内需要有一定时间参加文化生活、社会活动、照顾家庭等，以满足精神的和社会生活的需要。这种需要的范围和数量，要由一个国家的经济文化发展状况决定。工作日最高界限的两个决定因素都有很大的伸缩性，所以工作日长度也有很大伸缩性。

商品交换规律没有为工作日确定一个标准和长度。劳动力的买卖必须按它的价值进行，但是，这并不能决定一个工作日内劳动力的使用时间。由商品交换的同一原则产生了两种互相对抗的权利，资本家要尽量延长工作日，工人则反对过度延长工作日。资本家购买一日劳动力，支付劳动力的日价值，取得劳动力一天的使用权，像任何商品购买者一样，他也要竭力从所购买商品的使用中获取最大的利益。为了榨取更多的剩余价值，他不顾工作日的生理界限和道德界限，根据商品交换的原则，有权强迫工人延长劳动时间。工人根据商品交换的原则，同样有权反对资本家延长工作日。因为工人出卖的劳动力商品，是存在于活的健康的人体中。工人要求工作日长度不损害他的健康，消耗的劳动力能正常得到恢复，才能不断再生产出劳动力，以便继续出卖。过度的工作日将使劳动力加倍消耗，最后会缩短劳动力出卖的年限，这是对工人的掠夺。因此，工人要求正常工作日，也像任何商品的出卖者一样，不过是要求得到劳动力的价值，这也是商品交换原则赋予他的权利。在平等的权利之间，力量就起决定作用。所以，工人工作日的实际长度，是由两大阶级力量的对比来确定的。

（二）相对剩余价值生产

绝对延长工作日生产剩余价值的方法，既受到工作日长度的限制，还容易引起工人阶级的反抗。因此，资本家为了在工作日既定的条件下提高剥削程度，就需要改变工作日中必要劳动时间和剩余劳动时间的比例，缩短必要劳动时间以延长剩余劳动时间。这种在工作日长度不变，由于缩短必要劳动时间而相对延长剩余劳动时间所生产的剩余价值，称为相对剩余价值。生产这种剩余价值的方法就是相对剩余价值生产的方法。仍以棉纺厂为例，原来工作日为 12 小时，必要劳动时间 6 小时，剩余劳动时间 6 小时，如果工作日长度 12 小时不变，把必要劳动时间缩短为 4 小时，剩余劳动时间则增加为 8 小时，剩余价值率就会由 100% 提高为 200%。

相对剩余价值生产是以必要劳动时间缩短为前提的。那么，如何缩短必要劳动时间呢？必要劳动时间是再生产劳动力价值所必需的劳动时间，因此，要缩短必要劳动时间，就必须降低劳动力价值。劳动力价值是由劳动者及其家属所必需的生活资料的价值决定的。因此，要降低劳动力价值，就必须降低劳动者及其家属所需要的生活资料价值，而要降低生活资料的价值，又必须改进生产技术，提高劳动生产率，降低生产这些生活资料的社会必要劳动时间。然而，商品的价值不仅取决于使它成为最终产品的劳动量，而且还包含生产这些生活资料所费的生产资料的价值，这类生产资料价值的变动，也会影响劳动力价值和必要劳动时间的变动。由于商品的价值取决于生产商品所费的社会必要劳动时间，而社会必要劳动时间又与社会劳动生产率水平有关，只有同劳动力再生产相关的生活资料和生产资料的生产部门的劳动生产率提高了，劳动力价值才会降低，必要劳动时间才会相应缩短，剩余劳动时间才会相对延长，从而才会生产出相对剩余价值。可见，相对剩余价值生产是以社会劳动生产率提高为条件的。

在现实生活中，劳动生产率的提高是个别企业追求超额剩余价值的结果。所谓超额剩余价值，是指企业由于提高劳动生产率而使商品个别价值低于社会价值的差额。仍以棉纺厂为例，我们假设，大多数棉纺厂的技术水平为：每个工人一天劳动 12 小时，生产 20 千克棉纱，总价值 30 元，每千克棉纱的价值是 1.5 元，这是棉纱的社会价值。其中有个别企业率先改进生产技术，劳动生产率提高一倍，该工厂工人在 12 小时工作日中，生产 40 千克棉纱，总价值 54 元，每千克棉纱的个别价值是 1.35 元。该资本家不会按照每千克 1.35 元出售棉纱，他要按照社会价值即每千克 1.5 元出售，40 千克棉纱总价值 60 元。于是，每个工人每天为资本家多创造了 6 元（60 元 - 54 元）的超额剩余价值。因此，超额剩余价值是由劳动生产率特别高的个别企业的雇佣工人创造的。

单个企业劳动生产率的提高不能使生活资料价值降低，不能使社会必要劳动时间缩短，从而不能产生相对剩余价值。但单个企业提高了劳动生产率，它生产商品的个别劳动时间低于社会必要劳动时间，个别价值低于社会价值，因而就能产生超额剩余价值。

超额剩余价值的源泉也是雇佣工人的剩余劳动。因为，个别企业工人使用的是先进机器设备，劳动的复杂程度和劳动的效率也高于一般企业，因而他的劳动等于加强的劳动，在同样时间内能够创造更多的价值。马克思指出："生产力特别高的劳动起了自乘的劳动的作用，或者说，在同样的时间内，它所创造的价值比同种社会平均劳动更多。”[①] 因而在同样的时间内创造的剩余价值也比一般企业工人要多。而在劳动力价值不变的条件下，相当于必要劳动时间相对缩短，剩余劳动时间相对延长，因此，超额剩余价值事实上是一种变相的相对剩余价值。

相对剩余价值生产是各个资本家在追逐超额剩余价值的竞争中实现的。为了追逐超额剩余价值，各个资本家之间会竞相改进生产技术，提高劳动生产率，当先进技术得到普及后，该部门的平均劳动生产率提高，此时，生产商品的社会必要劳动时间降低，商品价值相应下降。原来的先进生产条件转化为一般生产条件，社会价值和个别价值的差额不复存在，从而，超额剩余价值也就消失了。可见，个别或少数资本家获得超额剩余价值只是一种暂时现象。当生活资料以及有关的生产部门的劳动生产率提高以后，引起劳动力价值下降，于是必要劳动时间缩短，剩余劳动时间则相应地延长，超额剩余价值在个别资本家那里消失，整个资本家阶级却获得了相对剩余价值。由此可见，追求超额剩余价值是每个资本家改进生产技术、提高劳动生产率的直接动机；而各个资本家竞相追求超额剩余价值的结果，是使所有资本家普遍获得相对剩余价值。

（三）两种剩余价值生产方法的关系

绝对剩余价值生产和相对剩余价值生产作为资本家提高剥削程度的两种基本方法，既有区别，又有联系。

第一，从资本对雇佣劳动的关系来看，两者在本质上是一的。不论是延长工作日，还是提高劳动生产率，结果都延长了工人的剩余劳动时间，提高了对工人的剥削程度，增加了剩余价值的生产。

第二，绝对剩余价值是资本主义剥削的一般基础，也是相对剩余价值生产的起点。因为，只有把工作日绝对延长到必要劳动时间以上，才能产生剩余价值。同时，只有工作日分为必要劳动时间和

---

① 《马克思恩格斯全集》第23卷，人民出版社1972年版，第354页。

剩余劳动时间两部分，才能以此为出发点，缩短必要劳动时间，延长剩余劳动时间，产生相对剩余价值。

第三，生产剩余价值的两种基本方法的物质技术基础不同，在资本主义发展的各个历史阶段上起着不同的作用。绝对剩余价值生产，以生产技术不变为基础；而相对剩余价值生产，则是以生产技术的变革为条件的。在资本主义生产的初期，由于生产工具没有重大变化，生产力发展比较缓慢，绝对剩余价值是资本主义加重剥削的主要方法。随着资本主义的发展，科学技术在生产中广泛应用，生产力有了突飞猛进的发展，从而相对剩余价值生产的作用就日益突出了。当然，这两种方法不是互相排斥的，资本家总是尽可能地同时并用，以便从工人身上榨取更多的剩余价值。

三、资本主义自动化条件下剩余价值的源泉

在资本主义机器大工业时期，马克思曾预见到："通过传动机由一个中央自动机推动的工作机的有组织的体系，是机器生产的最发达的形态。"① 在当代资本主义条件下，随着现代科学技术在生产中的广泛应用，由电子计算机等组成的控制系统把机器联结成自动化生产体系，机器人代替了相当一部分人的体力和脑力劳动，出现了所谓"无人车间"、"无人工厂"，但是，资本家获取的剩余价值总量或利润总量却在急剧增加。在此背景下，一些西方学者借机否认剩余价值是雇佣工人的劳动带来的。如原西德法兰克福学派的哈伯尔梅斯认为：技术科学已成为主要的生产力，已成为独立的剩余价值源泉，直接生产者的劳动越来越不重要，马克思劳动价值论的应用前提不存在了。科学技术对创造使用价值和促进财富增长的作用是无可置疑的。但是创造使用价值和创造价值是两种性质的劳动。在资本主义生产自动化条件下，剩余价值的源泉仍然是雇佣工

① 《马克思恩格斯全集》第23卷，人民出版社1972年版，第419页。

人的剩余劳动，从而生产剩余价值仍然是资本主义生产方式的绝对规律。这是因为：

第一，自动化的机器设备也是生产资料，在生产过程中只转移旧价值，不会带来价值增殖。只有工人的劳动才能创造价值和剩余价值。自动化设备不过是大幅度地提高了劳动生产率，从而更有利于资本家获得超额剩余价值和相对剩余价值而已。机器再先进也仍然是机器，即使是机器人之类的自动化装置和自动化的机器体系，它们作为生产资料，只是物化劳动或死劳动，其价值量由其生产过程决定；它们作为生产资料所发挥的作用，只能是不变资本的作用，即只能是把其原有的价值转移或再现到新产品中去，并不会发生价值量的变化，而且其价值的转移是通过工人的劳动来实现的。自动化机器的使用，可以提高劳动效率，使每个劳动力运用的生产资料增加，从而改变生产中劳动力和生产资料的比例。但是，这种变化并不能改变生产资料的作用，生产资料不可能创造价值和剩余价值。

第二，自动化的机器设备再先进，也改变不了劳动者在生产中的主体地位。机器的发明、设计、制造、管理和操纵都要由人来操作。在自动化生产条件下，虽然直接进行生产操作的劳动者大量减少，但是雇佣工人概念的外延扩大了，不仅包括直接操纵机器的普通工人，也包括大量的科学技术人员和管理者；另外，雇佣工人概念的内涵也变化了，复杂劳动占的比重不断增大，从而能够为资本家创造更多的剩余价值。在总体工人中，复杂劳动的比重大，可以创造出更多的价值和剩余价值。

第三，首先使用高度自动化装置和先进机器的个别企业可以大幅度提高劳动生产率，减少雇佣工人数量，使生产商品的个别价值低于社会价值，从而获得超额剩余价值，但其来源还是这些企业的工人剩余劳动的结果。如果自动化生产在全社会范围内得到普及，导致社会劳动生产率的普遍提高，则全体资本家都可以得到更多的相对剩余价值，这仍然是由工人的剩余劳动创造的。

总之，在资本主义自动化条件下，资本主义剥削方式有所改变，但剩余价值的源泉不会改变，资本主义的基本经济规律也不会改变。只有运用剩余价值理论，才能揭开价值增殖的秘密。

四、资本主义的基本经济规律

剩余价值是由雇佣工人的剩余劳动创造的。所谓剩余劳动是劳动者为资本家生产剩余价值的劳动，剩余劳动的物化形态是剩余产品。剩余劳动的出现和发展，是社会生产力和劳动生产率提高的结果，当社会生产力和劳动生产率发展到一定水平时，才会出现剩余劳动。“没有一定程度的劳动生产率，工人就没有这种可供支配的时间，而没有这种剩余时间，就不可能有剩余劳动”①。从原始社会末期开始，人类社会发展的各个阶段都存在剩余劳动，这是社会生产和社会生活发展的物质基础。剩余劳动的占有状况体现了各种社会生产关系。在资本主义条件下，雇佣工人的剩余劳动表现为剩余价值，它体现资本主义的剥削关系。

剩余价值规律是资本主义的基本经济规律。所谓基本经济规律，即在一个社会经济形态的经济规律体系中起主导作用的经济规律。资本主义基本经济规律的内容是：资本主义的生产目的和动机是追求尽可能多的剩余价值，达到这一目的的手段是不断扩大和加强对雇佣劳动的剥削。

剩余价值规律决定资本主义生产的实质。资本主义生产的实质就是生产剩余价值。资本家从事一切生产经营性活动的决定性动机，都是为了尽可能多地榨取剩余价值。资本主义企业生产什么、生产多少和如何生产，都是以能不能获取剩余价值以及获取多少剩余价值为转移的。劳动者只是生产剩余价值的工具，他们的个人消

---

① 《马克思恩格斯全集》第23卷，人民出版社1972年版，第559页。

费，只有在保证生产剩余价值的限度内，才是资本主义所需要的。对剩余价值的追求是资本主义发展的动力，资本主义生产的发展状况是由剩余价值规律决定的。

剩余价值规律决定资本主义生产发展的主要方面和主要过程。资本主义的生产、流通、分配和消费等主要方面和主要过程都是以获取剩余价值为出发点和归宿点。资本主义生产过程是剩余价值的创造过程；资本主义的流通过程是剩余价值生产的准备过程和剩余价值的实现过程；资本主义的分配过程是剩余价值的分割过程。资本家的个人消费是消费无偿占有的剩余价值；雇佣工人的个人消费是劳动力的再生产过程，是资本家剥削剩余价值的必要条件。

剩余价值规律决定着资本主义生产方式产生、发展和必然灭亡的全过程。对剩余价值的追求驱使资本家不断改进技术，提高劳动生产率，促使资本主义生产力获得迅猛发展，从而使生产日益社会化；而随着生产力的发展，生产资料越来越集中在少数资本家手中，由此，导致生产社会化和生产资料私人占有形式之间的矛盾日益尖锐化。资本家为了榨取更多的剩余价值，一方面不断加速积累，使生产急剧扩张；另一方面又不断加大剥削，使生产和消费的矛盾加剧和扩大，引发经济危机，最终导致资本主义制度灭亡。

剩余价值规律反映着资本主义生产的实质，决定着资本主义生产的目的和手段，支配着资本主义生产的一切主要方面和主要过程，因此是资本主义基本经济规律。只有认识这个规律，才能正确理解资本主义社会各种复杂的、有时是相互矛盾的现象，科学地说明资本主义发展的全部历史过程。

剩余价值学说是马克思经济理论的基石。剩余价值学说的创立，完成了政治经济学的伟大革命，这是马克思的伟大发现和划时代的贡献。只有在剩余价值学说的基础上，才能正确地认识无产阶级和资产阶级之间对立的经济根源，进一步揭露资本主义生产关系的实质。

第五节　资本主义工资

一、资本主义工资的本质

在资本主义现实社会中，资本家购买工人的劳动力是以货币工资的形式支付的。工人为资本家干活，资本家支付给工人工资，工资表现为“劳动的报酬”或“劳动的价格”。这种假象掩盖了资本主义的剥削关系，好像工人劳动获得了全部报酬，资本家并没有剥削工人。

实际上，工人出卖的是劳动力而不是劳动。劳动和劳动力是不同的，劳动不是商品，没有价值，也没有价格，不能出卖。这是因为：

第一，如果说劳动是商品，它就应像其他商品一样，在出卖之前能够独立存在。事实上，雇佣工人的劳动是不能存在于生产活动之前的。劳动要取得存在的形式，就只有和生产资料相结合。显然，工人和资本家在劳动力市场上发生交换关系时，工人还没有进行劳动，当然也就不能把尚不存在的劳动拿出去出卖。

第二，如果说劳动是商品，它就应该同其他商品一样，也具有价值。但是，按照马克思的劳动价值论，商品的价值是凝结在商品中的一般人类劳动，商品的价值量是由生产商品所耗费的社会必要劳动时间来决定。如果说劳动是商品，那就等于说劳动的价值是由劳动来决定的。这完全是一种毫无内容的同义反复，不能说明任何问题。

第三，如果说劳动是商品，工资是劳动的价值和价格，必然导致对价值规律的违背，或否定资本主义生产关系存在的基础。因为，价值规律是商品经济的基本规律，它的基本要求是实行等价交换。如果按等价交换原则，资本家就应该支付给工人全部劳动形成的价值，那么，资本家就得不到任何剩余价值。没有剩余价值，资本主义生产关系也就失去了存在的基础。如果不按照等价交换原则，即资本家经常用较少的物化劳动换取工人较多的活劳动，那就违背了价值规律。

实际上，工人在市场上出卖的不是劳动而是劳动力。劳动力是人的劳动能力。劳动是劳动力的支出和使用。劳动力和劳动是两个完全不同的概念。劳动不是商品，但劳动力在一定历史条件下可以成为商品。工人在出卖劳动力时，同任何商品的出卖一样，实现其价值，同时让渡其使用价值，即让渡进行生产劳动的能力。由此可见，资本主义工资不是劳动的价值或价格，而是劳动力的价值或价格的转化形式。所以，资本主义工资的实质是劳动力价值或价格。

资本主义工资是劳动力价值或价格，但在现象上却表现为劳动的价值或价格，其根源在于资本主义生产关系本身。

第一，从资本家和工人的交换关系看，劳动力的买卖和其他商品的买卖一样，买者用货币购买某种使用价值，卖者让渡这种使用价值。但是，劳动力是看不见的，人们看到的，只是工人为资本家从事的一定时间的劳动。因此，容易使人误认为工人出卖的是劳动，工资是劳动的价值或价格。

第二，从工资的支付形式来看，资本家通常并不是在购买劳动力时支付的，而是在工人为资本家进行劳动之后才支付的。工资的这种支付形式也会使人们把工资看成是劳动的价值或价格。

第三，从工人的谋生手段看，劳动是工人谋取生活资料的手段，所以工人很容易把他出卖劳动力所得到的工资，看作是用劳动换来的。

第四，从工资的实际运动看，工人为资本家劳动的时间越长，生产的产品数量越多，劳动熟练程度越高，劳动强度越大，得到的工资越多。这些，也容易使人们误认为工资是劳动的价值或价格。

其实，这都是劳动力价值采取工资形式所引起的。

劳动力价值或价格一旦采取工资形式，就消灭了必要劳动和剩余劳动、有酬劳动和无酬劳动的一切痕迹，全部劳动都表现为必要劳动和有酬劳动，从而掩盖了资本主义剥削关系。只有揭示资本主义工资的本质，才能正确认识资本家与雇佣工人之间的剥削与被剥削的关系。

二、资本主义工资的形式

资本主义工资形式多种多样，但其基本形式有两种：计时工资和计件工资。

（一）计时工资

计时工资是以工人的劳动时间为计算单位来支付的工资，如月工资、日工资、小时工资等，其实质是工人劳动力的月价值、日价值、小时价值的转化形式。

在计时工资制度下，由于工作日长度不同，工人提供的劳动量不等，同等的计时工资可以代表不同的工资水平。为了阐明计时工资的本质和工人所得工资的真实水平，马克思批判地借用了“劳动价格”这个概念，用以表示工人劳动力每小时的价格。其计算公式是：

劳动价格＝劳动力日价值（日工资额）/工作日小时数

例如，工作日小时数为12小时，劳动力日价值是6元，每小时劳动价格就等于0.5元。如果工作日长度由12小时延长至15小时，劳动力日价值不变，那么，每小时劳动价格就下降为0.4元。

实行计时工资制对资本家十分有利，资本家可以根据自己的实际需要和经营状况，改变工作日；并可以在不降低工资额，甚至在提高工资额的情况下，采取延长劳动时间和提高劳动强度的办法来变相压低工人的计时工资，降低劳动力价格。第二次世界大战以后，资本家还普遍采取了小时工资制，以更灵活巧妙的手段加大对工人的剥削。

（二）计件工资

计件工资则是根据工人所完成的合格产品数量或完成的工作量来支付的工资。计件工资的制定是以计时工资为基础的，资本家是用日工资除以每个工作日的产量定额的办法，来确定每件产品的工资单价的，其公式是：

计件工资单价 = 劳动力日价值（日工资额）/日生产的产品件数

例如，在计时工资条件下，假定劳动力日价值 3 元，工作日为 12 小时，平均生产产品数量为 30 件。那么每件产品的工资单价就是 0.10 元，以此来计算计件工资。因此，计件工资是计时工资的转化形式。其本质和计时工资一样，都是工人劳动力价值或价格的转化形式。但在实行计件工资的情况下，按产品数量支付工资造成了一种假象，即工人出卖的不是劳动力，而是劳动，并且是物化的劳动。

由于资本家往往根据劳动力较强、技术较熟练的工人的日产量来制定标准日产量定额，并据此来确定每件产品的工资单价。因此，在实行计件工资的条件下，工人劳动的质量、数量以及强度可由产品来控制，这就使资本家节约了监督工人劳动的成本。

随着资本主义工资形式的发展，资本家把"科学的劳动组织"和工资形式结合起来，建立了各种工资制度。血汗工资制是资本主义企业运用现代科学技术手段加重剥削工人的工资制度的总称。流行最广的"泰罗制"和"福特制"就是榨取工人血汗的"科学制度"。这种"科学制度"的主要特点是对工人的劳动组织和操作程序进行科学的分析和测定，力求减少工人劳动过程中的不必要劳动，使工人的全部精力有效地投入生产过程，增大劳动强度，以加强对剩余价值的榨取。"泰罗制"是由美国工程师弗雷德里克·泰罗发明的，他用摄像机将技术最好的工人的操作过程记录下来，一分一秒加以分析，去掉多余的动作，制定出效率最高的劳动方法，并以此作为决定产量定额的标准，定出不同的工资等级。据泰罗自己说，在这种工资制度下，工人工资虽然比原来提高了63%，但劳动强度却提高了270%，工人减少了2/3，资本家的支出减少了50%。“福特制”是由美国汽车大王亨利·福特率先在自己的工厂中推行的，这种制度以自动化生产线为技术条件，通过提高流水线的运转速度，来提高和控制工人的劳动强度。血汗工资制度说明，在资本主义社会里，科学技术的进步成为榨取工人血汗的手段。

第二次世界大战后，随着生产自动化的发展，在不少发达国家也曾采取计时奖励工资制、计件奖励工资制、工人分红制等工资形式。在日本还曾以终身雇佣制为基础，采用“年功序列工资制”等形式。所有这些工资形式，并没有改变资本主义工资的本质，并没有改变资本和雇佣劳动之间剥削与被剥削的关系，它们是在新的历史条件下实现资本主义剥削的新形式。

三、资本主义工资的变动趋势

（一）名义工资和实际工资

考察工资的变动趋势，首先要区分名义工资和实际工资。名义工资是指资本家为购买劳动力而支付给工人的货币工资。实际工资是工人用货币工资所能买到的生活资料和服务的数量。

实际工资与名义工资相联系。在其他条件不变时，名义工资与实际工资呈正向变化。但是，实际工资的变动状况往往同名义工资并不一致。因为实际工资的多少并不仅仅取决于名义工资的数量，它还取决于物价、房租及税收等因素。受这些因素的影响，在名义工资不变、甚至提高的情况下，实际工资却有可能降低。所以，当我们考察工资量变动趋势时，就不能仅仅看名义工资的状况，更重要的是对实际工资变动趋势进行研究，只有实际工资才能真正反映工人的实际收入和生活状况。

名义工资和实际工资的数量关系可以用公式表示：

实际工资＝名义工资/生活资料（包括劳务性支出）物价指数

纵观资本主义的历史和现实，实际工资的水平有时上升，有时下降。从资本主义发展的整个历史时期看，实际工资的水平具有缓慢上升的趋势。这是因为：第一，随着社会劳动生产率的提高，劳动力再生产所必需的生活资料的数量增多了，结构改变了。第二，在资本主义的生产处于扩张时期，对劳动力需求的增大有利于工人工资的提高。第三，工人阶级为争取自身的利益而进行的有组织斗争，为工人提高工资创造了条件。第二次世界大战以后，主要资本主义国家工人的实际收入出现了缓慢上升的趋势。

（二）相对工资

在考察工资水平变动趋势时，不仅要看工资的绝对量，而且还要考察工资的相对量，即相对工资。所谓相对工资是指同资本家所得到的剩余价值相比较的工资，也叫比较工资，用公式表示为：相对工资＝v/m。它反映工资在工人所创造的新价值（v＋m）中同资本家所得到的剩余价值相比所占的份额。在新价值已定的条件下，剩余价值增加，工资就会减少；工资增加，则剩余价值就会减少。二者此消彼长。

随着资本主义的发展，国民收入中工资所占份额越来越小，而剩余价值所占份额却越来越大，因而相对工资降低是工资变动的趋势。即使在名义工资和实际工资不变甚至有所增长的情况下，由于工资的增长速度赶不上剩余价值增长的速度，相对工资仍然是降低的。相对工资降低的趋势，反映了工人和资本家的利益对立和资本主义社会财富分配的不合理。

（三）工资的国民差异

由于资本主义各国在经济发展的不同阶段，经济增长速度及水平有差异，因此，工资水平也存在着很大的差异。考察各国工人的工资水平，比较其差异，可以从以下几个方面考虑：第一，各国自然条件、社会经济发展状况、文化发展水平以及历史条件等，导致劳动力价值构成要素不同，因此，各国工人的名义工资和实际工资有所差异。第二，各国生产技术水平存在差异，对劳动者素质的要求不同，因此，用于教育和训练费用的支出不同。第三，各国劳动生产率不同，生产同样的产品，由于价值规律在国际市场上的作用，就使劳动生产率较高国家的企业获得更多的价值，从而表现为更多的货币量。此外，各国本身的劳动力市场的供求状况、工人的组织程度及工人运动发展状况等都会产生工资差异。

总之，考察各国工资水平的差异，必须对影响劳动力价值变动的各种因素进行全面的综合的分析，才能做出正确判断。

1. 资本主义生产方式是如何确立的?

2. 为什么说劳动力成为商品是货币转化为资本的前提?

3. 剩余价值是怎样生产出来的?

4. 剩余价值生产的两种基本方法是什么? 怎样理解相对剩余价值生产是在资本家追逐超额剩余价值的过程中实现的。

5. 怎样理解自动化条件下剩余价值的来源。

6. 资本主义工资的本质和形式是什么?

7. 分析工资变动的趋势应注意哪些问题? 如何理解资本主义条件下工人的实际工资有提高的趋势?

第三章

资本积累与再生产

教学要点

1. 资本主义再生产的形式
2. 资本主义扩大再生产
3. 资本积累的实质、途径以及影响资本积累规模的因素
4. 资本有机构成不断提高的趋势以及对无产阶级命运的影响
5. 资本主义积累的一般规律
6. 资本主义生产方式的矛盾和经济危机

关键词

资本主义简单再生产　资本主义扩大再生产　资本积累　资本积聚　资本集中　资本有机构成　经济危机

第一节　资本主义再生产和资本积累

一、一般再生产

人类社会为了自身的生存和发展，必须进行物质资料的生产活动。人类社会任何时候都不可能停止消费，因而也就不能停止生

产。"任何一个民族，如果停止劳动，不用说一年，就是几个星期，也要灭亡，这是每一个小孩都知道的。"① 因此，社会生产总是连续不断、周而复始地进行。这种不断重复和不断更新的生产过程，就是再生产过程，再生产就是连续不断重复进行的社会生产。

社会再生产就其内容来说包含两方面：一方面是物质资料的再生产。因为，每一次生产过程，都要消耗一定的物质资料，这些物质资料既包括生产资料，也包括生活资料。与此同时，任何一次生产过程又会生产出一定的物质资料，用于补偿已经消耗的物质资料，为下一次再生产过程提供生产条件。物质资料的消耗和替换既构成社会再生产的基本内容，又是形成再生产连续性的必要条件，是社会生产力发展的客观反映和结果。另一方面是生产关系的再生产。社会再生产都是在特定的社会生产关系下进行的，离开了一定的生产关系，任何生产和再生产过程都无法进行。随着社会生产的不断重复和不断更新，原有的生产关系不断地得到维持和发展。生产关系的再生产反映了再生产的社会性质和生产关系一定要适应生产力发展性质的客观要求。由此可见，任何社会的再生产都表现为物质资料再生产和生产关系再生产的统一。

社会再生产按其规模来划分，可分为简单再生产和扩大再生产。简单再生产是指生产规模不变的再生产，即生产出来的产品完全用于补偿生产中已经消耗的生产资料和生活资料。扩大再生产是在规模扩大的基础上进行的再生产，即生产出来的产品除了补偿已经消耗的物质资料外，还要为扩大生产规模提供追加的生产资料和生活资料。

简单再生产是扩大再生产的基础和出发点，扩大再生产是简单再生产的发展，是社会再生产的主要特征。

扩大再生产按其实现方式来划分，可分为外延的扩大再生产和

① 《马克思恩格斯选集》第4卷，人民出版社1972年版，第363页。

内涵的扩大再生产两种类型。外延的扩大再生产是指单纯依靠增加生产要素的数量来扩大生产规模。内涵的扩大再生产是指主要依靠生产资料效率的提高，技术的进步，改善生产要素的质量，提高劳动生产率来扩大生产规模。正如马克思所说：“如果生产场所扩大了，就是在外延上扩大；如果生产资料效率提高了，就是在内涵上扩大。”①

在生产技术水平和生产资料使用效率比较低的条件下，扩大再生产一般以外延的为主；而在科学技术迅速发展和生产资料使用效率不断提高的条件下，扩大再生产则以内涵的为主。

二、资本主义简单再生产

资本主义简单再生产，是指资本家把剩余价值全部用于个人消费，生产在原有规模上重复进行的生产。分析资本主义的简单再生产，可以发现在孤立的生产过程中所看不到的一些重要特点，从而进一步揭露资本主义剥削的实质。

第一，由对资本主义简单再生产的分析，可以看出，资本家支付给工人的工资即可变资本，是工人自己劳动创造的。工人不仅自己养活了自己，而且还养活了资本家。

从一个孤立的生产过程看，资本家雇佣工人并支付工资，似乎是资本家用自己的货币垫支给工人的。但是，从不断重复的再生产过程来看，资本家支付给工人的工资，是工人在上一个生产过程中所创造的价值的一部分。在生产过程中，工人的劳动不但保存了生产资料的旧价值，而且还创造出新的价值，其中一部分用来补偿可变资本，另一部分则是被资本家无偿占有的剩余价值。工人获得的工资报酬，不过是自己再生产出来的产品的一部分。“工人今天的

① 《马克思恩格斯全集》第24卷，人民出版社1972年版，第192页。

劳动或下半年的劳动是用他上星期的劳动或上半年的劳动来支付的"①。由此可见，工资不是资本家垫支的，而是工人在上一个生产过程自己创造出来的，不仅如此，还为资本家创造了剩余价值。所以，不是资本家养活工人，而是工人自己养活自己，同时又养活资本家。

第二，由对资本主义简单再生产的分析可以看出，不仅可变资本是工人自己创造的，而且资本家预付的全部资本都是工人劳动创造的。

假定某一资本家最初投入的全部资本是由他的祖先或自己多年辛勤劳动的积蓄，但经历若干次的简单再生产过程后，最初投入的资本已作为个人消费基金全部被资本家吃光用尽。现存的与原预付资本等额的资本，都来源于历次生产过程工人创造的剩余价值，是剩余价值的结晶。例如某资本家最初预付资本 100 000 元，其中 80 000元用于购买厂房、机器设备、原材料等生产资料，20 000 元用于购买劳动力，如果剩余价值率 100%，则每年获得 20 000 元剩余价值。若剩余价值全部被资本家消费掉，经过 5 年，该资本家共消费 100 000 元剩余价值，这与其最初投入的资本量相等，也就是说，现存的 100 000 元的资本价值完全是工人创造的剩余价值形成的。由此可见，资本家的全部资本，无论它最初的来源如何，只要经过一定时期的再生产，就会完全变成由剩余价值积累起来的资本。

第三，通过对资本主义简单再生产的分析可以看出，雇佣工人的个人消费完全从属于资本家剥削剩余价值的需要，是资本再生产的一个条件。表面上看，雇佣工人的个人消费是作为工人自己的事在生产过程之外进行的，好像和资本主义生产过程无关。事实上，只要从再生产的角度来考察，情况就完全不同了。工人通过个人消

---

① 《马克思恩格斯全集》第 23 卷，人民出版社 1972 年版，第 623 页。

费，恢复已经消耗的劳动力，这就在客观上为资本家阶级保存了一个进行生产和再生产所不可缺少的物质条件。所以工人个人消费的实质是为资本主义再生产出可供剥削的劳动力。可见，“从社会角度来看，工人阶级，即使在直接劳动过程意外，也同死的劳动工具一样是资本的附属物。甚至工人的个人消费，在一定限度内，也不过是资本再生产过程的一个要素”①。工人不但在劳动过程中受资本家的奴役，就是在劳动过程之外，也是为整个资本家阶级而存在的。工人在把劳动力出卖给某个资本家之前，已经属于整个资产阶级了。马克思说：“罗马的奴隶是由锁链，雇佣工人则是由看不见的线系在自己的所有者手里。”②

综上所述，通过对资本主义简单再生产的分析，可以清楚地看出，资本主义的再生产过程，不仅生产出商品，生产出剩余价值，而且还要不断地生产和再生产出形成资本家和雇佣工人的社会条件。因此，资本主义的再生产是物质资料再生产和资本主义生产关系再生产的统一。

三、资本主义扩大再生产

资本主义再生产的特征是扩大再生产。事实上，资本家是不会把剩余价值全部用于个人消费的。资本家为了获得更多的剩余价值，总是不断扩大生产规模，进行扩大再生产。资本主义扩大再生产是指资本家把剩余价值的一部分转化为资本，购买追加的生产资料和劳动力，使生产在扩大的规模上重复进行。马克思说：“把剩余价值当作资本使用，或者说，把剩余价值再转化为资本，叫做资本积累。”③ 分析资本积累和资本主义扩大再生产，可以进一步认

① 《马克思恩格斯全集》第23卷，人民出版社1972年版，第625页。
② 《马克思恩格斯全集》第23卷，人民出版社1972年版，第629页。
③ 《马克思恩格斯全集》第23卷，人民出版社1972年版，第635页。

识到资本主义生产关系的本质。

第一，剩余价值是资本积累的源泉，资本积累又是资本主义扩大再生产的源泉。例如，某资本家拥有资本100 000元，其中不变资本80 000元，可变资本20 000元，剩余价值率为100%。一年生产结束后，资本家可获得剩余价值20 000元。假设这个资本家把剩余价值的一半（10 000元）用于个人消费，把另外的10 000元转化为资本，那么，在不变资本和可变资本比例不变的条件下，就会有8 000元作为追加的不变资本，有2 000元作为追加的可变资本，总资本增大到110 000元，其中不变资本由原来的80 000元增大到88 000元，可变资本由原来的20 000元增大到22 000元，从而能使资本家购买更多的生产资料和劳动力，使生产规模扩大。若剩余价值率不变，到第二年末，这个资本家就可获得22 000元的剩余价值，企业的总资本价值也就随之增加到132 000元。这样进行下去，资本家的资本会不断增大，生产规模不断扩大，雇佣的工人数量逐年增多，剩余价值不断增加。如果说通过对资本主义简单再生产分析，看到资本家垫支的全部资本要经过一段时间后，才会变成资本化的剩余价值，而通过对资本主义扩大再生产的分析，则可以看到追加的资本一开始就来源于剩余价值。正如马克思所说："它一开始就没有一个价值原子不是由别人的无酬劳动产生的。"[①] 所以，剩余价值是资本积累的唯一源泉，资本积累是资本主义扩大再生产的前提，是资本主义扩大再生产的重要源泉。

第二，资本积累不仅是剥削雇佣工人的结果，而且是进一步剥削雇佣工人的手段。在资本主义扩大再生产中追加的资本，不外是工人阶级生产的剩余价值。资本家用积累资本的一部分购买追加的劳动力，即使是等价交换，也不过是用工人过去的无酬劳动再去占有工人更多的活劳动，榨取更多的剩余价值。可见，资本积累不仅

① 《马克思恩格斯全集》第23卷，人民出版社1972年版，第638页。

是剥削雇佣工人的结果，而且是进一步剥削雇佣工人的手段。资本主义扩大再生产，一方面使资本家的资本不断扩大，再生产出更大的资本家，另一方面使被剥削的无产者的数量日益增多，再生产出更多的工资劳动者。这样，资本主义剥削关系就在不断扩大的规模上再生产出来。

四、资本积累的实质和影响资本积累规模的因素

（一）资本积累的实质及其必然性

资本家为了获取尽可能多的剩余价值，要不断地把剩余价值的一部分转化为资本，进行扩大再生产。资本积累的规模越大，剥削的剩余价值就越多。所以，资本积累的实质是：资本家利用无偿占有的剩余价值，进行资本积累，扩大生产规模，从而进一步无偿占有更多的剩余价值。

资产阶级及其某些学者（典型代表如 19 世纪的英国人西尼尔）为了美化资本主义制度，竭力歪曲资本积累的实质，把资本积累归因于资本家拥有“节欲”的美德，利润是对资本家节欲美德的报酬；资本积累是资本家为了“社会进步”，是他们为社会作出的一种牺牲等等。但是，马克思认为，决定资本积累的主要力量不是资本家的个人品质特点，而是资本主义经济制度的内在必然。

在资本主义制度下，资本积累具有客观必然性。资本积累的动因是剩余价值规律和竞争规律共同作用的结果。

第一，剩余价值规律作为资本主义生产方式内在的规律驱使着资本家要不断地进行积累。资本家是人格化的资本，对剩余价值追求的欲望是无止境的。为了获得更多的剩余价值，资本家除了提高对工人的剥削程度外，还必须不断地增加资本数量，扩大剥削的规模。所以，对剩余价值的无限贪婪，是推动资本家进行资本积累的内在动力。

第二，竞争规律作为资本主义生产方式的强制力量从外部迫使

资本家要不断地进行积累。在激烈竞争的条件下，资本家只有不断积累资本，扩大生产规模，采用新的技术装备，才能降低生产成本，提升市场的竞争力，否则无法在激烈的市场竞争中生存下去。马克思说："竞争使资本主义生产方式的内在规律作为外在的强制规律支配着每一个资本家。竞争迫使资本家不断扩大自己的资本来维持自己的资本，而他扩大资本只能靠累进的积累。"①

（二）影响资本积累规模的因素

资本积累的唯一源泉是剩余价值，如果剩余价值分割为积累基金和消费基金的比例不变，那么，资本积累的规模就取决于剩余价值的绝对量。因而，凡是影响剩余价值量的因素，都会影响资本积累的规模。

第一，对劳动力的剥削程度。在其他条件不变的情况下，对劳动力的剥削程度越高，同量可变资本带来的剩余价值就越多，从而资本积累的规模也就越大。所以，资本家通过延长劳动时间、提高劳动强度以及压低工资等加强剥削的方法，增加剩余价值，扩大资本积累。

第二，劳动生产率的水平。（1）劳动生产率提高，商品变得便宜，生活资料价值降低，劳动力的价值随之降低，使剩余价值率提高，剩余价值量增加，从而扩大资本积累的规模；（2）劳动生产率提高，商品价值量降低，同量的可变资本可以推动更多的劳动力，同量的不变资本可以购买更多的生产资料，从而提供了更多的形成商品价值和剩余价值的要素，增加资本积累的数量；（3）劳动生产率提高，商品价值量降低，同量剩余价值表现为更多的商品，这样，资本家在不减少、甚至增加个人消费的情况下，依旧可以增大资本积累的数量；（4）劳动生产率提高，使生产资料的价格变得更便宜、效能会更高，在原有资本更新时，采用效率更高、

① 《马克思恩格斯全集》第23卷，人民出版社1972年版，第649~650页。

质量更好的生产资料，使资本家获得超额剩余价值或相对剩余价值。

第三，所用资本和所费资本之间的差额。所用资本是在生产过程中全部投入使用并发挥作用的劳动资料的价值；所费资本是指每一次生产过程中实际消耗掉并转移到新产品中去的劳动资料的价值。投入生产过程中的劳动资料，并不是在一次生产过程中全部被消耗掉，如厂房、机器设备等可以在生产过程中反复使用，其价值随着磨损程度逐渐转移到新产品中去，因此，所用资本与所费资本之间形成一个差额，这个差额的大小取决于劳动资料的质量和数量。这表明，所用资本的部分价值虽已转移，但使用价值并未随之减少，将继续像阳光、空气等自然力一样为生产提供无偿的服务。劳动资料的这种无偿服务，会引起产品价值的下降，产生超额剩余价值和相对剩余价值，从而有利于扩大资本积累。

第四，预付资本量的大小。在剥削程度一定的情况下，剩余价值量取决于被剥削的工人人数。如果不变资本和可变资本的比例不变，那么，预付资本量越大，其中的可变资本量也就随之增大，从而可以雇佣更多的工人，榨取更多的剩余价值，扩大资本积累的规模。

总之，“一切生产剩余价值的方法同时就是积累的方法，而积累的每一次扩大又反过来成为发展这些方法的手段”①。

---

① 《马克思恩格斯全集》第23卷，人民出版社1972年版，第708页。

第二节　资本有机构成提高和相对过剩人口

一、资本的有机构成及其不断提高

在资本积累过程中，资本不仅在数量上不断增长，而且在构成上也会发生变化。资本构成的变化是影响无产阶级状况的一个关键性问题。

资本有机构成可以从两方面考察：一方面从物质形态看，资本是由一定数量的生产资料和劳动力构成的，它们之间具有一定的比例。生产资料数量和劳动力数量之间的比例是由生产的技术水平决定的，所以叫做资本的技术构成。另一方面从价值形态看，由于生产资料的价值表现为不变资本，劳动力的价值表现为可变资本。因而，资本又是由一定数量的不变资本和可变资本构成的，它们之间的比例叫做资本的价值构成。资本的技术构成和资本的价值构成之间存在着密切的有机联系。资本的技术构成是资本价值构成的物质基础，一般来说，资本的技术构成决定资本的价值构成，资本的技术构成发生了变化，资本的价值构成也跟着发生变化。马克思把由资本的技术构成决定并反映资本技术构成变化的资本价值构成称为资本有机构成，用 $c:v$ 来表示。

对资本有机构成概念的理解需要注意两点：一是由于生产资料价格或劳动力价格的变化而引起的资本价值构成变化不属于资本有机构成的变化，从而对无产阶级的状况不具有直接的影响。二是资本有机构成在不同企业、不同生产部门是不同的。把一个部门各个企业的资本有机构成加以平均，就是这个部门平均的资本有机构成；把一个国家各个部门的资本有机构成加以平均，就是这个国家的社会平均资本有机构成。在这里，我们所研究的一般是指社会平均的资本有机构成。

从整个资本主义发展的历史看，随着资本积累的进行，资本有机构成是不断提高的。资本家为了获取尽量多的剩余价值并在竞争中取胜，必须将积累的资本更多地用于购置先进的机器设备，提高企业装备水平，改进生产技术，提高劳动生产率。而劳动生产率的提高意味着劳动力将能推动更多的生产资料，反映到资本价值构成上，就表现为不变资本在总资本中的比重日益增大，可变资本所占比重不断减少，资本有机构成不断提高。例如：某工厂有资本 100 万元，用于购买生产资料的不变资本是 70 万元，用于购买劳动力的可变资本为 30 万元。这个企业的资本有机构成 c∶v 就是 7∶3。当该企业由于生产技术进步，使投在生产资料方面的不变资本上升为 80 万元，购买劳动力的可变资本减少为 20 万元。那么，该企业的资本有机构成 c∶v 即提高为 4∶1。

从资本主义扩大再生产的发展过程中，由于资本家在竞争中不断采用新技术，资本的技术构成趋向提高，资本有机构成也呈现出提高的趋势。表 3－1 反映了美国加工工业在 1889～1939 年资本有机构成变化的情况。

表 3－1　　美国加工工业 1889～1939 年资本有机构成的变化

单位：亿美元

年　份	c（不变资本总额）	v（工资总额）	c∶v（资本有机构成）
1889	8.40	1.89	4.44∶1
1899	12.36	2.32	5.33∶1
1909	20.24	3.21	6.31∶1
1919	60.83	9.61	6.33∶1
1929	66.40	10.88	6.10∶1
1939	58.86	9.09	6.48∶1

资料来源：美国劳工研究协会编：《美国资本主义的趋势》，五十年代出版社 1950 年版，第 62 页附表。

从表3－1可以看出，资本有机构成提高，是资本主义发展的必然趋势。

二、资本积聚和资本集中

资本有机构成的提高，一般是以单个资本的增大为前提的。单个资本越是增大，才越有条件采用先进的生产技术和机器设备，提高劳动生产率，从而促使资本有机构成的提高。单个资本的增大，则是通过资本积聚和资本集中这两种方式来实现的。

资本积聚是指个别资本家依靠剩余价值的资本化增大资本的总额。例如，某资本家原有资本100 000元，一次生产过程可以获得剩余价值为20 000元。如果该资本家将其中的10 000元消费，10 000元转化为资本，积累起来，那么，下一个生产过程资本的总额就由100 000元增加到110 000元，这就是资本积聚。可见，资本积聚是资本积累的直接结果。积累的规模越大，积聚的资本就越多，从而个别资本总额就越大。但是，依靠资本积聚增大个别资本总额是有一定局限性的。由于资本积聚的过程进行缓慢，而且受社会财富增长的限制，个别资本增大的速度不能适应资本主义发展的需要。因此，资本集中的形式应运而生。

资本集中是指若干分散的中小资本通过合并、兼并或联合形成较大的资本。它既可以采取大资本吞并小资本的形式，也可以通过组织股份公司的形式使个别资本迅速增大。在资本集中的过程中，竞争和信用是两个强有力的杠杆。在激烈的竞争中，大资本家凭借雄厚的实力，可以采用先进技术和科学的劳动组织，不断提高劳动生产率，降低生产成本，不断战胜分散的中小资本，从而按照“大鱼吃小鱼”的原则兼并这些中小资本，形成一个更大的资本。信用制度的发展，加速了资本集中的进程。大资本依靠自身较强的信用能力，可以从银行获得大量的贷款，扩大生产，改进技术，提高资本的竞争能力；另外，信用制度的发展，为分散的中小资本联合起来组成规模巨大的股份公司创造了条件。伴随资本主义生产的发展，股份公司逐步成为资本主义企业的主要形式。总之，资本集中可以采取大资本兼并小资本的公开强制形式，也可以采取组织股份公司的比较“和平”的方式。但是，无论是哪一种形式，实质上都是大资本对小资本的吞并和支配。

资本积聚和资本集中作为个别资本增大的两条途径既相互区别，又相互联系。就区别而言，包括：

第一，资本积聚是依靠剩余价值转化为资本而实现的，随着个别资本的积聚，社会总资本也会相应增大；资本集中是社会上已有资本的合并或联合，它不过是原有资本在资本家之间的重新分配和重新组合，并不增加社会资本总额。

第二，资本积聚是剩余价值的资本化，它的规模要受到个别资本的原有资本量、剩余价值绝对量以及剩余价值分割为积累基金和资本家个人消费基金的比例等条件的限制；资本集中则不受上述条件的限制。

第三，依靠资本积聚，实现个别资本规模增大，其速度比较缓慢；而资本集中则可以在短期内使单个资本的数量迅速增大，从而有利于资本积累，有利于先进技术的采用和推广，有利于大型工程事业的兴办。所以马克思指出：“假如必须等待积累去使某些单个资本增长到能够修建铁路的程度，那么恐怕直到今天世界上还没有铁路。但是，集中通过股份公司转瞬之间就把这件事完成了。”①

资本积聚和资本集中也存在着密切联系、相互促进的关系。一方面，资本积聚是资本集中的基础。因为任何一个企业，资本积聚得越快，竞争能力就越强，越有利于对中小资本的吞并，从而加速资本集中的过程；另一方面，资本集中又为更大规模的资本积聚创造了条件。因为集中起来的大资本，更有条件采用先进的技术，提

---

① 《马克思恩格斯全集》第23卷，人民出版社1972年版，第688页。

高劳动生产率，获得更多的超额剩余价值，从而使资本积聚的规模扩大。总之，个别资本正是通过资本积聚和资本集中这两种形式而迅速增大的。

资本积聚或资本积累是资本主义自由竞争时期单个资本增大的主要途径。随着资本主义从自由竞争进入垄断阶段，资本集中逐渐成为个别资本增大的主要形式。

三、相对过剩人口和失业问题

（一）相对过剩人口产生的原因

相对过剩人口，是资本主义国家相当普遍的现象。相对过剩人口形成的根本原因在于资本主义制度本身。

在资本主义扩大再生产过程中，如果资本有机构成不变，则可变资本会与总资本按照同一比例增长，对劳动力的需求就会增加；若劳动力的供给小于资本对劳动的需求，必然会引起工资水平的上升，使工人的生活水平提高。然而，由于资本追求超额剩余价值的内在动力和残酷竞争的外在压力，导致资本家会不断改进生产技术，提高劳动生产率，于是资本的技术构成便会日益提高，从而引起资本有机构成随之相应的提高，所以资本有机构成的不断提高，是资本主义发展的一种必然趋势，它既是资本主义竞争的必然结果，也是资本积累的必然结果。

在资本积累过程中，资本有机构成的不断提高，必然引起两种对立趋势的产生。

一方面，资本有机构成的提高，导致资本对劳动力的需求绝对或相对减少。在资本主义生产中，资本对劳动力的需求，并不取决于总资本的多少，而是取决于其中的可变资本的大小。因此，当可变资本在总资本中所占比重日益减少时，资本对劳动力的需求就会减少。由资本有机构成的提高而引起的资本对劳动力的需求的减少表现为两种情况：一种情况是资本对劳动力的需求相对减少。即随着总资本的增加，以及资本有机构成的提高，总资本中可变资本所占比重下降，于是出现资本对劳动力的需求减少。但是从全部资本的角度来看，资本对劳动力需求的绝对量却有所增加。

假设，某资本家有资本 100 000 元，资本有机构成 c : v 为 1 : 1,则不变资本与可变资本均为 50 000 元，每个工人的工资为 500 元，则可雇佣工人 100 人。随着总资本增加到 300 000 元，资本有机构成提高为 4 : 1，不变资本增加到 240 000 元，可变资本为 60 000 元，每个工人的工资不变，则可雇佣工人 120 人（参见表 3 –2)。

表 3 –2　资本有机构成提高及其对劳动力需求的影响　单位：元；人

资本总额	资本有机构成 c : v	不变资本	可变资本	需要工人数量（工资：500 元/人）
100 000	1 : 1	50 000	50 000	100
300 000	4 : 1	240 000	60 000	120

从表 3 –2 可以看出，总资本虽然由 100 000 元增加到 300 000 元，即增加了两倍，但是由于资本有机构成的提高，可变资本部分只增加了 20%。显然，随着资本主义的发展，虽然可变资本和所需工人绝对量都增加了，但是这种增加与总资本的增加并未按照统一比例进行。因而，工人就业的机会还是减少了。即资本对劳动力的需求相对减少。

另一种情况是资本对劳动力的需求绝对减少。有些部门和企业，由于采用先进的机器设备，资本有机构成迅速提高，不需要雇用那么多的工人，于是，一部分工人被解雇，“机器排挤工人的现象”出现了。例如，打包机的采用，曾使大批打包工人失业；激光照排的使用，导致大批排字工人加入到失业队伍中。

随着资本主义的发展，资本有机构成的提高，无论是资本对劳动力需求属于相对减少，还是绝对减少，一部分工人总会从生产中被排挤出去。

另一方面，随着资本积累的进行和资本有机构成的提高，劳动力对资本的供给却日益增加。其原因是：第一，由于技术的不断进步，大机器的广泛采用，生产的许多操作变得简单了，而且很多工作大大减轻了体力劳动的繁重程度，从而使大量女工和童工加入到雇佣劳动者队伍。第二，随着资本主义经济的发展，促使小生产者迅速两极分化，大批农民和手工业者破产沦为无产者，加入到雇佣劳动者队伍。第三，在激烈的市场竞争中，越来越多的中、小资本家破产，丧失了生产资料和生活资料，最终沦为雇佣劳动者。

可见，伴随着资本积累的增长和资本有机构成的提高，一方面是资本对劳动力的需求日益相对地有时甚至是绝对地减少；另一方面，劳动力对资本的供给却日益增加，其结果，必然使劳动力的供给超过资本对劳动力的需求，从而必然造成大量的劳动者失业，形成相对过剩人口。所谓相对过剩人口，即劳动力的供给超过了资本对劳动力的需求。可见，这种人口过剩不是绝对的，不是劳动者真的没有什么工作可做而成为“多余”的人，而仅仅是相对于资本的需要，才显得“过剩”了。所以，相对过剩人口是资本主义积累的必然产物。马克思指出：“工人人口本身在生产出资本积累的同时，也以日益扩大的规模生产出使他们自身成为相对过剩人口的手段。这就是资本主义生产方式所特有的人口规律。”①

（二）相对过剩人口的作用

相对过剩人口不仅是资本积累和资本有机构成提高的必然产物，同时还是资本主义存在和发展的必要条件。这是因为：

第一，相对过剩人口，为资本主义的经济发展提供了一支“产业后备军。”由于资本主义生产的发展具有周期性，不断从高涨到危机，又从危机到高涨循环往复、间歇地进行。在危机时期，

① 《马克思恩格斯全集》第23卷，人民出版社1972年版，第692页。

大批工厂倒闭，生产大幅度下降，资本对劳动力的需求大大减少，于是失业人口急剧增加；但在高涨时期，生产规模迅速扩大，又迫切需要吸收大量的劳动力。如果仅仅依靠人口的自然增长，显然不能适应这种需要。相对过剩人口的存在，便可以随时调节和满足不同时期资本对劳动力的需求，从而起着“蓄水池”的作用。

第二，大量失业人口的存在有利于资本家加重对在业工人的剥削。在劳动力供过于求的情况下，资本家不仅可以从市场上购买到更廉价的劳动力，而且可以迫使在业工人接受较低的工资和较差的劳动条件，或者强迫在业工人延长劳动时间和提高劳动强度。

（三）相对过剩人口的形式

相对过剩人口的存在有三种基本形式：

1. 流动的过剩人口

这是指那些暂时找不到工作或从生产过程中被排挤出来的失业人口。他们主要存在于现代工业中心的大城市，在一定时期内时而被吸收，时而被解雇，是经常处于流动状态的失业人口。同时，由于社会分工的束缚或新科学技术的应用，还经常出现“结构性”失业人口。

2. 潜在的过剩人口

这主要指农村中失业或半失业的人口。资本主义在农业中的发展，使越来越多的农民破产。由于农业资本对雇佣工人的需求会随着农业资本有机构成的提高而减少，必然在农村中形成大量过剩人口，他们等待时机流落到城市去做工。在这个时机到来之前，他们只好靠经营小块土地勉强维持最低限度的生活。从形式上看，这部分人没有失业，从本质上看，他们已经成为潜在状态的过剩人口，随时准备转向城市就业，补充城市雇佣劳动者的队伍。这部分过剩的人口是资本家获得追加劳动力的源泉。

3. 停滞形式的过剩人口

主要是指那些没有固定职业，从事家庭劳动，以及干杂活、打短工勉强维持生活的人们。这类过剩人口的特点是劳动时间最长，工资最低，劳动条件最差。资本积累的规模越大，这种形式的过剩人口就越多。

此外，相对过剩人口的最低层，是那些需要社会救济的赤贫者，他们有的已经丧失劳动能力，有的被迫流浪或堕落，没有任何希望找到工作。二战以后，在一些资本主义国家还出现了“结构性”失业，即不能适应新科学技术的要求而失业的人口。

应当指出，在社会化大生产条件下，生产过程的机械化、自动化，劳动生产率的提高，产业结构和部门比例关系的调整以及经济发展的周期性等情况的发生，都可能出现局部的、暂时的劳动者失业现象。但这并不意味着失业现象是社会化大生产的必然产物。在资本主义社会化大生产条件下，资本家垄断了对生产资料的所有权，劳动者就业情况是根据资本最大限度地增殖的需要来决定的。相对过剩人口的存在，既是资本主义生产方式的产物，又是资本主义生产方式存在和发展的必要条件。因此，任何一个资本主义国家都不可能也不会真正愿意消灭失业人口，实现充分就业。

第三节　资本主义积累的一般规律和无产阶级的贫困

一、资本主义积累的一般规律

随着资本积累的进行和资本有机构成的提高，一方面是社会财富越来越集中在资本家阶级手中；另一方面，社会财富的直接创造者，无产阶级的生活极不安定，工作没有保障，失业人数不断增加，无产阶级遭受的劳动折磨及其贫困状况愈加严重。马克思正是从资本积累对无产阶级命运的影响所作的详尽考察中，发现了资本主义积累的一般规律。马克思指出：“社会的财富即执行职能的资本越大，它的增长的规模和能力越大，从而无产阶级的绝对数量和他们的劳动生产力越大，产业后备军也就越大。可供支配的劳动力同资本的膨胀力一样，是由同一些原因发展起来的。因此，产业后备军的相对量和财富的力量一同增长。但是同现役劳动军相比，这种后备军越大，常备的过剩人口也就越多，他们的贫困同他们所受的劳动折磨成反比。最后，工人阶级中贫苦阶层和产业后备军越大，官方认为需要救济的贫民也就越多。这就是资本主义积累的绝对的、一般的规律"①。

这一规律表明，随着资本积累的发展，一极是财富的积累，另一极则是贫困、劳动折磨、受奴役、无知、粗野和道德堕落的积累。它揭示了资本财富的增长同无产阶级状况恶化之间的矛盾，即资本主义生产关系的对抗性矛盾。

这一规律表明：资本主义的社会财富即职能资本越大，社会劳动生产力越发展，产业后备军就越多；产业后备军越大，经常失业的人口也就越多；失业人口越多，工人阶级就越贫困。显然无产阶级贫困化，不仅是由于资本积累过程中失业人口日益增多造成的，而且是剩余价值生产的必然结果，是整个资本主义制度及其运动规律造成的。马克思在概括了资本主义积累的一般规律后指出："一切生产剩余价值的方法同时就是积累的方法，而积累的每一次扩大又反过来成为发展这些方法的手段。由此可见，不管工人的报酬高低如何，工人的状况必然随着资本的积累而日趋恶化"②。因为，在资本主义生产方式中，一切增加剩余价值的方法，都是依靠牺牲工人的利益来实现的；发展生产的一切手段都转化为加强支配和剥削劳动者的手段。它使工人畸形发展，变成局部工人，变成机器的附属品；它使工人受劳动的折磨，使劳动枯燥无味，并且随着科学

① 《马克思恩格斯全集》第23卷，人民出版社1972年版，第707页。
② 《马克思恩格斯全集》第23卷，人民出版社1972年版，第708页。

作为独立的力量加入劳动过程而使劳动过程的智力活动与工人相异化；这些手段使劳动过程的条件更加恶化，使工人在劳动过程中屈服于资本的专制，使劳动时间侵占工人的生活时间，并且把工人的妻子儿女都抛到资本的车轮之下。同时，资本主义积累的一般规律，即使相对过剩人口或产业后备军同积累规模和能力始终保持平衡的规律，更把工人牢牢地钉在资本上，总之，在资本主义条件下，剩余价值的生产和资本积累一起，使无产阶级状况趋于恶化。

社会财富的积累同无产阶级贫困的积累，深刻地表明了资本主义积累的对抗性质，表明了无产阶级在资本主义制度下是无法摆脱遭受剥削的悲惨命运的。资本主义积累的一般规律，揭示了无产阶级同资产阶级之间利益的根本对立和不可调和的阶级矛盾。马克思关于资本积累的理论，为无产阶级反对资本压迫和进行社会主义革命，提供了锐利的思想武器。

二、无产阶级的贫困

资本主义制度下的无产阶级贫困，具体可以分为相对贫困和绝对贫困两种形式。无产阶级的相对贫困是指，无产阶级的工资收入在国民收入中所占的份额同资产阶级剥削收入所占的份额相比日趋下降，它反映了无产阶级生活水平同资产阶级生活水平差距的日益扩大。列宁根据马克思关于无产阶级贫困化的理论研究了垄断时期无产阶级的经济地位，指出："工人阶级的相对贫困，即他们在社会收入中所得份额的减少更为明显。工人的财富迅速增长的资本主义社会中的比较份额愈来愈小，因为百万富翁的财富增长得愈来愈快了。"① 在资本主义社会的财富分配中，无产阶级所占的份额是随着资本主义经济的发展而相对下降了。例如：战后美国制造业工人的工资收入在国民收入中所占的比例：1947 年为 50%，1954 年

① 《列宁全集》第 18 卷，人民出版社 1975 年版，第 430 页。

为 47.4%，1963 年为 43.4%，1970 年为 42.8%，1973 年为 41.8%。另据统计，1% 富有的美国人拥有全国财产的 40%，而 80% 的穷人只占有全国财富的 16%。20 世纪 90 年代，美国社会财富增长的 40% 为少数富人所占有，多数穷人只获得其中的 1%。1977 年至 1999 年，美国最富的 1/5 家庭的税后收入增长了 43%，而最穷的 1/5 家庭的税后收入（扣除通货膨胀因素）却下降了 9%，那些靠最低工资维持生计的人今天挣到的美元按实际收入计算还赶不上 30 年前的水平。[①] 美国最富有人的财富近年来迅速膨胀，贫富差距越来越大。据统计，2005 年最富有的 1% 的人占美国全部国民收入的比率由 2004 年的 19% 增加到了 21.2%，而处于美国下层 50% 的人占全部国民收入的比率由 2004 年的 13.4% 降低到了 12.8%。2006 年美国除自身居住的房产之外的家庭净资产达到 500 万美元以上的"超级富裕"家庭较前一年增加了 23%，由 93 万个增加到 114 万个。身家超过 10 亿美元的富翁由 1985 年的 13 人增加到 1 000 多人。美国大公司老板 2006 年的平均年收入超过 1 000万美元，是一般美国人工资的 364 倍，他们工作一天的收入几乎相当于普通人工作一年的收入。[②] 无产阶级相对贫困化表明，社会财富的分配有利于资产阶级，无产阶级的经济地位下降，资产阶级同无产阶级之间的贫富对立和阶级鸿沟日益扩大和加深。

无产阶级的绝对贫困是指，在资本主义制度下，无产阶级物质生活状况的绝对恶化。它主要表现在这样几个方面：

第一，失业和半失业人口经常存在并且增加。当前，资本主义各国失业现象极为严重，不同程度地受到高失业率的困扰。例如，二战以后，美国失业和半失业的人数庞大，年平均失业人数，50 年代为 295 万人，60 年代为 353 万人，70 年代为 573 万人。1991

① 中华人民共和国国务院新闻办公室：《2000 年美国的人权纪录》。

② 中华人民共和国国务院新闻办公室：《2007 年美国的人权纪录》。

年达到 1 500 万人。据经济合作与发展组织一项报告显示：经合组织 25 个成员国 1993 年失业率平均为 8.5%（不包括半失业者）。

第二，工人的实际工资水平有时会出现下降的情况。这是由于在通货膨胀日益严重的时期，工人的货币工资并未随之提高，特别是在经济危机时期，大批工人失业，工资被压低，使工人的实际工资下降得更快。例如，美国的消费物价指数，从 1947 年到 1977 年的 30 年间增长了近两倍，同一时期美元的国内购买力下降了 2/3。

第三，大量的工人生活在贫困线以下。所谓"贫困线"，是指政府官方确定和颁布的维持最低生活需要的收入标准。据美国政治和经济联合中心发表的一份报告显示，按家庭收入不到全国中等收入的 40% 列为贫困的标准来计算，20 世纪 80 年代中期，美国家庭的贫困率约为 13.6%，加拿大为 8.9%，英国为 7%，法国为 6.1%。[①] 1972 年美国政府公布的"贫困线"是，四口之家的年收入低于 4 275 美元，当年全美国生活在贫困线以下的人口为 2 450 万人，占总人口的 11%。目前，美国城市饥饿、无家可归者大量增加。据美国农业部 2007 年 11 月 14 日发布的报告，2006 年，全美至少有 3 550 万人挨饿，比上年增加 39 万人，其中有 1 100 万人生活在"极低的食品安全状态"。据美国市长会议发布的 2007 年美国 23 个城市饥饿和无家可归情况调查，有 16 个城市要求得到食品紧急救助的申请比上一年增加，平均增长率达到 12%，底特律食品紧急救助的申请增加了 35%。在 13 个城市中有 15% 带小孩家庭的紧急救助要求被拒绝。在接受住房调查的 20 个城市中，申请紧急收容或临时住房的人数在 2007 年增加至 193 183 人。巴尔的摩县在 2007 年向当地政府申请租房补贴的人比上年增长 30%。据估计，目前全美无家可归者约为 75 万人。[②]

---

① 程恩富主编：《现代政治经济学》，上海人民出版社 2000 年版，第 109 页。

② 中华人民共和国国务院新闻办公室：《2007 年美国的人权纪录》。

第二次世界大战以后，由于科学技术的迅猛发展，社会生产力水平的不断提高，工人阶级力量的逐渐强大，资产阶级为了缓和国内矛盾，推行了一套所谓的“福利国家”的措施，因此，各主要资本主义国家工人的物质生活水平有了较为明显的提高。主要表现在：实际工资有所提高，社会保险和福利制度包括养老金制度、家属和遗属生活补助、医疗补助、低收入家庭的补助、失业救济等有了普遍的发展。小汽车、电冰箱、电视机、洗衣机等大件耐用消费品基本上得到了普及。但是，战后资本主义国家工人消费水平的提高，并没有、也不可能改变雇佣劳动者对资产阶级的隶属关系和资本对劳动的剥削关系。

第四节　资本主义的经济危机

资本主义生产方式的产生和发展，对人类科学技术的进步和社会生产力的发展起到了巨大的推动作用，但由于资本主义基本矛盾的发展，使生产相对过剩的经济危机不断暴发，从而充分说明了资本主义生产关系的局限性和过渡性。

一、资本主义的历史进步作用

（一）资本主义生产方式历史地推动了生产力的发展

资本主义生产方式在人类社会发展的历史中，对科学技术和社会生产力的发展起到了巨大的推动作用，这是前资本主义的各种生产方式所无可比拟的。马克思、恩格斯指出：“资产阶级在历史上曾起过非常革命的作用。资产阶级在它已取得统治的地方把一切封建的、宗法的和田园诗般的关系都破坏了。它无情地斩断了把人们束缚于天然首长的形形色色的封建羁绊，它使人和人之间除了赤裸裸的利害关系，除了冷酷无情的‘现金交易’，就再也没有任何别的联系了。它把宗教的虔诚、骑士的热忱、小市民的伤感这些情感的神圣激发，淹没在利己主义打算的冰水之中。它把人的尊严变成了交换价值，用一种没有良心的贸易自由代替了无数特许的和自力挣得的自由。总而言之，它用公开的、无耻的、直接的、露骨的剥削代替了由宗教幻想和政治幻想掩盖着剥削。”① 资本主义制度是建立在雇佣劳动和发达的商品经济基础之上的，资本主义生产的实质就是剩余价值生产。资本主义剥削的目的是通过对剩余价值无止境地追求来实现资本的增殖。而资本主义剥削的方式，随着资本主义的发展，主要是榨取相对剩余价值，即通过提高劳动生产率来降低劳动力价值的方式。这就决定了资本主义提高剥削程度是没有限制的。同时，资本主义商品经济的竞争规律，也迫使资本家要不断提高劳动生产率来降低成本以增加竞争能力。这样，不断提高劳动生产率就成为资本生存和发展的一种手段，为此就必须不断发展科学技术，不断改进生产工具和生产方法，不断改善经营管理。恰恰是资本主义生产的这种特殊性质，推动了资本主义社会生产力的不断提高。对此马克思写到：资本“榨取剩余劳动的方式和条件，同以前的奴隶制、农奴制等形式相比，都更有利于生产力的发展”②。

资本主义社会科技进步和社会生产力迅速发展的实际情况充分表明，不仅科学技术第一次被有意识地和广泛地应用于社会生产中，而且其发展速度和规模都大大超过了以往任何时代。“只有资本主义生产才第一次把物质生产过程变成科学在生产中的应用——变成运用于实践的科学”③，而建立在技术进步和分工协作基础上的工厂制度的形成和发展，又为科学技术的进一步发展和在生产中

① 《马克思恩格斯选集》第1卷，人民出版社1972年版，第253页。

② 《马克思恩格斯全集》第25卷，人民出版社1974年版，第925~926页。

③ 《马克思恩格斯全集》第47卷，人民出版社1979年版，第576页。

更广泛应用，为机器体系的不断进步和完善，创造了更加完备的物质条件和经济条件。从产业革命到现在，资本主义曾出现三次科技革命，每一次的科技革命都使资本主义社会生产力出现了飞跃。以蒸汽机为标志的第一次产业革命，使资本主义生产由工场手工业转变为机器大工业，极大地提高了劳动生产率，使资本主义制度得以最终确立。据统计，1820～1870年的半个世纪中，资本主义世界工业生产增长39倍。这个时期资产阶级创造的生产力比过去一切时代所创造的全部生产力还要大得多。这就形成了资本主义社会生产力发展的第一次飞跃。19世纪中期开始的第二次科技革命，其主要标志是电力和电动机的发明和应用。这次科技革命使得重化工业和交通运输业得到迅猛的发展，人类真正跨入了工业时代。据统计，在1893～1913年的20年间，资本主义世界的工业生产增长了近1.5倍，这是资本主义经济发展非常迅速的一个时期，它形成了资本主义社会生产力发展中的第二次飞跃。二战以后开始的第三次科技革命，其主要标志是核能和电子计算机的发明和使用。这次科技革命使整个机器结构和体系发生了质变，促成了科学、技术、生产的紧密结合，推动了生产的自动化和一系列高新技术产业部门的发展。据统计，1950～1969年的20年中主要资本主义国家的工业生产增长了3倍以上，这是资本主义社会生产力发展的第三次飞跃。20世纪70年代开始的新的一轮科技革命，在海洋科学、生产科学、空间技术、材料科学和信息领域内都取得了令世人瞩目的进展，给资本主义的社会生产力发展带来新的突破。科技革命既体现了生产力自我发展的规律，也体现了资本主义生产关系对社会生产力提高的巨大作用。

（二）资本主义生产关系的自身调节促进了社会经济的发展

在任何社会生产方式中，生产力都是起着决定作用的。随着社会生产力的发展，生产关系必然会发生相应的变化。资本主义生产方式也不会例外。由于资本主义生产方式是建立在社会化大生产和高度发达的商品经济的基础之上，并且生产社会化和经济商品化的程度不断提高，因而资本主义生产关系的相应变化和调整就尤为必要。正如马克思、恩格斯在《共产党宣言》中所指出的："资产阶级除非使生产工具，从而使生产关系，从而使全部社会关系不断地革命化，否则就不能生存下去。"①

在资本主义生产方式内，随着生产社会化的发展，资本社会化的具体形式也在相应地发展和变化。这是资本主义生产方式内生产力和生产关系矛盾运动的结果，是资本主义生产关系在其自身范围内的自我调整。反过来，又推动了技术进步和经济发展。第一次产业革命的结果是资本主义生产方式的最终确立。第二次产业革命的结果是资本主义生产关系的大调整，即由单个资本到股份资本的发展，资本日益走向集中，并在此基础上形成了垄断资本主义。第三次产业革命的结果是资本主义由一般垄断向国家垄断资本主义的发展。新的产业革命仍在继续，它进一步巩固资本主义经济区域集团化，导致资本主义经济全球化。第二次世界大战以后，资本主义经济能够保持长期稳定的增长，是与这种资本主义生产关系的调整分不开的。

可见，资本主义生产的本质、资本主义生产关系的调整和资本主义经济的运动机制都比以往的生产方式更能推动社会生产力的发展。资本主义生产方式包含着发展生产力的某些因素，并且已经把人类社会的生产推进到一个前所未有的高度。

二、资本主义的经济危机

（一）经济危机的实质和根源

资本主义生产方式既存在着促进生产力发展的因素，也创造着摧毁这个生产方式的条件。自 1825 年英国爆发第一次经济危机以

① 《马克思恩格斯选集》第 1 卷，人民出版社 1972 年版，第 254 页。

来，资本主义世界每隔若干年就爆发一次社会经济大混乱、大恐慌。经济危机的主要表现为：商业凋敝，商品滞销；工厂停工，生产大幅度下降；信用关系破坏，现金奇缺，利息率猛涨，股票、债券等有价证券的行市猛跌；失业人数激增，实际工资下降，工人和其他劳动人民的生活急剧恶化。总之，在危机期间，经济陷入瘫痪和混乱状态。

资本主义经济危机就其性质来说，是生产过剩的危机。正如列宁所指出的："危机是什么？是生产过剩，生产的商品不能实现，找不到需求。"① 但是，这种生产过剩不是绝对的过剩，而是相对于劳动群众的实际需求而言的过剩，是相对于劳动人民有支付能力的需求来说，商品生产过剩了。可见资本主义经济危机的实质，是生产相对过剩的危机。

生产过剩的经济危机是资本主义特有的经济现象。在资本主义以前的社会里，也曾出现过社会经济生活的混乱和危机，但是，这种危机往往是由于战争、灾荒等原因而造成的，它的本质特征是生产的严重不足。生产过剩是资本主义经济危机的本质。资本主义生产和再生产过程的一切矛盾，都根源于资本主义的基本矛盾——生产社会化和资本主义生产资料私人占有形式之间的矛盾。它是生产力和生产关系的矛盾在资本主义社会的特殊表现。正是这个基本矛盾，构成了生产过剩经济危机的深厚基础。

资本主义基本矛盾首先表现为个别企业内部生产的有组织性和整个社会生产的无政府状态之间的矛盾。这一矛盾的发展必然导致社会再生产的比例失调，从而引发经济危机。

资本主义生产，就个别企业来说是有组织的。一方面，生产资料的资本主义私有制使每个资本家都有权按照自己的计划，协调企业内部的生产；另一方面，各个资本家为了获取更多的剩余价值、

① 《列宁全集》第2卷，人民出版社1959年版，第135～136页。

并力争在竞争中取胜，除通过采用先进技术、提高本企业的劳动生产率、降低产品个别价值的办法外，还要通过实行科学管理、改善劳动组织、严密地组织企业的生产的途径，以达到节约劳动，用较少的投入，获得最大的企业效益的目的，这样就必然会增强企业的组织性。生产的社会化，客观上要求社会各部门、各企业之间协调发展。但是，生产资料的私人占有却把整个社会生产割裂开来，使社会生产成为资本家个人的私事。每个资本家为了自身利益的实现，不顾社会产业结构合理性的客观要求，盲目进行生产，致使整个社会的生产处于无政府状态。企业的组织性越强，其竞争能力也越强，社会大生产所要求的比例关系越难实现。当这一矛盾发展到尖锐化程度时，必然引起社会再生产的各种比例关系严重失调，导致经济危机的爆发。

资本主义基本矛盾还表现为资本主义社会生产的无限扩大趋势和劳动人民有支付能力的需求相对缩小之间的矛盾。这一矛盾的发展必然导致生产与消费的脱节，从而引发经济危机。

资本主义基本经济规律决定了资本主义的生产有着无限扩大的趋势。资本家为了攫取尽可能多的剩余价值，必然要增加资本积累，扩大生产规模，从而促进生产的迅速增长。资本主义企业之间的激烈竞争，作为一种外在的强制力量，也要求资本家要不断增强自己的经济实力，以具备足够的力量战胜对手。但与此同时，资本家为了同一个目的，又拼命地剥削工人，尽量降低工人的工资，提高他们的劳动强度；伴随资本积累、技术进步，不断提高企业的资本有机构成，造成工人失业等等，促使劳动人民有支付能力的需求比之于生产的增长相对缩小了。当这一矛盾发展到尖锐化程度时，必然引起生产与消费之间的比例严重失调，大量商品积压，引起经济危机的爆发。生产与消费之间的矛盾是经济危机的直接原因。

（二）经济危机的周期性及其物质基础

资本主义经济危机是周期性爆发的，从而使资本主义再生产具有了周期性。一般说来，从一次危机开始到下一次危机开始，成为一个再生产周期。每个周期包括危机、萧条、复苏和高涨（繁荣）四个阶段。

危机是周期的决定性阶段，它既是上一个周期的终点，又是下一个周期的起点。危机通常是在资本主义经济最繁荣的时期爆发的。在危机阶段，整个社会经济处于衰退、瘫痪和混乱状态之中。大量商品滞销，存货激增，物价猛跌；生产规模萎缩，失业人数激增，实际工资下降；信用关系遭到破坏，现金奇缺，利息率提高。许多中小企业和银行经受不住危机的打击而纷纷破产。

在萧条阶段，虽然危机的风暴已经过去，社会生产不再下降，企业倒闭现象暂时停止，失业人数不再增加，商品价格停止下跌。但是，社会生产仍处于停滞状态，过剩的商品还没有完全找到销路，工人就业依旧困难，社会购买力十分低下。商业萎靡不振，社会上游资充斥，利息率极低，信用关系呆滞。萧条阶段持续一段时期之后，由于社会消费和部分商品的廉价销售，市场状况逐渐好转，生产有了新的转机，商业信用也开始活跃，于是萧条阶段转为复苏阶段。

在复苏阶段，随着存货的减少，商品价格逐渐回升，利润有所提高，社会对生产资料和消费资料的需求不断增加，投资继续增长，进行固定资本的更新，商业和信用进一步活跃，整个社会经济逐渐恢复。当社会生产超过危机前最高点的时候，复苏阶段便进入了高涨阶段。

高涨是经济周期中的繁荣阶段。在高涨阶段，生产继续扩大，物价稳步上升，商品畅销，利润急剧增长，商业和信用更加活跃，整个资本主义经济呈现一派“繁荣”景象。但是，在繁荣的背后，整个资本主义经济又在酝酿着更大一次的危机。

经济危机周期性的原因，仍然是资本主义基本矛盾。资本主义的基本矛盾虽然贯穿于整个资本主义历史时期，在资本主义社会中始终存在并发生作用，但只有当这种矛盾发展到极其尖锐的程度、使社会再生产的比例发生严重失调时，才会引起经济危机的爆发。而经济危机的爆发，又强制地使资本主义生产与低下的消费水平暂时相适应，使社会再生产所需求的比例暂时趋于平衡，这样，资本主义的生产又得以继续“正常”进行，这时资本主义经济也不再处于危机之中。然而，由于经济危机只不过是使资本主义再生产过程中的各种矛盾得到暂时的、强制的和一定程度的缓和，而不是使矛盾根本消除，所以，随着危机过后资本主义经济的恢复和发展，资本主义所固有的各种矛盾又会重新发展和激化，爆发危机的因素再一次逐步积累起来，再生产过程中的比例关系又重新遭到破坏，这就不可避免地导致一次新的经济危机的爆发，使经济危机呈现为周期性。

资本主义经济危机的周期性爆发的物质基础是固定资本更新。所谓固定资本更新，是指厂房、机器设备等劳动资料的更换。在危机期间，许多中小资本破产或被大资本吞并，资本进一步集中，这便构成了大量投资的前提。

固定资本更新，为资本主义经济摆脱危机，走向复苏和高涨提供了物质条件。固定资本更新起始于萧条阶段，在这个阶段，工资低下，游资充斥，利息率低，容易取得贷款和廉价劳动力。因此，在危机过后，不少资本家便开始扩大投资来更新固定资本。固定资本的大规模更新，必然会引起对生产资料的大量需求，这就推动了生产资料部门生产的恢复和发展，进而使大批工人就业。就业工人的逐渐增加，引起对消费资料需求的增长，从而促使消费资料生产的恢复和发展。这样，就推动资本主义经济逐渐过渡到复苏和高涨阶段。

固定资本大规模更新在推动社会生产增长的同时，也为下一次危机的到来创造了物质基础。这是因为，一方面，固定资本的大规模更新，推动了新技术的广泛应用，生产规模的盲目扩大，使竞争更为激烈，必然重新导致社会再生产比例的严重失调；另一方面，生产的扩大，生产效率的提高，使生产的产品越来越多，然而劳动人民有支付能力的需求并未与生产的增长幅度同步，而是远远落后于生产的发展速度，由此促使生产与消费的矛盾日益尖锐，从而使新的危机的发生不可避免。

（三）几次重大的经济危机

纵观资本主义历史，从 1825 年至今，资本主义经济危机从未停止过。第二次世界大战前的 113 年（1825 ~ 1938 年），先后爆发过 13 次程度不同的经济危机，其中 1929 ~ 1933 年的大危机，波及整个资本主义世界，持续了 4 年之久，使资本主义世界工业生产下降了 44%，贸易总量下降了 66%。第二次世界大战后，资本主义的经济危机虽然具有了诸如周期缩短、危机频繁、周期界限不明显等新特点，但并没消除。从 1948 ~ 1982 年又先后爆发了 9 次经济危机，其中 1979 ~ 1982 年的世界性经济危机持续了 3 年之久，造成了生产的大幅度下降和严重的失业。西方工业国家经济增长率由 1979 年的 3.3% 下降到 1982 年的 -0.2%，美国失业率高达 10.8%，欧共体失业率也平均超过 10%。西方资本主义国家的消费物价上涨率由 1979 年的 8.9% 上升到 1981 年的 10%。

1. 1929 ~ 1933 年的大危机

1929 年 10 月下旬，以美国纽约股票市场大崩盘为标志，爆发了一场资本主义世界规模的生产过剩危机。这是一场史无前例的经济和政治大危机，它很快向欧洲、北美、日本等主要资本主义国家蔓延，并波及殖民地、半殖民地国家和地区，席卷了整个资本主义世界。这次危机前后持续 4 年之久，使资本主义世界遭受的损失达 2 500亿美元之巨，比第一次世界大战的物质损失还多 800 亿美元，成为 20 世纪资本主义世界最为严重的一次经济危机。

1929 年 10 月 24 日被称为美国历史上的“黑色的星期四”。这一天纽约股票市场抛出1 300万股，超出正常标准的 100 万股以下，开盘第一个小时内，股市就猛烈下跌。从10月24日到12月底，纽约市场股票价值总共下跌了450亿美元左右。美国在1929～1932年，由于股票价格下跌而造成的证券贬值达840亿美元。危机期间，股票价格指数下降的幅度达51%。1928年美国发行的有价证券共13亿美元，到1933年只有160万美元。1929～1932年美国破产的银行共10 500家，占银行总数的49%。

大危机使失业人数达到了有史以来的最高水平，失业率高达24.9%。大危机使工业生产大幅度下降，企业倒闭，大量工人失业。危机期间美国的机床制造业下降了80%，生铁下降了79.4%，钢铁下降了75.8%，汽车下降了74.6%，采煤量下降了40.9%。最严重时汽车行业的开工率只有5%。企业倒闭数在13万家以上。1932年美国的工业生产总值与1929年相比下降了46.2%。

大危机还迅速蔓延成为世界规模的农业危机，涉及谷物、畜牧、林业等部门，农业生产受到了巨大的破坏，大批农民破产。由于农业危机与工业危机的交织，工业对农产品需求的大幅度减少和城乡居民购买力急剧下降，加深了农业的危机。农业危机造成的农用生产资料和消费资料的需求减少，又反过来使工业危机深化。大危机期间，美国的农产品价格指数下降了56%，农民总收入下降了57%。农业生产力的严重过剩引起了生产力的大倒退和大破坏，许多农场重新采用手工劳动，谷物、棉花等农作物烂在地里或被当作燃料，牛奶、咖啡等饮料被倒入江海，牲畜被宰杀。

就全世界来说，大危机期间，整个工业生产水平下降了40%以上。1933年，资本主义世界的贸易额缩小到1919年前的水平。全失业和半失业工人总数在4 500万人左右。各国间的贸易战、货币战和资源战异常激烈。资本主义世界货币体系四分五裂，国际支付和资本输出几乎停顿。

这次大危机的明显特点是持续时间长、危害程度深、渗透领域广，波及了除苏联以外的所有国家，是一场影响深远的财政、信贷、外贸、工业和农业的全面危机；而且萧条时间持续长，到了1937年又发生了短暂的经济危机。这次危机不仅是一场经济危机，还引发了政治全面危机。

2. 1997年亚洲经济危机

1997年6月至1998年底，亚洲爆发严重的金融危机。

亚洲经济危机首先表现为国际投资基金的大量进出：泰国1997年第一季度资金净流入为19亿美元，而第二季度则变成62亿美元的资本净流出；马来西亚、泰国、韩国、印度尼西亚与菲律宾等国在1996年共净流入资金478亿美元，而1997年却变成300亿美元的资金净流出。自1997年初起，东南亚地区特别是泰国的泰铢受国际投机者的攻击，泰铢不断走软，最终不得不放弃固定汇率制，于是造成泰铢狂跌，随后菲律宾、马来西亚和印度尼西亚3国的货币也狂跌，并导致东盟国家的股票市值下跌，至同年10月底下跌了20%以上。1997年第三季度，中国台湾和香港的金融市场也被攻击。香港特别行政区政府迅速采取了有力的调控措施，成功地捍卫了港元联系汇率制。但香港股市却为此付出了巨大的代价，股指从16 800多点跌至9 000点左右。10月底韩元持续下跌，股市跌幅超过40%。韩国的大企业纷纷倒闭，银行呆账和坏账剧增，信誉大幅度下降，在国际市场上难以融到资金，而到期应偿还的外债却越来越多。1998年上半年，金融危机给东亚经济造成的巨大杀伤力不断显现，大多数东亚国家的经济跌入谷底。

危机其次表现为内外投资持续减少：在国内，由于金融危机造成高利率和货币贬值，私人投资者极其谨慎；海外投资由于东亚地区投资环境的恶化而减少投资，甚至大量本地资金外逃。

危机还表现为货币贬值，通货膨胀严重，失业增加：1998年初，印尼盾同美元比价跌破10 000：1。受其影响，新元、马币、泰铢、菲律宾比索等币值纷纷下跌。日元汇率从1997年6月底的115日元兑1美元跌至1998年6月的接近150日元兑1美元的关口。随着日元的大幅贬值，亚洲金融危机继续深化。1998 年 6 月，菲律宾和泰国的通货膨胀率均达 10.7%。1998 年仅 5 月当月，印度尼西亚的通胀率就达 5.24% 。由于出口不振、投资乏力和大量企业破产、倒闭，失业已成为不少东亚国家严重的经济和社会问题。韩国 1998 年 4 月的失业率比一年前增加了一倍以上，1998 年 5 月，菲律宾的失业率高达 13.3%。

亚洲的这场金融危机还波及俄罗斯、巴西等国。俄罗斯中央银行 1998 年 8 月 17 日宣布年内将卢布兑换美元汇率的浮动幅度扩大到 6.0~9.5：1，并推迟偿还外债及暂停国债交易。9 月 2 日，卢布贬值 70%。随后俄罗斯股市、汇市急剧下跌，引发金融危机乃至经济、政治危机。如果说在此之前亚洲金融危机还是区域性的，那么，俄罗斯金融危机的爆发，则说明亚洲金融危机已经超出了区域性范围，具有了全球性的意义。

3. 2007 年的次贷危机及其经济危机

经济危机周期性重复出现，但是每一次危机并不是上一次危机的简单重复。发生于 2007 年的次贷危机及其引致的全球经济危机，就是资本主义基本矛盾尖锐化的情况下而爆发的一次剧烈和损失惨重的大危机。这次大危机的表现如下：

第一，危机影响逐级深化，从美国向资本主义世界乃至全球蔓延。危机从美国开始，逐级、逐波扩展。2007 年 3 月 12 日，美国第二大次级抵押贷款公司新世纪金融公司，面对来自华尔街 174 亿美元的巨额债务，宣布申请破产保护，裁减 54% 的员工。这标志着次贷危机的正式爆发。2007 年 6 月至 9 月，是次贷危机的第一阶段——扩散阶段。由美国的房地产市场危机发展到主要资本主义国家的房地产危机，房地产价格普遍下跌；由房地产危机引发的次贷危机影响到金融市场，股票市场开始剧烈震动，大批与次级住房抵押贷款有关的美国金融机构纷纷破产倒闭，并波及到主要资本主义国家，如德国工业银行、法国巴黎银行、日本第二大银行瑞穗银行等，这些银行都由于参与美国房地产次级抵押贷款市场业务而蒙受了巨大损失。

2008年危机继续深化，并转变成金融海啸，越来越多的金融机构卷入其中。2008年1月中旬，美国花旗集团和美林证券分别公告，因次贷净亏损98.3亿美元和98亿美元。2008年3月16日，摩根大通宣布，收购濒临倒闭的美国第五大投资银行贝尔斯登，危机进入第二阶段——由次贷危机演变成了金融危机。随后，雷曼兄弟申请破产保护。

2008年7月起，危机进入第三阶段——从金融危机向整体经济危机发展，并恶化成为全球性的问题。危机不再仅仅表现为股票市场大跌，而且蔓延到货币、外汇市场，许多非美元货币开始大幅贬值，恐慌四处蔓延。西欧的银行体系受到剧烈冲击，并演变为欧美金融危机，欧洲的货币兑美元汇率大幅下挫，冰岛克朗的贬值尤甚。亚洲未能幸免，首当其冲的是韩国，从9月底开始，韩国金融市场出现严重恐慌情绪，股市和汇市一路暴跌。2008年10月3日，美国国会通过了7 000亿美元的救市计划，说明金融危机已经传导到实体经济危机，随后，美国三大汽车巨头宣布濒临破产，这标志着实体经济危机的爆发。

第二，危机造成的损失巨大。受次贷危机的影响，全球主要资本市场包括股票市场、债券市场、期货石油市场等都出现了大幅滑落。截至2009年2月，美国因次贷危机而倒闭的银行已有39家，著名的华尔街五大投行，三家倒闭，高盛和摩根斯坦利转型为银行控股公司，美国最大储蓄银行华盛顿互惠银行也未能幸免，黯然倒下。中新网2009年5月31日电，据香港《文汇报》报道，英国《金融时报》公布本年度全球500强企业排行榜，在金融海啸下，上榜企业总市值从上年的26.8万亿美元锐减至15.6万亿美元，跌幅达42%，其中银行业总市值减少逾半。

在欧洲，瑞士最大的银行集团——瑞银集团也遭受了重大冲击。2007年第三季度亏损达8.3亿瑞郎，第四季度亏损额达到创纪录的125亿瑞郎（约合114.5亿美元）。这是该银行10年历史上的首次亏损，因而被迫宣布在2008年前半年裁员5 500人，将工资预算减少40亿美元，即1/3。2008年9月1日，国际清算银行（BIS）发布了最新季度报告，对5～8月的国际金融市场和银行活动情况进行了总结并预测，“自2007年次贷危机爆发以来，资产减记累计已达5 030亿美元，未来几个月内还将有更多的减记及资产冲销出现，加剧资金紧张和信贷紧缩的状况。”截至2008年8月底，全球金融机构由于次贷危机而核销的坏账已经接近5 000亿美元。

受金融危机的影响，全球房地产受到了冲击。美国楼市指标全面恶化。美国全国房地产经纪人协会声称，2007年10月房屋销售连续第8个月下滑，房屋库存增加1.9%。第三季度标普/希勒全美房价指数季率下跌1.7%，为该指数21年历史上的最大单季跌幅。12月新房开工数量下降了14.2%，为近16年最低。

在欧洲，英国2008年3月RICS房价指数跌至30年来最低，为该数据自有统计数据以来的最低水平。2008年以来，西班牙房屋销售量下降了30%，已经有60多家建筑商和经纪商申请破产保护。法国也陷入房产危机，2008年上半年，法国新房销量同比萎缩30%以上，截至6月30日，新房存量创下近30年来的新高，住宅的销售周期也由原来的8个半月延长到了15个月。

在亚洲，日本仅上市的日本房地产商2008年就已倒闭5家，非上市房地产商中负债总额超过100亿日元的大型倒闭案件也接连不断。2008年上半年，印度股市中的房地产类股票下跌幅度超过30%。

受金融危机影响，美国汽车制造业和建筑业对钢铁的需求大幅下降，2009年6月1日，拥有百年历史的美国通用汽车公司宣布破产保护，成为美国历史上最大的破产案。通用汽车公司成立于

1908 年，是一家百年汽车生产商，20 世纪 70 年代末到 2008 年，通用汽车公司一直是全球最大的汽车生产商，也被看作是美国工业经济力量的象征。然而，从 2005 年开始，通用汽车公司的亏损已经超过 900 亿美元，在美国市场的占有率由 1980 年的 40% 暴跌至目前的 19%。由于需求锐减，导致钢铁生产急剧下滑。美国钢铁协会公布的数据显示，在 2008 年 8 月底，美国钢铁产量约为每周 210 万吨，而到 12 月底，这一数字已降至每周 102 万吨，减少了 50%。

经济危机致使大量企业倒闭、失业上升，从而引起社会危机。国际劳工组织公布的数据显示，2007 年全球失业人口达 1.9 亿。美国劳工部 2009 年 3 月初报道，由于经济危机的持续影响，美国国内的失业率在 2009 年 2 月出现进一步攀升，并创下了 25 年来的最高纪录。2 月份新增失业人数为 61.5 万，失业人数连续三个月超过 60 万，自 2007 年次贷危机爆发以来，美国新增的失业人数累积达到 440 万，创第二次世界大战结束以来最高纪录。保险业巨头荷兰国际集团 26 日宣布裁员 7 000 人。电器巨头飞利浦公司计划裁员 6 000 人。钢铁巨头科鲁斯集团宣布裁员 3 500 人，其中在英国将裁员 2 500 人。

新华网洛杉矶 2008 年 10 月 26 日报道，随着金融危机进一步加剧，洛杉矶地区的无家可归者人数大幅增加，而且许多中产阶级者加入了无家可归者的队伍。报道援引洛杉矶伯班克临时援助中心主任霍威尔的话说，在过去的 18 个月里，来中心求援的无家可归者增加了 66%，其中约一半人属中产阶级。目前洛杉矶的失业率为 8.1%，高于全国 6.1% 的水平。据大洛杉矶地区贫困人口救援机构提供的数据，在大洛杉矶地区 1 000 万人口中，无家可归者人数已高达 7.3 万人，其中 40% 是妇女和儿童，43% 的家庭生活在联邦政府规定的贫困线以下，是全国比例最高的。银行倒闭，企业业绩下滑，失业增多，贫困加剧，导致人们对社会信任产生危机。

纵观这三次危机可以看出，起因都是金融危机。

金融危机的可能性存在于市场经济固有的自发性的货币信用机制之中，一旦金融活动失控，货币及资本借贷中的矛盾激化，金融危机就会表现出来。伴随着经济全球化和一体化的深化，金融活动的全球化成为资源在全世界重新配置和经济落后国家与地区跃进式发展的重要原因，但国际信贷、国际投资爆炸式地发展，使市场经济固有的矛盾加深，金融危机就会在那些制度不健全的国家爆发。2007 年的美国次贷危机源于高负债基础之上的居民超前消费、银行系统的非理性信贷扩张、衍生品市场的疯狂交易、金融机构经营管理层的贪婪以及金融监管当局的失误。这种生产相对过剩的经济危机，无论发生在一些主要的资本主义国家，还是发生在整个资本主义世界，都是资本主义生产方式所固有的历史局限性的最重要的表现。从根本上说，危机是资本主义社会基本矛盾尖锐化的结果。

三、经济危机加深了资本主义的矛盾

经济危机是资本主义一切矛盾尖锐化的必然结果，反过来它又促使这些矛盾进一步加深和尖锐化。首先，经济危机加深了资本主义的基本矛盾。危机加速了生产和资本的集中，许多中小企业因经受不住危机的打击而破产倒闭，或被大资本所吞并。其次，经济危机加剧了资本主义社会的阶级矛盾。危机给工人阶级和其他劳动人民带来了深重的灾难。再次，经济危机严重地破坏了社会生产力。资本主义的每一次危机，都使社会生产力遭到巨大破坏，使生产力水平倒退若干年甚至几十年。

总之，经济危机的频繁爆发，说明资本主义生产方式不仅在驾驭高度社会化的生产力方面的能力已经大大降低，在某种程度上开始从根本上阻碍生产力的发展。

1. 通过分析资本主义的简单再生产会发现资本主义生产关系哪些特征?

2. 影响资本积累量的因素有哪些?分析这个问题有什么现实意义?

3. 为什么说资本有机构成提高是社会发展的必然趋势?它对工人阶级的命运有何影响?

4. 什么是资本积聚和资本集中?二者关系如何?

5. 资本主义积累的一般规律是什么?

6. 资本主义社会的基本矛盾为什么会成为经济危机的根源?

第四章

资本循环和周转　社会资本再生产

教学要点

1．产业资本循环的阶段、职能形式以及条件

2．影响资本周转的因素以及加速资本周转对剩余价值生产的意义

3．社会资本在生产的核心问题是社会总产品的实现问题

4．社会资本简单再生产的实现条件

5．社会资本扩大再生产的实现条件

关 键 词

资本循环　资本周转　周转时间 周转速度　固定资本 流动资本　预付资本总周转　社会总产品实现　社会资本简单再生产　社会资本扩大再生产

第一节　资 本 循 环

资本是能够带来剩余价值的价值，它只有在不断的运动中才能实现价值增值。资本不停地运动，由流通领域进入生产领域，再由生产领域进入流通领域，经过不同的阶段，变化不同的形式，最后

回到原来的出发点。这个运动的全部过程就是资本循环，资本循环就是产业资本在运动中实现价值增值的过程。研究资本循环的目的，主要是分析资本在循环中所经历的各个阶段和所采取的各种形式、实现资本正常运动的条件。

一、产业资本循环的三个阶段和三种职能形式

资本是在不断循环运动中实现价值增值的，而能够发生价值增值的资本只有产业资本。产业资本是指投放在工业、农业、建筑业等物质生产部门的资本。因此，考察资本如何在循环运动中发生价值增值的问题，要以产业资本为对象。产业资本的循环运动要经过购买、生产和销售三个阶段，相应地采取货币资本、生产资本和商品资本三种职能形式。

第一阶段是购买阶段，即资本家用货币在市场上购买劳动力和生产资料。如果用 G 表示货币，W 表示商品，A 表示劳动力，Pm 表示生产资料，那么，购买阶段用公式表示为：$G—W<\begin{matrix}A\\Pm\end{matrix}$

G—W，用货币购买商品，形式上是一般商品流通，实质上是资本流通。因为这里的商品不是一般商品，而是资本主义生产的要素。劳动力和生产资料的结合，不仅能生产出新的物品，而且能生产出剩余价值。所以，这里的 G，也不是一般的货币，而是以货币形式存在的资本，即货币资本。货币资本是资本在购买阶段所采取的职能形式。其职能是在资本循环过程中，购买生产资料和劳动力，为生产剩余价值准备条件。

在这个阶段中货币的作用，就是购买生产资料和劳动力，并使二者结合起来形成生产资本的物质要素，为生产过程准备条件，有可能生产出剩余价值来。因此，货币的职能同时具有了资本的职能，成为货币资本。货币资本要完成其职能，要求劳动力和生产资料既要在性质上相互适应，又要在数量上保持一定的比例关系。

经过购买阶段，资本在数量上虽然没有发生变化，但在形态上却发生了变化，即由货币资本形态转化为生产资本形态。当这一转化实现后，产业资本循环进入第二阶段。

第二阶段是生产阶段，即资本家把生产资料和劳动力投入生产过程，使二者结合起来，从事剩余价值的生产。用公式表示为：

$$W<\begin{matrix}A\\Pm\end{matrix}\cdots P\cdots W'$$

这里我们用 P 加虚线表示生产过程，W′表示包含剩余价值的商品。

这里的生产资料和劳动力不仅起着生产物质产品的作用，而且更重要的是起着生产剩余价值的作用，它们不仅执行着一般的生产职能，而且执行着资本的职能，从而成为资本的一种特殊形式，因此，生产资料和劳动力称作生产资本。生产阶段由于是生产剩余价值的阶段，因此是产业资本循环中具有决定意义的阶段。生产资本是资本在生产阶段上所采取的职能形式，其职能是在资本家的指挥下，生产价值和剩余价值，使生产资本转化为商品资本。

经过生产阶段，资本不仅在形态上发生了变化，由生产资本转化为商品资本，资本的形式由生产要素转化为商品形式，而且资本在数量上也发生了变化，即发生了价值增殖。当生产资本转化为商品资本后，产业资本循环就进入第三阶段。

第三阶段是销售阶段，即资本家带着生产过程中生产出来的、包含剩余价值的商品返回商品市场，售出商品，换回货币，实现价值与剩余价值。用公式表示为：

$$W'—G'$$

这里，W′表示包含剩余价值的商品，G′表示包含剩余价值的货币。

从表面上看，这里的商品似乎同其他任何条件下生产出来的商品没有什么不同，它也要通过流通转化为一定数量的货币。但是实际上它又有自己的特殊性，因为 W′作为资本主义生产过程的直接结果，不仅是商品而且是商品资本，它包含着剩余价值。W′—G′是资本价值和剩余价值的实现过程，是商品资本到增殖了的货币资本的复归。它既是第一个循环的终点，又是第二个循环的起点。商品资本是销售阶段上资本所采取的职能形式，其职能是通过销售，实现资本的价值和剩余价值，使商品资本转化为货币资本。

资本家通过出售商品不仅要收回投资，而且要赚钱，因此，商品资本转化为货币资本，马克思称之为“惊险的跳跃”。因为商品能否卖出去，以及以什么价格卖出去，关系到价值和剩余价值的实现，因而关系到资本循环能否正常进行以及资本家的命运。这里的商品执行着收回投资（即预付资本）并实现剩余价值的职能，我们把它叫做商品资本。

产业资本顺序经过三个阶段，相应采取三种职能形式，使价值得到增殖，最后又回到原来出发点的整个运动过程，就叫做资本循环。资本循环的全过程，可用公式表示为：

$$G—W<\begin{matrix}A\\Pm\end{matrix}\cdots P\cdots W'—G'$$

在资本循环的三个阶段中，第一、第三阶段处于流通领域，是流通过程；第二阶段处于生产领域，是生产过程，所以资本循环既是三个阶段的统一，又是生产过程和流通过程这两个过程的统一。

产业资本循环的三个阶段和三种职能形式，是相互衔接的，产业资本必须不停顿地依次经过三个阶段，并相应采取三种职能形式。这样，产业资本循环才能正常进行，价值增殖才能实现。“如果资本在第一阶段 G—W 停顿下来，货币资本就会凝结为贮藏货币；如果资本在生产阶段停顿下来，一方面生产资料搁着不起作用，另一方面劳动力就会处于失业状态；如果资本在最后阶段 W′—G′停顿下来，卖不出去而堆积起来的商品就会把流通的流阻塞。”当然，循环本身又要求资本在各个阶段中，在一定时期内相对地稳定下来。在每个阶段中，产业资本都被限定在一定的形式上，只有完成和它当前形式相适应的职能之后，才能进入下一阶段，转化为另一种形式。

二、产业资本的循环是三种循环形式的统一

产业资本家投资的目的，是要连续不断地获得剩余价值，而资本只有在不断的运动中才能够增殖。因此，产业资本循环就是一个连续不断、周而复始的运动过程。用公式表示为：

$$\underbrace{G—W\cdots P\cdots W'}_{①}\!—G'\cdot G—W\cdots P\cdots W'—G'\cdot G\cdots$$

（图中②括住 P…W′—G′·G—W…P，③括住 W′—G′·G—W…P…W′）

从这个连续不断的循环过程可以看出，资本的每一种职能形式，都要分别顺序地通过循环的三个阶段，又分别回到其出发点，进行各自的循环。因此，产业资本循环就有货币资本循环、生产资本循环和商品资本循环三种不同的循环形式。

1. 货币资本循环（G—W…P…W′—G′）

货币资本循环，就是以货币资本为出发点和回归点的运动。货币资本循环以 G 开始，以 G′结束，而 G′大于 G，价值增殖十分明显，从而最充分地表现出资本主义生产的目的和动机是为了追求剩余价值，而成为产业资本循环最典型、最一般的形式。同时，它又是产业资本循环最片面的形式。因为货币资本循环，起点和终点都是流通过程，生产过程只表现为流通过程的媒介，这就造成了价值增殖是在流通中发生，货币能带来更多货币的假象，歪曲了剩余价值的来源。

2. 生产资本循环（P…W′—G′·G—W…P）

生产资本循环，就是以生产资本开始，并以生产资本为终点的运动。生产资本的循环，起点和终点都是生产资本，流通过程表现为生产过程的媒介，消除了货币资本的假象，明确显示剩余价值来

自生产过程。同时，它的一次循环就表明了再生产及其周期性。但是，它又制造了一种新的假象，似乎资本主义生产的目的不是为了追求剩余价值，而是为生产而生产。

3. 商品资本循环（W′—G′·G—W…P…W′）

商品资本循环，就是从商品资本开始，再回到商品资本的运动。商品资本的循环，起点和终点都是包含着剩余价值的商品资本，是资本主义生产过程的产物。因此，商品资本循环不仅和生产资本循环一样表明了再生产，而且表明再生产的进行，是以起点和终点的全部商品被消费为条件的。这种消费既包括生产消费又包括个人消费，这又造成一种假象，好像资本主义生产是为了满足社会的消费需要，掩盖了资本主义生产的实质。

从以上分析产业资本的三种循环形式中，不难看出，每一种形式都以一个侧面表现出资本运动的特征，同时又都具有自己的片面性。因此，只有把三种循环形式统一起来考察，才能全面了解资本运动的实质。事实上，任何一个单个的产业资本都是同时处在这三种循环之中，这三种循环形式是连续地并列进行的。

三、产业资本正常循环的条件

现实的产业资本循环是连续不断进行的。产业资本实现连续不断的循环，必须具备两个条件：（1）要保持全部产业资本同时存在于三种职能形式上，即保持空间上的并存性。每个产业资本家必须按照并存性的要求，根据生产的特点，把全部资本按一定的比例分成三部分，使它们同时存在于货币资本、生产资本和商品资本形式上，各自执行自己的职能，否则，循环运动就会中断或不能顺利进行。（2）要保持同时存在于三种职能形式上的资本相继顺序地通过三个阶段，不间断地转换资本的职能形式，即保持时间上的继起性。产业资本的三种职能形式，必须各自从自己存在的形式同时出发开始运动，连续不断地通过资本循环的三个阶段，相继地进行转化，顺序改变它们的职能形式，最后再回到原来出发点的资本形式。不论哪一种职能形式的资本，在资本循环哪一阶段上发生停顿，都会使产业资本循环发生中断。

产业资本连续循环的两个条件不是孤立存在的，而是相互联系、相互制约的。继起性是由并存性决定的，没有并存性也就没有继起性。同时，并存性是继起性的结果，如果继起性受到阻碍，并存性也成为不可能。

产业资本循环的三种职能形式的并存性和继起性，决定了产业资本的三种循环形式的同时并存。“因此，产业资本的连续进行的现实循环，不仅是流通过程和生产过程的统一，而且是它的所有三个循环的统一。”①

通过以上分析可以看到，资本要不断地增殖，就必须不断地进行循环，因而，不断地运动是资本的内在要求和本性，资本一旦停止了运动，价值就无法增值，资本就不成其为资本了。因此，只能把资本理解为一种无休止的运动，而不能理解为静止物。同时，产业资本循环是三种循环形式的统一的原理，还说明剩余价值不在流通中产生，又不能离开流通而产生。资本循环中任何一个环节出现故障，资本运动的连续性就会遭到破坏，再生产就可能中断，就会导致剩余价值难以产生和实现。

第二节 资 本 周 转

资本家要使自己的资本不断增殖，就必须使资本不断地进行循环运动。因此，资本运动就不能只经过一次循环就停止下来，而必须一个循环过程接着一个循环过程不断地周而复始地循环下去。这

① 《马克思恩格斯全集》第24卷，人民出版社1972年版，第119页。

种周而复始的不断重复的资本循环，就叫资本周转。

资本循环和资本周转虽然都是指产业资本的运动，但是，它们又是有所不同的，资本循环主要是从使用价值的角度来描述资本运动，而资本周转则主要是从价值的角度来描述资本运动。与此相适应，考察它们的目的也是不同的，考察资本循环，主要是分析资本在运动中要经过哪些阶段、要采取哪些职能形式，揭示单个资本运动必须具备的基本内在条件；考察资本周转则是从资本运动的速度方面，揭示资本周转快慢对剩余价值生产的影响。

一、周转时间和周转次数

资本的周转速度，就是指资本周转的快慢程度，可以从周转时间和周转次数两个方面进行考察。

所谓周转时间，是指资本循环一次的时间。即从一定的预付资本开始，经过资本的循环运动，实现了价值的增殖，又复归到原来的出发点所经历的时间。它是资本的生产时间和流通时间的总和。

周转时间的长短决定着周转速度的快慢。周转时间与周转速度成反比，周转时间越短，表明周转速度越快；周转时间越长，表明周转速度越慢。

为了考察和比较不同生产部门和企业的资本周转速度，必须计算资本周转次数。所谓周转次数，是指在一定时间内（通常为一年），资本价值周转的次数。

资本的周转速度通常以“年”作为自然计量单位。假设用 U 代表“年”，用 u 代表一定数量的资本周转一次所需要的时间，用 n 代表资本的周转次数，则计算资本周转次数的公式为：$n = U/u$。

假设，有甲、乙两个资本家，甲的资本周转一次的时间是 3 个月，那么它在一年内的周转次数是：$n = 12/3 = 4$ 次。乙的资本周转一次的时间为 6 个月，它的周转次数是：$n = 12/6 = 2$ 次。前者比后者快一倍。可见，在一定时期内，一定量资本周转一次的时间越短，周转次数越多，周转速度越快；反之，资本周转一次的时间越长，周转次数越少，周转速度就越慢。资本的周转时间与周转速度成反比，周转次数与周转速度成正比。

资本周转速度的快慢，关系到一定数量的产业资本所能带来的剩余价值量的多少。正因为如此，产业资本家总是力求加快资本的周转速度。资本周转速度的快慢，既取决于周转时间（包括生产时间和流通时间）的长短或资本周转次数的多少，又取决于生产资本的构成，即取决于固定资本和流动资本的比例。下面分别考察影响资本周转速度的这两个因素。

二、生产时间和流通时间

资本周转一次的时间包括生产时间与流通时间，它们是影响资本周转速度的重要因素。

资本的生产时间，是指资本在生产领域停留的时间，即从生产资料和劳动力进入直接生产过程开始到生产出产品为止的时间。根据劳动力与生产资料是否结合，可以将生产时间分为劳动时间和非劳动时间：（1）劳动时间是劳动者运用劳动资料作用于劳动对象生产出某种产品所需要的时间。只有这一部分时间才能创造价值与剩余价值，因此，它是生产时间中最重要的部分。劳动时间的长短主要是由产品的性质、生产规模、劳动生产率水平、生产技术以及企业管理水平等因素决定的。（2）非劳动时间。它是指生产资料已进入直接生产领域，但没有与劳动力结合的时间。它包括生产资料储备时间、自然力作用与劳动对象独立发生作用时间、停工时间等。

在生产时间一定的情况下，劳动时间越长，非劳动时间就越短。由于劳动时间以外的其他任何时间，都既不创造价值和剩余价值。所以，资本家总是尽量缩短非劳动时间。减少非劳动时间的主要途径，一是保持必要的生产储备，减少不必要的生产性库存。二是采用新科技、新工艺，尽可能缩短劳动对象受自然力作用的时间。三是增加工作班次数，减少生产资料中断作用的时间。

资本的流通时间，指资本在流通领域停留的时间。流通时间由两部分构成：（1）购买时间，即用货币资本购买生产资料和劳动力、使资本由货币形式转化为生产要素形式的时间。（2）售卖时间，即资本由商品资本形式转化为货币资本形式的时间。影响流通时间长短的主要因素有商品的需求状况、生产企业距离市场的远近以及交通运输和通讯条件等。在流通时间中，最困难但具有决定意义的是销售时间。

流通时间和生产时间是相互联系、相互排斥的。资本在流通时间内不执行生产资本的职能，既不生产商品，也不创造剩余价值。资本在流通领域停留的时间越长，它在生产领域里发挥作用的时间就越短；资本的流通时间越短，资本的生产效率和自行增殖的能力就越大。

三、固定资本和流动资本

资本周转速度的快慢，除了取决于生产时间和流通时间的长短以外，生产资本的构成也是一个重要因素。

生产资本是由厂房、机器设备、原材料、辅助材料等要素和劳动力要素共同构成的。根据生产资本不同部分的价值周转方式不同，马克思把生产资本区分为固定资本和流动资本。

固定资本是指以机器、设备、厂房、工具等劳动资料形式存在的生产资本。它们是不变资本的一部分。这一部分资本在物质形态上全部参加生产过程，可以在多次生产过程中发挥作用，并保持其固定的物质形态。它们的价值按其在使用过程中的磨损程度逐渐转移到新产品中去，随着新产品的售出又逐步地收回。例如，有一套价值10万元的机器设备，可以使用10年。在产品生产中，整个机器每年全部参加生产过程，而其价值按磨损程度，每年只有1万元转移到新产品中。经过 10 年，这套设备的价值才全部转移完毕，并随产品的售出全部收回。

流动资本是指以原材料、燃料、辅助材料等劳动对象和劳动力形式存在的生产资本。投在劳动对象上的生产资本，从物质形式上看，经过一次生产过程全部消耗掉，形成一种新的使用价值；从价值形式上看，经过一次生产过程，价值全部转移到新产品中去，并随产品销售转化为货币重新流回资本家手中。而投在劳动力上的那部分资本，其价值并不是转移到新产品中去，而是由工人在生产过程中重新创造出来，并随产品销售一次全部收回。因此，购买劳动力的那部分生产资本，也构成流动资本的一部分。

从上面的分析可以看出，固定资本与流动资本存在明显的区别：

第一，固定资本与流动资本的价值转移方式不同。固定资本的价值是渐次转移到新产品中去，而流动资本的价值则是一次全部转移到新产品中去。

第二，固定资本与流动资本的周转速度不同。固定资本周转一次的时间长，流动资本周转一次的时间短，在固定资本周转一次的时间内，流动资本可以周转多次。因此，不同的行业，由于固定资本和流动资本的比重不同，其资本的周转速度也不同。

第三，固定资本与流动资本的回收方式与期限不同。固定资本的价值，是一次全部预付出去，并在整个发挥作用的时间内逐步收回，回收期限长。流动资本的价值，是一次全部预付出去，并一次收回，回收期限短。

第四，固定资本与流动资本的更新方法不同。在生产过程中，为了保证生产连续不断地进行，流动资本的各要素，需要不断地购买和更新，而固定资本的各要素在它整个发挥作用的期间内不需要购买和更新。

必须指出，马克思把生产资本划分为不变资本和可变资本和把生产资本划分为固定资本和流动资本是完全不同的。

第一，划分的依据不同。不变资本与可变资本的划分是依据资本的不同部分在剩余价值生产过程中所起的不同作用。固定资本与流动资本的划分则是依据资本的不同部分的价值周转方式不同。

第二，划分的目的不同。不变资本与可变资本的划分，是为了揭示出可变资本是剩余价值的真正源泉，从而揭示资本主义剥削的秘密。而固定资本与流动资本的划分则是为了揭示生产资本的不同部分对资本周转速度，从而对剩余价值生产过程的不同影响。

第三，两种划分的内容也不同。不变资本部分中的厂房、机器设备、工具等属于固定资本，而不变资本部分中的原料、燃料、辅助材料以及可变资本部分则属于流动资本。这两种划分方法的关系如表4-1所示。

表4-1　　生产资本的构成及其划分

按资本在剩余价值生产中的作用划分	生产资本的各个部分	按资本的周转方式划分
不变资本	厂房、机器设备、工具等	固定资本
	原料、燃料、辅助材料	流动资本
可变资本	工资	

在资本划分问题上，资产阶级经济学家只承认固定资本和流动资本的划分，不承认不变资本和可变资本的划分，从而抹煞可变资本的特殊作用，掩盖了剩余价值的真正源泉。

四、固定资本的磨损

固定资本的价值是按照其磨损程度逐渐转移到新产品中去的。由磨损程度决定的固定资本转移价值的大小，直接影响资本的周转速度。固定资本按其磨损的原因不同，分为有形磨损和无形磨损。

固定资本的有形磨损也叫物质磨损。造成这种磨损的原因有两个：一是由于固定资本在生产过程中的使用引起的。一般说来，使用时间越长，使用强度越大，物质磨损也就越大。所以，固定资本的有形磨损与固定资本的使用成正比。二是受自然力的作用引起的，如金属由于氧化会生锈，木材由于日晒雨淋会腐朽，这种磨损无论固定资本使用与否都会发生。

固定资本的无形磨损又叫精神磨损。造成这种磨损的原因也有两种：一是由于劳动生产率的提高，生产同样机器设备的社会必要劳动时间减少，使原有固定资本的价值相应降低；二是由于新技术的发明和应用，出现了效率更高的机器设备，使原有的固定资本贬值。随着科学技术的发展和劳动生产率的不断提高，新机器设备的不断发明和应用，固定资本的无形磨损呈越来越多的趋势。

固定资本无形磨损造成价值上的损失，是不能转移到新产品中去的。这种损失只能由产业资本家自己承担。例如，某资本家购买一台车床，购买时价值为 2 万元，可使用 10 年。而使用到第 5 年末时，生产此种车床的社会劳动生产率提高 1 倍，车床的价值降为 1 万元。这样，此车床的价值在前 5 年每年可转移 2 000 元到新产品中去，而后 5 年只能按新的价值 1 万元，每年转移 1 000 元到新产品中去。该资本家只从出售新产品中收回：2 000 × 5 + 1 000 × 5 = 15 000（元），他因车床的无形磨损，损失价值 5 000 元。另一种情况更糟。在使用期内，如第 5 年末时发明了一种新车床，再使用旧车床就会没有竞争力，资本家只能忍痛将此车床提前报废。于是，他只能收回 2 000 × 5 = 10 000（元），白白损失了 1 万元。因此，资本家总是设法采用轮班制或用提高劳动强度、延长工作日等办法来提供机器设备的利用率，以便尽快地收回固定资本的价值，避免和减少因固定资本无形磨损而带来的损失。

资本家把转移到新产品中去的那部分固定资本的价值，从出售的商品收入中提取并积累起来，以备将来用于固定资本更新，这种按固定资本的磨损程度，以货币形式逐步提取补偿的办法，称为折旧。根据固定资本的磨损程度，以货币形式每年提取的资本价值称为折旧费。每年提取的折旧费与固定资本原价值的比率称为折旧率。例如，某机器的价值为 6 万元，可使用 10 年，这样每年可提取折旧费 6 000 元，它的折旧率是 6 000 ÷ 60 000 × 100% = 10%。10 年以后，在该机器报废时，已经提取折旧费 6 万元，可用这 6 万元来购买新机器。

五、预付资本总周转

从上面的分析可以看出，固定资本和流动资本由于其价值转移方式不同，它们的周转速度也不相同。资本的周转速度是指预付资本的总周转速度。所谓预付资本总周转就是它的不同组成部分的平均周转。计算公式如下：

$$\text{预付资本的总周转速度} = \frac{\text{固定资本年周转价值总额} + \text{流动资本年周转价值总额}}{\text{预付资本总额}}$$

假设，某工厂固定资本为 30 万元，其中，厂房的价值为 15 万元，可使用 15 年；机器设备的价值为 10 万元，可使用 10 年；小工具的价值为 5 万元，可使用 5 年。流动资本为 20 万元，一年周转 4 次。预付资本总周转速度如表 4－2 所示。

表 4－2　　预付资本总周转速度　　单位：元

生产资本要素	价　值	年周转次数	年周转价值总额
固定资本	300 000	1/10	30 000
其中：厂房	150 000	1/15	10 000
机器设备	100 000	1/10	10 000
小工具	50 000	1/5	10 000
流动资本	200 000	4	800 000
预付总资本	500 000	1.66	830 000

从表 4－2 可知，固定资本年周转价值总额为 3 万元，流动资本年周转价值总额为 80 万元，预付资本年周转速度为：

$$\frac{30\ 000\text{元}+800\ 000\text{元}}{500\ 000\text{元}}=1.66\text{次/年}$$

这个例子既说明了生产资本中固定资本和流动资本本身的周转速度如何影响预付资本总周转，同时也有助于我们运用预付资本总周转速度公式，计算预付资本总周转速度。

再如，有甲、乙两个企业，预付资本总额均为10万元，固定资本周转一次均为5年，流动资本一年周转均为4次。甲资本家的生产资本构成是：固定资本和流动资本各为5万元。乙资本家的生产资本构成是：固定资本8万元，流动资本2万元。这样，两个企业预付全部资本在一年内的周转速度如表4－3所示。

表4－3　甲乙两个企业预付全部资本年周转速度　单位：万元

项　目	甲资本家	乙资本家
固定资本每年周转额	5÷5＝1	8÷5＝1.6
流动资本每年周转额	5×4＝20	2×4＝8
预付资本年周转速度	（1＋20）÷10＝2.1（次/年）	（1.6＋8）÷10＝0.96（次/年）

表4－3说明，尽管甲、乙两个企业的预付资本总额以及固定资本与流动资本的周转速度相同，但由于固定资本和流动资本在生产资本中所占比重不同，所以造成它们预付资本的总周转速度不同。甲企业由于总资本中流动资本所占的比重较大，因而预付资本的总周转就较快，一年可周转2.1次；乙企业由于总资本中固定资本所占比重较大，因而预付资本的总周转就较慢，每年只周转0.96次。

由此可见，生产资本的构成对预付资本总周转速度的影响有两个方面：一是固定资本和流动资本在资本总额中所占的比重。由于固定资本的周转速度大大慢于流动资本的周转速度，所以，预付资本的总周转速度与固定资本所占比重成反比，而与流动资本所占比重成正比。二是固定资本与流动资本各自的周转速度。预付资本的周转速度与固定资本和流动资本的周转速度均成正比。

六、资本周转速度对剩余价值生产的影响

资本周转速度的快慢，关系到一定数量的产业资本所能带来的剩余价值量的多少。因此，产业资本家总是力求加快资本的周转速度。

第一，加速固定资本周转，一方面可以减少和避免无形磨损带来的损失，另一方面可以提高固定资本的利用率，加速固定资本更新。这样，就有利于资本家及时采用新技术和新工艺，提高劳动生产率，获取更多的超额剩余价值。

第二，加速流动资本周转，能节省预付流动资本的数量。例如，有甲、乙两个资本家，企业的生产规模相同，每月都要投入1万元的流动资本才能满足生产的需要。甲资本家的资本每月周转1次，即月初投入1万元的流动资本，月末即可收回，第二个月又可将这1万元重新投入，这样，只要有1万元的流动资本就可应付全年生产对流动资本的需要；而乙资本家的资本每年只周转1次，即年初第一个月投入1万元的流动资本，年末才能收回，为了满足生产的需要，他必须月月垫支，一年需预付流动资本12万元。这说明，流动资本的周转速度与预付的流动资本量成反比。如把节省下来的流动资本投入生产，就能扩大生产规模，获取更多的剩余价值。

第三，加快流动资本周转，其中的可变资本部分也随之加快运动，这样，可以使实际发挥作用的可变资本量增加，在剩余价值率不变的情况下，可以提高年剩余价值量和年剩余价值率。例如，有甲、乙两个资本家各预付可变资本2 000元，剩余价值率均为100%。甲资本家的可变资本每年周转3次，乙资本家的可变资本每年周转6次。由于甲的可变资本一年周转3次，那么，实际发挥作用的可变资本量就是6 000元；乙的可变资本一年周转6次，实

际发挥作用的可变资本量是12 000元，是甲的2倍。所以，它们的年剩余价值量和年剩余价值率也不同。甲资本家一年内获得的剩余价值量为2 000元×100%×3=6 000元，甲剩余价值率为300%；乙资本家一年内获得的剩余价值量为2 000元×100%×6=12 000元，年剩余价值率为600%，是甲的2倍。年剩余价值率是一年内取得的剩余价值量与预付可变资本的比率。年剩余价值率与剩余价值率所表现的关系是不同的，剩余价值率反映资本家对工人的剥削程度，而年剩余价值率则反映预付可变资本的增殖程度。如果以M′代表年剩余价值率，以m′代表一般剩余价值率，以v代表预付可变资本，以n代表可变资本周转次数，那么，年剩余价值率也可用以下公式表示：

$$M' = \frac{m'Vn}{V} = m'n$$

或$M' = m' \times n$。只有$n=1$时，即可变资本每年只周转一次时，年剩余价值率才会和一般剩余价值率相等。

从上面的分析中可以看出，在剩余价值率相等的情况下，可变资本周转越快，一个既定的可变资本在一年内，反复使用次数越多，实际使用的可变资本就越大，推动的劳动量就会越多，从而创造的年剩余价值量也就越多。

马克思的资本循环和周转理论具有重大意义。如果抛开资本主义生产关系的外壳，它对社会化大生产条件下不同社会经济制度的资本运动有普遍的指导意义。首先，资本循环理论所揭示出的资本正常循环所具备的条件，要求生产者、经营者不断提高业务能力和管理水平，尽可能排除或避免资本在生产和流通中遇到的障碍，提高劳动效率。其次，资本周转理论揭示的影响资本周转速度的诸因素以及资本周转速度对剩余价值生产的影响等，深刻阐明了在市场经济条件下，加速固定资本周转和流动资本周转（包含可变资本的周转）对减少、避免固定资本的无形磨损，提高固定资本利用率，节约资金，降低成本，提高企业经济效益，增强企业竞争能力的重大理论意义和实践意义。

第三节　社会总资本再生产

前面从个别资本的角度，分析了个别资本的再生产和流通，考察了资本的循环和周转。本节研究社会总资本的运动。考察作为个别资本总体的社会总资本再生产和流通，阐明社会总资本再生产的实现条件，揭示社会资本再生产的一般规律。

一、社会总资本和社会总产品

（一）个别资本和社会总资本运动

考察社会总资本运动，首先需要理解什么是社会总资本以及它同个别资本之间的关系。在资本主义社会中，存在着成千上万的企业。各个企业的资本彼此分离，相互独立，各自通过自身的循环和周转实现价值增殖。这些独立发挥资本职能作用的单个资本就是个别资本。同时，由于社会分工，各个个别资本之间又互相联系、互相依存。任何一个个别资本为了实现其价值增殖，都必须通过流通过程同其他个别资本发生一定的交换关系，既要和那些为它提供生产资料的资本发生联系，又要和消费它的产品的资本发生联系。通过这些联系，各个单个资本便形成了一个有机整体。这种互相联系，互相依存的个别资本的总和，就是社会总资本或社会资本。

各个个别资本运动不是孤立的，而是在与其他资本互相联系、互相交错中进行的。这种互相交错、互为条件的个别资本运动的总和，便形成了社会总资本的运动。

个别资本和社会总资本既相互联系又相互区别。正像个别资本家是资本家阶级的一个成员一样，每个个别资本也是社会总资本的一个独立组成部分；社会总资本则是个别资本的有机的总和，即相互联系、相互制约的个别资本的总和。社会总资本运动是由相互交错的个别资本运动构成的，而个别资本的运动则表现为社会总资本运动的一个环节。社会总资本运动和个别资本运动有其共同点：即在运动内容上，都包含着生产剩余价值的生产消费；在运动形式上，都采取货币资本、生产资本、商品资本三种职能形式，并完成各自的循环；在运动过程上，都经过购买、生产、销售三个阶段，都是生产过程和流通过程的统一；在运动目的上，都是为了价值增殖。但是，社会资本运动也有与个别资本运动不同的特点：个别资本运动只包含生产消费而不包含个人消费；而社会资本运动不仅包含生产消费，而且也包含个人消费。个别资本运动只包含资本流通而不包含一般商品流通；而社会资本运动则不仅包含资本流通，而且也包含一般商品流通。

可见，社会总资本运动与个别资本运动相比有不同的运动规律，社会总资本再生产和个别资本再生产具有不同的特点，所以，考察二者运动的角度和目的也不一样。考察个别资本的运动，主要目的在于揭示资本是怎样保存和增殖价值的，因此，只考察它的价值补偿，至于实物补偿问题，可以抽象掉，即假定资本家在市场上能买到再生产所需要的各种物质资料。而研究社会资本则不同，社会资本包括了所有的个别资本，因此，考察社会总资本运动时，不仅要考察社会总产品的价值补偿问题，而且还必须考察实物补偿问题。

（二）社会总产品的实现

社会资本运动的上述特点决定了研究社会资本的再生产及其流通过程必须以社会总产品作为出发点，从而必须以商品资本循环公式作为考察的直接对象，因为只有社会总产品及其运动才全面地反映了上述特点和要求。所谓社会总产品，是指一个国家在一定时期（通常为一年）内物质生产部门所生产的物质产品的总和。

从社会总产品出发来考察社会资本运动，核心问题是社会总产品的实现问题。社会总产品的各个组成部分的价值补偿和实物补偿就是社会总产品的实现。社会总产品的价值补偿，是指社会总产品的各个组成部分价值，如何通过商品销售，以货币形式全部回收，用于补偿生产中预付的不变资本和可变资本价值并获取剩余价值。实物补偿亦称实物替换，是指社会总产品价值实现为货币形式后，如何买进再生产所必需的各种物质资料，包括资本家需要的生产资料以及资本家与工人都需要的消费资料。社会总产品的价值补偿是社会资本运动正常进行的基础，物质补偿是保证社会资本运动正常进行的关键。只有当社会总产品完成其价值补偿和实物补偿，社会总资本再生产才能顺利进行。可见，社会总产品的实现问题是社会资本再生产的核心问题。

社会总产品的实现问题是社会资本再生产的核心问题，为了揭示社会资本再生产的过程和规律，必须对社会总产品的构成以及与此相应的社会生产的类别进行分析。社会总产品的构成可以从价值构成和实物（物质）构成两方面来分析。从社会总产品价值形态上看，是由消耗掉的不变资本价值 c、可变资本价值 v 和剩余价值 m 三部分构成；社会总产品从实物形式上看是千差万别的，但按最终用途可分为生产资料和消费资料两部分。与产品的实物形态相适应，社会生产分为两大部类，即制造生产资料的部类（又称为第 I 部类）和制造消费资料的部类（又称为第 II 部类）。

社会总产品的价值构成和实物构成以及社会生产划分为两大部类的原理，是马克思再生产理论的两个基本原理，也是研究社会总资本再生产的基本前提。正是因为根据社会总产品的实现即使用价值上的构成把社会生产分成两大部类，才指明了社会总产品实现的基本途径，即两大部类内部以及两大部类之间的交换；也正因为把社会总产品的价值分成为三个组成部分，才有可能依据它们各自的性质和用途去发现它们实现的途径。同时，这两个方面的花费还指明了价值补偿和实物替换的相互联系及其制约关系。马克思正是从劳动二重性理论和这两个基本原理出发，才科学地解决了资产阶级经济学在再生产问题上长期未能解决的问题，为最终揭示社会资本再生产和流通的规律性奠定了坚实的理论基础。

二、社会总资本简单再生产

资本主义再生产的特征是扩大再生产，而不是简单再生产，但是，我们在考察社会资本再生产问题时又必须从简单再生产开始，并且以它为重点。因为简单再生产是扩大再生产的重要组成部分，是扩大再生产的基础。因此，考察社会总资本再生产，要从分析简单再生产开始。

社会资本再生产和流通是一个十分复杂的过程，为了便于揭示出社会资本再生产的规律，在理论分析上就必须进行合理的抽象，排除一些不利于说明这种规律性的次要因素及其影响。因此，在分析社会资本再生产问题时我们提出如下几个必要的假设：第一，考察的是纯粹的资本主义经济，在那里只有资本家和工人两个阶级；第二，生产周期为一年，全部不变资本的物质形态在一年内都消耗掉，它的价值全部转移到新产品中去；第三，一切商品都按价值出售，商品价值和价格不发生任何变动；第四，资本有机构成不变，剩余价值率为100%；第五，全部社会产品都在一国范围内得到补偿和实现，没有对外经济关系。

（一）社会总资本简单再生产构成图示

为了分析社会资本简单再生产过程和实现条件，马克思从社会总产品的价值构成和社会生产两大部类的原理开始，并且为了说明上的便利，设计了一个具体的典型例证，假设社会总资本简单再生产条件下全年社会总产品的构成图示如下：

$$\left.\begin{array}{l} \text{I } 4\,000c + 1\,000v + 1\,000m = 6\,000 \\ \text{II } 2\,000c + 500v + 500m = 3\,000 \end{array}\right\} 9\,000$$

在这个图示中，我们可以看到：整个社会的产品价值总额为9 000,其中生产资料的价值为6 000，消费资料的价值为3 000。第I部类生产出来的价值6 000的生产资料中，其中包括生产资料转移的价值4 000，新创造价值2 000，即1 000v和1 000m。第II部类生产出来的价值3 000的消费资料中，包括生产资料转移的价值2 000，和新创造价值1 000，其中包括500v和500m。

（二）社会总资本简单再生产的实现过程

为了使第二年的再生产能够正常进行，两大部类的全部产品都必须实现，即必须通过交换在价值上得到补偿，在实物上得到替换。这个过程是通过三方面的交换实现的。

第一，是第I部类内部的交换。第I部类的4 000c，实物形式是生产资料，它代表本部类生产中消耗掉的不变资本的价值。为了维持下一年的简单再生产，本部类的资本家必须补偿价值4 000的生产资料，来替换已经消耗掉的生产资料。这种替换，有一部分产品不经过交换直接进入本单位的再生产过程当作生产资料使用，如煤矿开采出来的煤，机器制造厂生产出来的机器等，都有一部分留在本单位使用。但绝大部分产品是通过第I部类内部各部门之间的交换来实现的，例如钢铁厂向机器厂买设备，向煤矿买煤炭；机器厂向钢铁厂买钢材；发电厂向煤矿买煤，向机器厂买机器；煤矿向机器厂买矿山机器等。这样，第I部类产品中代表4 000的那部分生产资料，就在第I部类内部通过各个部门的交换得到实现。

第二，是第II部类内部的交换。第II部类的500v和500m，它们的实物形式是消费资料，价值形态上代表本部类工人和资本家个人消费的可变资本价值和剩余价值。因此，这部分产品可通过第II部类的工人和资本家购买本部类的各种消费品而得到实现。这样，第II部类500v + 500m = 1 000的消费资料，就通过第II部类内部交换而得到实现。

第三，是两大部类之间的交换。上述两种交换完成后，I部类中还剩下 1 000v 和 1 000m 的产品，而在第 II 部类中还剩下 2 000c 的产品。这两部分产品都不能在本部类内部实现。因为第 I 部类的 1 000v 和 1 000m 的实物形式是生产资料，而第 I 部类工人和资本家需要的是消费资料，因此无法在第 I 部类内部交换，必须和第 II 部类的消费资料相交换；而第 II 部类的 2 000c 是以消费资料形式存在，而本部类资本家需要的却是生产资料，因此无法在第 II 部类内部相交换，必须和第 I 部类生产资料相交换。在这种情况下，两大部类之间就必须进行交换。即第 I 部类中代表 1 000v 和1 000m 的那部分生产资料与第 II 部类中代表 2 000c 的消费资料，通过互相交换彼此都得到了实现。

通过以上三个方面的交换，社会总产品的各部分不仅在价值上得到实现和补偿，而且在实物上也得到替换，这样简单再生产就可以继续进行了。需要说明的是，上述三方面的交换绝不是一次完成的，而是在一年中经过各部门、各企业的资本家以及工人的无数次交换逐步完成的，社会资本再生产过程本身就是这种复杂的商品交换和商品流通的过程。

（三）社会总资本简单再生产的实现条件

从上面的分析可以看出，社会总资本简单再生产的基本实现条件是：第一部类的可变资本加上剩余价值，应当等于第二部类的不变资本。用公式表示就是：I（v + m） = IIc

这一公式表明了社会生产两大部类之间的内在联系，即第 I 部类生产资料的生产同第 II 部类对生产资料的需求，以及第 II 部类消费资料的生产同第 I 部类对消费资料的需求之间，必须保持一定的比例关系。只有符合这个条件，两大部类的产品通过市场交换才能得到实现，社会资本简单再生产才能正常进行。如果 I（v + m）< IIc，那么，第 II 部类消耗掉的生产资料就不能全部得到补偿，第 II 部类所生产的消费资料有一部分不能实现，下一年简单再生产就不能维持。同样，如果 I（v + m）> IIc，说明第一部类有一部分生产资料卖不出去，在价值上就不能实现，第Ⅰ部类的工人和资本家所需要的消费资料不能得到充分的满足。在这两种情况下，社会总产品都不能得到充分实现，社会资本简单再生产必然会遭到一定程度的破坏。

由这个基本实现条件，还可以引伸出以下两个实现条件：

第一，Ⅰ（c＋v＋m）＝Ⅰc＋Ⅱc，即第Ⅰ部类全部产品的价值，应等于两大部类不变资本的总和。这个实现条件表明了第Ⅰ部类生产资料的生产同两大部类对生产资料的需求之间必须保持一定的比例关系。如果Ⅰ（c＋v＋m）＜Ⅰc＋Ⅱc，就会由于生产资料的不足，使已经消耗掉的生产资料不能全部得到补偿，简单再生产不能维持。同样，如果Ⅰ（c＋v＋m）＞Ⅰc＋Ⅱc，就会形成生产资料过剩，使一部分生产资料在价值上不能实现，从而简单再生产也会遭到一定的破坏。

第二，Ⅱ（c＋v＋m）＝Ⅰ（v＋m）＋Ⅱ（v＋m），即第Ⅱ部类全部产品的价值，应当等于两大部类可变资本价值和剩余价值的总和。这个实现条件表明了第Ⅱ部类消费资料的生产同两大部类工人和资本家对消费资料的需求之间必须保持一定的比例关系。如果Ⅱ（c＋v＋m）＜Ⅰ（v＋m）＋Ⅱ（v＋m），就会因为消费资料供应不足，使工人和资本家买不到所必需的消费资料。同样，Ⅱ（c＋v＋m）＞Ⅰ（v＋m）＋Ⅱ（v＋m），就会使一部分消费资料成为过剩产品不能实现，第Ⅱ部类所消耗掉的不变资本也不能得到充分的补偿和更新，从而社会资本简单再生产就不能正常进行。

上述三个公式，从各个不同的方面表明了简单再生产条件下，社会生产两大部类之间及其内部所必须遵循的基本的比例关系，表明了社会生产和社会消费之间、生产资料生产和生产消费之间、消费资料生产和生活消费之间、供给与需求之间，都必须保持一定的比例关系。社会总资本简单再生产只有遵循这些基本比例关系才能正常进行。这正是马克思再生产理论所揭示的基本内容。

三、社会总资本扩大再生产

资本主义再生产的特征是扩大再生产。因而，我们必须在分析社会资本简单再生产的基础上，进一步分析社会资本扩大再生产的前提条件和实现条件。

（一）社会总资本扩大再生产的前提条件

如同个别资本的扩大再生产一样，社会资本的扩大再生产同样以资本积累为前提。马克思以外延式的扩大再生产为基础进行分析，即依靠增加生产要素，扩大生产场所来扩大再生产。并且，还假定在考察期间，生产技术和资本有机构成都没有发生变化。因此，为了实现社会总资本扩大再生产，资本家就不能把全部剩余价值都用于个人消费，而必须把其中的一部分用于积累，作为追加的不变资本和可变资本投入生产。追加的资本首先表现为一定数量的货币，它能否转化为扩大再生产的生产资本，还取决于社会总产品能否为扩大再生产提供可供追加的生产资料和消费资料。追加的劳动力虽然也是扩大再生产的必要条件，但由于资本主义社会存在着庞大的产业后备军能给资本家提供足够的劳动力资源，因而这个因素是不成问题的。

既然实现扩大再生产所必需的物质条件是由社会总产品提供的，因此，社会总产品的各个部分就不能只保持在简单再生产条件下的那种比例关系。

第一，为了给社会总资本扩大再生产提供追加的生产资料，第I部类生产的全部生产资料除了补偿两大部类消费掉的生产资料以外，还要有剩余，以便满足两大部类扩大再生产对追加生产资料的需要。因此，第I部类的可变资本和剩余价值之和，必须大于第II部类的不变资本价值。这个条件，用公式表示为：$\text{I}(v+m) > \text{II}\,c$。这是社会总资本扩大再生产的一个基本前提条件。

第二，为了给社会总资本扩大再生产提供追加劳动力所需要的消费资料，第II部类生产的全部消费资料，除了满足两大部类原来工人和资本家所需要的消费资料以外，也要有剩余，以便满足两大部类扩大再生产对追加消费资料的需要。这就要求第II部类的不变资本和用于积累的剩余价值之和，必须大于第I部类的可变资本和供资本家个人消费的剩余价值之和。以m/x代表资本家用于个人消费的剩余价值部分，m－m/x代表用于积累的剩余价值部分，则社会总资本扩大再生产的这个前提条件，用公式表示为：II（c+m－m/x）>I（v+m/x）。这是社会总资本扩大再生产的另一个前提条件。

（二）社会资本扩大再生产的实现过程

上面我们分析了社会总资本扩大再生产必要的前提条件。然而，具备了这些条件，只是说明社会总资本扩大再生产具有了可能性。要把这种可能性变成现实性，还必须使社会总产品各个组成部分按照扩大再生产的要求都获得实现。因此，还要一步分析扩大再生产条件下社会总产品是如何实现的问题。

根据扩大再生产的前提条件，我们假设社会生产两大部类的产品构成如下：

I 4 000c +1 000v +1 000m =6 000

II 1 500c +750v +750m =3 000

为了扩大再生产，现假设，第I部类的资本家将剩余价值的一半，即500（m－m/x）用于积累，另一半500m/x用于个人消费。用于积累的剩余价值500，按照原来资本有机构成4∶1分别追加到不变资本和可变资本中去。这样，就有400转化为追加的不变资本（用Δc表示），有100转化为追加的可变资本（用Δv表示）。于是，第I部类第一年的全部产品构成就重新组合为：

I（4 000c + 400Δc） + （1 000v + 100Δv） + 500m/x，即 I 4 400c +1 100v +500m/x

那么，第I部类的全部产品是如何实现的呢？第I部类的

4 000c + 400Δc 中，4 000c 是用来替换已经消耗掉的生产资料，400Δc 是用于追加的生产资料，这部分产品可以通过本部类内部的交换得到实现。其余的（1 000v + 100Δv）+ 500m/x，虽然实物形式也是生产资料，但它不能在第 I 部类内部实现，因为这部分价值是要用于工人（包括新增加的工人）与资本家个人消费的，必须把它们换成消费资料。因此，这些产品只有和第 II 部类相交换才能得到实现。

由于第 I 部类准备向第 II 部类提供的生产资料是1 600（1 000v + 100Δv + 500m/x），而第 II 部类消耗掉的生产资料是 1 500。这一方面说明，第 I 部类为第 II 部类提供了可追加的生产资料 100，使第 II 部类扩大再生产有了可能。另一方面表明第 II 部类原有的生产规模不能满足第一部类的需要，第 II 部类只有进行相应的积累，把不变资本由 1 500 增加到 1 600 时，第 I 部类提供的 1 600 生产资料才能全部实现，第 I 部类所需要的消费资料才能全部得到满足。于是，第 II 部类的资本家必须从剩余价值中取出 100 作为追加的不变资本，同时也必须按原资本有机构成 2 : 1 的比例相应从剩余价值中取出 50 作为追加的可变资本。这样，第 II 部类第一年全部产品重新组合为：II（1 500c + 100Δc）+（750v + 50Δv）+ 600m/x，即 II 1 600c + 800v + 600m/x，其中（750v + 50Δv）+ 600m/x 代表本部类原有的和追加的可变资本以及资本家用于个人消费的剩余价值，都要用来购买消费资料，而本部类产品的实物形式正是消费资料。因此通过本部类内部的交换就能得到实现。剩下的1 600c（1 500c + 100Δc），其存在的实物形式是消费资料，但它代表第 II 部类已消耗的和追加的生产资料价值，因此，这1 600c需要和第 I 部类相交换得到实现。这样，在扩大再生产条件下，社会总产品的实现过程，也可概括为三个基本的交换过程，即：第 I 部类内部的交换，第 II 部类内部的交换，和两大部类之间交换。

经过上述三个方面的交换，社会总产品全部得到实现，两大部类所消耗的不变资本都得补偿，同时都买到了扩大再生产所需要追加的生产资料，新增加的工人也能买到自己所需要的消费品。这样，第二年的社会生产就能在扩大的规模上继续进行。第二年产品的实现，以及以后各年进行积累和扩大再生产的实现情况，都可以按上述方法类推。

（三）社会总资本扩大再生产的实现条件

上述分析表明，在社会总资本扩大再生产条件下，两大部类之间必须保持这样的比例关系，即第Ⅰ部类原有的可变资本价值，加上追加的可变资本价值，再加上本部类的资本家用于个人消费的剩余价值的总和，必须等于第Ⅱ部类原有的不变资本价值和追加的不变资本价值的总和。用公式表示为：$\text{I}(v+\Delta v+m/x)=\text{II}(c+\Delta c)$

这是社会总资本扩大再生产的基本实现条件。它表明了在扩大再生产条件下，两大部类之间互相提出要求、互相提供产品的内在联系和比例关系，即第Ⅰ部类生产资料的生产同第Ⅱ部类对生产资料（包括追加的生产资料）的需求，以及第Ⅱ部类消费资料的生产同第Ⅰ部类对消费资料（包括追加的消费资料）的需求之间必须保持一定的比例关系。同时，还表明了两大部类在发展上的辩证关系：首先，第Ⅰ部类生产的发展对第Ⅱ部类生产的扩大起着决定作用。如果第Ⅰ部类不能为第Ⅱ部类提供追加的生产资料，第Ⅱ部类生产的扩大是不可能的。但是，第Ⅱ部类生产的扩大对第Ⅰ部类生产的发展也有制约作用。如果第Ⅱ部类生产没有相应地扩大，第Ⅰ部类产品的实现就会发生困难，同时，第Ⅰ部类的工人和资本家就不能买到所必需的消费资料，这样，第Ⅰ部类生产的扩大也是不可能的。可见，两大部类的积累和生产的扩大是互为条件、互相依赖的。

依据扩大再生产的基本实现条件，还可以引伸出下面两个条件公式：

第一，$\text{I}(c+v+m)=\text{I}(c+\Delta c)+\text{II}(c+\Delta c)$，即第I部类全部产品价值，必须等于两大部类原有的不变资本价值与追加的不变资本价值的总和。这个公式表明在扩大再生产条件下，第I部类生产资料的生产同两大部类对生产资料（包括两大部类追加的生产资料）的需要之间必须保持一定的比例关系。

第二，$\text{II}(c+v+m)=\text{I}(v+\Delta v+m/x)+\text{II}(v+\Delta v+m/x)$，即第II部类全部产品价值，必须等于两大部类原有的可变资本价值加上追加的可变资本价值及两大部类资本家用于个人消费的剩余价值的总和。这个公式表明，在扩大再生产条件下，第II部类消费资料的生产同两大部类工人和资本家对消费资料（包括追加的工人所需要的消费资料）的需要之间必须保持一定的比例关系。

以上三个公式，从不同的侧面反映了社会资本扩大再生产所应遵循的客观规律，只有保持上述的比例关系，扩大再生产才能正常进行。

马克思的社会资本再生产理论具有重要的理论和实践意义。首先，揭示了资本主义经济发展的内在规律性。为了进行社会资本再生产，社会生产的两大部类以及各部类内部的部门之间，必须保持一定的比例关系。这样分析的目的，是为了揭示资本主义再生产过程中所存在的各种矛盾的作用必然使社会资本再生产所需要的比例关系遭到破坏，从而引发资本主义经济危机。其次，马克思的社会资本再生产理论对社会化大生产条件下的市场经济国家进行宏观调控具有很强的指导作用。它表明社会再生产过程中使用价值的生产必须同社会需求相协调，从而要求按照社会需要的比例把社会总劳动和经济资源分配到各个部门去。同时，它还表明，社会生产与社会消费之间的平衡和协调是社会再生产顺利进行的必要条件。任何市场经济国家生产发展本身都要求有不断扩大的市场，从而要求有不断增长的社会消费规模。只有这样才能形成生产和消费之间的良性循环。

四、生产资料生产的优先增长与国民经济协调发展

上面对社会资本扩大再生产实现问题的分析，是以社会的生产技术没有进步，从而资本有机构成不发生变化的假设为条件的。但实际上，资本主义的扩大再生产往往是在技术进步，从而资本有机构成提高条件下进行的。在以技术进步为特征的扩大再生产过程中，随着资本有机构成的提高，就会发生第一部类生产比第二部类生产增长得快的现象，即生产资料生产必然优先增长。这是由列宁首先发现的客观经济规律，列宁并据此提出了生产资料生产优先增长的原理，它成为马克思主义再生产理论的一个十分重要的组成部分。

为什么在技术进步和资本有机构成提高的扩大再生产条件下，生产资料生产必然优先增长呢？这是因为，随着资本有机构成的不断提高，原有的预付资本以及由剩余价值转化而来的追加的资本中，转化为不变资本的比重必然越来越大，转化为可变资本的比重必然越来越小。也就是不变资本的增长，必然快于可变资本的增长。因而社会对生产资料需求的增长，必然快于对用以保证劳动力再生产的消费资料需求的增长。这样，在其他条件不变的情况下，生产资料生产的增长速度必然快于消费资料生产的增长速度。只有这样，才能使社会总产品的各个组成部分在价值上和物质上得到补偿。而且，从第一部类内部来看，要使生产资料生产的优先增长得到保证，就要求第一部类中为本部类制造生产资料的生产的增长，快于为第二部类制造生产资料的生产的增长。正如列宁所指出："增长最快的是制造生产资料的生产资料生产，其次是制造消费资料的生产资料生产，最慢的是消费资料生产。"① 因此，生产资料

① 《列宁全集》第1卷，人民出版社1955年版，第71页。

生产优先增长是有条件的，这个条件就是由技术进步而引起的资本有机构成的不断提高。生产资料生产优先增长，是由技术不断进步和资本有机构成不断提高而引起的经济发展中的一种内在的客观趋势。

生产资料生产优先增长，并不意味着生产资料生产可以脱离消费资料生产而孤立地增长，更不意味着生产资料生产比消费资料生产增长的越快越好。因为生产资料的生产最终要受个人消费的限制。正如列宁所指出："生产消费（生产资料的消费）归根到底总是同个人消费联系着，总是以个人消费为转移的。"① 第 I 部类生产的发展，需要追加劳动力，就必须依靠第 II 部类提供消费资料。没有第 II 部类生产的扩大和发展，第 I 部类生产资料的生产迟早会遇到产品实现的困难，而不能持续扩大和发展。

马克思的再生产理论揭示了社会化生产按比例协调发展的客观规律。社会化生产按比例协调发展，在现代经济活动中要求国民经济各部门协调发展。第 I 部类和第 II 部类再生产顺利进行，表现为国民经济的协调发展。这主要反映在四个方面：

第一，农业和工业的协调发展。农业和工业是国民经济中两个主要物质生产部门，它们在再生产中互相联系、互相制约。农业是国民经济的基础。在扩大再生产条件下，农业向城市居民提供的粮食和副食品，必须和城市所增加人口数量相适应。同时，工业是国民经济的主导。在扩大再生产条件下，工业向农业提供的生产资料，必须和农业扩大再生产时对各种农用生产资料增加的需要量相适应，必须和农村居民提高生活水平后对日用工业消费品增长程度相适应。正确处理农业和工业之间的比例关系，不仅有利于工业和农业本部门的协调发展，也有利于国民经济其他部门的协调发展。

第二，农业内部的协调发展。农业内部按照劳动对象、生产过

① 《列宁全集》第 4 卷，人民出版社 1955 年版，第 44 页。

程和产品用途的同一性和差异性，可划分为种植业、畜牧业、林业、渔业和副业等生产部门。种植业满足对粮食、经济作物产品和牧业对饲料的需要。林业除满足木材需要外，对发展农业本身十分重要。畜牧业为劳动者提供肉食，肉、蛋、奶。副业是农村居民利用农业生产的副产品，如糖、皮、糠等和当地自然生长物作为原料所进行的产业。渔业包括海洋江河养殖和捕捞业以及利用池塘和沟渠的养鱼业。总之，农业各部门相互联系，相互制约，发展农业经济必须农、林、牧、副、渔协调全面发展。

第三，工业内部的协调发展。主要是轻工业和重工业之间的协调发展。轻工业的产品主要是消费资料，重工业的产品主要是生产资料，它们之间要互相提供产品，以满足生产和职工生活的需要。在扩大再生产的条件下，轻工业和重工业都必须生产出更多的产品，来满足相互之间增长的需要。

第四，地区之间的协调发展。中国地域辽阔，经济发展水平与资源分布不平衡，保持各地区的协调发展，不仅关系到各地区经济优势与合力，而且关系到民族的团结和国家的统一。沿海地区，经济技术文化水平较高，生产力发展较快，便于吸引外资，引进先进技术和先进管理方法；内陆地区，资源比较丰富，还拥有一些科技文化水平较高的大中城市；少数民族地区，一般地广人稀，矿藏丰富，经济文化水平较低；贫困地区，主要在老、边、少地区，我国虽在总体上已解决了温饱问题，但在贫困地区仍然缺衣少食。鉴于各地区在历史上、地理上等各方面形成的区域经济差距，沿海地区应在资金、技术和人才上，积极扶持和帮助落后地区的发展，向经济落后地区投资建设厂矿，用先进的机器设备装备落后地区的农业，有计划有组织地采用可行的方式援助落后地区，落后地区要重视资源开发与合理利用，发展本地优势；内陆地区要加快能源、原材料工业建设和农牧业开发，在经济文化水平较高的大中城市和地区，积极发展知识密集型产业和高科技产业。各地区要避免重复建设，合理布局，有效配置资源，实行优势互补，促进国民经济协调稳定可持续发展和快速增长。

思考题

1. 产业资本循环正常进行必须具备什么条件？

2. 影响资本周转速度的因素有哪些？

3. 马克思把生产资本划分为固定资本和流动资本与划分为不变资本和可变资本的依据是什么？有何不同意义？

4. 加速资本周转对剩余价值生产有何影响？

5. 马克思的资本循环和资本周转理论对社会主义经济建设有何指导意义？

6. 社会资本简单再生产和扩大再生产的实现条件及含义是什么？

7. 怎样从简单再生产和扩大再生产的实现条件以及生产资料生产优先增长的规律中，揭示两大部类的关系？

第五章

剩余价值的分配

教学要点

1. 成本价格范畴的意义

2. 剩余价值如何转化为利润，利润如何转化为平均利润

3. 价值如何转化为生产价格，产业资本家如何按照平均利润率获取剩余价值

4. 商业资本的产生，产业资本家如何按照平均利润率分割剩余价值

5. 借贷资本和利息，借贷资本家如何分割剩余价值

6. 虚拟经济及其对社会经济的影响

7. 资本主义的地租形式和本质

关键词

成本价格　利润　平均利润　平均利润率　商业资本　借贷资本　利息　虚拟资本　股票价格　股票　地租　级差地租　级差地租Ⅰ　级差地租Ⅱ　绝对地租

第一节 平均利润和生产价格

一、成本价格和利润

（一）成本价格

资本主义商品的价值由不变资本价值、可变资本价值和剩余价值三部分构成，用公式表示是：W = c + v + m。其中，c 是原有价值的转移，表示过去的劳动，v + m 是工人劳动所创造的新价值，表示现在的劳动。因此，商品的价值（W）就是生产该商品时实际耗费的劳动量。但是，对资本家来说，生产商品时所支出的费用只是不变资本 c 和可变资本 v，至于剩余价值 m，资本家并没有支付任何代价，是无偿占有的。所以，生产商品所耗费掉的不变资本和可变资本的总和（c + v）就成了资本家的生产费用，即商品的成本价格（用 k 来表示）。这样，原来的公式 W = c + v + m，就成为 W = k + m。于是，剩余价值完全表现为成本价格的一个附加值，剩余价值与可变资本的直接关系被掩盖了。

资本主义的成本价格和实际生产费用是两个不同的量。前者是按资本的耗费计算的，后者是按全部劳动耗费计量的。资本的耗费等于商品价值中的 c + v，而劳动耗费则包括全部物化劳动和活劳动的耗费，等于商品价值，即 c + v + m。可见资本主义的成本价格只是商品价值的一部分，成本价格这一范畴掩盖了资本主义的剥削。

首先，从商品价值的形成过程来看，所消耗的生产资料是物化劳动的耗费，是旧价值的转移；而劳动力的消耗则是活劳动的耗费，是新价值的创造。但是，在成本价格的形态上，生产资料和劳动力这两个要素在价值形成中的不同作用看不见了，生产商品的劳动耗费被资本耗费所掩盖。其次，从资本价值的增殖过程来看，资本家投在生产资料上面的资本是不变资本，它只能转移原有的价值；而投在劳动力上面的资本是可变资本，它会使价值增殖。但是，在成本价格的形态上，这两种不同的资本都同样作为资本价值耗费被支出，再作为成本价格周转回来。成本价格这个范畴，抹煞了不变资本与可变资本的区别以及它所在价值增殖过程中的不同作用，从而掩盖了剩余价值的真正源泉。

对于资本主义经济活动和资本家来说，成本价格又是一个具有重大意义的范畴。首先，成本价格是资本家经营企业时盈亏的标志。因为成本价格是商品销售价格的最低界限，如果销售价格高于成本价格，那就表明资本家可以赚到钱；相反，如果销售价格低于成本价格，那就表示资本家的经营不仅无利可图，而且还要亏本。其次，成本价格是资本家在竞争中成败的关键。因为成本价格是商品价值的一部分，因此，在商品价值与成本价格之间有一个价值差额，这个差额的大小，取决于各个资本主义企业的生产技术水平、经营管理水平以及对工人的剥削程度等因素。不同的企业由于在这些方面情况不同，因而生产同类商品所支出的成本价格也各不相同。成本价格低的企业在竞争中处于有利地位，而成本价格高的企业则处于不利地位。因此，每个资本家都在竭力设法降低自己商品的成本价格，以图在竞争中取胜。

（二）剩余价值转化为利润

资本主义成本价格形成以后，使得剩余价值不仅表现为商品价值超过成本价格的余额，也即全部所费资本的产物，而且进一步表现为全部预付资本的产物。因为，在资本家看来，预付资本中未被消耗的那一部分不变资本（如厂房、机器）的价值，也是生产商品和剩余价值不可缺少的物质条件，作为全部预付资本都参加了商品和剩余价值的生产过程。当资本家在观念上把剩余价值看作是全部预付资本的产物时，剩余价值就转化为利润。可见，利润（用 P

表示）是剩余价值的转化形式。马克思指出：“剩余价值，作为全部预付资本的这样一种观念上的产物，取得了利润这个转化形式。”① 所以，利润和剩余价值实际上是一个东西，在绝对量上是相等的，在质上都是工人的剩余劳动创造的价值。当剩余价值转化为利润后，商品价值的公式就由 $W = c + v + m$ 变成 $W = k + p$，即商品价值 = 成本价格 + 利润。

利润是由剩余价值转化而来的，因此，剩余价值和利润是两个既有联系又有区别的范畴。首先，它们具有相同的实体，都代表着雇佣工人的无酬劳动创造的、超过预付资本价值的那个价值余额。其次，剩余价值作为预付可变资本的增值额，体现了资本对雇佣劳动的剥削关系，由此表明了剩余价值的真正来源。而利润则是对全部预付资本而言的，掩盖了资本对雇佣劳动的剥削关系。

（三）剩余价值率转化为利润率

剩余价值率是剩余价值与可变资本的比率，其公式是 $m' = \frac{m}{v}$；而利润率是剩余价值与预付总资本的比率，其公式是 $p' = \frac{m}{c + v}$。因此，剩余价值率和利润率不过是同一剩余价值量与不同资本量对比所得出的不同比率。所以说，利润率是剩余价值率的转化形式。

剩余价值率转化为利润率，使二者在量上出现了差异，由于总资本 C 大于可变资本 v，因此，利润率总是小于剩余价值率。此外，二者在质上也不同，剩余价值率表示资本家对工人的剥削程度，而利润率则表示资本家预付总资本的增殖程度。利润率是资本主义经营活动中最重要的指标。资本主义生产的目的，就是追求尽可能高的利润率。马克思在揭露资本追逐利润的本性时曾引用了 19 世纪中叶英国评论家托·约·登宁的一段话“资本害怕没有利

① 《马克思恩格斯全集》第 25 卷，人民出版社 1974 年版，第 44 页。

润或利润太少，就像自然界害怕真空一样。一旦有适当的利润，资本就胆大起来。如果有 10% 的利润，它就保证到处被使用；有 20% 的利润，它就活跃起来；有 50% 的利润，它就铤而走险；为了 100% 的利润，它就敢践踏一切人间法律；有 300% 的利润，它就敢犯任何罪行，甚至冒绞首的危险。如果动乱和纷争能带来利润，它就会鼓励动乱和纷争。走私和贩卖奴隶就是证明。”①

为了追求尽可能高的利润率，资本家会利用影响利润率变动的因素，来获取最大限度的利润。决定和影响利润率高低的主要因素有：

第一，剩余价值率。在预付总资本和资本有机构成已定的情况下，剩余价值率越高，利润率就越高；反之，剩余价值率越低，利润率也就越低。可见，利润率和剩余价值率成正比。因此，能够提高剩余价值率的方法，都能够相应地提高利润率。

第二，资本有机构成。从部门来看，部门的资本有机构成与利润率按相反的方向变动。因为，如果预付资本总额和剩余价值率不变，部门的平均资本有机构成越低，同量资本用在可变资本的部分越多，同量资本使用的劳动力越多，创造的剩余价值就越大，因此，利润率也就越高。反之，则相反。但是，就部门内部的企业而言，其资本有机构成同利润率成正比。因为只有个别企业的资本有机构成高于本部门的平均资本有机构成，它才可以获得超额剩余价值，从而提高其利润率。

第三，资本周转速度。在资本有机构成和剩余价值率一定的条件下，一年中资本周转速度越快，同量资本所带来的剩余价值量就越多，从而年利润率就越高。反之，资本周转速度越慢，年利润率就越低。可见，资本周转速度与年利润率成正比例。因此，资本家为了提高年利润率，总是想尽一切办法加快资本周转速度。

---

① 《马克思恩格斯全集》第 23 卷，人民出版社 1972 年版，第 829 页。

第四，不变资本的节省。在预付可变资本、剩余价值率一定的条件下，预付的不变资本越节省，预付的总资本量就会越少，利润率就会越高。为此，资本家总是想方设法延长劳动时间、充分利用现有的生产设备以及节约使用原材料等，提高不变资本的使用效率。为了节省不变资本，提高利润率，资本家往往是通过牺牲劳动者的利益和健康来实现。

二、利润转化为平均利润

资本家之间的竞争，包括部门内部的竞争和部门之间的竞争。部门内部竞争是指同一生产部门生产同种商品的各个资本主义企业，他们为了获得更有利的商品生产和销售条件，为了获得超额剩余价值、提高利润率，而进行的激烈竞争。竞争的结果，是形成商品的社会价值。部门之间竞争是不同部门生产不同商品的各个资本主义企业之间的竞争，竞争的结果，是使利润转化为平均利润、利润率转化为平均利润率。

随着资本主义经济的发展，资本家为了争夺更为有利的投资场所，必然展开以资本转移为特征的不同生产部门之间的竞争。资本的本性要求等量资本带来等量利润，那些利润率较低部门的资本家，势必要把资本转移到利润率较高的部门中去。转移的结果，就会出现利润率较高部门的投资增加，生产规模扩大，在需求不变的情况下，商品供大于求，于是价格下降，从而使该部门的利润率随之下降。而原来利润率较低的部门，由于资本减少，生产规模缩小，商品供不应求，于是价格上涨，从而使该部门的利润率上升。接着，资本又纷纷向这些部门转移。资本在不同生产部门的这种自由转移，一直要持续到不同生产部门的利润率大致趋于平衡才会停止。这样，就在整个社会范围内形成了平均利润率。

所谓平均利润率，就是指按社会总资本计算的利润率，是社会剩余价值总额与社会总资本的比率。用公式表示：

$$平均利润率(\overline{p'}) = \frac{社会剩余价值总额}{社会总资本}$$

不同部门的资本家，根据平均利润率获得的与其投资量大小相适应的利润，即平均利润（$\overline{p}$）。

平均利润率和平均利润的形成过程，也就是不同部门的资本家通过竞争而重新瓜分剩余价值的过程。平均利润率形成后，不同部门的资本家所得到的平均利润，就不一定恰好等于本部门劳动者创造的剩余价值。其中资本有机构成高的部门，平均利润大于本部门创造的剩余价值；而资本有机构成低的部门，平均利润则小于本部门创造的剩余价值；只有资本有机构成居于平均水平的部门，平均利润与本部门创造的剩余价值才基本一致。

假定社会上有食品、纺织、机械三个生产部门，每个部门的总资本都是100万元，剩余价值率都是100%，周转速度相同，三个部门的不变资本价值一年周转一次，但是，资本有机构成不同，三个部门各自的利润率不同，经过资本的自由转移，最后形成平均利润率。如表5-1所示。

表5-1　　产业部门平均利润率的形成　　单位：万元

部门	预付资本	剩余价值率	剩余价值	利润	利润率	平均利润率	平均利润	平均利润与剩余价值的差额
食品	70c+30v	100%	30	30	30%	20%	20	-10
纺织	80c+20v	100%	20	20	20%	20%	20	0
机械	90c+10v	100%	10	10	10%	20%	20	+10
合计	240c+60v		60				60	0

从表5-1中可以看出，三个生产部门投下的总资本都是100万元，但是利润率不同。食品工业部门的利润率为30%，纺织工业部门利润率为20%，机械工业部门的利润率为10%，等量资本没有带来等量利润。为了获取等量利润，机械工业部门的资本家就

会将部分资本从机械部门撤出，转移到利润率高的食品工业部门，食品工业部门由于生产增多，食品出现供过于求，于是导致价格下降，利润率随之减少；而机械工业部门由于资本流出，生产逐渐萎缩，于是又造成机械产品供不应求，价格上升，利润率随之提高。当机械工业部门的利润率上涨到超过食品工业部门时，资本又会从食品工业部门流出转移到机械工业部门。这种资本的转移和价格涨落，将一直进行到不同部门之间的利润率大体相等，三个生产部门都获得 20% 利润率时才会暂时结束。正是由于部门之间的竞争和资本的自由转投，才使平均利润率得以形成，利润才转化为平均利润。

总之，由利润转化成的平均利润，其实质仍然是剩余价值，只不过它们是剩余价值总量在不同部门资本家之间的重新瓜分而已。从整个社会来看，利润总量（60 万元）和剩余价值总量（60 万元）是完全相等的。剩余价值在各个部门之间重新分配的结果，使等量资本获得等量利润，这是一条客观经济规律。平均利润同样也是剩余价值的转化形式。

平均利润率的高低取决于两个因素：一是各部门的利润率水平。如果各部门的利润率水平较高，则平均利润率也较高；相反，如果各部门的利润率水平较低，则平均利润率也较低。二是社会总资本在各部门之间的分配比例。在社会总资本中，倘若资本有机构成低、而利润率高的部门所占的资本比重较大，则平均利润率就高；反之，则低。总之，平均利润率的形成不是各个部门利润率的简单的和绝对的平均，而是一种利润率平均化的总的发展趋势。

利润转化为平均利润后，更加掩盖了资本主义的剥削关系。前面我们谈到剩余价值转化为利润后，利润就已经使剩余价值的起源模糊不清了，不过，利润量和剩余价值量还是相等的。而在利润转化为平均利润后，许多部门的利润量和剩余价值量也不相等了，不同生产部门的等量资本得到等量利润，似乎利润的多少只同资本的数量有关系，这样，就把利润的本质和起源完全掩盖起来，从而进一步使资本主义的剥削关系更加神秘化了。

当然，必须指出，通过部门之间资本家的相互竞争而形成的平均利润率，既不是各个部门的不同利润率的简单平均数，也不能把它理解为绝对平均化，而只是在经济运动中存在的一种一般的趋势。同时，在利润率平均化的过程中，并不排除各部门内部资本家之间为获取超额利润而进行的激烈竞争。

三、价值转化为生产价格

利润转化为平均利润和价值转化为生产价格，是同一个转化过程的两个不同方面。随着利润转化为平均利润，商品的价值也就转化为生产价格。生产价格由成本价格加平均利润构成，它是商品价值的转化形式。用公式表示就是：生产价格 = 成本价格 + 平均利润。生产价格的形成过程，可用表 5－2 加以说明。

表 5－2　生产价格的形成　单位：万元

部门	预付资本	剩余价值	平均利润	商品价值	生产价格	生产价格与价值的差额
食品	70c + 30v	30	20	130	120	－10
纺织	80c + 20v	20	20	120	120	0
机械	90c + 10v	10	20	110	120	+10
合计	240c + 60v	60	60	360	360	0

从表 5－2 可以看出，价值转化为生产价格是以平均利润率的形成、利润转化为平均利润为前提的。随着利润率的平均化，利润转化为平均利润，商品的价值就转化为生产价格。生产价格形成以后，各生产部门的商品就不再按照它们的价值进行出售，而是按照生产价格进行出售了。这样，各生产部门的商品的生产价格与其价值之间就不一定一致了。资本有机构成高的部门的商品，是按照高

于它的价值的生产价格出卖的；而资本有机构成低的部门的商品，则是按照低于它的价值的生产价格出卖的；只有具有平均资本有机构成水平的部门的商品的生产价格大体上符合它的价值。这种情况的发生，是不是违背了等价交换的原则，从而违背了价值规律的要求了呢？

商品按生产价格出售，并不违背价值规律。第一，尽管从个别部门来看，资本家所获得的平均利润与本部门工人所创造的剩余价值不一致，但从全社会来看，整个资产阶级所获得的平均利润总额（60 万元）和整个工人阶级所创造的剩余价值总额（60 万元）还是相等的。这说明，从全社会整体观念出发，资产阶级所获得的平均利润，不外是无产阶级剩余劳动总量的结晶。第二，从个别部门来看，虽然生产价格和商品价值存在差额，但从全社会看，商品的生产价格总额（360 万元）和商品的价值总额（360 万元）还是相等的。商品的价值是生产商品时实际耗费的劳动量；生产价格总额与价值总额相等说明商品生产价格是以价值为基础的，即以全社会生产商品时实际耗费的劳动总量为基础。第三，生产价格的变动，归根结底取决于商品价值的变化，即取决于生产商品所耗费的必要劳动时间的变化。当生产商品耗费的社会必要劳动时间改变时，商品的生产价格就会随之改变。

商品的价值转化为生产价格，价值规律作用的表现形式也就发生了变化。商品的市场价格就不再以价值为中心上下波动，而是围绕生产价格上下波动了。价值规律这种作用形式的变化，是由它赖以存在的经济条件的变化所决定的。在简单商品经济条件下，农民和手工业者拿出交换的是自己的劳动产品。他们进行交换的唯一尺度，是耗费在各种产品生产上的劳动时间。那时，交换大体上是按着价值进行的。随着简单商品生产向资本主义商品生产的转化，商品就不是单纯当作商品来换，而是当作资本的生产物来交换了。等量的资本，要求分得等量的剩余价值。这样，剩余价值在采取利润形式上又进一步转化为平均利润，价值也就转化为生产价格。价值规律作用的表现形式也就转换为生产价格规律作用的表现形式了。可见，马克思的生产价格理论是以他的劳动价值论为基础的，是劳动价值理论的发展。

商品价值转化为生产价格以后，作为市场价格波动中心的生产价格，是指社会生产价格，而不是个别生产价格。社会生产价格等于该部门的社会成本价格加平均利润。而个别生产价格则等于个别企业的成本价格加平均利润。在同一生产部门内，各个企业的生产条件是千差万别的，它们的个别成本价格也就有高有低，因而各个企业的商品的个别生产价格迥然不同。但是，商品的出售是按社会生产价格进行的，这样，那些生产条件好、商品的个别生产价格低于社会生产价格的企业，除了获得平均利润外，还可以获得超额利润。可见，超额利润实质上是超额剩余价值的转化形式。

马克思的平均利润和生产价格理论具有十分重要的意义，它揭示了在资本主义社会里，工人不只是受直接雇佣他们的资本家的剥削，而且受整个资本家阶级的剥削，工人和资本家的对立是整个无产阶级和整个资产阶级之间的对立。各个资本家在瓜分剩余价值时，尽管他们之间存在矛盾和竞争，但在对付工人阶级、剥削无产阶级这一根本问题上，他们的利益却是完全一致的。所以，马克思说："资本家在他们的竞争中表现出彼此都是虚伪的兄弟，但面对着整个工人阶级却结成真正的共济会团体。"① 因此，无产阶级要取得自身的解放，必须团结起来推翻整个资产阶级的统治，消灭资本主义制度。

---

① 《马克思恩格斯全集》第25卷，人民出版社1974年版，第221页。

第二节 商业资本和商业利润

在资本主义社会，产业资本家是剩余价值的直接榨取者和最初占有者，但是，剩余价值的实现，还要借助于商业资本的力量，这样，商业资本家必然要参加剩余价值的分割。

一、商业资本的形成和职能

商业资本又叫商人资本，是一种独立投放在流通领域专门从事商品买卖的资本形式。资本主义社会的商业资本是随着资本主义商品经济的发展而形成的，是商品资本的独立化形态。首先，商业资本的产生有其必要性。在资本主义初期，由于企业生产规模不大，市场范围比较狭小，产业资本家一般都是自产自销，既从事生产，又从事经营，所以，产业资本既具有生产资本职能，又具有商品资本职能。后来随着资本主义商品生产的发展、市场范围的扩大，商品流通量大大增加，流通时间也相应延长，自产自销不仅会增加流通领域中的资本占用量，并且还会影响资本周转速度，这种情况对产业资本获取更多的利润显然是不利的，因而，在客观上就产生了把生产商品和销售商品的两种职能分开，把商品资本的职能独立出来，交给专门的资本家去完成的需要。其次，商业资本的产生具有可能性。因为，产业资本在其循环过程中所采取的商品资本职能形式，同货币资本、生产资本两种职能形式不同，具有它自己相对独立的职能；同时，在社会总资本中，总要有一部分资本经常处于商品资本形式上，这就为商品资本从产业资本中独立出来，成为专门经营商品买卖的商业资本提供了可能性。所以，商业资本无非就是从产业资本中分离出来独立发挥作用的商品资本，是商品资本的独立化形态。

商业资本形成后，它执行的职能，仍然是商品资本的职能。因为，商业资本家拿出自己的资本向产业资本家购进商品后，实际上商品还停留在市场上等待销售，从商品资本到货币资本转化的最后过程并没有完成。只有当商业资本家把商品卖给消费者，最终实现了商品的价值和剩余价值，才算真正完成了由商品资本到货币资本的转化。从这个意义上说，商业资本实际上是代替产业资本完成第三阶段的职能，所以，商业资本的职能，实际上是执行商品资本的职能——实现剩余价值。

二、商业利润及其来源

商业资本家把资本投在流通领域经营商品的买卖，其目的是为了获取利润。

商业利润从表面上看，似乎是商业资本家以较低的价格买进商品，以较高的价格卖出商品，从流通过程中产生的。其实不然，商业利润是商业资本家为产业资本家推销商品，由产业资本家转让给商业资本家的一部分剩余价值。

那么，产业资本家让渡给商业资本家的这部分剩余价值的量的界限怎样确定呢？很明显，商业资本家所获得的商业利润不能低于平均利润，也不能高于平均利润，只能是平均利润。因为，商业资本家所获得的商业利润若高于平均利润，那么，产业部门的资本就会向商业部门转移；如果商业资本家所获得的商业利润低于平均利润，就不会有资本家办商业，商业部门中的资本也会向其他部门转移。这种资本转移，将使商业资本家和产业资本家一样，得到平均利润。

商业资本家获得商业利润的过程，是通过产业资本家以低于商品生产价格的价格把商品卖给商业资本家，商业资本家再按照生产价格把商品卖给消费者来实现的。

假设在一年内，整个社会预付的产业资本是900亿元，资本有机构成为4：1，即720c+180v，剩余价值率为100%，不变资本的价值在一年内全部转移到生产品中去。那么，到年末，生产出来的商品价值总额就是720c+180v+180m=1 080（亿元），产业资本的平均利润率是$\frac{180}{900}=20\%$，平均利润总额就是180亿元。现在假定销售商品的职能全部由商业资本家承担，于是，为了销售商品，商业资本家投资100亿元。这时，社会资本总额就由900亿元增加到1 000亿元。由于，商业部门的纯粹买卖行为并不创造价值和剩余价值，因此，社会剩余价值总额仍为180亿元。但是，由于商业资本家也投入了资本，也要参与对剩余价值的分割。于是，180亿元的社会剩余价值总额，就必须在产业资本和商业资本之间进行分配，平均利润率就由原来的20%变为18%了。按照这个新的平均利润率计算，产业资本家获得900×18%＝162（亿元）的产业利润；商业资本家获得100×18%＝18（亿元）的商业利润。在这种情况下，产业资本家以低于生产价格的价格，即按照900+162＝1 062（亿元）的价格，把商品卖给商业资本家，然后，商业资本家再按照生产价格，即1 080（亿元）的价格，把商品卖给消费者，这样，商业资本家就从购买价格1 062（亿元）和销售价格1 080（亿元）的差额中获得1 080－1 062＝18（亿元）的商业利润。这个商业利润就是产业资本家转让给商业资本家的那一部分剩余价值。在量上它等于商业资本家根据社会平均利润率和按他的投资量所取得的平均利润。

商业资本参加剩余价值的分割后，平均利润率、生产价格的公式都发生了新的变化。这时，就由平均利润率＝$\frac{\text{社会剩余价值总额}}{\text{社会资本总额（产业资本总额）}}\times 100\%$变为平均利润率＝$\frac{\text{社会剩余价值总额}}{\text{社会资本总额（产业资本总额＋商业资本总额）}}\times 100\%$；剩余价值也就分解为产业利润和商业利润，这二者都是平均利润的变换形式；这时，生产价格公式就由生产价格 = 成本价格 + 平均利润，变为生产价格 = 成本价格 + 产业利润 + 商业利润。

商业资本家参加剩余价值分割以后，社会平均利润率就降低了，这似乎会使产业资本家获得的利润有所减少，对产业资本家不利。其实不然，因为，商业资本家若不垫支商业资本专营商品销售业务，产业资本家自己也必须在预付产业资本以外，另增加一笔资本支出，或从生产资本中抽出一部分资本来经营商品买卖。产业资本家无论是选择增加买卖商品的投资，还是选择压缩生产资本，都会影响到他对更多利润的获取，因而都是不可取的办法。现在，由商业资本家专门经营商业，不仅可以使产业资本家专门经营生产，而且还可以加速产业资本的周转速度，减少流通中的资本量，节省流通费用。从这个意义上讲，商业资本虽然不创造剩余价值，表面上看会使产业资本家的利润减少，实际上是能够为产业资本带来更多剩余价值的。

参加剩余价值的瓜分，是商业资本家获得商业利润的基本来源。此外，商业资本家压低收购价格、哄抬物价、以次充好、掺杂使假、缺斤短两以及投机倒把等手段，使小生产者创造的一部分价值、雇佣劳动者的一部分工资收入落到他们手中，变为商业利润。

三、商业的流通费用及其补偿

商业资本家经营商业，除需要垫付一定数量的资本购买商品外，还必须在商品流通过程中支付一系列的费用。在商品流通过程中所支付的各种费用叫做流通费用。资本主义流通费用可分为生产性流通费用和纯粹流通费用两类。生产性流通费用是生产过程在流通领域内继续进行而发生的费用。它是由商品的使用价值运动所引起的费用，如商品的保管费、包装费、运输费等。这类费用支出，可以通过包装、保管和运输工人的劳动增加商品的价值量，因此，它能够从增加的商品价值中得到补偿，并从中获得平均利润。纯粹流通费用是纯粹同商品买卖行为相联系的费用。它是由商品的价值形态变化所引起的费用，如商业建筑、设备、广告费、簿记费、办公费用和商业店员的工资等。这类费用，由于只是为实现商品的价值而预付的，它的作用只是使商品价值存在形态发生变化，并不会使商品价值量有丝毫增加，所以，它不能从商品的实际价值中得到补偿。但是，对商业资本家来说，垫付纯粹流通费用和垫付生产性流通费用是一样的，不仅要求得到补偿，而且要求按照平均利润率获得相应的平均利润。那么，纯粹流通费用的补偿和利润从哪里来呢？从社会的角度看，归根到底是剩余价值的扣除。因为这种费用的支出并不增加商品的价值，所以只有通过商品的售价来实现对它的补偿，而加价后的商品，卖给资本家，无疑是对他获得的剩余价值的扣除；如果卖给工人，在假定劳动力的买卖是按价值进行的条件下，为了维持劳动力的正常再生产，物价上涨，工人的工资也应当相应得到提高，在国民收入一定时，工资增加，剩余价值减少，仍等于说是由剩余价值来补偿的。当然，具体到资本主义现实经济生活来看，唯利是图的资本家，不仅要竭力把补偿纯粹流通费用的负担转嫁到工人身上，而且也不是按照物价的上涨幅度相应提高工人的工资的，不然生活在贫困线以下的阶层也就不复存在了。

在资本主义商业企业里，商品买卖等全部业务工作都是由企业中的工资劳动者，即店员来承担的。商业店员通过他们的劳动，完成了商品的买卖工作，也就使商业资本家得以占有产业资本家瓜分给他的那一部分剩余价值。

商业店员的全部劳动时间，也分为必要劳动时间和剩余劳动时间。在必要劳动时间内，所实现的剩余价值部分，用来补偿商业资本家支付给他们的工资；在剩余劳动时间内，实现的剩余价值部分，构成商业资本家的利润。

商业店员的工资来源于产业工人所创造的剩余价值，但决不说明商业店员也参与了对产业工人的剥削。从劳动者整体看，他们都是从属于资本的雇佣劳动军，同受整个资本家阶级剥削的。商业店员和产业工人只是分工不同，产业工人是为资本家生产剩余价值，商业店员则为资本家实现剩余价值。

第三节　借贷资本和利息

一、借贷资本的形成及特点

借贷资本是借贷资本家为了取得利息而暂时贷给职能资本家（包括产业资本家和商业资本家）使用的货币资本。它是一种通过货币的借贷关系来参与剩余价值分配的资本形式。借贷资本是生息资本的资本主义形式，是在资本主义经济形成和发展的基础上，从产业资本的循环过程中分离出来的并独立起来的特殊资本形式。

借贷资本的来源，主要是产业资本循环中产生的大量暂时闲置的货币资本。第一，厂房和机器设备的折旧费。固定资本折旧费提取出来以后，是准备用于固定资本更新的。但直到固定资本更新期以前，折旧费是暂时闲置的资本；第二，流动资本暂时闲置的部分。资本家准备用于购买原材料和支付工资的流动资本，在尚未购买原材料和工资支付日之前，都处于暂时闲置状态；第三，剩余价值必须积累到一定的量，才能用于扩大再生产。在此之前，这部分资本完全以货币资本的形态处于闲置状态。

这些暂时闲置的货币资本处在停止状态下，不会为它的所有者带来增值，因而，它的所有者就要为它寻找发挥增值作用的出路。与此同时，另一些企业的资本周转出现困难，需要借入货币资本，用于固定资本更新，满足扩大再生产需要，或用于购买原材料和支付工资等。于是，拥有闲置货币资本的资本家，就把手中的资本贷给需要借入货币资本的职能资本家。职能资本家借入的资本到一定时期必须归还，而且要把剥削来的剩余价值的一部分以利息形式作为报酬支付给贷方。这样，从职能资本的运动中游离出来的货币资本便转化为借贷资本。

总之，借贷资本是从产业资本运动中独立出来的特殊资本形式，它一方面体现着资本家剥削雇佣工人的关系，另一方面还体现着借贷资本家和职能资本家之间的关系。

借贷资本作为一种特殊的资本形式，有其自己的特点：

第一，借贷资本是一种资本商品，既具有资本的性质，又具有商品的某些特征。在资本主义制度下，货币作为资本使用时，能带来利润。这样，作为资本的货币，除了充当一般等价物外，又多了一种使用价值，即生产利润的能力。借贷资本家把货币资本贷给职能资本家时，实际上转让的是货币作为资本的使用价值，利用它可以生产利润。职能资本家之所以借入货币资本，也不是由于它可以作为一般的购买手段和支付手段，用来购买消费品，而是由于它能够实现价值增殖，可以用来获取利润。因此，货币资本在借贷中是当作生产利润的手段，是作为一种特殊商品让渡的。它的转让方式也不同于一般商品，普通商品是以买卖形式转让的，卖方转让商品，买方按等价支付货币。而资本商品是以借贷形式让渡的。借贷资本家在贷出货币资本时，没有同时收回它的等价物。借贷资本家并不放弃对资本的所有权，只是暂时让渡资本的使用权，到期他要收回资本，并带来一定的利息。同时，在普通商品的买卖中，买方支付的是商品的价格。而在资本商品的借贷中，借方支付的是利息。利息不是资本商品的价格，而是使用借贷资本的报酬。

第二，借贷资本是一种财产资本。借贷资本在借贷资本家手里并没有发挥资本的职能，但他拥有的货币，对于他来说，是资本而不是普通的货币，因为他凭借资本的所有权可以获得利息。这部分货币资本在转到职能资本家手中以后，就实际执行资本的职能，生产剩余价值或者实现剩余价值。所以，在借贷资本上，发生了所有权和使用权的分离。资本的所有权属于借贷资本家，使用权属于职能资本家。这样，同一个资本就具有了双重存在：对于借贷资本家来说，它是所有权资本，对于职能资本家来说，它是职能资本。

第三，借贷资本是最具有拜物教性质的资本。职能资本运动的一般形式是：G—W—G′，而借贷资本的运动公式是G—G′。就是说，借贷资本家把货币资本贷放出去，经过一定时期能收回更多的货币，包括原有资本和利息。这种特殊的运动形式造成一种假象，似乎借贷资本家只是凭借资本所有权获得利息，像桃树能结出桃子一样，使资本拜物教达到了顶峰。实际情况是，货币资本只有在产业资本家手中，投入生产过程，榨取雇佣工人创造的剩余价值，才能使自己的价值增殖，从而借贷资本家才可能以利息的形式获得一部分剩余价值。可见，借贷资本的运动公式G—G′，掩盖了资本价值增殖的真实过程。

二、利息和利息率

借贷资本家把货币资本贷给职能资本家使用不是无偿的。职能资本家在归还贷款时，必须向借贷资本家支付一定数量的货币资本作为使用这笔货币资本的报酬，这就是我们所说的利息。利息是借贷资本家凭借货币资本的所有权从货币使用者（职能资本家）那里取得的剩余价值，是剩余价值的特殊转化形式。

利息虽然是由职能资本家支付的，但其来源归根结底是产业工人创造的剩余价值的一部分。职能资本家从借贷资本家那里借来货币资本，用它从事生产或经营活动，取得平均利润。由于借贷资本的所有权和使用权的分离，使得同一资本具有双重的存在；借贷资本家和职能资本家对利润都有占有权。但是，同一资本却不可能因此而获得两份利润。这样，平均利润就不能由任何一方独占，而是分割为两部分：一部分是借贷资本家让出资本使用权而得到的利息，另一部分是职能资本家得到的企业利润。因为利息是平均利润的一部分，而平均利润又是剩余价值的转化形式，所以，利息是剩余价值的特殊转化形式。

平均利润分割为利息和企业利润，实质上是剩余价值在借贷资本家和职能资本家之间的分割。因此，利息既体现借贷资本家和职能资本家共同剥削雇佣工人的关系，也体现着借贷资本家和职能资本家之间共同瓜分剩余价值的关系。

利息的量是由利息率决定的。利息率就是一定时间内利息量和借贷资本量的比率，即：

$$利息率=\frac{利息量}{借贷资本量}\times 100\%$$

例如，1 000 元的借贷资本一年带来 30 元的利息，则年利息率为 3%。借用贷款的职能资本家要按预先确定的利息率向借贷资本家支付利息。

利息率的高低是有一定界限的。它的最高界限是平均利润率。因为利息是平均利润的一部分，在一般情况下，利息率低于平均利润率；而不能等于、更不能超过平均利润率，否则借入资本的职能资本家将得不到任何利润，他就不会去借入资本了。而利息率的最低界限不能等于零，否则，借贷资本家无利可得，借贷资本也就不存在了；因此，利息率总是在平均利润率和零之间摆动。

利息率的变动，取决于两个因素：

第一，平均利润率的水平。在其他条件不变的情况下，平均利润率的变动会引起利息率在相同方向上发生变化。这表明，借贷资本家和职能资本家在剥削工人阶级方面有共同的利益，他们获得剥削收入的多少，归根结底都取决于对雇佣工人的剥削程度。

第二，借贷资本的供求状况。当平均利润率一定时，利息率就取决于平均利润分割为利息和企业利润的比例。这个比例首先决定于金融市场上借贷资本的供求状况。如果借贷资本供给大于需求，利息率就会下降：如果借贷资本需求大于供给，利息率就会提高。

在现实生活中，影响利息率的因素还包括，借贷风险的大小、借贷时间的长短、预期价格的变动、国家经济政策等。

三、银行资本和银行利润

在资本主义社会，货币的借贷，大部分通过银行办理。资本主义银行是专门经营货币资本业务的企业，它是借款人和贷款人的信用中介，也是资本家相互之间的支付中介。银行在信用方面的职能是先把大量闲置的货币资本集中起来，然后再贷给职能资本家去使用。

银行的业务活动分为两个方面：负债业务和资产业务。负债业务主要是以吸收存款的方式借入资金。银行存款的主要来源有：职能资本家暂时闲置的货币资本，货币资本家或食利者阶层为获取利息而存入银行的货币资本以及其他不同阶层的居民存款。这些小额储蓄本身虽不是货币资本，但由银行集中起来后，也会发挥借贷资本的作用。银行的资产业务就是通过放款贷出资金，主要有以下方式：第一，票据贴现，即票据持有者为了融通资金，将未到期的票据交给银行，兑取现金。银行办理票据贴现，实际上是发放短期贷款，因为它要按当时利率获取相应的利息。第二，抵押贷款和信用贷款。银行以借款者一定的抵押品作为保证条件发放贷款，抵押品可以是商品、房地产或者各种有价证券（如股票、债券）等。借款者到期不能偿还贷款，银行有权处理抵押品。信用贷款不用以抵押品作保证，但利息率较高，而且附加一些其他条件。第三，投资业务，即从事购买有价证券的经营活动。如通过购买股票，成为其他企业的股东，或通过购买政府公债、公司债券等，形成一种长期贷款形式。

银行资本由两部分构成：一部分是自有资本，即银行资本家投入的资本。另一部分是借入资本，即银行资本已收的存款。后者占银行资本的大部分。

银行资本家投资于银行业和投资于工商业一样，都是为了获取利润。银行利润由存款利息和贷款利息的差额构成。贷款利息高于存款利息，扣除银行的业务费用以后，便形成银行利润。银行利润在量上相当于平均利润。因为，在资本主义竞争的条件下，银行资本家如果得不到平均利润，他就会将资本转移到产业部门或商业部门。竞争的结果，银行资本家得到按银行自有资本计算的平均利润；银行利润和利息一样，也是工人在生产中所创造的剩余价值，因而银行资本家也参与了剩余价值的瓜分。

银行资本家是依靠银行雇员的劳动瓜分到一部分剩余价值的，银行雇员的劳动分为必要劳动和剩余劳动，银行雇员在剩余劳动时间内为银行资本家实现银行利润。所以，银行资本家既剥削生产部门的雇佣工人，又直接剥削银行雇员的剩余劳动。

四、股份公司和股票

股份公司是通过发行股票集资联合经营的企业。股份公司的产生和发展以资本主义生产的发展和信用制度的不断扩大为前提。一方面随着资本主义生产的发展，一些大企业的兴办，如修筑铁路、建造港口、开采矿山等，越来越成为必要。而这种巨额的投资和经营，往往是单个资本所无能为力的，以股份的形式集资经营就成为资本主义生产进一步发展的客观要求；另一方面，银行信用的发展，又为股份公司征集资本和大量贷款创造了条件。这样股份公司便迅速发展起来，随之，一些大企业也在较短时间内兴办起来。可见，股份公司既是资本集中的结果，又是资本集中的重要形式。今天发达资本主义国家中的大型企业，几乎都采用了股份公司的形式。

股票是它的持有者向股份公司投资入股并获取股息收入的凭证。它是股份资本所有权的凭证，是股份资本分配收益的权利证书。股票持有人是公司的股东、公司资产的所有者，按照股东的权利，可以凭借股票从企业中取得股息。股票可以分为普通股票和优先股票两种。普通股票的股息随公司利润的大小而增减，优先股票一般按照一定的比率优先取得固定股息。股东享有作为公司所有者的种种权益，同时也要承担相应的责任和风险。但是，股东之间享有的权利的大小并不相同。在资本主义条件下，股份公司只是由少数大股东所组成的董事会所操纵，中小股东无权决定公司的重大问题，也不参与公司的经营管理，并受到大股东的控制和支配。因为，在股东大会上，投票权不是按股东人数而是按股票多少计算的，掌握的股票越多，投票权也越多。

股票具有不可兑换性、风险性和流通性的特点。股票持有者凭借股票获得的收益称为股息。股息不同于利息，它是按股票票面额分得的一部分企业利润，股息实质上是工人创造的剩余价值的一部分。

股份公司规定，股票持有者不能凭股票从公司抽回资本，股东购买股票后，不能退股，但可以转卖。这样，股票便成为一种特殊商品。买卖股票的价格，称为股票价格或股票行市。股票本身没有价值，它所以能够出卖，有价格，是因为持有股票可以向发行股票的公司定期领取股息。所以股票价格不是它所代表的资本价值的货币表现，而是股息收入的资本化。

股票价格取决于两个因素，即股息的多少和银行存款利息率的高低。其公式为：$股票价格=\frac{股息}{利息率}$。假定某股份公司的一张票面额为 100 元的股票，每年可分得股息 10 元，银行存款利息率为 5%，那么这张票面额为 100 元的股票价格 =10/5% =200 元，可见，股票价格与股息成正比，与利息率成反比。当然，这只是就股票的平均价格而言。至于影响股票市场价格变动的因素，那是错综复杂的。从表面现象看，很大程度上是受股票供求关系的影响，但实际上还受到公司营业范围、发展前景、公司信誉和营业情况等主观的，以及社会政治、经济、心理等客观的诸因素的影响。大资本家利用自己手中的财势，还往往人为地操纵股票价格，驱使某些股票价格大涨大落，以便从中投机，达到他们大发横财的目的。

五、虚拟资本

虚拟资本就是指定期为持有人带来收入的、以有价证券形式存在的资本。它包括资本市场上的金融工具如股票、债券及其衍生品。

有价证券之所以是虚拟资本，是因为有价证券本身并没有价值，也不是价值符号，它只是现实资本的所有权或债权证书。以股票为例，当人们用货币购买了股票后，真正的资本就转移到公司，发挥职能资本的作用去了，而留在股票持有人手中的股票，不过是一种资本所有权的证书或“现实资本的纸制复本”[①]，股票持有者可以凭借它从公司领取一定的收入。它在证券市场上买卖，就形成虚拟资本的运动。

虚拟资本与实际资本不同。实际资本就是以实物或货币形式存在的、投入生产经营活动过程中并能产生剩余价值的资本，也称为真实资本或现实资本。虚拟资本的产生和存在是以生息资本为基础的，它本身只是实际资本的“纸制复本”，不能发挥资本的职能作用，并不是真正意义上的资本。但虚拟资本的产生却使同一资本表现出了两个不同的运动。如某人100万元的资本，购买了某公司的股票，进入公司的100万元作为实际资本，发挥职能资本的作用；而投资者手中持有的100万元股票进入股票市场运行，则成为虚拟资本，开始它特有的运动过程。

虚拟资本与实际资本既有联系又有区别。从联系角度看，虚拟资本是实际资本的所有权证书，它的存在和运动以实际资本为基

① 马克思：《资本论》第3卷，人民出版社1975年版，第540页。

础，但又对实际资本有影响。从区别的方面看，虚拟资本虽然代表着实际资本的价值，但其价格却不由实际资本的价值所决定，而是由预期收益和平均利息率决定。虚拟资本的价格与预期收益大小和预期收益的可靠程度成正比，与利息率成反比。因此，虚拟资本的价格变动就会与实际资本的价值变动相背离，而呈现出相对独立的运动。

虚拟资本不仅在质上有别于实际资本，而且在量上也不同于实际资本。虚拟资本的数量等于各种有价证券的价格总和，虚拟资本数量的变化取决于各种有价证券的发行数量和它们的价格水平。随着信用制度的发展，虚拟资本的增长速度往往快于实际资本的增长速度。

虚拟资本是市场经济和信用制度的产物，它在市场经济的运动中具有十分重要的作用。首先，虚拟资本的存在和发展有利于货币资本的有效配置。有价证券进行交易，有利于货币资本自发地配置到国民经济的各个部门作为长期投资，使社会分散的闲置货币资本可以最大限度地被集中起来加以利用。其次，虚拟资本的运动有利于提高社会经济的运行效率。通过虚拟资本的价格变动自发地调节货币资本在社会各部门的流转，虚拟资本的流动就如同企业经营效益的指示器，客观上促进企业提高资本的使用效率。再次，虚拟资本导致财富虚拟化，加速了新的社会经济部门的形成和发展，扩大就业领域。最后，虚拟资本的膨胀会引发“泡沫经济”，甚至导致经济危机。泡沫经济是指虚拟资本过度膨胀引起的股票、债券以及房地产价格的上升，形成了经济虚假繁荣的现象。当虚拟经济过度膨胀、价格上升预期逆转，导致泡沫经济破灭时，就会引发严重的信用危机，使金融领域坏账、呆账大幅度增加，信用紧缩，造成经济衰退。2007 年的次贷危机就是虚拟资本过度膨胀而引发的泡沫经济破灭，由此对经济运行产生了灾难性的后果。

第四节 资本主义地租

在资本主义社会里，参与剩余价值瓜分的，除了各个资本家集团外，还有大土地所有者。大土地所有者凭借对土地的所有权，通过地租的形式参与剩余价值的分割。

一、资本主义地租的本质

任何社会形态下地租都是以土地所有权的存在为前提的，是土地所有权在经济上的实现，是土地所有者凭借土地所有权所获得的收入。但是，在不同社会形态下，由于土地所有制性质不同，决定了地租具有不同的性质。

资本主义的土地所有制，是在封建土地所有制解体和小农经济分化的基础上形成的。但是资本主义的土地所有制同封建土地所有制有着显著的区别：

第一，土地所有权与土地经营权相分离。在资本主义农业中，农业资本家从大土地所有者那里租用土地，雇佣农业工人耕种。所以，资本主义农业中存在着大土地所有者、农业资本家、农业工人三个对立阶级。封建社会农业中只存在着两个对立阶级：封建地主和农民。

第二，土地所有权和人身依附的分离。在资本主义的土地所有制下，无论是大土地所有者与农业资本家之间，还是农业资本家和农业工人之间，只是纯粹经济上的契约关系。而封建土地所有制下的地主凭借土地所有权在经济上剥削农民，在政治上凭借各种特权对农民实行超经济剥削，使农民在人身上依附于地主阶级。

资本主义土地所有制的性质决定了资本主义地租的性质。土地所有者出租土地的目的在于获得地租收益，否则宁肯让土地荒芜也不会白白把土地交由农业资本家使用；农业资本家投资经营农业，其目的也是为了获取利润，并且必须得到平均利润，否则他就不会投资农业，转而从事其他行业。这样，资本家经营农业所获得的剩余价值就不仅要相当于平均利润，而且必须超过平均利润，以满足他交纳地租之需。可见，资本主义地租就是农业资本家租种土地所有者的土地而交纳土地所有者的、由农业工人创造的超过平均利润以上的那部分剩余价值，即超额利润。它是剩余价值的特殊转化形式，体现着土地所有者和农业资本家共同剥削农业工人的关系。

二、资本主义地租的形式

资本主义地租由农业中的超额利润转化而来，根据农业中超额利润形成的条件和原因不同，资本主义地租存在的形式也不同，主要有两种基本形式：级差地租和绝对地租。

（一）级差地租

级差地租是与土地等级相联系的地租形式，它是农业超额利润的转化形式。

级差地租产生的条件是土地的肥沃程度和距离市场远近的程度不同。农业资本家投资于农业，从事农业经营活动，同样受到平均利润率和生产价格规律的支配。农业资本家要获得平均利润，农产品就必须按照社会生产价格出售。但是，土地本身有优劣之分。土地天然存在着肥沃程度和地理位置差异的特点。从土地肥沃程度看，可分为优等、中等和劣等不同等级的地块，同量资本同时投入面积相同但等级不同的三种地块上，其劳动生产率是不同的：优等地劳动生产率最高，获得的农产品数量也最多；中等地次之；劣等地最低。在这种情况下，农产品的社会生产价格必须由劣等地农产品的生产价格来决定，才能保证经营劣等地的农业资本家得到平均利润，这样，租种优等地和中等地的农业资本家就会获得超额利润，继而转化为级差地租。

为什么农产品的社会生产价格要由劣等地的生产价格来决定呢？这就要追溯级差地租产生的原因。级差地租产生的原因是由土地有限性所引起的土地经营权垄断。因为：土地有限性，特别是较优土地的有限性，使农业中的超额利润具有经常性和稳定性的特点。工业中的超额利润是通过个别企业率先采用先进技术，提高劳动生产率，使个别生产价格低于社会生产价格而获得的。但是，工业中的超额利润极不稳定，一旦行业内的多数厂家都采用先进技术，提高劳动生产率，超额利润就会消失。然而，在农业中则不然。农业中的超额利润是以土地的自然条件为基础的，由于土地不像工业生产条件（如先进机器设备）那样可以创造，所以，当优等地、中等地等自然条件好的土地被个别资本家租种以后，其他的资本家就无法创造出同样的土地来，于是，他们就垄断了对优等地、中等地的经营权，从而阻碍了农业资本家之间的竞争，其他的资本家就只能租种劣等土地。这样，租种优等地、中等地的资本家就能长期拥有较高的劳动生产率，其农产品的个别价格就会低于社会生产价格，从而稳定地获得超额利润。正是由于土地经营权的垄断，才造成了农产品的社会生产价格只能由劣等地农产品的个别生产价格决定。因为，租种劣等地的资本家如果得不到平均利润，就会从农业中退出，将资本转移到其他行业中去。如果租种劣等地的资本家退出农业生产，就会使农产品的供应量减少，引起农产品价格上涨，并一直持续到使劣等地的经营者能够得到平均利润，重新加入耕种为止。由于农产品的社会生产价格由劣等地农产品的个别生产价格决定，保证了经营劣等地的资本家也可以获得平均利润，而经营优等地、中等地的资本家所获得的超额利润则以级差地租的形式转移到土地所有者手中。

级差地租的唯一源泉是农业工人的剩余劳动所创造的超额剩余价值。因为土地本身的优劣只是为农产品的生产提供一个自然基础，但无论如何优越的自然条件，如果不同劳动相结合，它本身也不会生出价值，当然也就不可能生出转化为级差地租的超额利润了。而耕种优等地、中等地的农业工人的劳动，可以看作是具有较高生产率的劳动，可以看作是加强劳动，这样的劳动能够创造出更多的价值和剩余价值即超额利润，成为级差地租的来源。

在经营的土地的肥沃程度相同的条件下，由于距离市场远近的不同；把农产品运往市场和购买农业生产资料所需要的运费也就不同。这样，必然会使农产品的个别生产价格各不相同。如果农产品的社会生产价格由距离市场的最远的个别生产价格决定，那么，经营距离市场最远的土地的资本家，得到平均利润，经营距离市场较近的土地的资本家，就可以获得超额利润。这部分超额利润就转化为级差地租落入土地所有者手里。

由于级差地租形成的条件不同，它又可分成两种形态，即级差地租Ⅰ和级差地租Ⅱ。

级差地租Ⅰ是由土地肥沃程度和土地地理位置的差异所形成的地租。土地本身的肥沃程度并非一成不变。但是，在一定时期内，土地肥沃程度还是有差别的。等量资本投在土地肥沃程度不同，但土地面积相同的地块上，其劳动生产率以及产量是不同的，从而产生不同的生产价格。如表5－3所示。

表5－3　　级差地租Ⅰ的形成　　单位：元；千克

土地等级	投入资本	平均利润	产量	个别生产价格		社会生产价格		级差地租Ⅰ
				全部产品	每千克	每千克	全部产品	
优等地	100	20	600	120	0.20	0.3	180	60
中等地	100	20	500	120	0.24	0.3	150	30
劣等地	100	20	400	120	0.30	0.3	120	0

由表5－3可以看出，优、中、劣三块土地，面积相同，投入资本相同，平均利润相同，但是土地肥沃程度不同，由此导致其劳动生产率以及产量不同。如前所述，农产品的社会生产价格由劣等

地农产品的个别生产价格决定，因此，在市场上，各等级地块的产品，都按照每千克 0.3 元出售，劣等地没有得到超额利润，优等地获得 60 元的超额利润，中等地获得 30 元超额利润，这些超额利润全部转化为级差地租 I 由土地所有者占有。

由于地理位置的不同，即距离市场远近的不同，也是形成级差地租 I 的条件。因为，地理位置好，即距离市场近的地块，由于运输成本减少，其农产品的个别生产价格就低，从而获得超额利润，进而转化为级差地租 I 被土地所有者占有。

级差地租 II，是指在同一块土地上连续追加等量资本，从而形成较高的劳动生产率而产生的超额利润。级差地租 II 的形成，源于资本主义农业的集约化经营。随着资本主义的发展，可开垦的荒地越来越少，而社会对农产品的需求却日益增加，为了增加生产，就需要对土地进行集约化经营，如采用先进技术、改良品种、兴修水利以及改良土壤等，由此追加投资而带来的超额利润，进而转化为级差地租 II。如表 5－4 所示。

表 5－4　　级差地租 II 的形成　　单位：元；千克

土地等级	投入资本	平均利润	产量	个别生产价格		社会生产价格		级差地租
				全部产品	每千克	每千克	全部产品	
优等	初次投入 100	20	600	120	0.20	0.3	180	I 60
	追加投入 100	20	700	120	0.17	0.3	210	II 90
中等	100	20	500	120	0.24	0.3	150	I 30
劣等	100	20	400	120	0.30	0.3	120	0

由表 5－4 可以看出，当优等地追加等量投资后，由于劳动生产率提高，使每千克产品的个别价格降低为 0.17 元，但是依旧按照社会生产价格 0.3 元出售，于是获得 90 元的超额利润，在租约期内，这部分超额利润就归农业资本家所有，当租约期满，在签订下一个租约期时，土地所有者就会通过提高地租的方式将这部分超

额利润占为己有。

级差地租 I 是级差地租 II 的基础和出发点，所以二者之间存在着密切的联系。但二者的区别也很明显：投资方法及耕作方法不同；超额利润转化为地租的方式也不同。

（二）绝对地租

绝对地租是指农业资本家无论租种何种土地都必须向土地所有者缴纳的地租。它产生的条件是农业的资本有机构成低于社会平均资本有机构成。由于农业资本有机构成低，在其他条件相同的情况下，农业工人所创造的剩余价值就会大于农业资本家获得的平均利润。这样，农产品的价值就会大于它的生产价格。农产品按其高于生产价格的价值出售，就会使农业资本家获得超额利润，进而转化为绝对地租为土地所有者占有。假设，工业和农业两部门的资本家投资均为 100 元，剩余价值率都是 100%，平均利润都是 20 元，但是农业部门的资本有机构成低于工业部门，农业部门由于按照价值出售产品，于是价值与生产价格形成了一个差额，这个差额就构成了农业部门的超额利润，并转化为绝对地租被土地所有者占有。见表 5 - 5。

表 5 - 5　　绝对地租的形成　　单位：元

生产部门	资本有机构成	剩余价值	平均利润	产品价值	生产价格	绝对地租
工业	80c : 20v	20	20	120	120	0
农业	60c : 40v	40	20	140	120	20

为什么农产品可以按照高于生产价格的价值出售呢？绝对地租产生的原因是什么呢？根本原因在于农业中存在着土地私有权的垄断。在工业中，虽然资本有机构成低的部门也能创造出比平均利润高的剩余价值，但是由于部门之间的竞争，资本的自由转移会引起利润率的平均化，最终只能得到平均利润，因此工业品只能按照生产价格出售。农业则不同，土地私有权垄断的存在，会阻碍其他部

门的资本向农业部门的自由转移，阻碍着农业部门的剩余价值参加社会利润的平均化过程。这样，农产品就可按照高于生产价格的价值出售了。由此产生的超额利润就留在了农业部门内部，作为绝对地租转移到土地所有者手里。绝对地租的源泉仍然是农业工人创造的剩余价值。

现代化农业中资本有机构成日益提高，甚至超出工业，在这种情况下，绝对地租形成的条件是什么呢？马克思指出，这时由价值和生产价格的差额转化而形成的那种地租就消失了。绝对地租的来源或是农业资本家利润和工人工资的扣除，或是来自垄断价格所获得的额外收入，还有相当的一部分纯收入是来自国家的补贴，这实际上是把国民收入的一部分作为地租转到土地所有者手中了。

三、土地价格

土地本身是天然存在的自然物，是没有价值的，因而土地价格不是土地价值的货币表现。但由于在资本主义社会里，土地被私人垄断着，是土地所有者的私人财产，所以既可以出租，也可以出卖。出租时可以使土地所有者凭借其对土地的所有权定期获得地租收入。出售土地实际上是把定期收取地租的权利转让给别人。那么，土地价格是怎样决定的呢？土地价格应当等于这样一笔资本的价值：从出卖者来说，把出售土地所得货币资本存入银行，每年的利息收入应相当于这块土地的地租收入；从购买者来说，买这块土地一年的地租收入，不能少于将支付的货币存入银行所取得的存款利息。可见，土地价格就是地租收入的资本化或资本化的地租。土地价格的高低取决两个因素：一是地租量的大小；二是利息率的高低。土地价格同地租量成正比，同利息率成反比。用公式表示：

$$土地价格=\frac{地租}{银行存款利息率}$$

随着资本主义的发展，土地价格有上涨的趋势。马克思的地租理论不仅使剩余价值理论进一步发展和具体化了，同时也为无产阶级制订自己的土地法规提供了科学的理论依据。

思考题

1. 剩余价值是怎样转化为利润的？剩余价值同利润的关系怎样？

2. 利润率与剩余价值率的关系是什么？影响利润率的主要因素有哪些？

3. 平均利润和生产价格是怎样形成的？

4. 利息的本质是什么？影响利率的主要因素有哪些？

5. 股票价格是怎样形成的？

6. 虚拟资本对社会经济运行的作用是什么？

7. 级差地租和绝对地租形成的条件、原因、源泉各是什么？

8. 土地价格是如何形成的？

第六章

一般垄断资本主义

教学要点

1. 垄断形成的原因及其本质
2. 垄断利润和垄断价格
3. 金融资本和金融寡头的统治
4. 资本输出的原因和后果
5. 资本的国际化的原因、资本的国际统治及其后果

关 键 词

垄断　垄断组织　垄断利润　垄断价格　金融资本　金融寡头　资本输出　国际垄断同盟　跨国公司　资本国际化

第一节　一般垄断资本主义的形成

一、自由竞争的资本主义

资本主义生产方式在其发展过程中经历了两个阶段，16 世纪后期至 19 世纪后期是自由竞争的资本主义阶段，19 世纪末 20 世纪初，自由竞争的资本主义发展成为垄断的资本主义。

资本主义生产方式起始于16世纪，18世纪中后期开始的产业革命，使机器在资本主义生产中得到广泛使用，劳动生产率迅速提高，由此为资本主义生产方式奠定了坚实的物质技术基础，使资本主义生产方式最终确立。自由竞争的资本主义所有制的具体形式主要是资本家独资经营的个体资本和企业，除土地私有权外没有人为的或自然的垄断，生产资料和劳动力可以不受限制的在各企业和各部门间流动，自由竞争在经济领域中得以充分展开，因此，自由竞争成为这一阶段的标志或主要经济特征。

资本主义的自由竞争，是众多的、分散的中小资本或私人企业之间为争夺有利的投资场所和销售市场而展开的竞争。竞争的形式，一是生产同一商品的部门内部的竞争，二是生产不同商品的部门之间的竞争。在自由竞争的资本主义条件下，资本按照平均利润的原则瓜分剩余价值。“在自由竞争的情况下，自由并不是个人，而是资本”①。

与自由竞争相适应，这一时期的资产阶级在经济上标榜自由放任主义，强烈要求实行一整套的自由贸易政策，反对封建割据和闭关自守，要求开辟广阔的国内市场和世界市场。因此，在自由竞争的资本主义阶段，资本和劳动力实现了在不同地区和不同部门的自由流动；商品可以在各地区间自由流通，建立了全国统一的乃至世界范围的市场。自由竞争促进了社会经济的发展，使资本主义出现了延续多年的经济高涨。但自由竞争的资本主义在其发展过程中，也不断地使社会的基本矛盾激化，频繁爆发经济危机，为自由竞争的资本主义过渡到垄断的资本主义创造着条件。

二、垄断的形成

（一）生产社会化与资本社会化

---

① 《马克思恩格斯全集》第46卷（下册），人民出版社1980年版，第159页。

在自由竞争阶段，随着社会生产力的发展，生产和资本在不断集中，促进了生产社会化的发展。所谓生产社会化，主要是指建立在现代机器体系基础上的、分工协作广泛发展的物质资料生产过程的社会结合。恩格斯将“生产社会化”概括为三个方面：第一，生产资料的使用社会化。即由单个人使用的生产资料变成由许多人共同使用的社会化的生产资料。第二，生产过程的社会化。即随着生产资料使用的社会化，生产本身从一系列的个人行动变成了一系列的社会行动。第三，劳动产品的社会化。即产品从个人的产品变成社会的产品。①

生产社会化是资本社会化的物质基础，而资本社会化则是生产社会化的资本关系表现形式。社会化大生产的本性，要求由社会来占有生产资料，管理社会生产，占有劳动产品。然而，建立在生产资料私人占有基础上的资本主义同社会化的大生产日益不相容。一方面，资本主义生产方式暴露出自己继续驾驭生产力已经力不从心；另一方面，资本主义的生产力以日益增长的威力要求消除这种矛盾，要求把生产力当作社会生产力来看待。因此，随着生产社会化的发展，为缓解资本主义的基本矛盾，必须对资本关系进行某些局部调整，即实现资本社会化，以适应社会化生产力发展的要求。

在资本社会化的发展历程中，首先出现的是股份资本，它是资本社会化的初级形式。股份资本是资本家通过建立股份公司，以发行股票的方式，将许多个别资本联合成为集团资本的一种私人资本形式。股份资本在资本关系上具有两个特点：首先，从资本的占有形式看，股份公司的建立，使资本占有从个人所有的形式转变为资本的集体所有形式。马克思指出，股份公司的建立表明，“那种以社会化生产方式为基础并以生产资料和劳动力的社会集中为前提的

---

① 《马克思恩格斯选集》第3卷，人民出版社1972年版，第309页。

资本，在这里直接取得了社会资本（即通过股份公司直接联合起来的个人资本）的形式，而与私人资本相对立，并且它的企业也表现为社会企业，而与私人企业相对立。这是作为私人财产的资本在资本主义生产方式本身范围内的扬弃"①。这就是说，这种"扬弃"并不否定资本主义私有制，而是扬弃了个人占有的资本形式，使联合起来的个人资本即股份资本取得了社会资本的形式，从而实现了资本占有形式的社会化。

其次，从资本的经营形式看，资本主义企业已从个人经营转变为公司经营。马克思指出，股份公司的建立，使"实际执行职能的资本家转化为单纯的经理，即别人的资本的管理人，而资本的所有者则转化为单纯的所有者，即单纯的货币资本家"②。这表明，在股份公司内部，资本的所有权与经营权已经分离，资本的经营形式实现了社会化。

（二）垄断的形成

资本社会化从两个方面加速了资本集中和生产集中。一方面，部门范围内的资本社会化，促进部门资本集中和生产集中；另一方面，全社会范围内的资本社会化，促进跨部门资本集中和生产集中。在自由竞争阶段，在生产社会化和资本社会化相互作用的基础上，生产集中和资本集中日益发展和提高，而资本集中和生产集中则是垄断形成的物质基础。

从19世纪70年代至20世纪初，主要资本主义国家出现了以电的应用为主要内容的第二次工业革命。电的应用促使了新兴工业迅速发展、推动了生产规模的扩大和社会化程度的提高。同时，伴随着资本积累的发展和追逐剩余价值的竞争，资本主义社会中生产和资本的集中日益加快了步伐，在一些主要资本主义国家中已发展

① 《马克思恩格斯全集》第25卷，人民出版社1974年版，第493页。

② 《马克思恩格斯全集》第25卷，人民出版社1974年版，第493页。

到相当高的程度。列宁分析了这一时期主要资本主义国家的情况，指出："自由竞争引起生产集中，而生产集中发展到一定阶段，就会引起垄断。"①

生产集中是指资本主义社会中生产资料、劳动力以及产品的生产日益集中在少数大企业手中的现象。生产集中的迅速发展，首先是社会生产力自身发展引起的。19 世纪 70 年代前后的第二次科技革命，使产业结构发生了重大变化，重工业代替轻工业占据了重要地位，生产社会化程度进一步提高。社会生产力的发展和变化，要求企业在更大范围内组织专业化生产和协作，从而促进了生产和资本的集中。其次，竞争和信用作为两个强有力的杠杆，极大地促进了生产集中的过程。竞争的结果，是大资本吞并了中小资本，加速了资本的集中。资本主义信用制度的发展，使得股份公司等形式的大企业集中起越来越多的分散资本，从而强化了生产集中。此外，19 世纪 70 年代至 20 世纪初频繁爆发的经济危机，造成了大批中小企业破产，也推动了生产和资本向大企业手中的集中。

生产高度集中必然引起垄断。因为：第一，生产的高度集中，为垄断的产生提供了可能性。当一个部门的大部分生产和销售被几个或十几个大企业占有时，彼此间容易达成协定。而且大企业实力雄厚，有能力操纵控制该部门。第二，少数大企业之间为避免由竞争而造成的两败俱伤，有必要彼此暂时达成协议或进行联合，共同操纵生产和销售，以获得高额垄断利润。第三，生产和资本的集中，在一些部门已经形成了规模庞大的企业，其他中小企业难于与之匹敌；另外，创办能与这些庞大企业相抗衡的新企业所需资本额巨大，因而难以产生，这些大企业就自然地形成了垄断。

生产集中引起垄断，是资本主义发展的一般的和基本的规律。所谓垄断，是指少数资本主义大企业，为获得高额垄断利润而联合

① 《列宁选集》第 2 卷，人民出版社 1972 年版，第 743 页。

起来，控制和独占一个或几个部门的产品生产和销售市场。垄断是垄断资本主义阶段最主要的标志和最基本的经济现象。

由生产集中发展到垄断，在一些主要资本主义国家中大体经历了三个阶段：一是萌芽阶段。存在于19世纪60～70年代，此时生产集中已有了相当程度的发展，在德国、美国等较发达国家已出现了垄断组织。二是广泛发展阶段。存在于19世纪70～90年代，此时垄断组织已在主要资本主义国家中发展起来。三是最后形成阶段。存在于19世纪末20世纪初，垄断组织迅速发展，并在主要资本主义国家经济领域中占统治地位，成为这些国家全部经济生活的基础。20世纪初，自由竞争的资本主义过渡到了垄断的资本主义，使资本主义经济、政治、社会生活各方面都发生了新变化。

第二节　一般垄断资本主义的基本特征

列宁在《帝国主义是资本主义最高阶段》一书中，将一般垄断资本主义的基本经济特征概括为："（1）生产和资本的集中发展到这样高的程度，以致造成了在经济生活中起决定作用的垄断组织；（2）银行资本和工业资本已经融合起来，在这个'金融资本'的基础上形成了金融寡头；（3）与商品输出不同的资本输出有了特别的重要意义；（4）瓜分世界的资本家国际垄断同盟已经形成；（5）最大的资本主义列强已把世界上的领土分割完毕。"①

一、垄断是垄断资本主义的实质和深厚的经济基础

（一）垄断资本主义的实质

自由竞争引起生产集中和资本集中，而生产集中和资本集中发

① 《列宁选集》第2卷，人民出版社1972年版，第808页。

展到一定阶段必然引起垄断。垄断一旦取代自由竞争，在经济生活中居于统治地位时，垄断则成为垄断资本主义的实质和深厚的经济基础。因为，首先，自由竞争资本主义阶段居于统治地位的是自由竞争，其经济基础是私人资本和私人企业，而在垄断资本主义阶段，居于统治地位的则是垄断，其经济基础是垄断资本和垄断企业。其次，垄断资本主义的基本特征是由垄断决定的，是垄断的具体表现。垄断是基础，其他特征都是在垄断基础上产生和发展起来的。

垄断在经济生活中占统治地位，是资本主义进入垄断阶段的标志。通过对垄断资本主义基本经济特征的考察，可以看出：第一，垄断是五个基本经济特征的共同基础，五个经济特征是垄断在国内、国际上的具体表现。生产和资本的集中导致的垄断，成为最根本的特征，其他特征都是在这一特征的基础上产生和发展起来的。垄断在经济生活中占统治地位，成为垄断资本主义经济、政治和社会生活各方面最深刻的经济根源。垄断资本主义阶段的一切重要社会现象，都根源于垄断。垄断不仅控制着社会经济生活，也控制着上层建筑各个领域，是垄断资本主义国家经济生活和社会生活最深厚的基础。第二，垄断决定了垄断资本主义国家国内国外生产关系的实质，金融寡头的统治和对外扩张，使自由竞争的资本主义生产关系过渡到了垄断资本主义的生产关系。第三，垄断使垄断资本主义阶段的生产社会化与私人占有之间的矛盾不断深化，使垄断组织之间、垄断组织与非垄断组织之间、垄断资本主义国家与殖民地附属国之间的矛盾不断加剧。垄断的统治造成的资本主义基本矛盾的激化和其他固有矛盾的发展，必将导致垄断资本主义生产关系被新的生产关系所取代。

上述的分析表明，垄断是垄断资本主义最本质、最具有决定意义的经济关系，是垄断资本主义的经济实质。列宁说：“垄断代替自由竞争，是帝国主义的根本经济特征，是帝国主义的实质。”①

（二）垄断组织及其发展

垄断组织是指在资本主义经济的一个部门或几个部门中，占据垄断地位的大企业或大公司的联合。垄断组织拥有的资本称为垄断资本。随着垄断的形成和发展，垄断组织也由简单、低级的形式向复杂、高级形式发展。垄断形成以来，垄断组织的形式主要有如下几种：

垄断组织的最简单形式是“短期价格协定”，其他主要形式有：（1）卡特尔。它是指生产同类产品的大企业为划分销售市场、规定商品产量和销售价格等方面达成协议而组成的联盟。参加卡特尔的大企业在生产、销售、法律上具有独立性，但必须遵守卡特尔组织关于售价、产量的协议。卡特尔是一种初级的垄断组织，这种形式最早在1865年出现于德国。（2）辛迪加。它是指生产同类产品的大企业为统一销售商品和采购原料而组成的垄断同盟。参加辛迪加的各企业仍保持生产上和法律上的独立性，但是失去了商业上的独立性，在产品销售、原料采购上统一由辛迪加的办事处办理。辛迪加这种垄断组织形式19世纪末20世纪初在西欧比较流行。（3）托拉斯。它是指由许多生产同类商品或生产尚有密切联系的企业，联合组成的大型垄断组织。参加托拉斯的各企业，在生产上、销售上和法律上丧失了独立性，生产和销售等经济活动，统一由托拉斯的董事会领导。原来的企业成为托拉斯的股东，按其股份取得股息和红利。与卡特尔和辛迪加相比较，这是一种稳定的高级的垄断组织形式。它于1882年最先在美国产生，20世纪初迅速发展。（4）康采恩。它是指以实力雄厚的大企业、大银行为核心，跨部门、跨行业地联合许多企业所组成的大企业集团。加入康采恩的企业在形式上仍保持着独立性，但实际上受居支配地位的资本家

① 《列宁选集》第2卷，人民出版社1972年版，第883页。

集团控制。这些大资本家首先控制核心企业，再由核心企业通过购买股票和人事参与等办法控制其他企业。康采恩已突破部门的限制，垄断的广度和深度都加强了，因此，它是复杂的高级垄断组织形式。康采恩在20世纪30年代首先产生于法国，随着垄断资本主义的发展日益成为最重要的垄断组织形式。

上述的垄断组织尽管形式不同，而且会随着资本和生产的进一步集中发生相应地变化，但其实质都是垄断资本家为了独占生产和销售，更多地攫取高额垄断利润的工具。

第二次世界大战后，在新科技革命的推动下，主要资本主义国家的生产和资本的集中呈现出加速的态势，形成了许多规模巨大的企业。这些企业进一步控制了本部门的生产和销售，使垄断的统治进一步增强。以美国为例，在20世纪60年代开始出现百亿美元资产的特大公司，到80年代初，这种百亿美元资产的公司已达23家。20世纪90年代初，美国汽车产量的90%以上已集中在福特、通用和克莱斯勒三家厂商手中。随着垄断统治的增强，垄断组织也出现了新形式，“混合联合公司”有了广泛发展。“混合联合公司”是一种跨部门的多样化经营的垄断组织。“混合联合公司”所属的企业，经营范围广，相互间并不一定有业务联系。这表明，垄断组织已不满足于控制一个部门的生产和流通，而是要将垄断的触角伸向众多部门，从而控制社会的全部经济生活和社会再生产的各个方面。

（三）垄断利润和垄断价格

垄断及其在经济生活中的统治地位，实质是保证垄断资本家取得高额垄断利润。垄断利润是指垄断资本家凭借其在生产和流通中的垄断地位而获得的大大超过平均利润的高额利润。

垄断利润是垄断统治在经济上的动机和目的。它主要是通过垄断价格实现的。

垄断价格是指垄断组织在销售商品或购买生产资料时，凭借其垄断地位规定的、旨在保证最大限度利润的市场价格。垄断价格分为垄断高价和垄断低价两种。垄断高价是垄断组织在销售商品时规定的大大高于商品的价值或生产价格的垄断价格；垄断低价是垄断组织向非垄断的中小企业购买原料、初级产品等生产资料时规定的低于商品的价值或生产价格的价格。垄断价格 = 成本价格 + 垄断利润。

垄断价格虽然由垄断组织凭借其垄断地位来制定，但也会受一些因素的制约。在垄断条件下，为争夺市场占有率的竞争，为防止产品的积压，迫使垄断组织必须对市场的容量、价格与需求的关系等进行估测，而不能任意定价。

垄断价格的出现，使一些商品的价格经常高于或低于商品的价值或生产价格。但这并没有违背价值规律。因为：第一，垄断价格并没有完全脱离商品的价值或生产价格，垄断组织不能任意定价，垄断价格仍受市场上供求关系的影响；第二，垄断价格并没有改变整个社会商品价格总额与商品价值总额的一致性。垄断资本家按照垄断价格所获得的垄断利润，不过是非垄断企业失去一部分剩余价值或其他劳动人民的部分收入；第三，垄断价格的变动，归根结底要受生产该商品的社会必要劳动时间变动的影响。可见，垄断价格的出现，只是使价值规律的作用发生了改变。

垄断利润虽然是垄断资本家凭借垄断地位而获得的，但是，垄断利润的来源归根到底仍然是工人在生产过程中创造的剩余价值。正如马克思所指出的："某些商品的垄断价格，不过是把其他商品生产者的一部分利润，转移到具有垄断价格的商品上"。[①] 垄断价格实现的垄断利润，仍然是工人阶级和其他劳动人民所创造的剩余价值，甚至包括一部分必要劳动所创造的价值。垄断利润的来源主要有：（1）本企业雇佣工人创造的剩余价值。（2）在流通领域中

① 《马克思恩格斯全集》第 25 卷，人民出版社 1974 年版，第 973 页。

通过垄断高价销售消费品所占有的工人和劳动人民的一部分收入；通过垄断高价销售产品和垄断低价购买原材料所占有的中小资本家的一部分剩余价值和小商品生产者的一部分价值。（3）通过国际贸易、资本输出等形式占有的其他国家人民的一部分财富。（4）通过资本主义国家的财政和信贷，进行有利于垄断资本家的国民收入再分配，占有劳动人民创造的一部分国民收入。

（四）垄断和竞争

垄断是在自由竞争的基础上作为竞争的对立物而产生的，但垄断并没有消除竞争，而是凌驾于竞争之上，与之并存。垄断资本主义时期，竞争存在的主要原因是：第一，垄断没有消除竞争产生的经济条件。竞争是商品经济的产物，只有存在着不同的经济利益主体，竞争就不可避免。垄断的出现抑制了竞争，但是垄断并没有消除以资本主义私有制为基础的商品经济，在垄断阶段，虽然垄断企业控制了社会经济活动，但是垄断并没有覆盖所有的经济活动，还存在着非垄断企业，不同的经济利益主体必然为争夺高额利润而竞争。第二，“绝对垄断”是不存在的。垄断资本主义阶段，不存在由一个垄断组织囊括一切部门、一切企业的绝对垄断。社会经济生活中仍存在大量的非垄断企业，它们之间的竞争是不可避免的。

垄断资本主义阶段，竞争的主要表现为：（1）垄断组织内部的竞争。主要是为争夺产销份额和领导权的竞争。（2）垄断组织之间以及垄断资本家集团之间的竞争。（3）垄断组织与非垄断组织之间的竞争。（4）非垄断的中小企业之间的竞争等。

同自由竞争阶段相比，垄断资本主义阶段竞争的特点有：首先，竞争的目的不再是为了平均利润或一般的超额利润，而是为了获得高额垄断利润。其次，竞争的手段更加多样化。在自由竞争阶段，竞争的手段主要集中在价格和产品质量上，而在垄断阶段，除了质量和价格竞争外，还采取各种强制手段，甚至不惜采用暴力。再次，垄断阶段的竞争，由于垄断组织拥有巨大的经济、政治力量，因而表现得更为激烈、持久，破坏性也更严重。最后，竞争的范围由国内扩展到国外，由经济领域扩展到政治、军事、文化等领域。

二战结束以后，随着垄断统治的进一步加强，垄断组织之间的竞争日趋尖锐了。

二、金融资本和金融寡头的全面统治

在垄断资本主义阶段，金融资本和金融寡头对整个经济和社会实行全面的统治。这是私人垄断资本主义最明显的标志。

（一）银行的集中和垄断

1. 银行垄断的形成

银行是经营货币资本的资本主义企业，是信用机构。在自由竞争阶段，银行主要作为信用中介发挥作用。在19世纪末，工业生产的集中为银行业的集中提供了基础。伴随着工业垄断的形成，银行业也发生着集中和垄断。这是因为：随着工业生产的集中，一方面，要求银行扩大规模，以便为大企业提供更大数量、更长期限的贷款；另一方面，大企业在资本周转中所形成的大量闲置资本，也乐于存放在大银行中，从而增强大银行的存放款能力，促使银行利润增加，加速银行资本的积聚和集中。同时，银行集中也是它自身竞争的必然结果。在银行的竞争中，大银行因资本雄厚、信用高、技术先进、费用节省等优势条件而处于有利地位。这些大银行不仅直接吞并中小银行，而且通过购买或交换股票以及通过债务关系来征服和控制中小银行，甚至和其他大银行联合起来，合并为更大的银行，从而使得银行集中迅速地发展起来。

银行业集中达到一定的程度，使大银行之间的竞争产生困难。为了避免在竞争中两败俱伤，并且保证获取高额利润，为数不多的大银行也必然要暂时妥协，达成一定的协议，成立银行垄断组织。银行垄断组织的形成和发展，使得大银行控制了几十个甚至几百个中小银行；支配着所有资本家的几乎全部货币资本，把各种特别有利、特别巨大的金融业务都掌握在自己手中；它们划分经营范围，确定存放款利率，把千千万万个分散的企业和单位联系起来，完全成了资本主义国民经济的神经中枢、经济生活的中心。

2. 银行的新作用

银行垄断组织的形成和发展，使银行的作用发生了根本的变化。垄断的大银行对大企业的贷款，往往是数额极大的长期贷款，而且借贷关系相对固定。因此，银行为了保证贷款的安全，不仅要关心企业偿还贷款和支付利息的能力，而且要直接关心企业的生产经营情况，用增减或收回贷款的办法，来影响和监督企业的生产和经营。这就必然使工商业资本家愈来愈依赖大银行，使银行成了决定他们命运的控制者。

垄断阶段银行的新作用主要表现在：第一，银行由以往的服务于工业转变为对工业资本的控制。在自由竞争阶段，银行作为“中介人”，主要是为工业服务。然而到了垄断阶段，由于工业企业规模不断扩大，对贷款的数额加大，长期贷款的比重上升，贷款额度与期限使大银行与企业结成长期化、固定化的经济关系。为了确保巨额贷款的安全，垄断的银行必然加强对企业的监督与控制。第二，大银行促进生产集中和垄断组织的形成。银行除了给大企业增加贷款，提供巨额的资金支持，还利用金融联系支持或要求同银行有密切联系的企业之间联合或组成垄断同盟，从而加强了垄断企业的竞争力，促进了生产和资本的集中。第三，大银行加强了对社会经济的调节和支配。大银行通过遍布各地的分支机构，把社会上的货币集中起来，并通过放贷分配到社会经济的各个领域，从而掌握了生产资料的分配权。正是由于银行具有这些新作用，所以，在垄断阶段，银行就由借贷的普通中介人逐渐变为万能的垄断者。

（二）金融资本和金融寡头的统治

1. 金融资本的形成

银行的新作用，使得银行垄断组织和工业垄断组织之间的关系更为密切，双方通过互相购买对方的股票、互派代表担任对方的董事或监事等方式，互相进行控制和影响。其结果是导致一种新型的资本形态出现，即金融资本。所谓金融资本就是工业垄断资本和银行垄断资本全面融合或混合生长而形成的一种资本形式，它是一种既能控制生产又能控制流通的万能垄断资本。正如列宁所指出："生产的集中；由集中而生长出来的垄断；银行和工业的融合或混合生产——这就是金融资本产生的历史和这一概念的内容。"① 金融资本形成的主要途径有：一是垄断的大银行通过贷款或购买股票来控制和支配大工业企业，或通过直接投资来创办工业企业。例如美国的摩根家族最早是开办银行的，后来极力向工矿企业渗透，相继控制了美国四大铁路系统、钢铁公司、电话电报公司和国家收割机公司等。二是垄断的大工业企业通过购买银行的股票和投资兴办的银行，将资本渗透到银行业。三是人事上的结合，双方相互兼任要职，以便相互影响。例如，20 世纪初，柏林 6 家最大的银行的董事和经理，一共在 751 个工业、交通运输和保险业等公司中担任了领导职务，而在这 6 家银行的董事会中则有 51 个最大的工业资本家的席位。正是通过这三个途径，金融资本得以形成。

2. 金融寡头的统治

在金融资本的基础上，形成了掌握着大量金融资本的最大的资本家或资本家集团（又称财团），就是金融寡头。金融寡头凭借着强大的经济实力，控制着国家的经济命脉，操纵国家政权，在经济上和政治上统治着资本主义国家。

金融寡头在经济上的统治，主要是通过"参与制"来实现的。所谓"参与制"，就是垄断资本家通过掌握一定数额股票对企业实行控制的一种制度。金融寡头首先控制一个总公司（母亲公司），

① 《列宁选集》第 2 卷，人民出版社 1972 年版，第 769 页。

并通过总公司去购买其他公司的股票控制额，使这些公司成为“母亲公司”的“女儿公司”，再由“女儿公司”去控制更多的“孙女公司”。如此逐级控制，就使得金融寡头在实际上支配着比自身资本大几倍、几十倍的他人资本，来扩充自己的势力，把国民经济的许多部门控制在自己手中。

股份公司的广泛发展，是“参与制”得以实现的基础。能够支配一个股份公司所必需的股票称为股票控制额。在垄断资本主义发展的初期，企业规模通常不大，股票的持有相对集中，要控制某个公司，需要掌握的股票数额较大，大约为40%左右。然而，随着企业规模的加大和股票占有的逐渐分散，股票控制额在下降，二战结束以后，一般只要占有10%，甚至更低就可以控制公司。此外，金融资本家还通过创办企业、发行有价证券、办理公债、贱价收买或改组企业等方式，加强自己的统治地位。

垄断资本家阶级要巩固他们的统治，进而获得更多的经济利益，就必须掌握政治权利，利用上层建筑的力量来为其经济基础服务。在上层建筑中，最重要的就是国家政权。金融寡头在政治上的统治，主要是通过金融寡头和政府进行“个人联合”来实现的。其具体途径基本上有两种：一种是派代理人或亲自到政府中担任要职；一种是把离职的政府要员和军事将领聘请到自己的公司中担任高薪职务。这样，金融寡头就能通过各种方式来控制和影响国家的内外政策，把国家机器作为自己实行垄断统治的工具，为金融寡头的利益服务。

此外，金融寡头还通过控制主要报刊、电视台等媒体，通过掌握著名大学、研究机构、文艺中心等途径，把他们的统治势力渗透到文化、教育以及社会生活的各个方面。

二战结束以后，金融资本和金融寡头的统治大大加强。一是金融资本的实力增强，拥有和支配的资本迅速增长。二是金融寡头进一步加强对国家政权的控制。三是金融资本进行跨国经营加强。金融资本的统治从国内逐渐向国际渗透。

三、资本输出

金融资本不仅在国内实现统治，还必然将触角伸向国外，其主要手段是资本输出。

（一）资本输出的必然性

垄断的形成和发展，导致主要资本主义国家产生了大量的“过剩资本”，这是资本输出的基础。金融资本的统治，一方面，使得有利的投资场所被垄断，在一定的程度上限制了竞争，限制了新的大企业和新资本的出现；另一方面，垄断资本家获得的大量垄断利润，使资本积累的进程加速，资本家手中积聚起了大量的货币资本。这样，就产生了大量的“过剩资本”。这种所谓的“过剩资本”是相对于国内有利的投资场所不足而言的过剩，它是资本输出物质基础。资本家从追求高额垄断利润的本性出发，必然要把这些过剩资本输出到国外，寻找那些地价低廉、劳动力和原材料比较便宜的国家和地区进行投资；而且，垄断使市场问题和原材料来源问题日益尖锐起来，为了越过关税壁垒，争夺市场和确保获得稳定的原料来源，也必须把资本输出到其他国家和地区。

在垄断资本主义时期，资本输出不仅有必要，还具备了可能性。资本输出的市场、劳动力和一定的交通通讯等条件在 19 世纪末、20 世纪初的一些落后国家已经开始形成。当时世界上绝大多数国家都已经卷入了资本主义的世界市场，资本主义已形成为世界体系；资本主义国家的商品已经敲开了许多落后国家的大门，使这些国家的商品经济已经有了一定程度的发展，自然经济逐渐瓦解，产生了大量的劳动力出卖者，这些国家的主要的铁路和港口等现代化的交通设施已经或开始兴建，这一切都为这些国家发展资本主义提供了必要的物质条件；同时，垄断资本主义国家的经济机构也日益完善，交通通讯设备日益精良，信用制度逐步发展，从而为大量的资本输出提供了许多便利条件。

（二）资本输出的形式和实质

资本输出从其主体来看可分为私人资本输出和国家资本输出两种形式。前者是由私人资本家向外国贷款或投资，后者则是由资本主义的国家政府机构对外国贷款或投资。从资本输出的客体来看也有两种形式：一是借贷资本的输出，即由资本主义国家的政府、银行和企业把货币资本贷给外国的政府、银行或企业；二是生产资本的输出，即直接到其他国家独立创办企业，与资本输入国的资本合营或收购国外已有的企业。不论是何种形式的资本输出，其实质都是垄断资本主义国家的金融资本掠夺和奴役其他国家人民的重要手段，是垄断资本主义国家掠夺和剥削其他国家劳动人民、确立和巩固金融资本对世界统治的重要工具，是国际垄断的基础。正如列宁所说：资本输出是垄断资本主义“压迫和剥削世界上大多数民族和国家的坚实基础”①。

（三）资本输出的后果

资本输出的目的是为了获得高额的垄断利润或利息。垄断资本主义初期至第二次世界大战之前，资本输出主要是输往广大的殖民地、半殖民地和落后的国家。资本输出在客观上使这些落后的输出国的自然经济进一步瓦解，刺激这些国家的资本主义经济关系和商品市场经济的发展，从而刺激这些国家民族经济一定程度的发展；但更主要的是垄断资本凭借其宗主国的地位，把不平等条约强加给这些国家，使这些国家的国民经济发展完全服从于垄断资本的掠夺需要，导致国民经济发展的单一化和畸形化，最终成为垄断资本主义国家经济上和政治上的附属国。

对垄断资本主义国家而言，资本输出也必然使输出国成为食利者众多的“食利国”，在一定程度上产生经济和技术发展的停滞趋

① 《列宁选集》第2卷，人民出版社1972年版，第784～785页。

势，最终加剧资本主义各国经济发展的不平衡，加剧各主要垄断资本主义国家之间的矛盾和竞争。

四、国际垄断同盟在经济上瓜分世界

金融资本在国际的扩张还导致了国际垄断同盟的产生。国际垄断同盟是资本主义各国最大的垄断组织，通过订立协定而结成的国际性经济垄断同盟，其目的和本质是瓜分世界市场，争夺世界霸权和地区霸权。

国际垄断同盟在经济上瓜分了世界，是金融资本对外扩张的必然结果。它的建立标志着资本主义的生产集中和垄断达到了更高的程度。列宁称之为“超级垄断”。国际垄断同盟产生于 19 世纪 60 ~ 70年代，在 60 年代以前，国际垄断同盟的主要形式是国际卡特尔。到一战前，缔结有正式协定的国际卡特尔已达到 116 个，如国际钢轨卡特尔、国际铝卡特尔、国际电气卡特尔等。它们越出国界，开始从经济上瓜分世界、划分势力范围。

20 世纪初，国际垄断同盟形式有了发展，出现了国际辛迪加、国际托拉斯。但是国际卡特尔依旧获得更大发展，至二战前夕，国际卡特尔已经达到 1 200 个左右，控制了约 40% 的世纪贸易总量。20 世纪 60 年代，国际垄断组织的发展，出现了两个重要的特点：一是国际康采恩式的跨国公司取代国际卡特尔成为主要形式。二是由国家出面组成的国际垄断同盟，例如自由贸易区；欧盟。

国际垄断同盟从经上瓜分世界是在国际垄断资本之间的竞争中进行的。因此，分割和重新分割市场的斗争会不断发生。这是因为，国际垄断同盟的形成，只是在一定条件下，各国垄断资本集团达成的一种暂时的妥协，当垄断资本的实力发生改变之后，他们就会破坏或撕毁协定，要求重新瓜分市场。因此，垄断资本家在经济上瓜分世界是“按资本”“按实力”的原则瓜分的，而资本和实力会由于竞争、发展不平衡和经济危机等各种因素而发生变化的。例如，20 世纪初，世界煤油市场的激烈竞争；国际钢轨卡特尔从 1884～1940 年 50 余年间八次重新分割。

跨国公司是一种新型的国际垄断组织。跨国公司又称“多国公司”，或“国际公司”，它是指资本主义国家的大企业，为了获得最大限度的利润，通过对外直接投资，在其他国家和地区设立子公司和分支机构，从事国际化生产、销售和金融等各种经营活动的国际化垄断组织。

跨国公司早在 19 世纪末 20 世纪初就已经产生，在二战以后得到了广泛而迅速的发展。跨国公司与国际卡特尔最大的不同在于，它是由一国的垄断组织或是以一国的垄断组织为主建立起来的。它在经营管理方面具有以下特点：一是在国外广泛建立子公司，其业务活动在整个公司活动中占重要的地位。许多跨国公司约 50% 的业务都在国外进行。而是它从“全球战略”出发安排自己的经营活动。二是从整个公司范围内衡量利弊，合理调整结构和布局，在最有利的地方从事生产、销售及其活动。三是在组织上实行高度集中的管理体制。它的最高决策层既管理国内母公司的业务，又管理各子公司的重要决策，以期实现全球战略。

战后跨国公司的迅速发展并成为国际垄断组织的主要形式绝非偶然，它是战后经济发展，特别是生产全球化的必然要求。跨国公司是垄断大资本对外扩张和掠夺的工具，它通过遍布国外的子公司和分支机构的业务活动，在经济上控制所在国的销售市场和原料来源，以攫取高额垄断利润。在政治上则为了维持自身的利益而干预所在国的内政，扶植为跨国公司服务的傀儡。

金融资本的对外扩张，不仅使垄断组织在经济上瓜分世界，而且还要在领土上进行瓜分。在资本主义从自由竞争向一般垄断资本主义过渡的阶段，出现了瓜分世界领土、抢夺殖民地的高潮。殖民地对宗主国的重要作用表现在：（1）殖民地是重要的、可靠的和稳定的原料产地。（2）殖民地是最有利的投资场所。（3）殖民地是最重要的商品销售市场。20世纪为重新分割殖民地和瓜分世界领土而引发的两次世界大战，充分暴露了金融资本对外扩张及垄断资本主义掠夺和侵略的本性。

第三节　资本国际化与资本的国际统治

一、资本国际化的形成

（一）国际分工与资本的国际化

生产国际化是资本国际化的基础，资本国际化是生产国际化的资本主义形式。所谓资本国际化，就是指资本越出国界在世界范围内运动，以实现自自身的价值增殖。因此，资本国际化是剩余价值生产和实现的国际化，所以，资本国际化在本质上也是资本主义生产关系在全世界扩展的过程。

生产社会化的发展，使分工越出了国界，形成国际分工。国际分工是世界范围内各国经济之间的生产专业化，它是生产国际化的基础。从实质上讲，国际分工是各国生产者之间通过世界市场而形成和发展起来的一种相互交换劳动的关系。国际分工的产生和发展，主要取决于两个条件：一是自然条件，包括各国的资源、气候、土壤、国土面积、地理位置等；二是社会经济条件，包括各国的科学技术水平和生产力发展水平，国内市场的规模、人口的数量与质量、社会的经济结构等。这两个条件在国际分工的形成和发展中所起的作用不同。自然条件是一切经济活动的基础，没有一定的自然条件，进行任何经济活动都是困难的，甚至是不可能的。然而有利的自然条件，只为生产和国际分工提供了可能性，要将可能性变为现实性需要具备相应的社会经济条件。社会经济条件是将国际分工的可能变为现实的决定性条件。

国际分工随着科学技术和资本主义生产力的发展而发展，大致经历了这样几个阶段：第一阶段，15 世纪末至 16 世纪上半期的“地理大发现”。这一时期的国际分工是以工场手工业生产为基础的资本主义宗主国与殖民地之间的不平等的国际分工为特征的。第二阶段，18 世纪 60 年代开始的产业革命至 19 世纪 60 年代。这一时期的国际分工是以大机器工业生产为基础，形成了资本主义先进的工业国与传统的农业国之间的国际分工。第三阶段，19 世纪 70 年代开始的第二次产业革命至二战结束之前。这一时期的国际分工是以初级产品生产国与制成品生产国之间的分工为主导形式的国际分工。第四阶段，战后的科技革命。战后的科技革命带动了一系列新兴的高新技术产业的形成并发展，特别是跨国公司的兴起和发展使国际分工向纵深发展，形成了以各个工业部门内部的分工为主导形式的国家分工，在此基础上，形成了生产的国际化及资本的国际化。

（二）世界市场与资本的国际化

分工与市场相伴而生。所谓世界市场就是世界范围内进行商品交换的场所和交换关系的总和。随着科学技术的进步和交通通讯工具的发展，世界市场囊括了世界的各个角落，它将世界各国的生产、交换、分配和消费等社会再生产连接在一起。国际分工是世界市场的基础，世界市场的发展促进国际分工向纵深发展。一方面，国际分工提高了劳动生产率，增加了社会产品总量，从而加大了对国际销售市场和原料来源的需求；另一方面，国际分工使各国向国际市场提供的使用价值形成差异，导致国际交换的出现。世界市场正是伴随着分工以及国际分工的形成和发展而存在的。战后，世界市场的发展进一步促使资本的国际化向纵深发展。

二、资本国际化的形式

（一）商品资本的国际化

国际贸易是商品资本的国际运动或商品资本国际化的具体表现，它随着国际分工和生产国际化的发展而发展，成为联结各国经济的纽带和桥梁。国际贸易虽然是商品资本的国际化的具体表现，但并不是所有的国际贸易都是商品资本的国际运动。在前资本主义时期，商品的国际交换就已存在，但那时的国际贸易是建立在国内分工的基础上，交换的商品大多是剩余产品，这时的商品生产过程并不属于资本运动。只有资本主义生产方式确立之后，国际贸易是建立在国际分工基础上，此时的国际贸易才具有了商品资本国际运动的性质，并构成资本国际化的一个重要方面。

战后，随着资本主义国家经济的迅速发展和国际分工不断深化，国际贸易也在迅速发展，并呈现出新的特点：一是国际贸易规模扩大，增长迅速；二是国际商品贸易结构发生了重大变化，主要表现为在国际贸易总额中工业制成品的比重超过了初级产品的比重，并在国际贸易中占据主导地位；三是国际贸易的地区结构发生了显著的变化，发达国家之间的国际贸易跃居首位；四是国际贸易被垄断性的跨国公司所控制。

（二）借贷资本的国际化

货币资本国际运动的主要形式是资本输出。借贷资本的国际化是资本输出的一种形式。直到第一次世界大战前夕，借贷资本输出占主导地位，当时英国的资本输出额占发达国家资本输出总额的40%；第二大资本输出国是法国，被称为“高利贷帝国”。因而，这一时期的货币资本的国际化主要表现为借贷资本的国际运动。战后，借贷资本的国际化呈现如下特点：

第一，借贷资本输出规模扩大，数量急剧增加。20世纪初，资本输出主要集中在几个最富有的资本主义国家，如1914年，英、法、德三国的资本输出占资本主义国家资本输出总额的80%左右。而二战以后，特别是20世纪60年代以来，几乎所有的发达资本主义国家都加入了资本输出的阵营。资本输出的增长速度也大大超过了战前，如 1914 年资本输出总额约为 440 亿美元，二战后，从 1945 年的 510 亿美元增长到 1975 年的 5 800 亿美元。20 世纪 80 年代以来，资本输出的规模继续扩大，不仅直接投资增长较快，而且国际银行贷款增长也很快，1970 年国际银行贷款累计净额只有 610 亿美元，1980 年达到 8 100 亿美元，1986 年则超过 17 000 亿美元。

第二，国家资本输出上升到主要地位。二战前，资本主义国家的资本输出主要是私人资本的输出，二战后，国家资本输出取代私人资本输出，成为资本输出的主要形式，而且，国家资本输出主要形式是借贷资本输出。国家资本输出是政府及其机构和国际金融机构通过对外“援助”、双边政府贷款、多边政府贷款以及政府进出口银行等形式进行，是为垄断资本的利益和维护世界资本主义制度服务的。

第三，国际债券市场的作用进一步加强。国际债券一般是借款人在贷款国内发行的以贷款国货币为票面额的债券。国际债券市场是以购买外国债券形式进行借贷资本输出的渠道，是国际金融市场的重要组成部分。20 世纪 80 年代以来，利用国际债券筹集资本有了迅速的发展。据统计，国际债券的发行 1970 年为 48 亿美元，1980 年为 280 亿美元，1985 年则为 1 677.55 亿美元。国际债券的年发行额大大超过国际银行贷款，人们把这种现象称为“筹资债券化”。

（三）生产资本的国际化

生产资本的国际化是指资本在国外直接进行生产和经营，在国际范围内生产和实现剩余价值。其主要形式有：直接在国外创建独资企业、与外国资本组成合资企业或合作企业、兼并或收购外国企业等。不管生产资本的国际化采取何种形式，都是为了对外国企业所有权的实质性占有。二战后，生产资本的国际化呈现如下特点：

第一，私人对外直接投资迅速增长。二战前，私人资本输出除美国外，主要是借贷资本和证券投资。战后，发达资本主义国家的私人对外投资迅速增长。根据联合国贸发会议提供的数据，在世界对外直接投资流出额中，发达国家 1993～1998 年和 2004 年分别占 85.9% 和 87.3%；在世界对外直接投资流出存量中，发达国家 1980 年和 2003 年，分别占 89.2% 和 88.7%。

第二，直接投资的部门结构发生很大变化，对制造业的直接投资增长迅速，投资日益集中在电子、化工、钢铁、汽车和机器制造等行业；20 世纪 70 年代以来，对金融、保险等服务业的直接投资开始较快增长；对农业和采矿业的直接投资增幅最慢。

第三，直接投资的流向发生了根本变化。二战前，发达资本主义国家私人资本输出的主要流向是殖民地和附属国。二战后，私人资本输出的主要流向是发达资本主义国家。根据联合国贸发会议提供的数据，在世界对外直接投资流入额中，发达国家 1993～1998 年和 2004 年分别占 63.8% 和 58.6%；在世界对外直接投资流入存量中，发达国家 1980 年和 2003 年则分别占 56.4% 和 69.2%。这主要体现为美国、欧盟和日本之间的相互投资，以及欧盟各国之间的相互投资。

第四，20 世纪 80 年代以来，跨国并购成为国际直接投资的主要形式。2005 年跨国并购主要集中在公用事业和能源领域，涉及 77 宗交易，案值为 3 810 亿美元。并购的行业分布依次为金融业、电信业、公用事业、房地产业、保健业、石油和天然气业、金属和钢铁业、交通业、采矿业以及建筑业，上述行业的并购额分别为 2 716亿美元、2 594 亿美元、1 993 亿美元、1 451 亿美元、1 108 亿美元、1 102 亿美元、843 亿美元、809 亿美元、799 亿美元和 778 亿美元。并购顾问的排位有所变动。高盛公司超过摩根斯坦利公司名列榜首，促成交易额达 5 990 亿美元，交易个案 163 宗。摩根斯坦利公司退居第 4 位，促成交易额和交易个案分别为4 274亿美元和 170 宗。

第五，跨国公司对生产资本国际化的推动。跨国公司是资本主义私人对外直接投资的主要载体，是生产资本国际化的直接推动者。跨国公司“以世界为工厂，以标准为纽带，以各国为车间”，在全球范围内整合和优化资源配置，建立起以价值增殖链为纽带的跨国生产与经营体系。根据联合国贸易与发展会议（UNCTAD）发布的《2000年世界投资报告》显示，以海外资产计算的1998年世界跨国公司百强排名，美国通用电气公司名列第一，海外资产1 286亿美元。排名第二至第十位的依次是：美国通用汽车公司、英荷皇家壳牌公司、美国福特车公司、美国埃克森石油公司、日本丰田汽车公司、美国国际商用机器公司、英国石油——阿莫科公司、德国奔驰公司和瑞士雀巢公司。报告显示，这100家全球最大的非金融性跨国公司拥有的海外资产已超过20 000亿美元，海外员工600万人，其中90家公司总部设在欧盟、美国和日本等三地，其经营活动主要分布在汽车、石油、电器等领域，公用事业和电信领域的大型跨国公司的数目也在逐渐增加。

联合国贸易与发展会议《2004年世界投资报告》显示，全球有61 582家跨国公司，926 948家海外子公司，对外直接投资高达70 000亿美元，跨国公司海外子公司的产值分别占全世界GDP的1/10和出口贸易的1/3。2005年，跨国公司海外分公司总产值占全球生产总值的10.2%，出口额占世界出口总额的38.5%，提供了6 209.5万个就业岗位。目前，跨国公司进行的研发活动约占全世界研发活动的4/5。跨国公司的全球化经营战略，强调在全球范围内建立跨国公司的整体竞争优势：一是通过兼并实现资本在全球范围内的集中与控制，从而增强其在全球的垄断地位；二是通过对技术资源的控制实现核心技术在全球范围的垄断。

三、资本国际化的后果

（一）资本国际化对发达国家的影响

资本的国际化为发达资本主义国家带来了巨大收益。一是巨额利息和利润收入。发达国家通过借贷资本的输出可以获得巨额利益，通过对外投资攫取大量利润，尤其是在发展中国家投资利润率更高。一般说来，在发展中国家投资利润率均比在发达中国家投资利润率高出一倍左右。二是改善发达国家的国际收支状态。二战后，主要资本主义国家对外直接投资收益的汇回额，一般大于资本输出额，为弥补发达国家的国际收支差额起到了促进作用。三是扩大投资范围，促进本国生产的发展。发达资本主义国家各自利用自己的优势，向对方相对薄弱的部门进行投资，扩大了投资领域，增加了产品的数量和种类。同时，以资本输出带动商品输出，使资本输出国可以获得双重好处。四是可以获得一些其他的利益和特权。例如通过贷款或“援助”，在一些国家取得重要资源如石油资源或其他矿产资源的开采权；要求受援国进一步开放投资市场和商品销售市场，为输出国的商品和资本的输入提供方便和优惠；取得在投资国的军事基地等特权。

资本的国际化也为发达资本主义国家带来了消极影响，并使资本主义固有的矛盾加深。首先，大量资本输出国外，在一定程度上削弱了本国一些部门或行业的投资能力，影响了本国就业水平的提高；其次，为了在国外追求高额的利润，有些部门和行业在外国设立生产基地，从而使这些部门或行业在国内“空心化”；再次，资本的国际化使发达资本主义国家之间为争夺海外市场的竞争愈演愈烈，矛盾日益加深。

（二）资本国际化对发展中国家的影响

二战后的资本国际化对发展中国家的影响是双重的，既有积极的影响，也有消极的影响。就积极影响而言，表现为以下几个方面：

第一，通过引进外资在一定程度上解决资金匮乏问题。发展中国家依靠自身解决发展经济的资金有很大的难度，依靠发达资本主义国家的“援助”以及联合国专门机构的贷款，可以在一定程度上解决资金匮乏问题。这类贷款通常具有利率低、期限长的特点。另外还可以通过世界金融市场、发达资本主义国家的私人投资解决资金问题。

第二，通过引进外资吸收国外的先进技术和管理经验，同时借助于“三资”企业形式，还可以为发展中国家培训一批适应现代化生产需要的技术人员以及熟练工人，促进科技队伍的成长，缩短与发达国家之间的差距。

第三，借助外国资本，改造本国落后的经济面貌，加快本国产业结构的调整，提供工业化的水平，加速现代化的进程。

第四，有利于对外贸易的发展。发展中国家可以凭借自身所具有的独特资源，提高出口水平，增加外贸收益。具有一定工业基础的发展中国家，还可以通过引进外资，扩大生产规模，增加产品的种类，提高产品档次，扩大出口。

资本国际化给发展中国家带来的消极影响表现为：（1）引进外资通常要付出较大的经济代价。要给予投资者较高的利息率或利润率，并以一定的资源开发作为补偿。（2）发达国家的资本输出是依照自身的利益而进行的，投资的领域必须满足国际垄断资本获取高额垄断利润的需要，因此，发展中国家的一些经济部门不同程度地受到垄断资本的控制，甚至影响发展中国家的整体经济发展趋向。（3）跨国公司投资的倾向性，加剧了发展中国家的经济发展不平衡性。跨国公司的投资，通常是将资本投资于少数资源丰富、市场广阔、投资条件好的发展中国家，而广大落后的发展中国家难以获得跨国公司的青睐，这就进一步加深了发展中国家经济发展的不平衡性，少数发展中国家迅速发展，成为新兴的工业国，而落后的发展中国家依旧不能改变落后的面貌。（4）不适当的、过量的引进外资，还会使发展中国家的债务增加，加重发展中国家经济发展的负担。

总之，资本国际化在推动资本主义世界范围内生产力发展的同时，也促进了资本主义生产关系向国际化发展，并扩大和加深了资本主义世界经济体系中的一系列矛盾。

思考题

1. 为什么自由竞争会引起生产集中？而生产集中发展到一定阶段为什么会产生垄断？

2. 一般垄断资本主义阶段垄断组织有哪些形式？其各自的特点是什么？

3. 怎样正确认识垄断并不能消除竞争？为什么垄断条件下竞争会变得更加激烈？

4. 什么是垄断价格？垄断价格的形成是否违反价值规律？

5. 什么是金融资本和金融寡头？他们是以何种方式实现统治的？

6. 资本输出的意义和后果是什么？

7. 资本国际化的原因和后果是什么？

第七章

国家垄断资本主义

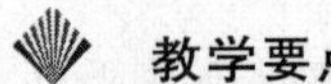

教学要点

1. 国家垄断资本主义产生和发展的必然性
2. 国家垄断资本主义的基本形式及其本质
3. 国家垄断资本主义对宏观经济的调控目的、方式及内容
4. 国家垄断资本主义的作用、实质及历史局限性

关 键 词

国家垄断资本主义　市场失灵　宏观调控　经济政策

第一节　国家垄断资本主义的产生与发展

国家垄断资本主义是资产阶级国家政权同私人垄断资本相结合的一种垄断资本主义。即国家作为经济实体、作为真正的“总资本家”，以其所掌握的国有垄断资本，在社会资本再生产过程中与私人垄断资本密切联系和融合在一起，形成一种新的垄断资本主义生产关系体系。正如列宁所指出的：“国家同势力极大的资本家同

盟日益密切地融合在一起。"[①] 它是在一般垄断资本主义的基础上产生，又高于一般垄断资本主义，参与并调节社会经济的运行，并成为当代资本主义国家的经济基础。

一、国家垄断资本主义发展的历程

自由竞争的资本主义经济运行方式自资本主义登上历史舞台开始，持续到19世纪末20世纪初。这一时期，经济运行的基本调节力量就是市场，企业通过市场机制调节生产活动。国家仅仅负责国防、治安和某些基础性的公共设施等活动，以及提供对财产和经济活动方面的法律保障。所以，自由竞争时期的资本主义国家实质上恰如亚当·斯密所指出的只是资本主义的"守夜人"。但是，到了19世纪末20世纪初，资本主义的国家逐渐从资本主义的"守夜人"转向参与经济生活。于是国家垄断资本主义开始出现了，其发展大体经历了三个阶段：

1. 萌芽和初步形成的时期

19世纪70年代至20世纪初期，是国家垄断资本主义萌芽和初步形成的时期。这一时期，国家通过直接投资和对私人企业国有化的方式建立了一些"国营"企业，但具有明显的军事性质。在第一次世界大战前，资本主义国家对社会经济生活已进行了某些干预，并产生了一些国有或半国有企业。一些国家建立了国营的铁路、邮政、电话、道路和交通运输设施，国家举办储金局、专卖事业等。德、俄、日等国家为了发动侵略战争，国家还出资建立军火或军需品工厂，在国家预算中增加军事采购，甚至直接对一些企业实行国有化。一战期间，为了应付战争需要，各交战国普遍建立了战时经济管理机构，交战国动员和集中了全国的经济力量，开始直接控制和调配一些重要部门的产品、劳动力和原材料，控制和掌握

① 《列宁选集》第3卷，人民出版社1995年版，第109页。

了一些主要的交通工具和运输力量。列宁在考察当时德国的资本主义发展状况时指出：德国已经“使旧的资本主义即自由竞争时代的资本主义变成了大托拉斯、辛迪加、卡特尔的资本主义，这个集团确立了资本主义生产的国家化的原则，把资本主义的巨大力量联合成一部机器，使千百万人处于一个国家资本主义组织之中。”①

2. 不稳定发展并带有特殊性的时期

一战结束后至二战结束前，是国家垄断资本主义不稳定发展并带有特殊性的时期。一战结束后，资本主义各国的经济逐渐恢复，国家在战时干预经济的措施先后被取消，“国营”企业相继卖给了私人，国家垄断资本主义发展的进程有不同程度的收缩和后退。1929～1933年的经济危机席卷了整个资本主义世界，它表明生产社会化和私人垄断资本主义占有之间的矛盾达到了空前尖锐的程度，同时也宣告了自亚当·斯密以来一直被颂扬的单纯依靠市场机制自动调节资本主义经济理论的失败，迫切需要国家干预经济的运转。为了摆脱危机，美国等主要资本主义国家先后宣布停止实行金本位制，采用管理通货制度，运用财政和货币杠杆直接干预和调节资本主义再生产过程。美国总统罗斯福推行的“新政”就是通过加强国家对财政、金融、农业、工商业和公共工程等国民经济各部门的全面干预，来促进美国经济的恢复和发展。其他资本主义国家也都通过不同方式干预和调节国民经济。

在1939～1945年的二战期间，为了适应战争需要，各交战国普遍建立了战时经济管理体制。国家给私人企业提供低息贷款和各种津贴；政府承担对私人企业提供原料、设备和劳动力的任务；国家采购大量增加；对工资和物价实行国家调节。在大战期间，美国政府拨款创办了近1 600个国营工厂，而德、意、日法西斯国家更是把全国经济置于军事管制之下。这时发展起来的国家垄断资本主

---

① 《列宁全集》第30卷，人民出版社1985年版，第82页。

义又带有军事性质。

3. 迅速并广泛发展的时期

二战结束以后至今是国家垄断资本主义迅速并广泛发展的时期。二战以后，为了集中力量迅速恢复和发展经济，增强本国的经济实力，同时为了防止 1929 ~ 1933 年大危机的重演，主要资本主义国家的国家垄断资本主义得到了迅速而持续的发展，并在经济生活中占据了支配地位，其主要表现是“国有化”。“国有化”是资本主义国家在企业内部直接参与再生产过程、干预经济活动的一种形式。二战以后的 50 ~ 70 年代，主要资本主义国家先后出现了“国有化”浪潮。西欧一些发达资本主义国家，如英、法、意、奥等国都先后对电力、煤炭、煤气、铁路等能源及交通运输部门和企业实行了国有化，并逐渐向其他部门扩展。前联邦德国由国家投资兴办了许多国营企业和国家与私人合资企业。到 1972 年，国有企业占本国全部资产总额的比重，英、法、意、前联邦德国、奥分别为 33%、20%、30%、30%、35%。日本战后虽然没有进行“国有化”运动，但国家投资迅速增长，到 80 年代初，国有经济在经济中的比重也占到了 35% 左右。美国国家直接投资兴办企业起步较早但发展缓慢，到 20 世纪 80 年代初期，国有经济在经济中的比重也达到了 10% 左右，这表明国家已经不仅从外部干预和调节资本主义的经济运行，而且通过国有经济直接参与了资本主义再生产的各个环节，因而国家垄断资本主义在整个资本主义经济中的地位与作用日益增强。

2007 年由美国次贷危机引发的经济危机，使国家垄断资本主义获得了再一次大发展。以美国为例，为了缓解危机带来的巨大压力，美国国会于 2008 年 10 月通过 7 000 亿美元的救市方案。2009 年拥有百年历史的美国通用汽车公司宣布破产保护，通用公司破产后，美国政府将为通用的重组提供 300 亿美元的资金支持。通用公司将在美国政府指导下进行重组，通用及其子公司将把优质资产出售给新成立的通用公司，预计美国财政部将持有新通用的60%股份，加拿大政府持有12.5%股份。

二战结束以后，特别是60年代以来，国家垄断资本主义的发展具有经常性、持续性、稳定性和广泛性的特点。在二战之前国家垄断资本主义的发展往往同战争或危机相连，在战争或危机期间迅速发展，而战争结束或危机过后又有收缩的趋势，因而是不稳定的。二战以后国家垄断资本主义是在和平环境下、在生产社会化高度发展并适应社会资本再生产需要的条件下发展起来的，因此不再带有军事的、暂时的性质，而具有经常的、持续的、稳定的和广泛的特点。

二、二战结束以后国家垄断资本主义迅速发展的原因

二战结束以后国家垄断资本主义持续、迅速的发展，其根本原因在于资本主义基本矛盾的不断发展和深化。战后，由于现代科学技术的重大突破，使战后新科技革命涉及能源、航天、海洋开发、新材料工业、信息技术、生物工程等诸多领域。新科技革命极大地推进了社会生产力的发展，引起了生产力质的飞跃，使生产的社会化程度大为提高，但垄断的存在却使生产资料的占有日益集中在少数私人垄断资本家手中。生产的社会化与垄断资本主义私人占有之间的矛盾尖锐化起来，并由此引发了一系列矛盾。这些矛盾不可能由私人垄断资本来解决，只有凭借国家的力量才能得到暂时的缓解。战后，生产的社会化与生产资料的私人占有之间的矛盾主要表现在以下几个方面：

第一，在新科技革命的推动下出现的航天、海洋开发、原子能及核能等新兴部门和企业，创办这些新兴的企业或部门所需资本数额巨大，仅凭私人垄断资本力量难以承受，需要国家直接投资或给予巨额资助。

第二，公共物品及公共部门的发展需要借助国家的力量。生产

的日益社会化，从客观上要求发展现代化的公共基础设施和现代化的通讯服务设施，加强国民的基础教育和高等教育，加强基础科学和应用科学的研究，保护生态环境。这些公共物品或公共部门的投资额度大、回报率低、回收期长，因而投资风险大，公共物品或公共部门投资的特点，决定了国家应当突破私人垄断资本的狭隘眼界，由政府组织兴办。

第三，科学技术的发展，使社会生产急剧膨胀，社会经济各部门间的联系日趋复杂。为了保证国民经济的协调发展，延缓经济危机的频繁爆发，必须借助国家力量直接干预经济，保证社会资本再生产的顺利进行。

第四，资本主义基本矛盾的加剧，加深了资本主义国内的阶级矛盾。为了缓和阶级矛盾，需要由国家制定各种福利政策和就业政策，增加就业，缩小贫富差距。

第五，生产社会化的发展使生产规模扩大与狭小市场的矛盾日渐尖锐。为了争夺国际市场，提升国际竞争实力，私人垄断资本迫切需要借助国家力量实现对外扩张。

可见，生产社会化程度的不断提高与私人垄断资本占有生产资料之间的矛盾阻碍了资本主义生产力的发展，国家垄断资本主义，正是资本主义基本矛盾加剧的必然结果。

第二节 国家垄断资本主义的主要形式

国家垄断资本主义在不同的国家有不同的具体形式，而且会随社会生产力的发展而变化。从私人垄断资本与国家政权相结合的程度和方式来看，国家垄断资本主义可分为以下几种形式：

一、国有企业垄断资本

国有企业垄断资本是资产阶级国家直接掌握、通过财政手段在社会范围内集中起来的垄断资本。其中包括国家用于经营国有企业的资本和用来调节社会经济的各种基金。资本主义国有企业则是国家投资兴建的企业或对私人垄断资本实行国有化而形成的国有企业。它是国家与私人垄断资本直接融合为一体的最高形式的国家垄断资本主义。

国有企业垄断资本的产生，主要通过如下两个途径：一是战后初期的“国有化”。在“国有化”过程中，资本主义国家的政府用高价征收的办法，将一些设备陈旧、经营不善、盈利较低甚至亏损的私人企业转到国家手中；二是通过财政拨款，兴办基础设施、军事工业、能源宇航、交通运输、文教科研等企业和机构。这些由国家兴办的企业和机构，本质上是为整个垄断资产阶级获取高额垄断利润而服务的，其中有的国有企业甚至仍掌握在大垄断资本家手中。因此，资本主义国家的国有企业，仍然是资本主义企业。

资本主义国有企业按其发挥作用的领域不同，可以分为这样几个类型：

第一，基础工业、基础设施的国有企业。这类企业主要存在于为垄断资本扩大再生产所必需的各种公用事业和基础工业部门，是保证私人垄断企业盈利和整个社会生产的正常运转的重要部门，包括铁路、公路、航空、港口、通讯、供水、供电、媒体和电力等部门。其主要特点是，企业盈利无保证，常常是无利可图甚至亏损，需要依靠国家财政补贴，但它们在国民经济中具有重要的作用，是社会再生产不可缺少的物质条件。

第二，高科技、高风险新兴工业部门中的国有企业，如电子工业、宇航工业、核能工业等。这类企业科技含量高，需要投入巨额资本并承担巨大风险，也是私人垄断资本无力经营或不愿经营的行业。但是，它们又是科技革命的先行部门，对于掌握先进技术，调整产业结构和实现产业结构的升级，发展国民经济以及提高私人垄断资本在国际上的竞争能力具有重要意义。

第三，通过“国有化”建立的国有企业。资产阶级的国家对于技术设备陈旧、亏损严重或在国际市场上缺乏竞争力的一般工业部门中的私人垄断企业，往往以提高其股票价格的方式实行“国有化”，使私人垄断企业既可以甩掉沉重的包袱，把整顿企业、技术改造的重担推给国家，又可以从国家那里获得大大高于原有资本额的补偿金，并用补偿金来从事有利可图的产业。

二、国家与私人共有的垄断资本

国家与私人共有的垄断资本是一种由国家和私人共同经营的垄断资本，是通过国家与私人垄断资本在企业内部结合形成的半国有企业的垄断资本。国家与私人共有的垄断资本，在战后的20世纪60年代以来有了较快发展。这种形式的国家垄断资本主义产生的途径是：第一，通过国家购买私人垄断组织的股票，使国家成为私人垄断企业的大股东；第二，通过原有的国有企业吸收私人垄断资本投资，使私人垄断资本在国有企业内部与国有垄断资本结合；第三，国家与私人垄断资本联合投资兴办新企业。

在国家与私人共有的垄断企业中，有国家控制着企业股权，国家垄断资本居主导地位；也有私人垄断资本控制着企业股权，私人垄断资本居主导地位。但总体来看，国家与私人共有的企业既可利用国有资本加强自己的经济实力，又可更方便地从国家那里得到各种补贴、信贷、税收和订货等方面的优惠。国家则可通过持股公司，贯彻政府各种振兴经济的意图，如调动大量资本，改造和整顿那些落后的、但又是社会所必需的生产部门，开发落后地区等。因此，国家与私人共有的垄断形式既增强了国家直接干预经济的程度，又增强了私人垄断资本的实力，从而有利于国家对经济实行宏观调节，有利于私人垄断资本家谋取高额的垄断利润。

三、国家与私人垄断组织在企业外部的结合

这种国家垄断资本主义形式，由于保持了私人垄断资本和国家垄断资本两个经济实体，因而是一种较低级的形式。在这种形式中，私人垄断资本虽仍保留其各自独立的资本形式，但它们的生产和再生产运动已经离不开国有资本，而是与国有垄断资本的运动结合在一起，国有垄断资本的干预和调节已成为私人垄断资本正常运行的一个重要条件。

国家与私人垄断组织在企业外部的结合内容广泛，包括：(1) 国家向私人垄断企业订货或采购；(2) 通过国家可控制的金融机构向私人垄断企业提供贷款或调低利率；(3) 通过国家财政给私人垄断组织提供各种补贴；(4) 国家提供科研经费，将科研成果优先供私人垄断企业享用；(5) 国家通过“经济计划化”等措施调节社会经济运行等。国家通过与私人垄断组织在企业外部的结合，间接地干预私人垄断资本的运动，实际上参与了私人垄断企业的再生产过程，使私人垄断资本日益与国家政权的力量紧密结合起来。

第三节 资本主义国家对经济的调节和干预

一、资本主义国家对经济调节和干预的必要性

资本主义生产方式从确立到20世纪30年代，“自由放任”的经济思潮一直占主导地位。资产阶级经济学家的理论，也一直是围绕着亚当·斯密的“看不见的手”即市场机制展开的。他们歌颂

资本主义经济制度，认为它是一架完美的机器；认为“看不见的手”能自动地协调社会经济活动。20世纪30年代，资本主义世界出现了空前猛烈的经济大萧条，使社会经济生活遭到了极大的破坏。“看不见的手”在严重的经济危机面前失灵，资产阶级的经济理论陷入了危机。在此背景下，垄断资产阶级意识到“自由放任”政策已无法保证社会经济的顺利运行，国家必须对经济进行干预。1936年，英国资产阶级经济学家凯恩斯发表了《就业、利息与货币通论》一书，为国家干预经济提供了理论依据。第二次世界大战后，主要资本主义国家对经济的干预普遍增强，反映了垄断资本主义阶段的资本运行，已越来越需要国家直接参与，才能保证垄断资本家攫取更多的高额垄断利润。

垄断阶段，国家干预和调节经济有其必要性。

第一，市场失灵，需要国家干预。在垄断资本主义阶段的资本运行中，各种经济资源的配置是在市场机制的作用下实现的。市场机制充分发挥作用的条件是市场竞争的完全性，即经济主体可以自由进出市场，生产要素可以自由流动，信息完备，价格信号能灵活准确地反应市场供求状况。但在垄断阶段特别是战后的资本主义现实经济生活中，垄断的统治使竞争主体进入市场存在着障碍，垄断价格使市场信号扭曲。由于竞争的不完全性，市场机制这只“看不见的手”在许多场合，不能对资源进行有效配置，从而出现“市场失灵”。

市场失灵表现在垄断产生了低效率。在垄断条件下，由于垄断资本家可以操纵价格，可以按照高于市场价格的垄断价格出售商品；同时垄断资本还可以控制产量，所以，垄断资本无需按照自由竞争市场下形成的均衡产量提供相应产量水平，依旧可以获得高额的垄断利润。所以，在垄断存在的条件下，资源得不到充分利用和优化配置。必须借助国家这只“看得见的手”，即通过国家调节经济活动，实现资源的优化配置。

市场失灵还表现在生产的外部不经济上。受利润最大化支配的私人企业，在其经济活动中只考虑企业自身利益，而忽视社会利益。由企业经济活动而导致的污染、生态环境破坏等社会成本问题，无法通过市场机制得到解决，必须通过国家干预加以纠正。

市场失灵还表现在公共物品的生产上。由于公共物品消费的非竞争性和非排他性特征，如国防、道路等，私人资本往往不愿意投资，依靠市场机制难以满足社会的需求。因此，需要政府提供这些公共物品，依靠国家的调节实现公共物品供求平衡。

第二，由资本主义基本矛盾尖锐化而带来的一系列问题，需要借助政府的力量加以解决。生产的日益社会化同资本主义生产资料私人占有之间的矛盾日趋尖锐化，使社会生产的无政府状态加剧，一方面是私人企业生产的盲目扩张，另一方面是有支付能力的需求相对减少，为解决由此而带来的一系列问题，需要借助政府的力量加以调整。另外，国际市场的激烈竞争，迫切需要利用国家政权的力量协调国家间的矛盾，以利于再生产的进行和垄断资本家的利润不断增长。

第三，国家干预经济是保证整个资本家利益的需要。在垄断阶段，由于经济危机的日益频繁，使经济生活出现了难以克服的波动与震荡。为了防止经济上的大起大落，保持经济的稳定增长，需要借助政府的力量，减缓经济周期带来的巨大冲击，协调垄断资本家集团之间的利益关系。

第四，由新科技革命所带来的产业变化，要求国家对经济干预以实现产业结构的不断调整和升级。当代科技革命改变了经济的技术结构，使产业结构不断发生着变化。为了实现资本从传统部门向新兴产业部门的转移，单靠市场机制的调节，难以适应技术迅速变化对产业调整的要求，必须借助国家调控才能较快地实现。

垄断资本主义阶段，社会经济和资本的运行不但从客观上需要国家干预，而且科技的发展和国有垄断企业实力的增强也为国家干预和调节经济提供了可能。首先，现代科技的发展使主要资本主义国家中的交通运输和邮电通讯等产业迅速发展起来，为国家在更广的范围内调控和配置资源、收集和汇总经济信息提供了便利基础。其次，国家垄断资本主义的发展，国有垄断企业实力的增强，为国家干预经济提供了物质条件。事实上，当代主要资本主义国家已凭借行政、立法、经济管理等职权越来越多地对整个经济的运行实施了各种程度的调节。

二、资本主义国家对经济调节和干预的内容和目标

资本主义国家干预和调节经济，是指资产阶级国家从经济运行的长远目标和全局出发，对总体经济活动进行的调节和控制。国家干预和调节经济的主要内容，一是规范微观经济主体的行为，规范市场的经济活动；二是调节国民收入分配，协调资产阶级各集团间的经济利益；三是调节宏观经济的运行，实现经济资源的优化配置和充分利用。

当代资本主义国家，干预经济的目标在不同时期有不同的侧重。但归纳起来有如下四个方面。

第一，实现充分就业。充分就业是指一个社会消除了非自愿失业的一种就业状态。充分就业并不意味着处在劳动适龄期间、有劳动能力的人都就业。因为在现代社会中，自愿失业的现象不可避免。

第二，稳定物价。稳定物价是指力求价格总水平保持相对稳定，防止、抑制通货膨胀和通货紧缩。稳定物价之所以成为国家干预经济的又一目标，在于无论是通货膨胀，还是通货紧缩，都会对经济造成了不良的影响。稳定物价不是指价格固定不变，二是防止价格的大起大落。当价值发生了变化，价格也随之变化。

第三，经济增长。经济增长是指一定时期内经济社会人均产量或人均收入的持续、稳定地增加。即力求实现总供给与总需求的基

本平衡，国民经济协调发展，经济波动较小的稳定的经济增长。战后，西方主要资本主义国家，经济的增长都经历了由高速到低速的发展过程。20世纪70年代后，资本主义国家普遍出现了“滞胀”的现象，即通货膨胀和经济停滞并存，由此更加使资本主义国家把经济增长作为经济调控的主要目标之一。近年来，美国经济学界提出了可持续增长和高标准环境保护条件下的增长问题，意在通过国家干预达到经济既增长、又减少环境污染的目的。

第四，平衡国际收支。实现国际收支平衡是当代资本主义各国经济运行中的一个重要指标。国际收支不仅反映了一国与他国经济交往的情况，也反映了一国经济的稳定程度。国际收支的失衡会影响国内的就业量、物价水平和经济增长。因此，在开放条件下运行的资本主义经济，都力图把保持国际收支平衡作为国家调控经济活动的又一目标。

上述的四个目标是相互联系的，有的是相互冲突的。如，要实现充分就业，就可能引起通货膨胀，从而使物价波动；而要稳定物价，就可能引起失业增长。因而，在当代资本主义国家干预经济的过程中，其目标，在不同时期不同形势下，是有不同的侧重面的。以美国为例，20世纪50年代主要侧重在充分就业和稳定物价；20世纪60年代侧重经济增长；20世纪70年代后强调稳定物价并兼顾其他目标。

三、资本主义国家经济调节的主要方式

当代资本主义国家对社会经济的调节，大体可分为两大类：一类是为保证市场正常运行或纠正市场失灵采取的手段和政策。由于此类手段往往直接涉及各微观主体的经济活动，因而多采用行政和法律手段。另一类是对宏观经济的调控，主要采用的是经济计划化、财政和货币政策、社会福利政策等。

（一）法律和行政手段

法律手段是资产阶级国家采用法律的形式对各微观经济主体的经济活动和相互关系进行的调节。行政手段是依靠资产阶级国家各级行政机构，采取命令、指示等行政方式对经济进行调节和干预。在当代主要资本主义国家中，已建立了一整套规范市场运作的法规体系，政府行政部门和经济管理机构，也常发出带有强制性或有约束力的指示，这对保证资本主义经济的发展起到了一定作用。但也应看到，有些法规，如反垄断法，执行起来并不理想，经济生活中的垄断却越演越烈了。

（二）经济计划化

“经济计划化”是资本主义国家通过制定各种短期或中长期经济社会发展计划来干预调节宏观经济运行的一种方式。经济计划化是社会化大生产本身的要求。当代资本主义的发展，把社会生产已推向了全面的社会化，各行业各部门的联系更为紧密。生产的社会本性迫使资本主义国家的政府，不得不担当起协调经济的职责。战后，许多垄断资本主义国家都不同程度地实行了经济计划化，其中，法国最具代表性。

法国政府推行经济计划化，适应了战后经济发展的需要。由于法国经济在战时遭到了严重破坏，战后初期，能源紧张、原料匮乏、资金不足，私人垄断资本已陷入一筹莫展的境地。法国政府在此背景下，加强了国家干预。于 1947 年制定了第一个中期计划。第一个中期计划的实施，使法国经济得以迅速恢复。到目前，法国已连续制定了 12 个中长期计划。这些计划具有一定的灵活性。计划的目标是实现资源的合理配置；维护市场秩序和纠正自由竞争的不良后果；指导经济发展和实现经济的协调与平衡。法国的经济计划以间接方式影响经济活动，但对公共消费和公共投资也做出直接计划。

战后垄断资本主义国家的经济计划化，由于适应了生产社会化的要求，加之国家垄断资本实力的增长，为经济计划化提供了较雄厚的物质基础，因此收到了一定实效。经济计划化是社会化大生产的要求，不是社会制度的标志。垄断资本主义条件下的经济计划化，是为维护垄断资产阶级的高额垄断利润服务的，因此，经济计划化并不能改变垄断资本主义国家的资本主义性质，不能根除贫富对立的痼疾，经济计划化本质上是垄断资产阶级获取最大利润的工具。

（三）宏观经济政策

为了实现宏观经济的调控目标，当代主要资本主义国家的政府运用了各种经济政策，调节经济活动，其中最主要的是宏观财政政策和宏观货币政策。

1. 宏观财政政策

宏观财政政策是资本主义国家干预经济的主要政策之一。宏观财政政策是指国家在财政领域内所制定的各种财政活动的措施和准则。

当代资本主义国家的财政是利用政权力量占有社会产品的活动，其主要内容包括财政收入政策和财政支出政策。

财政收入主要指税收。各主要资本主义国家，税收总额常占国民生产总值20%以上。主要来源于财产税（如对不动产、房地产征收的税款）、所得税（对公司和个人征收的税款）、货物税（对运输中的商品所征的税款）。其中，所得税在税收总额中所占的比重较大。财政收入除税收外，还包括中央或地方政府发行的公债。政府通过发行公债，获得货币资金，调节经济运行。

资本主义国家的财政支出泛指中央和地方政府的支出。二战后，各主要资本主义国家的财政支出都有了较迅速的增长。财政支出的主要项目有：安全防务支出；社会福利支出；公债利息支出；公共卫生保健支出；教育和职业训练支出。此外，还包括环境和资源保护、公路建设方面的支出，以及住宅、农业、空间研究等方面的支出。上述诸项，依支出方式被分为政府购买和转移支付两大类。政府购买是政府为取得本年度的商品和劳务所进行的支出。转移支付是以补贴、救济金、福利等形式所进行的货币支出。

财政政策作为政府对其收入和支出水平做出的决策，必须借助一定的工具才能操作。这些财政政策的主要工具是变动政府购买、改变转移支付和变动税收、调整公债等。

在宏观经济运行中，政府购买是决定国民收入大小的重要因素之一。政府购买的大小，对社会总需求有较大影响。当宏观经济出现衰退时，政府增加购买，如举办公共工程，可以提高总需求水平，从而减缓经济衰退。反之，当经济膨胀时，政府则减少购买，降低社会总需求，从而有抑制通胀的作用。在经济运行中，变动政府的购买水平，常被认为是财政政策中最有力的工具。

政府转移支付的变动，也能改变社会总需求水平，从而作用于国民经济。当经济衰退时，增加救济金、福利基金的支出，会增加个人可支配的收入，从而增加社会总需求，有助于减缓衰退。当经济膨胀时，减小政府的转移支付，会使个人所支配的收入得到一定程度的抑制，从而减少社会总需求，使经济不至过度膨胀。政府转移支付对国民收入的影响不如政府购买力度大，但仍是财政政策较为重要的工具。

变动税收是财政政策中的一个重要手段，因而也是财政政策较常用的工具之一。税收的增减会以倍增的作用变动国民收入的大小，其力度与政府转移支付相当。当改变税率（如变动所得税率、流转税率、增值税税率）或税收总量（如一次性减税）时，会引致社会总需求变动，从而影响国民经济的宏观运行。

公债作为财政政策的工具，也能起到调节社会总需求的作用。发行公债，不但可以筹集财政资金，增加财政收入，而且公债在货币市场中的流通能影响货币供求，从而调节社会总需求，并进而作用于国民经济。

上述的几种财政政策的工具，在经济运行中，资本主义国家的政府常根据经济态势加以分析权衡，斟酌使用。当经济出现衰退时（如失业率持续三个月超过一定界限或国民生产总值连续几个月下降）应使用扩张性财政政策，即增加政府购买、增加转移支付、降低税率或削减税收。当经济膨胀时应使用紧缩性财政政策，即减少政府购买、减少转移支付、增加税收或提高税率。

主要资本主义国家的财政政策在资本主义经济生活中，曾取得过一些实效，特别是20世纪50～60年代。西方某些经济学家相信，依靠财政政策，可有效地控制社会总需求，进而调控宏观经济运行。然而，20世纪70年代以来，特别是80年代，政府的财政政策干预并没有收到预期效果，有时反而加剧了经济波动。20世纪70年代末以来的“滞胀”已成为财政政策无法解决的难题。可见，财政政策，远不像经济学家理论分析的那么美好。基于此，西方经济学界越来越重视货币政策的作用，并主张在运用财政政策时，应与货币政策相结合。

2. 宏观货币政策

货币政策是政府为了达到既定的经济目标，通过中央银行对利率和信贷规模进行调节，从而影响宏观经济运行的政策。

在当代资本主义宏观经济运行中，利率的变化会影响宏观经济的活动水平。这种影响可简述如下：货币供给的增加会使利率下降，利率的下降会导致投资水平的上升，投资水平的上升会因乘数作用①使国民收入更快增长。相反当减少货币供给时，会导致利率上升，从而抑制投资，引发国民收入加速收缩。可见，货币政策同财政政策一样，能调节经济活动水平。但财政政策的调节直接影响总需求是直接的，而货币政策则需要通过利率这一中间环节来影响总需求。因而，货币政策对宏观经济的调节是间接的。

---

① 乘数理论认为，当因变量由于自变量变动而变动时，自变量的变动会对因变量的变动起到倍加作用。

货币政策在干预宏观经济时，其最终目标应与整个社会的宏观经济目标一致，但必须有所侧重。在当代资本主义国家的经济实践中，20 世纪 50 年代至 70 年代，主要目标侧重在充分就业上，而 20 世纪 70 年代后，主要侧重在反通货膨胀上。

为了实现货币政策的目标，中央银行必须运用强有力的货币政策工具，以影响货币供给量，制约商业银行行为，影响公众心理预期。在市场经济国家，政府通常运用公开市场业务、改变再贴现率和银行存款准备金率等三大工具调节货币供应量，具体调节办法见第十四章。

在当代主要资本主义国家的经济实践中，货币政策的实行，虽对宏观经济起到了一定的调控作用，但仍存在着局限性。

第一，货币政策对抑制通货膨胀可能效果显著，但对抑制衰退却不明显。这是因为，衰退时尽管实施了扩张性货币政策，使利率下降，但厂商对经济前景的悲观，衰退期再生产条件的难于恢复，都会使投资不能很快增长。

第二，货币政策对抑制由需求拉动的通货膨胀效果较好，而对抑制由成本（工资、垄断利润）推动的通货膨胀作用较弱。

第三，当经济波动时，货币流通速度会发生变化（膨胀期，货币流通速度快；衰退期，货币流通速度小），从而会在一定程度上抵消货币政策对货币供给量调节的作用。

第四，货币政策由于是通过利率影响总需求，进而影响国民经济运行的一种间接性政策，因而其作用过程比较缓慢。当实行扩张性货币政策时，投资变动需经过一段相当长的时间才能见效。

（四）社会福利政策

社会福利政策是垄断资本主义国家的政府对国民收入再分配的一种调节政策。战后，随着国家垄断资本主义的发展和生产社会化程度的提高，劳动力的再生产也日益社会化了。一方面，要求生产出日益增多的知识技术型劳动力，另一方面，要求生产出适应现代化快节奏的精力充沛的劳动者。战后，劳动力价值中教育费用的增加，政府在治理环境污染、改善工人生活条件和完善医疗保险制度等方面投资的增长，都表明了资本主义国家对经济的干预，已扩展到再分配领域，对经济调节的范围更为全面了。

当代资本主义国家的社会福利政策对缓解经济危机，促进经济发展，协调阶级矛盾，实现社会稳定起到了一定作用。但由于政府福利性支出增长过快，加重了政府财政负担，这些负担最终还得由劳动人民予以补偿。所以，资本主义国家社会福利政策的实质，仍然是为了维护资本主义制度和垄断资产阶级的利益服务的，是由政府出面，将劳动者的劳动收入在资本主义国家内部进行重新分配，这并没有改变无产阶级和劳动人民整体的社会地位。

当代资本主义国家对经济的调节和干预，在一定程度上反映了社会化大生产的客观要求，反映了市场经济的某些规律，体现了资本主义国家在资本主义私有制条件下对生产关系的局部调整。它为垄断阶段的资本运行提供了保证，在缓解当代资本主义矛盾、推动社会经济发展方面起到了一定作用，因而是值得我们借鉴的。我国正在发展社会主义市场经济，当代资本主义国家对经济的调控实践，为我国提供了有益的经验。在我们加强宏观调控体系建设时，批判、吸收和借鉴这些经验是十分必要的。

第四节 国家垄断资本主义的作用和实质

一、国家垄断资本主义的作用

国家垄断资本主义的广泛发展，对资本主义经济生活产生了重要影响，一定程度上促进了资本主义经济的发展。主要表现在：

第一，国家垄断资本主义的发展，一定程度上缓和了私人垄断资本与社会化大生产之间的矛盾。国家通过国有垄断资本直接参与社会再生产过程，举办私人垄断资本无力兴办的高新科技企业，举办公共工程和基础设施，在一定范围内突破了私人垄断资本的狭隘眼界，有利于整个社会经济的发展。

第二，国家垄断资本主义的发展，使国家干预和调节社会经济的能力逐渐增强。特别是通过“经济计划化”等措施，一定程度上缓解了社会生产的无政府状态；通过财政政策和货币政策的调节，延缓了经济危机的爆发或减轻了危机对社会经济活动的破坏力度；通过社会福利政策，一定程度上缓解了劳资矛盾，维持了社会的相对稳定，从而使资本主义各国在战后有了一段较长的快速发展时期。

第三，国家垄断资本主义的发展，使私人垄断集团在国际市场中的尖锐矛盾得到了一定程度的协调。国家出面订立的各种同盟或协定，有利于维持垄断资本集团的国际经济秩序，为各主要资本主义国家的经济发展提供了市场保证。

国家垄断资本主义，使垄断资本主义生产关系在资本主义生产方式内部得到了某些局部的调整，因而促进了资本主义经济的发展。但由于这种调整并没有改变资本主义生产关系的实质，因此，国家垄断资本主义对经济发展的促进作用是有限的、暂时的。从根本上看，国家垄断资本主义由于并没有消除资本主义的基本矛盾，因此，对经济的发展，还起着极大地消极作用。表现在：（1）国家垄断资本主义对经济的各种干预和调节，掩盖了生产社会化与私人占有之间的矛盾，掩盖了生产的扩大与市场相对狭小的矛盾。这些矛盾的积累和发展，必然使经济危机更为严重和频繁。（2）国家垄断资本主义对经济的干预，会导致赤字财政和通货膨胀的出现，进而引发财政和信用危机。例如，为了刺激经济发展，提高社会总需求，垄断资本主义国家的政府必然加大政府购买和各种转移支付，从而引起财政赤字的连年增长。为了弥补赤字，滥发货币时有发生，导致通货膨胀。据有关统计，20 世纪 70 年代，主要资本主义国家的物价指数已是 50 年代的 3 倍，80 年代，消费品的物价上涨率均超过了 10%。

二、国家垄断资本主义的实质

上述分析表明，国家垄断资本主义归根结底只是在资本主义生产方式内部对生产关系的局部调整。由于国家垄断资本主义没有触动垄断资本主义私有制的根基，没有改变生产资料资本主义私人占有的性质，因此，国家垄断资本主义经济，仍然是资本主义经济。

第一，国家垄断资本主义没有改变生产资料与劳动者相分离、没有改变剥削工人剩余劳动和追求剩余价值的生产关系本质。国家垄断资本主义作为资本主义生产关系的新形式，其性质仍由资产阶级国家的本质所决定。资产阶级国家是“资产阶级社会为了维护资本主义生产方式的共同的外部条件使之不受工人和个别资本的侵犯而建立的组织”①，资本主义国家，“不管它的形式如何，本质上都是资本主义的机器，资本家的国家，理想的总资本家”②。因此，私人垄断资本与国家政权相结合的国家垄断资本主义，只能是维护整体资本家利益的新形式的资本主义生产关系。

第二，国家垄断资本主义无论采取何种形式，都没有改变无产阶级受剥削、受压迫的雇佣劳动地位。国有垄断资本的壮大和国有企业的出现，没有消除劳资利益的对抗。国家直接或间接参与社会再生产过程，并没有改变资本运动的本性。国有经济和国家对经济的计划化也并不是社会主义因素，资产阶级国家“愈是把更多的生产力据为己有，就愈是成为真正的总资本家，愈是剥削更多的公

① 《马克思恩格斯选集》第三卷，人民出版社 1972 年版，第 436 页。
② 《马克思恩格斯选集》第三卷，人民出版社 1972 年版，第 436 页。

民。工人仍然是雇佣劳动者，无产者。资本关系并没有被消灭，反而被推到了顶点。”①

第三，国家垄断资本主义并没有消除资本主义的基本矛盾。国家垄断资本主义作为对生产关系的一种局部调整，虽然适应了战后生产进一步社会化和新科技革命发展的需要，但由于这种调整并没触动资本主义私有制的根基，因而这种适应只是暂时的、局部的。事实上，随着国家垄断资本主义的发展，资本主义社会中生产的社会化和生产资料的私人占有之间的矛盾有时被暂时掩盖起来，有时会以更激烈的形式爆发。

国家垄断资本主义是私人垄断资本与国家政权相结合的一种资本主义生产关系的新形式。国家垄断资本主义从维护和巩固资本主义经济制度、维护垄断资产阶级的整体利益和长远利益出发，借助国家政权力量直接参与和干预社会经济生活，以保证垄断资产阶级获取高额垄断利润。这就是国家垄断资本主义的实质。

国家垄断资本主义是生产资料私有制在资本主义生产方式内部自我扬弃的最后形式。它对经济发展的双重作用及其实质表明，国家垄断资本主义为社会主义提供了完备的物质准备，使资本主义生产、管理走向最全面的社会化，是通过社会主义的入口。

第五节 资本主义发展的历史进程

资本主义生产方式和历史上任何一种生产方式一样，要经历产生、发展和消亡，并向更高级社会形态过渡的过程。资本主义被社会主义所取代，是由资本主义基本矛盾及资本主义的历史局限性所决定的。资本主义的基本矛盾随着资本积累过程而不断发展，资本

① 《马克思恩格斯选集》第三卷，人民出版社1972年版，第318页。

的原始积累使资本主义生产方式得以形成，而资本积累则为否定资本主义生产方式准备了物质条件。战后，科学技术革命推动了资本主义经济的增长，但这并不能改变其衰亡的历史命运。无论历史的发展呈现多么错综复杂的景象，人类社会终究要从低级形态向高级形态发展。社会主义最终取代资本主义，是资本主义发展不可逆转的历史趋势。

一、发展与停滞是战后资本主义经济发展的两种趋势

（一）战后资本主义经济发展的两种趋势

20 世纪 50～70 年代初，发达资本主义国家的经济发展比较迅速。从国民收入来看，1950～1973 年，美国由 2 658 亿美元提高到 11 889 亿美元，增加了 3 倍半；原联邦德国由 109 亿美元提高到 3 085亿美元，增加了 13 倍，日本从 1952 年的 162 亿美元提高到 1973 年的 3 536 亿美元，增加了近 21 倍。从工业生产来看，年平均增长率，日本为 15.1%，原联邦德国为 9.4%，法国为 6.1%，美国为 4.1%，英国为 3.1%，即使是增长率最低的英国，亦超出战前 25 年平均值的 1.5%。再次，从进出口贸易额来看，美国增加了 10 倍，原联邦德国增加了 50 倍，英国和法国分别增加了 5.2 倍和 15.5 倍，日本则增加了 83 倍。发达资本主义国家通常将这段时间称为资本主义经济发展的“黄金时期”。

事实上，当资本主义发展到它的最高阶段以后，由于垄断的形成，必然引起停滞和腐朽的趋向，但这种停滞和腐朽的趋势“决不排除资本主义在个别工业部门、在个别国家或在个别时期内惊人地迅速发展。”① 这是因为垄断是适应生产社会化的要求，在资本主义私有制的范围内对生产关系的调整，它既有阻碍生产和技术进步的一面，也有在一定范围和一定程度上促进生产和技术进步的一

① 《列宁选集》第 2 卷，人民出版社 1972 年版，第 884 页。

面。但是，从根本上看，垄断并没有改变资本主义私有制，反而把资本主义所固有的各种矛盾推向顶点。因此，垄断阶段的资本主义已经腐朽，它已经成为人类社会发展的极大障碍。资本主义经济停滞腐朽的趋势是资本主义内在矛盾运动的必然结果。

战后，20多年来的高速发展，加剧了资本主义本身的基本矛盾。生产无限扩大的趋势与劳动人民有支付能力的需求相对缩小之间的矛盾越来越尖锐。1973~1975年爆发了席卷整个资本主义世界的经济危机，"黄金时期"亦随之宣告结束。走出经济危机的步履十分艰难，主要资本主义国家从1974~1979年的工业生产年平均增长率只有2.2%。这种低速增长，与高通货膨胀和高失业率增交织在一起，资本主义世界进入"滞胀"状态，这种状态持续时间较长，整个20世纪70年代世界经济都处于不景气的状态之中。进入20世纪80年代之后，1980~1982年，又爆发了一次新的世界经济危机。进入21世纪之后，在2007年由美国次贷危机引发的经济危机，再一次使西方资本主义国家的经济出现了周期性的衰退。

在战后资本主义经济的发展中，迅速发展的趋势和腐朽、停滞的趋势并存，两者交替出现，时而这一趋势占上风，时而另一趋势占上风，资本主义经济就是在这种矛盾中发展的。

（二）战后资本主义经济迅速发展的原因

1. 科学技术革命的发展使得资本主义国家的生产力得到迅速发展

战后的这次科学技术革命，呈现全面性的特征，包括了自然科学和生产技术的各个领域的革命。而且科技成果转化为现实生产力所需要的时间越来越短。因此，伴随着科技革命的进行，新材料、新能源、新产品不断涌现，在一系列新兴工业部门建立的同时，传统的工业部门亦获得技术改造，国民经济结构迅速变化，技术构成不断提高，劳动生产率亦成百倍、千倍地增长。

2. 国家对经济生活的干预和调节作用的加强

国家垄断资本主义的发展，在一定程度上推动了经济的发展。随着生产力的发展，生产社会化程度的提高，私人垄断资本所有制已经和生产力的进一步发展发生了尖锐的矛盾。而国家垄断资本主义的发展，在一定程度上对于缓和矛盾起到了积极的作用。国家垄断和私人垄断相比，往往是从整个资产阶级的利益、从长远的和全局的角度考虑经济问题，因而在一定程度上突破了私人垄断的局限性。国家垄断资本主义在社会经济中主导地位的确立，是资本主义社会生产关系的一次重大调整，这种调整在资本主义制度所允许的范围内，使生产关系仍有容纳生产力发展的余地，推动了资本主义国家经济的发展。

3. 资本主义国家产业结构的调整

战后，殖民地体系的瓦解迫使资本主义国家进行产业结构的调整，实现经济转型，同时，大规模的固定资产更新，也带动了整个资本主义经济的迅速发展。战后，由于殖民地、半殖民地及附属国纷纷独立，资本主义国家的对外投资受到抑制，迫使资本主义国家从本国内部寻求发展，因此，资本主义国家利用科技革命的成果，进行产业结构的调整，由劳动密集型产业向资本——技术密集型产业转化。此外，二战期间，日本、原联邦德国、法国、意大利等国家的固定资产和工业生产都遭到巨大的破坏，战后这些国家大规模更新和添置机器设备，导致固定资产投资大量增加，促进了第一部类生产的迅速发展，也带动了整个资本主义经济的迅速发展。

4. 竞争的加剧有力地推动了科学技术和生产力的不断发展

在自由竞争基础上产生生产垄断，并没有消除竞争，反而使竞争更加激烈。垄断条件下的竞争，在垄断组织之间主要是围绕着销售市场和原料来源展开的争夺；在垄断组织和非垄断组织之间主要是围绕着控制与反控制，吞并与反吞并的斗争；在国际范围内也存在着范围更广、层次更高的竞争。这种垄断与竞争并存的社会经济机制，驱使每个企业、每个国家都为了自己的生存与发展而竞争，要不断采用新技术、新工艺和先进生产设备；要不断加强基础科学与应用技术的研究；要不断改进经营管理和提高劳动生产率。因此，竞争成为进一步推动科学技术和生产力发展的有力杠杆，成为促进资本主义进一步发展的外在力量。

5. 廉价的原料、能源为发展资本主义生产创造了十分有利的条件

发展中国家廉价原料，特别是石油的大量供应使资本主义国家攫取了高额利润，推动了经济增长。廉价的原料、能源为发展资本主义生产、为垄断资本家攫取垄断利润创造了十分有利的条件。战后许多发展中国家特别是石油供应国在独立之初，尚未联合起来，又急于出售初级产品以换取外汇发展民族经济，西方国家利用他们之间的竞争，将这些初级产品价格压得很低。波斯湾的石油标价，1947 年为每桶 2.17 美元，20 世纪 60 年代被压到每桶 1.79 美元，这种情况一直持续到 1973 年 OPEC 的成立，发展中的产油国家联合起来，以石油为武器与国际垄断资本斗争，从而爆发了“石油危机”，才给国家资本主义所谓的“黄金时期”画上了句号。

（三）资本主义经济的停滞及原因

无论是一般垄断资本主义，还是国家垄断资本主义，都没有改变资本主义私有制，随着生产社会化的发展，资本主义所固有的矛盾必将日趋激化，生产力发展的可能性必将日益缩小，资本主义经济的停滞腐朽的趋势也就成了资本主义内在矛盾运动的必然结果。列宁曾经指出，当资本主义发展到它的最高阶段后，由于垄断的形成，必然引起停滞和腐朽的趋向。这是因为：

1. 垄断削弱了技术进步的动力

垄断形成后，由于垄断资本家可以凭借垄断地位，规定垄断价

格来保证其获得高额垄断利润，从而使在自由竞争时期推动技术进步的动因，在相当程度上削弱了。在自由竞争阶段，资本家为了在激烈的竞争中取胜，获取超额利润，就必须努力改进生产技术，降低生产成本，提高劳动生产率；而在垄断阶段，垄断资本家首先关注的是如何保住自己的垄断地位，以便随时可以凭借其垄断地位去击败对手，只有在必须借助技术变革的力量才能维持其垄断地位时，才会关注技术进步。

2. 垄断导致人为阻碍技术进步的现象出现

在资本主义生产发展的过程中，新技术和新设备的出现及采用，会带来固定资本的无形损耗。垄断组织为了避免由于无形磨损而造成的损失，经常利用自己的地位与实力，或者阻碍科学技术的研究，或者通过收买新技术的发明专利权并把它们隐匿或搁置起来，使新的生产技术和设备不能及时地在生产中得到应用，从而阻碍社会生产力的进步。

3. 由资本输出而造成的本国生产资本的减少

垄断阶段，大量的资本输出，使资本主义国家内部的资本供给相对减少，从而抑制了本国生产和技术进步，在一定程度上导致资本主义国家生产和技术进步出现停滞；同时，殖民地体系又使得垄断资本家拥有了极为有利的投资场所、廉价而丰富的能源、原材料和劳动力，是垄断企业产品的非常好的倾销市场，使之不需要通过发展技术，就能取得高额垄断利润。这也必然使生产和技术的发展进程受阻。

虽然资本主义社会生产技术发展的趋势与停滞的趋势同时存在，交替出现，但其中停滞趋势是经常性的趋势。到20世纪70年代，资本主义经济停滞趋势呈现出一种新的表现形态，即“滞胀”。

滞胀的具体内容包括两个方面：一方面是生产停滞，经济增长缓慢，以及由此引起的经常性的大量失业；另一方面是长期的通货膨胀，以及由此引起的物价上涨。在国家垄断资本主义高度发展条件下，资本主义基本矛盾的不断积累和不断激化，是导致“滞胀”的基本原因。当资本主义制度自身无法缓解资本主义矛盾时，公有制取代私有制就将成为不可避免。

二、社会主义取代资本主义的历史必然性

社会主义必然取代资本主义，反映了生产关系一定要适合生产力性质的规律的客观要求。生产社会化程度的不断提高同以私有制为基础的资本主义生产关系日益严重的冲突，客观上要求以生产资料公有制为基础的社会主义生产关系与之相适应。与此同时，资本主义条件下生产社会化的全面发展，在客观上推动着资本关系的全面社会化，为资本主义向社会主义过渡提供了日趋完备的社会经济基础。

资本关系的社会化过程清楚地表明，最早的资本采取资本家个人所有的形式。当单个资本没有力量创建和经营日益社会化的大企业时，就产生了由许多单个资本联合投资的股份资本。股份资本是资本家的集体所有制，是资本社会化的初级形式。随着生产社会化的进一步发展，少数控制生产和市场的大股份公司进一步联合起来，形成私人垄断资本。私人垄断资本是资本的集团所有制，是资本社会化的较高形式。当私人垄断资本形式在某些国家的某些部门也不能完全容纳生产力的进一步发展时，资本主义国家就不得不出面来部分地担负起组织、调控社会经济的职能。于是出现了由国家和垄断资本相结合而形成的国家垄断资本主义，这是资本社会化迄今为止的最高形式。而在国家垄断资本主义阶段上，生产社会化、资本社会化和管理社会化都达到了在资本主义生产方式内所能达到的最高程度，从而为全社会共同占有生产资料和共同组织社会化生产准备了最充分的物质条件和经济条件。

资产阶级虽然对资本主义生产关系进行了多次调整，但它只能

在资本主义生产方式所允许的范围内进行。这种调整对生产力的发展虽然起着一定进步作用，但它终究不能解决社会化的生产力同以私有制为基础的资本主义生产关系的对立。生产关系一定要适合生产力状况规律的作用，使社会主义取代资本主义成为历史的必然。"社会主义经历一个长过程发展后必然取代资本主义，这是社会历史发展不可逆性的总趋势。"①

三、社会主义取代资本主义的长期性

人类社会的历史已经证明，任何一种新的社会经济制度取代旧的社会经济制度，总是要经历一个曲折、复杂、长期演化的过程，特别是社会主义取代资本主义更是如此，因为这不是两种私有制之间的替换，而且用公有制取代私有制。

第一，资本主义社会内部生产社会化和资本社会化的高度发展，虽然为社会主义准备了完备的物质基础，却决不意味着资本主义社会将自行灭亡。一种社会经济制度彻底退出历史舞台，必须是它的生产关系已经不能继续容纳社会生产力的发展。马克思指出："无论哪一个社会形态，在它所能容纳的全部生产力发挥出来以前，是决不会灭亡的。"② 应当看到，资产阶级对资本主义生产关系所进行的内部调整，在一定时期、一定程度上还是能缓解资本主义基本矛盾和促进生产力发展的，从而使社会主义代替资本主义是一个长期的历史过程。

第二，从历史发展看，一种新的社会制度要彻底战胜旧的社会制度，归根到底要求新社会制度比旧社会制度能创造出更高的劳动生产率。无论是奴隶社会取代原始社会，封建社会取代奴隶社会，还是资本主义社会取代封建社会，都是如此。从发展趋势看，社会

---

① 《邓小平文选》第三卷，人民出版社 1993 年版，第 382～383 页。
② 《马克思恩格斯选集》第三卷，人民出版社 1972 年版，第 33 页。

主义也应当比资本主义具有更高的劳动生产率。但现实的社会主义各国，都不是脱胎于高度发达的资本主义国家，而是源于经济发展比较落后的国家，这些社会主义国家都需要一个相当长的时间建立自己的物质技术基础。我国社会主义市场经济体制还在建立和完善过程中，社会主义制度的优越性还没有充分发挥出来，还不可能有普遍的、很高的劳动生产率。而具有数百年经济发展历史的资本主义，在经历了三次科学技术革命之后，至今，在劳动生产率上仍具有优势。显然，社会主义要创造出较之资本主义更高的劳动生产率，还需要一个相当长的历史过程。

第三，资本主义是一个世界体系，处在这个体系内的各个国家，政治经济发展状况大不相同，社会主义革命条件成熟状况也极不平衡。因此，资本主义向社会主义的过渡也会是一个从个别国家逐步向更多国家扩展的过程。同时，资本主义国家还利用其强大的经济实力和资本主义生活方式，通过多种途径对社会主义国家搞“和平演变”，分裂国际共产主义运动，甚至发动战争，从而使社会主义代替资本主义不仅是长期的，而且是曲折的、复杂的。

社会主义在全世界范围内代替资本主义既然是一个长期的历史过程，这就决定了社会主义和资本主义在相当长的历史时期内并存。其间，既存在矛盾与斗争，又要彼此和平共处。社会主义国家，既要警惕国际反动势力对社会主义国家实行“和平演变”的图谋和资产阶级意识形态及生活方式的侵蚀，又要同资本主义国家在经济、技术、科学、文化等方面进行交流与联系，吸收它们一切科学的有益的东西为我所用，以加速社会主义全面取代资本主义的历史进程。

1. 什么是国家垄断资本主义？国家垄断资本主义产生的原因

是什么？

2. 战后，国家垄断资本主义迅速发展的原因是什么？

3. 资本主义国家对经济调节和干预的内容和目标是什么？

4. 国家垄断资本主义的形式、作用有哪些？其实质是什么？

5. 怎样正确认识资本主义的历史作用？

6. 如何认识社会主义取代资本主义的必然性和长期性？

第八章

社会主义市场经济体制

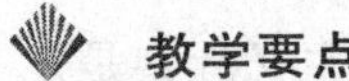

教学要点

1. 市场经济的共性
2. 社会主义市场经济的特征
3. 经济体制改革是解放和发展生产力的必由之路
4. 我国社会主义市场经济体制的基本框架
5. 调节经济的两种手段

关键词

市场经济　社会主义市场经济　经济体制　资源配置　计划市场　社会主义市场经济经济体制

第一节　社会主义市场经济的特征

社会主义市场经济体制是社会主义基本经济制度与市场经济的有机结合。社会主义市场经济既有市场经济的共性，又有反映我国社会主义经济制度和具体国情的特性。

一、社会主义商品经济存在的原因

（一）社会分工

商品经济是与自然经济相对应的经济形式。在人类社会生产发展中，商品经济取代自然经济是历史的巨大进步，推动了社会生产力的迅速发展。商品经济发展的历史证明，不论何种社会形态，社会分工都是商品生产存在和发展的前提。

社会主义社会是建立在社会化大生产条件下，依旧存在着社会分工。虽然社会主义社会可以消除旧式分工所造成的种种对抗性矛盾，但是不可能消除社会分工和协作关系。我国社会主义社会是建立在生产力水平低下的基础之上，目前，我国处在社会主义的初级阶段，现阶段的生产力总体水平仍然不高，社会分工和协作还要深化和发展，以促进我国社会生产力水平的提高。因此，不同部门之间、不同的经济单位之间以及劳动者个人之间，必须通过相互交换各自的劳动产品获得对方的产品。因此，社会分工的存在，决定了商品经济还将存在。但是，社会分工仅仅是商品经济存在的一般条件，不同的经济利益主体的存在是商品经济存在的根本原因。

（二）不同的经济利益主体

在社会主义条件下，还存在着不同的经济利益主体，他们具有各自的经济利益，由此决定不同的经济利益主体之间交换产品必须遵循价值规律的要求，按照等价交换的原则进行。

第一，社会主义现阶段存在多种生产资料公有制形式。在我国现阶段的公有制经济形式中，既存在着公有化程度高的全民所有制经济即国有经济，又存在着公有化程度次之的劳动群众集体所有经济，还存在其他的公有制经济形式。多种公有制之间存在着社会分工，如国有经济主要从事大工业生产，而农业生产则主要采取集体所有制经营。工业和农业是国民经济的两个主要部门，它们之间互相提供重要的生产资料和生活资料。但是，由于它们分属于不同的所有者，他们的产品体现着各自的经济利益，不能无偿提供给对方。要实现它们之间的经济联系，彼此取得对方的产品，必须遵循价值规律的要求，按照等价交换的原则进行。因此，在社会主义多种公有制经济之间必然存在着商品关系。

第二，全民所有制经济内部各企业之间也存在着商品关系。全民所有经济的财产虽然属于全民所有，但是，在现阶段，全民所有制经济的经营特点是所有权与经营权分离，企业是相对独立的经济实体，有自己相对独立的经济利益，由此决定全民所有制经济之间的经济联系也必须遵循价值规律的要求，按照等价交换的原则交换各自的产品。因此，在社会主义全民所有制经济之间也必然存在着商品关系。

第三，现阶段非公有制经济的存在。不论是非公有制经济之间，还是公有制经济之间，由于它们都具有各自独立的经济利益，因此，它们之间的经济联系，彼此取得对方的产品，同样必须遵循价值规律的要求，按照等价交换的原则进行。也就是说，在不同的所有制经济之间，同样存在商品关系。

第四，社会主义社会还存在着旧的社会分工，劳动还是谋生的手段，因而劳动者的劳动差别同物质利益的差别存在着密切的联系。这种联系不仅体现在劳动者身上，而且还体现在企业的经济利益上。企业的生产经营成果代表劳动者集体劳动的贡献，为了维护企业的经济利益，从而维护劳动者的经济利益，企业之间必须遵循价值规律的要求，按照等价交换的原则交换产品。

二、社会主义的市场经济

（一）市场经济的基本含义

市场是商品经济特有的范畴。离开市场，商品生产无法进行，商品交换也就无法实现，商品经济就无从谈起。

市场包括两层含义：一是指商品交换或流通的场所，马克思说："流通在空间和时间中进行"[①]；二是指商品交换关系的总和，即由买和卖双方相互衔接而构成的交换关系体系。前者是市场的空间载体，后者是市场的经济内容。市场作为经济范畴，是二者的有机结合。市场是随着商品经济的发展而发展，而市场的发展又反过来促进商品经济的发展。商品经济的发展是市场发展的基础，市场的发展是商品经济发展的条件。正是在市场和商品经济发展的基础上才形成市场经济。因而从一般意义上讲，市场经济当然也是商品经济。但不能反过来说商品经济就是市场经济，二者不能完全等同。

第一，从历史发展来看，商品经济形成在先，市场经济形成在后。在原始社会末期，商品经济就出现了，但直到资本主义生产方式确立，市场和商品经济高度发展了，市场经济才形成。

第二，也是最主要和最根本的，市场经济和商品经济属于不同的层次，具有不同的内涵，它们产生和发展要求具有不同的前提条件：（1）商品经济的侧重点在于，它是一种经济形式，主要表现在产品要作为商品来生产和交换；而市场经济的侧重点在于经济的运行，主要体现在经济运行机制是市场机制。（2）商品经济虽然也离不开市场，但对于一般的商品经济来说，市场的地位和作用还没有达到十分突出的程度。市场经济则不然，在这里，市场成了商品生产和流通的导向，成为组织社会经济运行的中心和手段，起着自发调节社会生产和配置社会资源的作用。（3）市场经济的形成和发展除了要具备商品经济相同的条件外，还需要市场的充分发展，即市场体系的形成和不断完善，市场范围的不断扩大，并形成统一的市场。只有这样，市场才能充分发挥其配置资源的基础性作用，才称得上是市场经济。从历史上看，到资本主义生产方式的确立才开始具备这些条件，因而才形成市场经济。

---

① 《马克思恩格斯全集》第46卷下，人民出版社1980年版，第27页。

可见，市场经济是社会化的、高度发达的商品经济，发挥着调节社会生产和配置社会资源的基础性作用。

（二）市场经济的一般特征

市场经济作为社会化大生产条件下的一种共有的经济手段，它具有许多共有的一般特征，概括起来主要有：

1. 市场是资源配置的基础性手段

在社会化大生产条件下，资源配置有两种方式，即计划方式和市场方式。计划方式是按照行政指令由政府来进行资源配置；市场方式则是按照市场需求由市场来实现资源配置。在市场经济中，市场机制是推动生产要素流动和促进资源优化配置的基本运行机制。现代市场经济中虽然也存在计划，但计划要建立在市场的基础上，并且要接受市场的检验。计划只能尊重市场规律，弥补市场不足，而不能扭曲市场信号和市场机制的运行，否则必将损坏整个社会经济的运行效率。

2. 企业是独立的市场主体

在市场经济中，企业是独立的市场主体。企业应该具有商品生产者的全部权利和独立的经济利益，企业能够根据市场的各种信号决定自己的经济行为，是具有成为自主经营、自负盈亏、自我积累、自我发展的经济主体和独立法人。

3. 政府对宏观经济实行间接调控

现代市场经济是以市场作为资源配置的基础性手段，但是，并不排斥政府对经济的宏观调控。政府通过各种手段和经济政策，按照一定的经济发展目标的要求，引导、调节和规范企业的生产和经营活动，通过宏观间接调控以保证经济的健康运行。

4. 依法进行市场管理

现代市场经济并不是完全自由放任的经济，而是一种权利和义务都很明确的经济，是一种法制经济。首先，整个交易过程要通过法律的形式加以规范。在市场交换活动中，所有从事市场交易的主体，其市场地位和市场机会在法律上都是平等的，既不享有任何行政和宗教特权，也不以权力地位形成某些等级差别。在一系列法律的保护下，市场主体之间的竞争所依据的只是建立在价值规律基础上的成本和效率原则，进行竞争凭借的是各自的经济实力。他们在机会均等、公平交易准则的约束下积极参与市场竞争。同时，企业和政府的行为也要通过法律将其规范化。所有参与市场经营活动的企业要严格按照国家制定的法律、法规要求而进行，对于一些违反法律的行为要依法制裁，对于一些亏损严重的企业，在资不抵债的情况下可实施破产。政府管理部门和人员要依法对市场的各种活动进行监督和管理，如有违法的行为，也要受到追究和处罚。整个市场经济完全建立在法制的基础上，其公平和效率通过法律得以保障。

（三）社会主义市场经济的特征

社会主义市场经济，不仅具有市场经济的一般规定和特征，同时又与社会主义基本制度相连，是市场经济与社会主义制度有机融合的市场经济。

市场经济作为一种资源配置方式，它不属于社会基本制度范畴，不具有姓“资”姓“社”的性质，但它又同社会基本制度相联系而存在。从历史上看，市场经济与资本主义相伴而生、相伴而长，最初以资本主义市场经济的形式存在于世上，但它并不是资本主义的专利，而是人类共有的一种文明成果，既可为资本主义服务，也可以为社会主义服务。当今，我们建立社会主义市场经济，就是市场经济同社会主义制度相结合，是在社会主义条件下的市场经济，它作为市场经济，同样是以市场作为基础性手段配置资源的经济，是由市场机制，也就是价值规律调节运行的经济，就这点来说，它与资本主义经济没有什么区别。早在 1979 年邓小平就指出：“说市场经济只存在于资本主义社会，只有资本主义的市场经济，这肯定是不正确的。社会主义为什么不可以搞市场经济，这个不能说是资本主义。我们是计划经济为主，也结合市场经济，但这是社会主义的市场经济。”[①] 1992年邓小平在南方谈话中对此给出了精辟的概括：“计划多一点还是市场多一点，不是社会主义与资本主义的本质区别。计划经济不等于社会主义，资本主义也有计划；市场经济不等于资本主义，社会主义也有市场。”[②]

社会主义市场经济是市场经济发展的一种新的历史形式，也可以说是市场经济发展的新阶段。它既具有市场经济的一般共性，又具有社会主义制度本身的特性。社会主义市场经济首先要按照市场经济的基本要求办事，体现市场经济的一般特征，否则，就不称其为市场经济，但社会主义条件下发展市场经济，必然要受到社会主义基本经济制度的制约和影响，并呈现出一些相应特点和运行的特殊规律性。

第一，社会主义市场经济运行的根本目标是最大限度地满足劳动人民日益增长的物质文化需要。市场经济作为资源配置方式，是经济调控和管理的手段，至于资源合理有效配置的目标是什么，这是社会经济发展最根本的问题。一个社会经济运行的根本目标，是由该社会占统治地位的生产资料所有制性质决定的。社会全部的经济活动、经济运行的各个环节，都要服从和服务于这一根本目标。在资本主义市场经济条件下，资本主义私有制在社会经济生活中占主体地位，这就决定了资本主义市场经济运行的根本目标是追求剩余价值和利润的最大化。在社会主义市场经济条件下，社会主义公有制在整个社会经济中占主体地位，这就决定了社会主义市场经济运行的根本目标是最大限度地满足劳动人民日益增长的物质和文化需要，实现劳动人民的共同富裕。社会主义市场经济运行的各个方面和各个环节，都要受这一根本目标的制约和规范，为实现这一目

---

① 《邓小平文选》第二卷，人民出版社1994年版，第236页。
② 《邓小平文选》第三卷，人民出版社1993年版，第373页。

标服务。

第二，社会主义市场经济是建立在以生产资料公有制为主体的所有制基础上。社会主义市场经济是同社会主义初级阶段基本经济制度结合在一起的，这就要求在社会主义初级阶段基本经济制度基础上，发展和完善社会主义市场经济体制，市场经济运行过程和运行结果也必然要有利于社会主义初级阶段基本经济制度的巩固、发展和完善，从而体现社会主义经济的本质要求，有助于发挥社会主义优越性。一方面，各种所有制性质的经济主体在市场上公平竞争，共同发展，优胜劣汰。这有利于公有制经济的主体地位在竞争中保持、发展和得以巩固。另一方面，公有制经济的主体地位又反过来影响其他经济成分的市场行为，进而影响和制约市场经济的运行和健康发展。

第三，社会主义市场经济是同以按劳分配为主体的分配制度结合在一起。生产决定分配，生产方式决定分配方式。我国现阶段，在生产资料所有制结构上，是以公有制为主体、多种所有制经济共同发展，由此决定了在分配制度上必然是以按劳分配为主体的多种分配方式并存。这样的分配制度有利于充分发挥市场机制的作用，因为确立劳动、资本、技术和管理等生产要素按贡献参与分配的原则，可以鼓励先进，鼓励一部分人通过诚实劳动和合法经营先富起来，合理拉开收入差距，促进效率提高；另一方面，由于按劳分配为主体的社会主义分配制度的约束，国家在坚持“初次分配既要注重效率，也要注重公平，再分配更加注重公平”的原则基础上，运用各种手段和经济政策调节收入的再分配。由此可以保证在大力发展市场经济的同时，防止个人收入过分悬殊，避免私有制基础上发展市场经济而导致的收入分配的两极分化状态，并逐步实现共同富裕。

第四，社会主义市场经济中的国家宏观调控具有更自觉、范围更广、力度更大的特点。

(1) 社会主义市场经济是建立在以公有制为主体基础上的市场经济，国家是社会利益的总代表。因此，国家不仅要对市场竞争制度、经济运行的总量和结构、市场分配结果和社会发展过程进行强有力的干预，而且还要代表全社会的总体利益自觉地调节国家与企业之间、地区之间、城乡之间、公有制经济与非公有制经济之间、按劳分配领域与非按劳分配领域之间各种复杂的经济利益关系，以保证在一部分人、一部分地区先富起来的基础上，逐步实现共同富裕的目标，这是社会主义经济本质的客观要求。显而易见，没有强大而有效的国家干预与调节，单纯依靠市场机制的作用，是不可能自动实现这个目标的。

(2) 我国是发展中国家，我们的社会主义市场经济也必然包含了发展中国家市场经济的一般特征。从各国经济发展的历史经验看，在一个发展中国家实行市场经济，离不开国家强有力的干预和调节。这是因为，在现代化的起步阶段，发展中国家在国内会面临着经济结构的不断变动和优化，或存在着巨大的通货膨胀压力以及由于社会分配不公而引发的社会冲突；在国际上会面临着在国际分工和国际贸易中又处于劣势地位的状况。这就要求国家运用各种调节手段，促进经济结构（主要是产业结构）的升级优化，消除经济发展过程中的不利因素，维持社会稳定，提高国际竞争力。经验证明，没有政府的巨大推动作用，发展中国家很难单纯依靠市场的作用自动完成现代化的发展历程，无法尽快摆脱贫穷落后状态。同时，发展中国家，特别是我国这样一个人口众多、生产力总体水平不高的发展中国家，也在客观上要求国家从宏观上调节经济运行。

(3) 社会主义市场经济是由传统计划经济转换而来的，世界上并没有成功的经验可以借鉴。这就要求我们不仅在经济体制转换时期，通过国家对体制转换秩序的调节以保持转换过程的有序性，而且在社会主义市场经济体制确立以后，还会遇到各种新的问题，其中最主要的是公有制与市场经济如何实现有效兼容的问题，这也需要国家自始至终对市场运行的基础、运行过程及运行结果进行有力的干预和调节。

第二节 计划经济体制向市场经济体制的根本转变

一、计划经济体制的特征以及弊端

（一）计划经济体制的特征

社会主义经济制度建立以后，其优越性能否充分发挥出来，选择适当的经济体制就成为至关重要的问题。从苏联十月社会主义革命胜利到20世纪70年代的几十年间，由于历史的和认识上的原因，包括我国在内的社会主义国家，大都按照苏联模式实行了高度集中的计划经济体制。这种高度集中的计划经济体制，在新中国建立初期，充分发挥了动员资源的优势，对我国生产力的发展起到了积极的刺激作用，但是随着社会经济的发展和条件的变化，这种体制的严重弊端日益暴露出来。我国高度集中的计划经济体制的基本特征表现为：

1. 单一的生产资料所有制结构

建国后，随着“一化三改”的完成，我国形成了具有“一大二公三纯四统”特点的生产资料公有制结构。一大，是指生产资料公有制的规模大；二公，是指公有化程度高，在集体所有制与全民所有制这两种形式中，认为集体所有制的公有化程度没有全民所有制的公有化程度高，后者是前者的发展方向；三纯，是指纯而又纯的公有制，容不得混合经济存在，更容不得半点私有制存在；四统，是指对公有制经济进行统一计划、统一生产、统一分配和统一管理。

2. 单一的计划调节

其特点是：调节经济活动的手段完全依靠中央的计划，排斥价值规律和市场调节。把计划经济与指令性计划等同起来，力图把一切经济活动都纳入无所不包的指令性计划控制之下。国家对经济运行实行严格的计划管理，社会全部的生产资源以及财富的分配都由政府配置和安排，包括人、财、物、产、供、销，个人消费品的数量和结构，完全依照国家计划安排而进行，微观经济主体不具备决定自己经济行为的权利。

3. 经济活动的激励机制单一

忽视生产经营单位与生产者个人的物质利益，刺激微观经济主义生产的动力机制单一，主要运用思想政治工作的方式进行精神鼓励。在国家、集体、个人的三者物质利益关系上，偏重于强调国家利益和集体利益，忽视个人利益。

4. 所有权与经营权统一于国家手中

在计划经济体制下，把全民所有制等同于国家所有制，又把"国有"等同于"国营"，从而建立了国营企业制度。其特征是：所有权与经营权高度统一，国有企业的经济活动从属于政府的需要，政企不分，企业缺乏自主权，是政府行政机构的附属物。

5. 单一的个人收入分配方式

在计划经济体制下，个人收入分配的方式就是单一的按劳分配，也就是在社会做了各项必要扣除之后，按照劳动者劳动的数量和质量分配个人消费品，多劳多得，少劳少得。但是，按劳分配的个人收入分配方式在实践中并没有完全得到贯彻，未能实现充分调动劳动者生产积极性的目的。

（二）计划经济体制的弊病

高度集中的计划经济体制是一种缺乏生机与活力的僵化的经济体制，其弊端集中表现在：（1）政企职责不分，条块分割，国家对企业统得过多过死；（2）由于忽视商品生产、价值规律和市场机制的作用，社会资源往往得不到有效配置；（3）分配中存在着严重的平均主义现象，“大锅饭”制度挫伤了劳动者的积极性；(4）经济形式和经营方式单一化。这就造成了企业缺乏应有的经营自主权。企业吃国家的“大锅饭”，职工吃企业的“大锅饭”，企业和职工都缺乏生产的积极性和创造性，使本来应该生机盎然的社会主义经济在很大程度上失去了活力。

随着我国社会主义经济条件的变化，高度集中的计划经济体制越来越不适应现代化建设的需要，严重阻碍了生产力的发展。对此，邓小平说：“要发展生产力，经济体制改革是必由之路”①。在坚持社会主义基本制度的同时，必须通过改革，从根本上改变束缚生产力发展的经济体制，建立充满生机和活力的经济体制，以解放生产力和发展生产力。

二、我国经济体制改革

为了消除计划经济体制的弊端，发挥市场机制的作用，促进我国经济的发展，必须进行经济体制的改革。其核心内容是将计划经济体制转变为市场经济体制。

社会主义社会的基本矛盾仍然是生产关系和生产力、上层建筑和经济基础之间的矛盾。这种矛盾集中表现在生产关系和上层建筑中与生产力发展不相适应的一系列相互联系的环节和方面，这些环节和方面又都集中在经济体制上，因此，我们改革经济体制，就是要在坚持社会主义基本制度的前提下，改革生产关系和上层建筑中不适应生产力发展的一系列相互联系的环节和方面。主要是要打破传统的以中央集权为特征的僵化的、严重束缚社会生产力发展的计划经济体制，建立充满生机和活力的，充分吸收和借鉴当今世界先进国家一切反映现代社会化生产经营管理制度与方法的，又具有中

① 《邓小平文选》第三卷，人民出版社1993年版，第138页。

国特色的社会主义市场经济体制，从而大力推动我国的经济发展和社会进步，达到国家繁荣昌盛、人民富裕幸福的目的。这种改革是社会主义制度的自我完善和发展，是为了大大促进社会主义生产力的发展，社会主义现代化的发展。

党的十一届三中全会以来，随着改革实践的深入，人们逐步摆脱了社会主义计划经济体制模式的传统观念，先后提出了一些新的体制模式构想，归纳起来，有以下五种：

第一，“计划经济为主，市场调节为辅”。这是1982年9月党的十二大正式提出的。相对于传统的计划经济体制而言，这种模式突破了完全排斥市场调节的大一统的计划经济概念，承认了市场调节的作用，这无疑是进步，但在这里市场调节只起辅助作用，对经济运行起主导作用的依旧是计划经济。

第二，“有计划的商品经济”。这是1984年10月党的十二届三中全会正式提出的。这一论断的提出，突破了长期以来把计划经济同商品经济对立起来的传统观念，重新解释了计划经济的内涵，是对社会主义经济理论的一个重大突破，具有重要的历史意义。但是在理解这一命题时出现了不同，有的强调“商品经济”，有的强调“有计划”。所以，在同一个命题下出现了两种截然不同的改革取向。

第三，“计划与市场内在统一的体制”。这是与1987年10月党的十三大提出的“国家调控市场，市场引导企业”的间接调控模式比较来看，实际上的重点是向市场方面倾斜，纠正了把市场调节放在从属的和次要的地位的状况，对推进我国的经济体制改革具有重要作用。

第四，“计划经济和市场调节相结合”。这是20世纪80年代末期和90年代初期一度颇为流行的体制模式。这一模式的基本内容是坚持计划经济为主，适当地运用市场调节这个手段，与第一种模式相同。

第五，“社会主义市场经济体制”。这是在 1992 年 10 月党的十四大上明确提出的，也是社会主义经济理论的又一新突破。在这里“市场经济”是主体，在这个主体中有效地运用“计划调节”这个手段，它是计划和市场两种手段的有机结合，是充分发挥计划和市场两者长处和优势的经济体制。我们要建立的社会主义市场经济体制，就是要使市场在社会主义国家宏观调控下对资源配置起基础性作用，使经济活动遵循价值规律的要求，适应供求关系的变化；通过价格杠杆和竞争机制的功能，把资源配置到效益好的环节中去，并给企业以压力和活力，实现优胜劣汰；运用市场对各种经济信号反应比较灵敏的优点，促进生产和需求的及时协调。

在 1993 年 12 月党的十四届三中全会上通过的《中共中央关于建立社会主义市场经济体制若干问题的决定》，全面系统地阐明了建立社会主义市场经济体制的基本框架和战略部署。1994 年 1 月起，财税、金融、外汇、投资以及住房和社会保障制度方面的改革全面展开，使我们朝着建立社会主义市场经济体制的基本框架迈开了一大步。党的十五大以后，以国有企业改革为中心的各项改革进一步深化。到 2000 年底，我国社会主义市场经济体制初步建立。

2002 年 11 月党的十六大报告指出，在社会主义条件下发展市场经济，是前无古人的伟大创举，是中国共产党人对马克思主义发展做出的历史性贡献，体现了我们党坚持理论创新、与时俱进的巨大勇气。由计划经济体制向社会主义市场经济体制的转变，实现了改革开放新的历史性突破，打开了我国经济、政治和文化发展的崭新局面。

2007 年 10 月，胡锦涛同志在党的十七大报告中指出：“实现未来经济发展目标，关键要在加快转变经济发展方式、完善社会主义市场经济体制方面取得重大进展。要大力推进经济结构战略性调整，更加注重提高自主创新能力、提高节能环保水平、提高经济整体素质和国际竞争力。要深化对社会主义市场经济规律的认识，从制度上更好发挥市场在资源配置中的基础性作用，形成有利于科学发展的宏观调控体系。”

1978 年开始的中国经济体制改革，经过 30 年的努力，已经取得丰硕成果，社会主义市场经济体制的基本框架初步形成，市场在资源配置中的基础性作用显著增强。具体表现在：第一，确立了公有制为主体，多种所有制经济共同发展的社会主义初级阶段的基本经济制度和以按劳分配为主、多种分配方式并存的分配制度。第二，公有制经济进一步壮大，国有企业改革稳步推进。个体、私营等非公有制经济较快发展。第三，市场体系建设全面展开，宏观调控体系不断完善，政府职能转变步伐加快。第四，财税、金融、流通、住房和政府机构等改革继续深化。第五，开放型经济迅速发展，商品和服务贸易、资本流动规模显著扩大。国家外汇储备显著增大。我国加入世贸组织，对外开放进入新阶段。第六，人民生活总体上达到小康水平。城乡市场繁荣，商品供应充裕，居民生活质量提高，社会保障体系速度成效明显。

建立社会主义市场经济体制，要认真抓好四个互相联系的重要环节：（1）转换国有企业特别是大中型企业的经营机制，把企业推向市场，增强它们的活力，促使企业在经济利益的推动下自发地实现资源配置。（2）健全市场体系，完善市场机制。（3）深化分配制度和社会保障制度的改革。（4）混合经济中政府主要是调节个体经济单位的经济行为，而不是直接参与经济活动。

三、我国社会主义市场经济体制的基本框架

社会主义市场经济体制是一个内容相当丰富的体系。现阶段我国市场经济体制的基本框架包括以下主要内容：

第一，以公有制经济为主体、多种所有制经济共同发展的所有制结构。在这里，公有制经济不仅包括国有经济和集体经济，还包括混合所有制经济中的国有成分和集体成分。

第二，按劳分配为主体、多种分配方式并存的分配制度。按劳分配与按生产要素分配相结合，坚持效率与公平并重的原则，依法保护合法收入，允许和鼓励一部分人通过诚实劳动与合法经营先富起来，允许和鼓励资本等生产要素参与分配。

第三，建立现代企业制度。进一步转换国有企业的经营机制，建立产权清晰、权责明确、政企分开、管理科学的现代企业制度。

第四，建立全国统一、竞争、有序、开放的市场体系。实现城乡市场紧密结合、国内市场与国际市场相互衔接，促进资源的优化配置。

第五，转变政府管理经济的职能，完善以间接调控为特征的国家宏观调控体系，保证国民经济的健康运行。

第六，建立和健全多层次的社会保障体系，为城乡居民提供同我国国情相适应的社会保障，促进经济发展和社会稳定。

上述六个方面是相互联系、相互制约的有机整体，共同构成我国现阶段市场经济体制的基本框架。

第三节　计划与市场：两种调节手段

一、资源配置的两种手段

在经济学中，资源有狭义和广义之分。狭义资源是指自然资源；广义资源是指经济资源或生产要素，包括自然资源、劳动力和资本等。可以说，资源是指社会经济活动中人力、物力和财力的总和，是社会经济发展的基本物质条件。在任何社会，人的需求作为一种欲望都是无止境的，而用来满足人们需求的资源却是有限的，因此，资源具有稀缺性。资源的稀缺性决定了任何一个社会都必须通过一定的方式把有限的资源合理分配到社会的各个领域中去，以实现资源的最优利用，即用最少的资源耗费，生产出最适用的商品和劳务，获取最佳的效益。所谓资源合理配置就是指如何把有限的资源配置到社会需要的部门、地域或企业中去，使之得到有效利用。资源配置的实质就是社会总劳动时间在各个部门之间的分配。资源配置合理与否，对一个国家经济发展的成败有着极其重要的影响。一般来说，资源如果能够得到合理的配置，经济效益就会显著提高，经济就能充满活力；否则，经济效益就明显低下，经济发展就会受到阻碍。

在现代社会化生产中，资源配置一般有两种运作方式：一种是市场调节；另一种是计划调节。计划调节和市场调节在经济运行中，对资源配置具有不同的调节功能，各有长处和短处。

市场调节是按照市场的供求变动来配置资源。市场调节根源于社会化条件下商品经济的客观存在。因此，从本质来说，市场调节是价值规律调节，只不过是价值规律这个内在规律通过外在的市场交换关系发挥调节作用的实现形式。市场调节具有自发性、灵活性、事后性和微观性的特点。作为一种资源配置的方式，市场调节具有不可替代的优势。第一，市场调节以分散的决策结构为基础，因而比计划调节具有更大的灵活性，它能使经济活动遵循价值规律的要求，适应市场供求关系的变化，通过价格杠杆和竞争机制的功能，把资源配置到效益好的环节中去，实现资源的有效利用。第二，市场调节通过竞争机制调节生产者行为，实现优胜劣汰。在市场机制作用下，生产者要不断地改进生产技术，提高劳动生产率，降低生产成本，提高产品的质量，尽可能满足社会的需要。因而比计划调节更能促进经济活动的不断创新，提高资源的微观配置效率。第三，依靠市场来调节分散的经济主体的经济行为，可以使市场各种信息迅速传播和扩散，降低信息获得的成本，使经济主体能够根据市场信息迅速调节生产经营活动，有利于资源的合理配置。

但是，市场调节的作用不是万能的，它具有自身的弱点和消极方面。主要表现在：（1）自发性。各个分散的市场主体（企业）从微观局部利益出发，按照市场信号调整企业的个量资源配置，不可能洞察国民经济的全局。所以从宏观角度看，整个社会资源配置要通过自发途径，经过多次反复，甚至是激烈的、强迫的方式（如经济危机），才能实现社会总供给与总需求在总量上和结构上平衡。（2）事后性和盲目性。在市场上，每个经济主体的经济行为是在市场信号发出来之后才发生的，所以，市场调节又具有盲目性，又会导致资源配置无效或低效。（3）不能实现社会分配收入的公正。因为市场调节信号反映的需求是指已经形成的有支付能力的需求，即社会各阶层实际拥有的购买力。至于这种货币购买力的分配是否合理，市场信号并不反映，市场调节也无能为力。这就是所谓"货币没有臭味"。（4）对于解决经济主体行为的外部不经济问题无能为力。由于微观经济主体其经济行为的目的是追求自身利益最大化，忽视社会整体利益，因此，就会导致社会成本问题出现，诸如生态环境的破坏。解决外部不经济问题难以依靠市场的力量来实现。（5）市场解决不了垄断带来的问题。市场调节仅限于竞争性领域，对经营垄断的产品和行业的调节作用有较大局限。

与市场调节相对应的是计划调节，计划调节就是按照行政命令，由政府来配置资源，即对社会资源配置实行"有意识的社会调节"①。计划调节根源于社会化大生产，社会化的大生产客观上要求自觉地实现按比例发展。计划调节具有自觉性、事前性、宏观性和稳固性的特点。其优势和长处主要表现为：第一，政府根据经济发展的状况，进行经济预测，制定经济发展战略；第二，有利于在宏观上统筹经济总量、重大的经济结构、生产力布局，保持国民经济按比例发展和社会资源合理配置，自觉地调节社会供求的总量平衡和结构优化；第三，计划调节可以在全社会范围内动员和集中

① 《马克思恩格斯选集》第四卷，人民出版社1972年版，第369页。

必要的人力、财力、物力进行重大建设，防止重复建设造成的浪费以及同严重自然灾害作斗争；第四，可能合理地调节收入分配，避免两极分化的出现，保持社会公正；第五，可以兼顾经济、社会和环境并使之协调发展。

计划调节在宏观经济层次上具有明显的长处，但它对微观层次的经济活动、复杂多变的社会需求难以发挥作用。主要表现在：(1) 在市场经济的条件下，企业作为微观的经济主体，它的生产经营活动以追求本单位经济利益为目标。计划调节则从整个社会需要出发，要求实现整体经济利益。微观利益与宏观整体目标之间的矛盾使计划调节的功能受到一定程度的限制。(2) 计划调节难以及时反映社会需求变化，从而及时调节微观经济单位的资源配置，企业的活力难以充分发挥。(3) 计划的稳固性使计划面对复杂多变的社会需求难以做出迅速的调整。社会需求瞬息万变，计划固有的稳定性特点，决定了计划不可能时刻随着市场信息的变化而调整。因此计划调节必须适应商品经济和市场经济的要求，借助商品经济关系和市场的作用，并着重从宏观上调控市场运行，来实现国民经济宏观发展目标。

二、计划和市场都是调节经济的手段

在经济发展史上，曾出现过单一的由市场作为调节资源配置方式的市场经济和单一的由计划作为调节资源配置方式的计划经济。然而在当今世界上，没有哪一个国家实行纯粹的市场经济或纯粹的计划经济。特别是二战后，无论资本主义国家还是社会主义国家，都在探索经济运行中计划和市场如何结合的问题。

自由竞争资本主义时期，资本主义经济的发展，主要是依赖自由放任的市场经济模式。在市场的自发调节下，依靠市场这只“看不见的手”来实现社会资源配置，维持资本主义制度的经济运行。然而，资本主义国家并未实现社会经济持续的均衡发展。

1929～1933年大危机的爆发震撼了资本主义世界，说明单纯依靠市场调节不能实现经济的正常运行。面对资本主义“如何生存的问题”，凯恩斯强调国家要对社会经济活动进行干预，主要是通过财政政策和货币政策来刺激需求，借助于“看得见的手”来弥补市场这只“看不见的手”的不足。20世纪30年代的美国罗斯福新政，标志着资本主义由自由放任的市场经济转变为国家干预的市场经济的开始。二战后，随着资本主义矛盾的加深，随着科技革命以及资本社会化和国际化的发展，资本主义的私人垄断统治越来越向国家垄断资本主义发展。各国程度不同地运用计划和其他手段对社会经济进行宏观调控。

计划经济始于社会主义国家。俄国十月社会主义革命后，经历军事共产主义和新经济政策时期，从1929年开始实施五年计划，建立起计划经济体制。原苏联实行高度集中的计划经济体制，恰好是资本主义世界大危机爆发的时期，第一个五年计划顺利完成，取得显著成就，同西方资本主义世界大危机形成了鲜明的对照。计划经济的初步实践显示出计划手段的巨大力量，它能够迅速集中财力、物力和人力进行大规模经济建设，具有动员资源的优势。原苏联在计划经济体制下加速了工业化的进程，使之迅速从一个在欧洲只有中等发达程度的国家，一跃成为在工业上居欧洲第一、世界第二的位置。我国建国后，在计划经济体制下，提前实现了第一个五年计划，迅速奠定了国家工业化的基础。然而，随着经济的发展和科技革命的发展，经济结构日益复杂化，发展目标日益多元化，人民生活的需要更加多样化，这种高度集中的计划经济体制，越来越不适应社会主义现代化建设要求。所以，二战后走上社会主义道路的国家，虽然开始都照搬苏联高度集中的计划经济体制模式，但随着时间的推移，改革的浪潮相继兴起。社会主义各国在实行计划经济体制时，已经不排斥市场的作用，也采用市场手段调节经济了。

纵观世界经济的发展和变化：资本主义实行二三百年的市场经

济出现了计划调节，社会主义实行三四十年的计划经济出现了市场调节。以往，无论是东方的社会主义国家，还是西方的资本主义国家，都把计划经济和市场经济作为区分社会主义制度和资本主义制度的标志。世界经济发展的历史证明，计划和市场不是划分社会制度的标志，它只是调节经济的手段。在1992年的南方谈话中，邓小平指出："计划经济不等于社会主义，资本主义也有计划；市场经济不等于资本主义，社会主义也有市场。计划和市场都是经济手段。"① 邓小平根据世界出现资本主义也有计划和社会主义也有市场的实际，在政治经济学理论上进行了创新，对计划和市场做出了新认识和界定。

第一，计划和市场是二战后东、西方国家经济发展中存在的共同现象。这表明：市场经济虽然产生于资本主义社会，但不属于资本主义专有，计划经济产生于社会主义社会，但同样也不属于社会主义所专有；资本主义有计划，但并未因此而改变资本主义的基本制度；社会主义也有市场，它同样不会改变社会主义的基本制度。从计划和市场在东、西方国家都可以运用的事实说明，计划与市场两者不具有社会基本制度的属性，都是可以用来调节经济的手段，因而它们不是社会制度性范畴，而是属于经济运行的范畴。在社会主义条件下，把计划和市场结合起来，在国家宏观调控下，充分发挥市场配置资源的基础性作用，正是适应商品经济充分发展的需要。

第二，计划和市场作为调节资源配置的经济手段各有其长处。从资本主义也有计划和社会主义也有市场的情况来看，计划和市场都不是万能的。在社会化的商品经济运行中，计划手段更适应于宏观层次，对调控社会资源配置有长处；市场手段则适应于微观层次，对调节微观资源配置有积极作用。如何把计划和市场两种手段

① 《邓小平文选》第三卷，人民出版社1993年版，第367页。

的长处有机结合起来，是带有世界性的理论与实践的重大课题。由于社会制度的制约和影响，由于各国的国情乃至文化观念的不同，计划和市场的结合方式会存在较大的差异。但将计划手段和市场手段两者长处进行有机的结合，却是世界经济发展的必然趋势。

需要指出的是，计划和市场的结合是把计划和市场作为调节经济的手段，按照它们各自的功能和长处，使之在不同领域里充分发挥其作用。而不是说把计划经济和市场经济作为两种不同的经济体制结合起来。作为经济体制，二者是无法结合的。

思考题

1. 市场经济的共性和社会主义市场经济的特征是什么？
2. 我国经济改革的原因是什么，经济体制改革的方向是什么？
3. 社会主义市场经济体制的基本框架是什么？
4. 为什么说计划和市场都是经济调节手段？
5. 计划调节和市场调节的各自特点、长处和短处是什么？怎样将两种调节手段有机结合？

第九章

社会主义初级阶段基本经济制度

教学要点

1. 社会主义经济制度建立的途径
2. 生产资料所有制的内涵
3. 公有制的主体地位和实现形式
4. 多种所有制经济共同发展的客观必然性
5. 非公有制经济的性质与作用

关键词

社会主义经济制度　生产资料所有制　公有制　主体地位　实现形式　多种所有制经济

第一节　社会主义经济制度产生的必然性

一、马克思、恩格斯关于社会主义制度的设想

社会主义经济制度取代资本主义经济制度是历史的必然。马克思和恩格斯通过对资本主义生产方式运动规律的考察指出：生产的社会化同资本主义生产资料私人占有之间的矛盾，客观上要求以公

有制为基础的社会主义经济制度取代资本主义经济制度。他们根据19世纪中叶世界资本主义的发展状况指出：社会主义在欧美等发达的资本主义国家同时发生并取得胜利。“共产主义革命将不仅是一个国家的革命，而将在一切文明国家里即至少在英国、美国、法国、德国同时发生。在这些国家的每一个国家中，共产主义发展得较快或较慢，要看这个国家是否工业发达，财富积累较多以及生产力较高而定。”①

马克思和恩格斯在指导欧洲工人运动的同时，在对发达资本主义国家分析的基础上，对未来社会主义社会的特征做了科学的预测：(1) 社会主义是建立在资本主义生产力水平高度发达的基础之上。(2) 以生产资料公有制代替私有制。在《共产党宣言》中，马克思、恩格斯指出：“共产主义的特征并不是要废除一般的所有制，而是要废除资产阶级的所有制。……共产党人可以把自己的理论概括为一句话：消灭私有制。”② (3) 个人消费品实行按劳分配，这种分配不需要借助商品、货币这种形式，不需要经过市场这个迂回的过程。(4) 在经济运行方面，由一个社会中心对社会生产进行有计划的指导和调节。(5) 产品经济代替商品经济，价值规律将不再起作用。

19世纪末20世纪初，资本主义由自由竞争阶段过渡到了垄断阶段，资本主义的发展呈现出许多新情况和新特点。列宁在新的形势下，根据垄断资本主义时代资本主义经济政治发展不平衡的规律和当时的实际情况，提出了新的论断：社会主义可能首先在少数甚至一个国家中取得胜利，这样的国家并不一定是资本主义发达国家，而是资本主义世界的各种矛盾异常尖锐，并且是世界资本主义链条上的薄弱环节的国家。列宁在新的历史条件下提出了社会主义

① 《马克思恩格斯全集》第1卷，人民出版社1969年版，第221页。
② 《马克思恩格斯选集》第一卷，人民出版社1972年版，第286页。

可以首先在一国或少数几个国家胜利的学说，是对马克思主义的重大发展。俄国十月革命和中国新民主主义革命的胜利，充分证明了列宁的科学论断。

二、社会主义经济制度建立的途径

社会主义经济制度的基础是社会主义生产资料公有制。我国在过渡时期，对不同性质的私有制，采取了不同的步骤和方法，逐步把它们改造成为社会主义公有制经济。

第一，没收官僚资本，建立社会主义全民所有制经济。旧中国的官僚资本属于国家垄断资本主义，它控制着整个国民经济命脉。中国的官僚资本是在半殖民地半封建社会中产生的一种极端腐朽的资本主义生产关系，它依附于帝国主义并和封建主义相勾结，严重阻碍了社会生产力的发展，是国民党反动统治的基础。因此，新中国成立后，实行了没收官僚资本的政策，把它改造成为社会主义全民所有制经济。

第二，赎买民族资本，壮大社会主义全民所有制经济。我国对民族资本主义工商业的社会主义改造分两步进行：第一步，变私人资本主义为国家资本主义；第二步，将国家资本主义转变为社会主义国有经济。其中，国家资本主义，经过了由低级向高级发展的三种形式：（1）加工订货、统购包销的初级形式。这种形式主要是从流通领域和民族资本的经济建立联系。（2）个别企业的公私合营。从流通领域进入到生产领域，由企业外部渗透到企业内部，控制了民族资本循环中具有决定意义的生产阶段。（3）全行业公私合营。这种形式是在高级形式的基础上，由个别企业的公私合营，发展到全行业的公私合营。国家从流通到生产实行全面的控制，这是完成对资本主义工商业社会主义改造的决定性步骤。在利润分配方面，针对不同形式的国家资本主义，采取不同的分配方式。个别企业公私合营阶段，企业盈利采取“四马分肥”的方法；在全行业公私合营时，企业利润的分配则实行“定息”制度。当定息取消后，民族资本主义企业完全转化为全民所有制企业。

第三，改造小私有制经济，建立劳动群众集体所有制经济。小私有制经济不是官僚资本和民族资本，既不能没收，又不可赎买，对它们的改造只能在自愿互利的基础上，通过典型示范、国家帮助，引导它们走合作化道路，建立社会主义劳动群众集体所有制经济。我国对小农经济的社会主义改造是通过先从组织带有社会主义萌芽的农业生产互助组开始，然后进入半社会主义性质的初级农业生产合作社，最后再到完全社会主义性质的高级农业生产合作社这样三个相互衔接的步骤和形式。这是一个循序渐进的过程，有利于农民觉悟的提高和生产力的发展。城镇小工商业是一种小商品经济，同市场有着紧密联系，所以对它们的改造是从流通入手，建立供销合作组织，然后进一步进入生产领域的合作，建立生产合作社。

我国从1952年提出过渡时期总路线，到1956年底，对个体农业、个体手工业和资本主义工商业的社会主义改造基本完成，确立了社会主义公有制的主体地位，标志着我国过渡时期的结束，基本上完成了从新民主主义社会到社会主义社会的转变，建立起社会主义的经济制度。

第二节 社会主义初级阶段的基本经济制度

一、生产资料所有制的内涵

（一）生产资料所有制的含义

生产资料所有制作为一种经济利益关系，必须通过生产和再生产过程才能得到实现。离开了生产资料在生产和再生产过程中的实际应用，即以不同的方式同劳动者的结合，生产资料所有制就失去了经济上的意义。

生产资料所有制作为经济范畴，是指人们在生产过程中对生产资料的关系体系，包括人们对生产资料所有、占有、支配、使用诸方面的经济关系。所有，即归属。它指的是作为生产资料所有者可以按照自己的意志处置归自己所有的生产资料。占有，是一种有条件的归属。相对于所有而言，占有者不能像所有者那样任意处置归其占有的生产资料，但是在一定的条件下（给予所有者一定的经济利益）和一定的期限内，这些生产资料又实际归占有者处置，像所有者一样地具有排他性。支配，是指对生产资料的处置和管理。在社会化大生产中，它具体地表现为一系列的指挥系统。使用，是指人的劳动对生产资料的直接作用，即人们运用生产资料进行的直接生产活动。从现象上看，它是人与物的关系，从经济关系上分析，它是人们发挥生产资料效能从而取得经济效果的直接因素和基础。

生产资料所有制内涵中的所有、占有、支配、使用诸方面的经济关系，是辩证统一的。其中，所有是所有制关系的主要内容，因而通常是根据所有者主体的不同来区分各种所有制的性质。但是，所有并不是所有制的全部内容，虽然从广义上说，所有有时可以包括占有、支配和使用，在所有制关系体系中，也可以同所有相分离，并具有独立的经济意义。当具体分析某种所有制时，可以看到，由于所有制内容关系中的所有、占有、支配、使用的分离和不同组合，同一性质的所有制可以有不同的存在形式。

（二）所有权与经营权的分离

从上述关于生产资料所有制内涵的界定出发，实际生活中的所有权、占有权、支配权、使用权不过是所有制内部经济关系的法律用语。通常说的经营权，是对占有权、支配权、使用权的统称。所有权和经营权可以统一于一个主体，也可以分属于不同的主体。根据所有权与经营权的不同组合，可以概括出不同的经营方式，一种是所有权与经营权合一的经营方式，一种是所有权与经营权分离的经营方式。

马克思在分析资本主义经济关系时曾指出：“资本主义生产本身已经使那种完全同资本所有权（不管是自有的资本还是别人的资本）分离的管理劳动比比皆是。因此，这种管理劳动就完全无需资本家亲自担任了。这种劳动实际上是同资本分离而存在的，但这不是表现在产业资本家同货币资本家那种表面上的分离上，而是表现在产业管理人员等等同各种资本家的分离上。”① 这就是说，两权分离既可以发生在不同的所有者之间，如产业资本家与货币资本家之间，也可以发生在同一个所有者的财产关系内部。在社会经济发展中，后者的两权分离具有普遍意义。

在社会主义条件下，所有权与经营权是可以分离的。这是因为：

第一，两权分离是社会化大生产的客观要求。在社会化的大生产条件下，企业的生产规模不断增大，生产过程日益复杂，科学技术和经济信息成为组织生产和提高效益的重要条件，企业的经营决策和管理指挥逐步成为一种独立的职能，在这种条件下，经营权脱离所有权而独立化就成为一种趋势，股份公司就是这种分离的产物和典型形式。正如马克思指出的：“与信用事业一起发展起来的股份企业，一般地说也有一种趋势，就是使这种管理劳动作为一种职能越来越同自有资本或借入资本的所有权相分离”。②

在社会主义经济中，由于社会需求十分复杂而且经常处于变动之中，企业的生产条件各不相同，企业之间的经济联系错综复杂，

① 马克思：《剩余价值理论》第3册，人民出版社1975年版，第552页。

② 《马克思恩格斯全集》第25卷，人民出版社1974年版，第436页。

对生产规模大的企业而言，客观上具有使所有权与经营权分离的要求。

第二，社会主义的市场经济的特殊性也要求两权分离。社会主义经济是公有制为主的市场经济。在市场经济条件下，企业作为微观经济主体，自主经营、自负盈亏，因此，要求企业必须具有经营自主权。作为公有制的企业，同样是一个微观经济主体，也必须遵循企业经营运作的一般规律。传统的经济体制把全民所有制同国家机构直接经营企业混为一谈，即所有权与经营权全部集中于国家手中，不符合市场经济的要求，必然会压抑企业的生机和活力。因此，要体现市场经济的要求，就必须改革全民所有制的内部关系，使国家保持所有权，使企业具有经营权。这样，既在整体上坚持了公有制，又在局部上保证了各个企业生产经营的自主性，有利于促进市场经济的发展，还有利于社会主义全民所有制优越性的发挥。

二、社会主义初级阶段基本经济制度建立的客观依据

社会主义初级阶段的基本经济制度问题，主要就是所有制结构问题。社会主义初级阶段的基本经济制度同社会主义经济制度是既相联系又有区别的两个概念，前者包括以公有制为主体的多种所有制形式；后者只以公有制为基础。

生产资料所有制结构，是指各种不同的生产资料所有制形式在一定社会经济形态中所处的地位、所占的比重，以及它们之间的相互关系。所有制结构是社会经济结构的基础。除了所有制结构以外，社会经济结构还包括社会经济的动力结构、利益结构、分配结构、消费结构等。由于所有制结构是社会生产的前提条件和现实基础，因而居于支配地位的所有制的性质，决定该所有制结构的性质。

公有制为主体、多种所有制经济共同发展作为我国现阶段的基本经济制度是历史的必然，它揭示了社会主义初级阶段生产关系内

在的本质特征。党的十一届三中全会提出，要根据我国社会主义建设的具体实际，改革同生产力发展不相适应的生产关系和上层建筑，并指出非公有制经济是社会主义经济的必要补充。1993 年党的十四届三中全会进一步指出，必须坚持以公有制为主体、多种经济成分共同发展的方针。1997 年党的十五大第一次明确提出，社会主义公有制为主体、多种所有制经济共同发展，是我国社会主义初级阶段的一项基本经济制度。2002 年 11 月，党的十六大报告针对深化经济体制改革的深层次矛盾和问题明确提出，根据解放和发展生产力的要求，坚持和完善公有制为主体、多种所有制经济共同发展的基本经济制度的任务和三项原则，这就是："第一，必须毫不动摇地巩固和发展公有制经济"，"第二，必须毫不动摇地鼓励、支持和引导非公有制经济发展"，"第三，要把坚持公有制为主体，促进非公有制经济发展，统一于社会主义现代化建设的进程中，不能把这两者对立起来。各种所有制完全可以在市场竞争中发挥各自优势，相互促进，共同发展"。在党的十七大报告中再次重申了社会主义初级阶段的基本经济制度以及生产资料所有制的结构，指出，要"完善基本经济制度，健全现代市场体系。坚持和完善公有制为主体、多种所有制经济共同发展的基本经济制度，毫不动摇地巩固和发展公有制经济，毫不动摇地鼓励、支持、引导非公有制经济发展，坚持平等保护物权，形成各种所有制经济平等竞争、相互促进新格局。"

改革开放以来，我们党对社会主义初级阶段基本经济制度的阐述，由"必要补充"改为"基本方针"，再由"基本方针"明确为"基本经济制度"，进而强调要"坚持和完善"，并指出"形成各种所有制经济平等竞争、相互促进新格局"。这是我党在总结社会主义建设长期实践，特别是总结改革开放实践的基础上，对马克思主义所有制理论的新发展。

第一，公有制为主体、多种所有制经济共同发展是由我国社会主义性质决定的。我国是社会主义国家，必须坚持公有制作为社会主义经济制度的基础。马克思主义认为，经济是基础，经济基础决定上层建筑。生产资料的社会主义公有制，是全体劳动人民或部分劳动群众共同占有生产资料的所有制形式，它是社会主义生产关系的核心。因此，坚持公有制为主体，是社会主义经济制度的主要标志，是社会主义制度区别于资本主义制度的主要经济基础。动摇了生产资料公有制，就动摇了社会主义的经济基础，必将损害全体人民的根本利益，也就谈不上社会主义了。

第二，公有制为主体、多种所有制经济共同发展是由我国现阶段总体发展水平决定的。一定社会下的生产关系取决于生产力的性质和发展水平。作为生产关系的基础和重要内容的生产资料所有制形式必须和生产力发展水平相适应。新中国成立以来，经过60年特别是改革开放30年的发展，我国的经济实力不断增强。国家统计局公报显示，2008年全年国内生产总值达到300 670亿元，人民生活实现了小康到全面建设小康社会的历史性跨越。然而，必须看到，人民日益增长的物质文化需要同落后的社会生产之间的矛盾仍然是我国社会的主要矛盾。我国生产力和科技、教育还比较落后，实现工业化和现代化还有很长的路要走；城乡二元经济结构还没有改变，地区差距扩大的趋势尚未扭转，贫困人口还为数不少；人口总量继续增加，老龄人口比重上升，就业和社会保障压力增大；生态环境、自然资源和经济社会发展的矛盾日益突出；我们仍然面临发达国家在经济、科技等方面占优势的压力。总之，巩固和提高目前达到的小康水平，还需要进行长时期的艰苦奋斗。

第三，在我国现阶段，生产力水平的多层次性和不平衡性决定了生产资料所有制的结构呈现多元化的格局。具体表现在：自动化、机械化、半机械化与手工劳动同时存在；大规模的高度社会化的大生产同社会化和商品化水平很低的自给、半自给性生产同时存在；现代化交通工具和落后的人力、畜力运输工具同时存在。在工农业之间、城乡之间，平原和山区之间、沿海地区和少数边远地区之间，生产力的发展水平也很不平衡。这些不同水平的社会生产力，有的在社会主义所有制的框架内得到迅速发展，有的则在非社会主义所有制框架内得到适当发展，这是我国现阶段多种所有制形式并存的最根本的原因。

在我国现阶段，不同的所有制形式有其各自的特点，在各自的范围内有其不可代替的作用。因此，就有必要允许同时能在大机器化生产基础上的各种所有制形式的存在和发展，这样才能更好地促进社会生产力的发展和满足人民日益增长的物质和文化需要。由于经济的全球化以及国际经济关系的不断发展，特别是我国加入世界贸易组织（WTO）以后，资本国际化的现象不可避免，外国资本同我国企业进行各种形式的经济联合以及独资经营都是客观必然。因此，多种多有制经济并存，对于提升我国的国际竞争力是大有益处的。因为一切有利于发展社会主义社会的先进生产力、有利于提高人民的生活水平的所有制形式，都是有利于发展社会主义事业和符合人民根本利益，因而都可以而且应该用来为社会主义服务。在社会主义初级阶段，不仅公有制经济形式有利于生产力的发展，而且非公有制经济形式也是发展生产力重要的积极因素，我们应当也必须更好地发挥它们在社会主义现代化建设中的积极作用。

我国改革开放的实践充分证明，确立公有制为主体、多种所有制经济共同发展的基本经济制度是完全必要的，是历史的必然选择。众所周知，新中国建立以后很长一段时间对我国处于社会主义初级阶段这个基本国情缺乏清醒的认识，形成了脱离生产力发展水平的所有制结构，主要是公有制特别是国有经济比重过高，而且公有制缺乏合理、有效的实现形式，严重地束缚了生产力的发展。改革开放以来，我们党在有中国特色的社会主义理论的指引下，实行以公有制为主体、多种所有制经济共同发展的政策，使得生产关系与生产力之间的关系由原来的不相适应变得比较适应，出现了经济迅速发展、综合国力大大增强、人民生活水平显著提高的大好局面。实践证明，公有制为主体、多种所有制经济共同发展，符合我国初级阶段国情，在整个社会主义初级阶段必须始终坚持。

把公有制为主体、多种所有制经济共同发展的方针确定为我国社会主义初级阶段的基本经济制度，充分体现了我们党对发展社会主义市场经济的决心，是对马克思主义所有制理论的创新。

我国社会主义初级阶段的多种所有制形式主要有：社会主义的国家所有制（即全民所有制）、社会主义劳动群众集体所有制、个体所有制、私营企业所有制、外资企业所有制、混合所有制等。

三、公有制的主体地位和实现形式

（一）坚持社会主义公有制的主体地位

生产资料公有制是适应社会化大生产的要求而建立起来的。它是社会主义经济关系的重要基础，也是社会主义制度区别于资本主义制度的重要标志。

所谓公有制，是指一群人（一个社会的全体成员或部分成员）共同占有他们所拥有的全部生产资料的一种所有制形式。其基本含义是：公有的生产资料属于该经济共同体的全体成员所有，但又不属于其中任何一个成员所有，他们利用公有的生产资料共同劳动，共同生产，共同获取收益并共担风险。

在我国社会主义初级阶段多种所有制经济共同发展的所有制结构中，各种所有制经济所处的地位和所占的比重是不同的，其中公有制经济占主体地位。之所以必须坚持公有制经济的主体地位，这是由我国的社会主义性质决定的。

社会主义公有制，是生产资料归社会主义国家的劳动者共同占有和支配的一种新型的所有制。实行社会主义公有制，有利于社会化大生产的进行，有利于保证劳动者在生产资料占有上地位的平等，有利于劳动者之间在社会生产中结成新型的互助合作关系，有利于保证社会主义生产目的和劳动成果分配符合社会主义性质的要求，如果否定公有制的主体地位，就会动摇社会主义的经济基础。如果否定和取消了公有制而实行私有制，社会主义制度就将不复存在。要坚持社会主义，必须坚持生产资料公有制。坚持公有制为主体，对于发挥社会主义制度的优越性，增强我国经济实力、国防实力和民族凝聚力，提高我国的国际地位，具有关键性的作用。必须毫不动摇地巩固和发展公有制经济。

坚持公有制的主体地位，主要体现在以下几个方面：第一，确保公有资产在社会总资产中占优势；公有资产占优势，要有量的优势，更要注重质的提高。第二，保证国有经济控制国民经济命脉。第三，发挥国有经济对整个经济发展的主导作用，国有经济起主导作用，主要体现在控制力上，即控制国民经济和经济制度的发展方向、控制经济运行的整体态势、控制重要的稀缺资源的能力。

在我国现阶段，国有经济是社会主义全民所有制经济，它是社会主义社会中居主导地位的公有制形式。它一经建立，就掌握了国家的经济命脉，成为整个国民经济的领导力量，是社会主义国家的主要经济基础。社会主义全民所有制经济性质的工业企业拥有比较先进的科学技术和雄厚的物质实力，它为国民经济各部门提供大量的先进机器设备、器材、燃料和动力，为国民经济各部门的技术改造、产业升级和生产现代化提供先进的物质和技术条件，为我国社会主义建设、发展科学文化教育事业以及国防建筑提供资金来源。它还生产了大量的日用工业品，满足了城乡人民的需要。全民所有制性质的商业企业无论是在稳定和繁荣国内商品市场，还是在组织对外贸易方面，都发挥着重要作用。总之，全民所有制经济对于保证社会主义方向和整个国民经济的稳定发展起着决定性的作用。

（二）公有制经济的内容和实现形式

党的十五大明确指出，公有制经济不仅包括国有经济和集体经济，还包括混合所有制经济中的国有成分和集体成分。

1. 全民（国家）所有制

社会主义全民所有制是生产资料归全体劳动人民共同占有的一种公有制形式。它是和社会化大生产相适应的社会主义公有制形式，它实现了在全社会范围内的生产资料公有，因而是公有化程度比较高的公有制形式。国有经济掌握着国民经济的命脉，拥有雄厚的经济实力和先进的技术装备，与社会化大生产紧密结合在一起，是我国社会主义制度的主要经济基础，是社会主义经济建设的基本经济条件。

在我国现阶段，全民所有制采取国家所有制形式，即属于全民所有的生产资料归代表全民利益的国家所掌握。全民所有制采取国家所有制形式有其客观必然性，因为，社会主义国家作为社会的代表，能够按照全体人民的共同利益对全民所有制的财产进行统一领导和管理，对于建设社会主义经济基础，保证国家对国民经济实行统一领导和重点建设等有重要意义。

2. 集体所有制

社会主义集体所有制是部分劳动群众共同占有一定范围的生产资料和劳动产品的所有制形式。我国社会主义劳动群众集体所有制经济，是公有制经济的重要组成部分，主要包括农村集体所有制和城镇集体所有制。

我国农村的集体所有制，是我国农业中的主要所有制形式。目前，我国农村集体所有制的重要实现形式是家庭承包经营为基础、统分结合的双层经营体制。我国城镇的集体所有制，包括手工业、工业、建筑业、运输业、商业、服务业等行业中的各种集体企业。在现阶段，集体所有制经济的存在，可以体现共同致富原则，可以广泛吸收社会分散资金，缓解就业压力，增加公共积累和国家税收。因此要支持、鼓励和帮助城乡多种形式集体经济的发展，这对发挥公有制经济的主体作用意义重大。

3. 混合所有制经济

混合所有制经济是伴随着我国改革开放的发展而发展起来的，它是由不同性质的所有制经济组合而成的一种经济形式。由社会主义公有制经济与非公有制经济共同投资组成的混合所有制经济中的国有成分和集体成分，属于公有制经济范畴。在社会主义经济中，混合所有制经济中的公有制经济可以采取股份制的实现形式。

在我国的经济改革中，各种保险基金，如养老基金、医疗基金等正在建立扩大，这些属于公有性质的基金也将逐渐成为重要的投资基金来源和公有制的实现形式。

社会主义公有制的本质是由劳动者在全社会或社会的部分范围内运用生产资料进行生产，并凭借对生产资料的所有权获得经济利益。至于如何运用生产资料进行生产，则是公有制的实现形式问题。所有制与所有制实现形式是两个既有联系又有区别的概念。所有制的实现形式是指经济关系借以实现的具体形式，主要指资本的组织形式和经营方式。同一所有制可以有不同的实现形式，一种具体实现形式中可以容纳不同的所有制。一种所有制的实现形式如何，直接影响到这种所有制所容纳的生产力能否或在多大程度上发挥出来。过去相当长的时期内，我国公有制采取了国家所有、国家经营和集体所有、集体经营的形式，扼杀了微观经济主体的活力，挫伤了劳动者的积极性。在改革开放的实践中，我国出现了公有制的多种实现形式，如：合作制、股份制、股份合作制和承包制、租赁制等等。公有制的实现形式，不存在固定的模式，一切反映社会化大生产规律的财产组织形式和经营方式都可以大胆地利用。我国所有制改革的重要任务之一，就是要努力寻找能够促进生产力发展的多元化的公有制实现形式。

四、鼓励、支持和引导非公有制经济

在社会主义初级阶段，非公有制经济是社会主义市场经济的重要组成部分。在坚持公有制经济为主体的同时，还必须鼓励、支持

和引导非公有制经济健康发展，以真正形成多种所有制共同发展的格局。

1. 个体所有制

个体经济是指劳动者个人占有生产资料并从事生产经营活动和支配劳动产品的一种经济形式。在历史上，个体经济从来没有成为独立的生产方式，它总是依附于当时占统治地位的所有制关系并受其制约和影响。在社会主义条件下，个体经济是与社会主义公有制经济相联系，从属于社会主义公有制经济并为其服务的经济成分。个体经济就其本质来说，是私有制性质的。它是生产资料掌握在劳动者手中作为自己的劳动对象和劳动手段发挥作用，以实现自己的劳动目的的私有制，不包含剥削关系。个体经济在生产经营活动中受经济利益的驱动，会有一定的盲目性和自发性，国家要通过经济的、行政的和法律的手段，加强对其管理和监督，以防止其消极作用的发生。

2. 私人资本主义所有制

私人资本主义所有制是指企业资产属于私人所有、存在雇佣劳动关系的私有制经济成分。在社会主义初级阶段，在发展商品经济过程中，私营经济的存在和适当发展是必要的。私营经济能以较快的速度把资金、技术、劳动力结合起来形成生产力，适应社会需要，起到促进生产、活跃市场、扩大劳动就业，更好的满足人民群众生活需要和为国家积累资金的积极作用。私营经济从本质上说，是资本主义性质的经济，因此也具有消极作用。但是，我国现阶段的私营经济与社会主义经济相联系，服从于社会主义经济的发展。国家要在制定有关私营经济的政策和法律，保护其合法权利和利益的同时，加强引导和管理。

3. 国家资本主义所有制

国家资本主义所有制是指在我国开办的中外合资、合作经营所形成的混合所有制企业和外商独资的企业，简称“三资企业”。在这类企业中，国有和集体所有制的部分属于公有制经济成分。即使是外商独资的企业，也要受到我国法律和经济政策的制约和影响。发展“三资企业”，适应现阶段生产力发展状况和社会主义现代化建设的客观需要，对于弥补我国建设资金不足，引进国外先进技术和设备，学习国外科学的管理经验，培训技术和管理人才，扩大出口，增加外汇收入，以及安排劳动就业和改善人民生活等方面，都有着积极的作用。随着我国加入 WTO，这类经济形式还会有更大的发展，对此我们应该做好充分准备，以引导其健康发展。

在公有制为主体的条件下，发展非公有制经济，是社会主义初级阶段生产力发展的客观要求。它对增强经济活力，充分调动人民群众和社会各方面的积极性，加快生产力发展发挥着重要作用。具体表现在：（1）对国民经济的高速增长具有重要的贡献。据《发展和改革蓝皮书》（中国改革开放 30 年）资料显示，2006 年私营企业税收总额3 495.2亿元，比 2005 年增长 28.6%，高于全国 6.7 个百分点；占全国企业税收总额的比重为 9.28%。（2）拓宽了就业渠道。到 2006 年底，登记注册的全国私营企业达到 494.7 万户，占全国企业总数的 57.4%；从业人员为6 395.5万人。（3）随着非公有制经济的发展，投融资体制由单一投资主体向多元投资主体转化，为社会主义市场经济创造了一个多元竞争、充满活力的环境。20 世纪 90 年代中期以来，私营经济保持了持续快速发展的势头，私营经济已经成为国民经济的重要组成部分，成为我国经济增长的最大动力来源。据国家统计局统计，2010 年以前，私营经济的利润增速一直在各种所有制经济中处于领先位置，即便是在国际金融危机最为严重的 2009 年 1 ~2 月份，中国的私营经济也可谓是“万绿丛中一点红”。目前，除国有及国有控股经济以外的广义私营经济已经占 GDP 的 65% 左右，其中个体私营经济已经占 40% 左右；中国经济发展中的增量部分，70% 至 80% 来源于私营经济。

非公有制经济是我国社会主义市场经济的重要组成部分，要继续鼓励和引导它们健康发展。按照党的十七大报告提出的方针去做：坚持平等保护物权，形成各种所有制经济平等竞争、相互促进新格局，要在政策上清除各类歧视性的规定，在市场准入、税收政策等方面给予各种所有制经济同等待遇。鼓励民营企业发展壮大，建立企业集团。

第三节 社会主义生产关系的实质

一、社会主义的本质与社会主义社会的根本任务

（一）社会主义的本质

社会主义制度是人类历史上崭新的社会制度，从理论和实践结合上揭示社会主义本质，对于认识和发挥社会主义制度的优越性，自觉坚持社会主义，具有重要意义。

改革开放以来，我们党对社会主义本质的认识，是随着实践的深化而不断深化的。邓小平同志明确提出了建设中国特色社会主义的科学命题，并强调指出："社会主义的本质是解放生产力，发展生产力，消灭剥削，消除两极分化，最终达到共同富裕。"这是对社会主义本质的科学概括。以江泽民同志为核心的党的第三代中央领导集体继续深化对"什么是社会主义、怎样建设社会主义"这一问题的认识。党的十六大以来，以胡锦涛同志为总书记的党中央从中国特色社会主义事业总体布局和全面建设小康社会的全局出发提出了构建社会主义和谐社会的重大战略任务。党的十六届六中全会的《决定》第一次提出："社会和谐是中国特色社会主义的本质属性。"这是根据我国新世纪新阶段经济社会发展的阶段性特征提出的重要论断，是总结我国社会主义建设长期历史经验得出的基本结论，是一个重大的理论创新。这一理论创新是在实践发展的基础

上对社会主义本质认识的深化丰富、发展和完善了中国特色社会主义理论。

（二）社会主义社会的根本任务

社会主义社会的根本任务是解放和发展生产力，社会主义必须始终不渝地坚持以经济建设为中心。这是党的十一届三中全会以来，在邓小平理论指导下，中国共产党带领亿万人民在实践中得出的最宝贵的经验。

马克思、恩格斯在揭示人类社会发展的一般规律时指出，社会主义是对资本主义的否定，当资本主义生产关系推动生产力达到高度发展后，资本主义社会的基本矛盾日趋激化，资本主义生产关系已经无法带来生产力的更大发展，成为生产力进一步发展的桎梏时，以社会主义生产关系取代资本主义生产关系便成为历史发展的必然趋势。这说明，社会主义具有比资本主义更能促进生产力发展的性质。人民之所以选择社会主义就在于他们相信与资本主义相比，社会主义能带来生产力的更快速发展。因此，社会主义经济制度建立以后面临着双重根本任务，一是发展生产力，另一是继续解放生产力。社会主义的根本任务之所以是解放和发展生产力，是由以下几个方面决定的。

第一，解放和发展生产力，可以使社会主义制度建立在先进物质基础之上，使社会主义制度得到巩固和发展。发展生产力，是人类一切社会存在的前提和发展的基础，也是马克思主义最根本的原则。马克思指出，无产阶级在夺取政权以后，应该想尽一切办法发展社会生产，尽可能快地增加生产力的总量。列宁进一步指出："无产阶级取得国家政权以后，它的最主要最根本的需要就是增加产品数量，大大提高社会生产力。"① 任何一种社会生产关系，都有其赖以存在的一定的物质技术基础。社会主义生产关系所需要的

①《列宁选集》第4卷，人民出版社1995年版，第623页。

物质技术基础，应该是以机器大工业为基础的社会现代化生产力。就现阶段而言，它至少应该是当代资本主义发达国家已经达到的高度发达、高度社会化的现代工业、现代农业和现代科学技术。然而，实践中的社会主义经济制度是在相当落后的生产力基础上建立起来的，这种状况的改变，必须通过解放和发展生产力，才能奠定社会主义生产关系的物质技术基础。

第二，解放和发展生产力，是为将来过渡到共产主义社会创造所需要的物质条件。社会主义是共产主义的第一阶段，人类社会最终要进入共产主义高级阶段。共产主义高级阶段是物质文明和精神文明高度发达的社会，是“各尽所能，按需分配”的社会。这一切都必须以生产力高度发达，社会产品极大丰富为前提。正如邓小平同志所说：“我们讲社会主义是共产主义的初级阶段，共产主义的高级阶段要实行各尽所能、按需分配，这就要求社会生产力高度发展，社会物质财富极大丰富。所以社会主义阶段的最根本任务就是发展生产力。”①

第三，解放和发展生产力，是解决社会主义社会的基本矛盾的重要途径。社会主义初级阶段的主要矛盾依旧是，人民日益增长的物质文化需要同落后的社会生产之间的矛盾。在这对矛盾中，矛盾的主要方面是解决落后的社会生产力问题。因此，只有解放和发展生产力，为社会提供丰富的物质和文化产品，不断满足社会日益增长的需求，才能使社会主义社会的主要矛盾得以解决。因此，解决社会主要矛盾的根本途径，便构成了社会主义的根本任务。

第四，只有解放和发展生产力，才能充分显示社会主义制度的优越性。一种社会经济制度是否具有先进性和优越性以及优越性的大小，从根本上来说，就是看它是否更能促进生产力的发展，以及能在多大范围内和多大程度上为社会生产力的发展开辟前景，创造

① 《邓小平文选》第三卷，人民出版社 1993 年版，第 63 页。

出比先前的经济制度更高的劳动生产率和人均国民收入。列宁曾经说过，资本主义所以能够战胜封建主义，是因为资本主义能够创造出高于封建主义的劳动生产率；社会主义能够战胜资本主义，是因为社会主义一定能够创造出比资本主义更高的劳动生产率。因此，考察社会主义制度建立以后，社会主义是否先进和优越，最根本地要看它能不能比资本主义更迅速地把生产力推向前进，并在此基础上不断提高人民的生活水平。社会主义经济制度只有创造出比当代资本主义更高的劳动生产率时，才能证实自己是真正优越于资本主义的。

第五，只有解放和发展生产力，才能充分体现社会主义本质的内在要求。解放和发展生产力创造比资本主义更高的劳动生产率，是社会主义发展的必然要求。因为只有这样，才能逐步提高人民的物质和文化生活水平，最终实现共同富裕。邓小平同志说："在社会主义国家，一个真正的马克思主义政党在执政以后，一定要致力于发展生产力，并在这个基础上逐步提高人民的生活水平。"① 诚然，任何一种社会制度要存在下去都需要发展生产力，但在不同的社会制度下，发展生产力的目的却不同。社会主义是在公有制为主体的基础上解放和发展生产力的，其目的是为了逐步消除两极分化，最终达到共同富裕。

（三）现阶段解放和发展生产力的紧迫性

我国目前正处于并将长期处于社会主义初级阶段，在现阶段，无论从我国的基本国情、现实的生产力发展状况，还是从当代世界的发展以及国际形势的特点来看，解放和发展生产力，都有其特殊的紧迫性。

第一，我国进入社会主义的历史前提和当今时代特点，决定了必须把发展生产力，实现社会主义现代化作为全部工作的中

---

① 《邓小平文选》第三卷，人民出版社 1993 年版，第 28 页。

心。我国之所以必须经过一个社会主义的初级阶段，根本原因在于我国没有经过资本主义充分发展的阶段，生产力水平落后于发达的资本主义国家。而在我国建设社会主义的过程中，面临的时代特点又决定我们必须接受双重的历史性挑战，即一方面要面对由18世纪中叶到20世纪中叶这200年间资本主义国家所完成的传统的产业革命的挑战，另一方面又要面对当代世界正在兴起的新技术革命的挑战。这就要求我们加倍努力，奋起直追。如果不把发展生产力作为根本任务，不断提高我国的经济技术水平，不仅社会主义制度的优越性不能显示出来，而且在世界上也将没有我们应有的地位。正因为如此，邓小平指出："我们当前以及今后相当长一个历史时期的主要任务是什么？一句话，就是搞现代化建设。能否实现四个现代化，决定着我们国家的命运、民族的命运。社会主义现代化建设是我们当前最大的政治，因为它代表着人民的最大的利益、最根本的利益。"[①] 我国的社会主义不是产生于高度发达的资本主义，而是在生产力落后，商品经济不发达条件下产生的。社会主义与资本主义共存于同一个世界之中，这种并存的局面，使社会主义一开始就处于与资本主义竞争的不利位置。因此，社会主义只有以更快的速度来发展生产力，才能在两种社会制度的竞争中展示出社会主义优于资本主义的特质，体现出社会主义无比的优越性。

第二，新科技革命迅猛发展，要求我国必须大力解放和发展生产力。发端于20世纪50年代这场新科技革命，使人类社会发生了前所未有的巨大变化。各国都渴望在这次新科技革命浪潮推动下迎来新的发展。但是，科技革命给人类带来发展的同时也可能扩大发达国家与发展中国家之间的差距，这是对每个国家能否把握这一机遇的严峻考验。从我国实际情况看，我们与发达国家

① 《邓小平文选》第二卷，人民出版社1993年版，第162页。

在科学技术方面存在着巨大的差距。只有大力解放和发展生产力，才能完成既推进产业革命，又追赶世界新技术革命的双重任务。

第三，社会主义初级阶段各种矛盾的解决，依赖于生产力的发展。在社会主义初级阶段，我国的社会主义现代化建设面临着复杂的社会矛盾。国家、集体和个人之间，中央和地方之间，地方和地方、部门和部门、地方和部门内部各个企业和单位之间，工人、农民和知识分子之间以及他们各自内部之间，不同经济成分和社会集团之间以及各种经济成分和社会集团的内部，在根本利益一致的基础上都存在着极为复杂的人民内部矛盾。工农之间、城乡之间、脑力劳动和体力劳动之间还存在着重大的社会差别。由于多种所有制形式和多种分配方式的存在，人们在占有生产资料和取得收入方面还存在着不平等现象，在促进效率提高和体现社会公平之间还存在着不平等现象，在促进效率提高和体现社会公平之间还存在较大的矛盾。上述这些矛盾，从根本上说都是同落后的社会生产分不开的。只有大力发展社会生产力，使社会财富不断涌现出来，使社会摆脱不发达状态，才能有效地协调社会矛盾和实现社会公平，才能更好地满足人民日益增长的物质和文化生活的需要。

综上所述，把解放和发展生产力确认为社会主义的本质，是对马克思主义的继承和发展，是社会主义建设实践的结晶。我们国家的富强、民族的振兴、社会主义事业的兴旺发达，都要靠生产力的解放和发展。

二、社会主义社会同以往一切以私有制为基础的社会的根本区别在于消灭剥削和消除两极分化

一切剥削制度的深刻经济根源在于生产资料私有制，要消灭剥削，使劳动者摆脱受剥削、受奴役的地位，首先要铲除剥削制度赖以存在的基础——生产资料私有制。马克思和恩格斯在《共产党

宣言》中指出："共产党人可以把自己的理论概括为一句话：消灭私有制。"①

所谓剥削就是一部分人凭借生产资料的私人占有，无偿地占有他人的劳动或劳动成果，私有制是人剥削人的经济根源。正是由于奴隶主、封建主和资本家阶级的私有制的存在，广大劳动人民便处在被剥削、被压迫的地位，他们辛勤劳动创造的社会财富绝大部分被少数的剥削者无偿地占有，广大劳动人民处于贫困境地。

两极分化是一切以私有制为基础的社会经济制度中普遍存在的现象。剥削阶级凭借其私人占有的生产资料，把自身的富裕建立在广大劳动人民的贫困基础之上，把自己的快乐建立在别人的痛苦之上。而且其发展趋势总是富者愈富，贫者愈贫，贫富悬殊，两极分化日益加剧。在资本主义制度下，两极分化则更为严重地存在。

社会主义经济制度与以往一切以私有制为基础的社会经济制度的根本区别在于消灭剥削和消除两极分化。为此，必须坚持生产资料社会主义公有制和实行按劳分配。消灭剥削，消除两极分化，只能以公有制和按劳分配为前提。公有制意味着人们在生产资料面前实现了平等。在社会主义社会人们已经成为生产条件的共同主人，因此，没有人可以凭借对生产资料的无偿占有而占有他人的剩余劳动。而在私有制的社会里，人们在生产资料面前地位是不平等的，少数人占有大量的生产资料，更多的人除了劳动力以外一无所有。在这种条件下，按照占有生产资料的多少进行分配，不可避免地必然走向两极分化。不管资产阶级把"自由、平等、博爱、人权"的口号喊的多么响亮，资本主义社会的生产成果永远不可能归全体人民所有。

这里需要特别指出的是，在我国社会主义初级阶段，按照生产关系适应生产力发展水平的要求，我国实行以公有制为主体、多种

---

① 《马克思恩格斯选集》第一卷，人民出版社1995年版，第286页。

所有制经济共同发展的基本经济制度，以按劳分配为主体、多种分配方式并存的分配制度，实行允许一部分地区、一部分人先富起来的政策。由于现阶段在所有制、经济成分和分配方式等方面存在着多样化的特点，所以，不可避免地存在着一定范围和一定程度的剥削现象和一定程度的贫富差别。对于这些问题，我们必须采取历史唯物主义的态度，从实际出发，从是否有利于解放和发展生产力的角度去理解，而不是妄加评判。社会主义要消灭剥削，消除两极分化。但消灭剥削，消除两极分化，是一个历史过程。为了解放和发展生产力，允许一定范围的剥削现象和一定程度的贫富差别的存在，与社会主义要消灭剥削、消除两极分化并不矛盾。离开解放和发展生产力，去谈消灭剥削、消除两极分化，只能导致贫穷和落后。

总之，只有解放和发展生产力，并在公有制和按劳分配的基础上，才能逐步实现消灭剥削，消除两极分化。公有制和按劳分配是社会主义本质的前提条件和必然要求。消灭剥削，消除两极分化，是社会主义区别于资本主义的一个显著标志。

三、社会主义生产关系的实质

社会主义的目的和目标是实现共同富裕，体现了马克思主义同当代中国社会主义实际的结合。马克思主义经典作家把社会主义生产关系的实质概括为：是在公有制基础上使个人自由全面的发展。马克思主义关于社会主义的最终目的是实现人的全面而自由的发展。用社会主义取代资本主义，按照马克思主义的观点，就是建立一个以每个人的全面而自由的发展为基本原则的社会形式。马克思把这种社会形式称作“自由人的联合体”。在这样的“联合体”里，每个人的自由发展是一切人的自由发展的条件。在这种社会形式里，不再有任何阶级差别，不再有任何个人生活资料的忧虑。马克思关于社会主义的价值目标当然包括全体人民的共同富裕在内，但比共同富裕的目标更高，进而要实现每个人的自由而全面的发展。实现这样的目标，要求社会生产力极其高度的发展，使集体财富的一切源泉都得到充分涌流。可见，马克思强调个人的全面和自由发展是与生产力的高度发展和财富源泉的充分涌流联系在一起的。改革开放以来，邓小平同志发展了马克思的上述理论，强调社会主义的根本任务是解放和发展生产力，根本目的是实现共同富裕。在社会主义经济制度中，剩余产品由劳动者共同占有，并为社会的全面进步和人的全面发展提供物质条件。

由此，我们可以认识到，社会主义初级阶段生产关系的实质是以生产资料公有制和按劳分配为基础，消灭剥削，消除两极分化，实现共同富裕。公有制是社会主义生产关系的本质体现，共同富裕是社会主义经济制度的最终实现目标。

1. 我国社会主义经济制度建立的途径有哪些？

2. 生产资料所有制的内涵是什么？在社会化大生产条件下为什么会出现所有权和经营权分离？

3. 为什么说公有制为主体、多种所有制经济共同发展，是我国社会主义初级阶段的一项基本经济制度？

4. 为什么要坚持公有制的主体地位？公有制的主体地位如何体现？

5. 非公有制经济为什么是社会主义市场经济的重要组成部分？

6. 现阶段解放和发展生产力的紧迫性？

7. 社会主义的根本目的是什么？

第十章

社会主义初级阶段的收入分配制度

教学要点

1. 社会主义公有制条件下按劳分配的客观必然性及其作用
2. 社会主义市场经济条件下的按劳分配的特点及实现形式
3. 以按劳分配为主体，多种分配方式并存的客观必然性
4. 国民收入再分配的原因和途径
5. 效率和公平的关系

关 键 词

按劳分配　按生产要素分配　国民收入　国民收入再分配　效率　公平

第一节　社会主义的按劳分配

一、按劳分配及其客观必然性

按劳分配是社会主义公有制经济中个人消费品分配的基本原则，它集中体现了社会主义经济制度的本质。它是指在社会主义公有制经济范围内，劳动者所创造的产品在作了必要的各项社会扣除

后，按照劳动者劳动的数量和质量进行分配，多劳多得，少劳少得，等量劳动获取等量报酬。

一个社会采取什么样的分配方式，是由该社会的生产力发展水平和与之相适应的经济制度，特别是生产资料所有制的性质决定的。社会主义社会个人消费品分配采取按劳分配原则，是由下列经济条件决定的。

第一，生产资料公有制是实行按劳分配的前提。社会主义公有制经济意味着物质的生产条件即生产资料，由联合起来的劳动者共同占有，他们在全社会范围内或在一个集体经济内同生产资料直接结合，共同劳动，劳动成果归劳动者共同所有，任何人都不能凭借公有的生产资料无偿地占有他人的劳动。另外，在公有制经济中，劳动者所给予社会的，所能进行比较的，只有他们的劳动。"除了自己的劳动，谁都不能提供其他任何东西，另一方面，除了个人的消费资料，没有任何东西可以转为个人的财产。"①

第二，社会主义生产力的发展水平是实行按劳分配的根本原因。生产力的性质和水平决定了可供分配的社会产品数量和满足社会消费的程度，制约着分配方式。社会主义生产力还没有达到高度发达，物质产品尚未极大丰富，还不具备按人们的实际需要分配消费品的物质条件，只能根据人们向社会付出的劳动量进行分配。

第三，旧式社会分工的存在和劳动没有成为人们生活的第一需要，还只是或主要是个人谋生的手段，是实行按劳分配的直接原因。社会主义时期，由于经济、文化条件的限制，劳动者的劳动能力有限，只能以相对固定的劳动方式从事劳动。因而体力劳动与脑力劳动、简单劳动与复杂劳动等差别尚未消失，不同劳动方式所产生的劳动成果在质与量上不同，劳动者要取得这些劳动成果只能以所付出的劳动为依据。同时，社会主义的劳动者既作为生产资料的

---

① 《马克思恩格斯选集》第三卷，人民出版社 1995 年版，第 304 页。

所有者自觉参与生产过程，又作为旧式社会分工的承担者把劳动当作获取消费资料的手段，劳动者得到消费资料的多少与劳动贡献必然存在正相关联系，劳动贡献量自然成为分配个人消费品的度量标准。

第四，按劳分配作为占主体地位的分配关系，是由社会主义的经济条件、生产方式决定的。坚持按劳分配必须批判两种错误观点：一是将生产与分配割裂开来，脱离经济条件、生产方式孤立地考察分配，并把分配看成社会主义的本质；二是以抽象的“公平分配”、“平等权利”空谈社会主义分配制度。马克思在《哥达纲领批判》中批判了所谓“公平分配”和“平等权利”，指出未来社会主义制度中只能实行按劳分配的平等权利，但这种平等权利是相对的。它对于否定凭借生产资料无偿占有他人剩余劳动的资本主义分配关系而言，体现了人们在产品占有权利上的平等，但还只是一种形式上的平等，事实上的不平等。因为这种分配方式默认不同劳动者不同的工作能力是天然特权，反映到按劳分配中，就是实际上的不平等关系。即使劳动者获得的劳动报酬相同，也会因为各自赡养的家庭人口不同，造成劳动者个人消费实际上的不平等。但是，按劳分配事实上的不平等是指人们生活富裕程度上的差别，与私有制条件下生产资料占有关系上的不平等，从而导致阶级剥削、阶级压迫的不平等具有本质区别。

二、按劳分配的内容和作用

1. 按劳分配的内容

按劳分配的基本内容是：（1）各尽所能，凡是处在劳动适龄期间、有劳动能力的人，必须以参加劳动作为获得消费品的手段，不劳动者不得食。（2）社会以劳动者提供劳动的数量和质量作为分配个人消费品的唯一尺度。按劳分配所依据的劳动，在质上是符合社会需要的、被社会所承认的劳动；在量上是以社会平均劳动为尺度。(3)按劳分配的水平和实现程度只能取决于现实生产力水平。生产力水平越高，可供分配的社会财富越多，按劳分配的实现程度和富裕水平就越高。(4)按劳分配的对象只能是在全社会范围内，对社会总产品作了必要扣除之后的生活消费品。

按劳分配的实质是社会主义性质的分配关系，是人类历史上分配制度的一场深刻革命。按劳分配体现了消灭私有制、实现分配平等的要求，但又不同于共产主义社会将实现的按需分配原则。

2. 按劳分配的作用

按劳分配作为一种分配方式反作用于生产方式，对发展社会主义经济、巩固社会主义制度具有极为重要的作用：

第一，按劳分配是提高劳动者素质的必要手段。按劳分配的尺度不仅表明劳动者的劳动贡献与所获得的劳动产品有着密切联系，而且承认劳动能力是一种“天赋”权利。这会转化为激励劳动者奋发向上的动力机制，使劳动者从个人物质利益出发，努力学习文化知识，掌握科学技术和专业技能，增强对生产经营环境的适应性，全面提高自身素质，促进劳动者发展。

第二，按劳分配是解放、发展生产力的制度保障。按劳分配使劳动者在产品占有上具有平等权利，是劳动者当家作主的体现。劳动者会从国家主人翁的责任感出发，在劳动岗位上充分发挥积极性、创造性，各尽所能，努力奉献，从而使劳动者的体力、智力潜能得以充分发挥，生产技术、工艺、方法不断创新，使高效率劳动资料和全新劳动对象层出不穷，资源得以高效利用，环境受到应有保护，促进了社会生产力迅速、持续、健康发展。

第三，按劳分配是巩固和完善社会主义制度的重要条件。按劳分配是社会主义公有制在分配关系上的体现，它又以劳动者在产品占有上的平等权利进一步巩固和完善公有制。同时，按劳分配的对象是个人消费品，消费品的多少不仅与劳动者的劳动贡献有关，更取决于社会的生产力水平、企业的劳动生产率和经济效益。因此，按劳分配实现了国家、企业、劳动者个人利益的完整结合，使劳动者能够自觉处理好三者利益关系，既充分体现了社会主义制度的优越性，又进一步促进了社会主义制度的发展。

第四，按劳分配是实践社会主义本质的基本途径。按劳分配从根本上否定了不劳而获和凭借劳动以外的因素无偿占有他人劳动的基础，实现了劳动平等、报酬平等，从而为消灭剥削、消除两极分化、实现共同富裕提供了必由之路。按劳分配反对平均主义，允许人们拉开富裕程度的时间、空间差距，既适应生产力发展规律又调动人们的积极性，为实现共同富裕创造了条件。

第五，按劳分配是社会主义初级阶段发展商品经济的内在根据。按劳分配通行的等量劳动相交换的原则，与商品交换原则在本质上是一致的。由于作为分配依据的劳动是被社会承认的劳动，便形成个别劳动与社会劳动对立统一关系，导致劳动者经济利益的差别。解决个别劳动与社会劳动的矛盾，合理体现劳动者的经济利益的途径之一是进行商品交换，大力发展商品经济。

三、社会主义市场经济条件下按劳分配的特点

按照马克思的设想，社会主义经济制度是建立在生产力高度发达的基础之上的，由此决定的社会主义生产条件是：（1）在全社会实现生产资料的全民公有制；（2）由社会中心统一安排社会生产，实行严密的计划经济；（3）商品经济已经消亡。以此为前提，按劳分配原则才能得以充分贯彻。

按劳分配的实现过程是，社会总产品在个人消费品分配之前，首先要进行各项社会扣除，即要扣除：（1）用来补偿消耗掉的生产资料部分；（2）用于扩大再生产的追加部分；（3）用来支付不测事故、自然灾害的后备基金或保险基金；（4）社会管理费用；（5）用于满足社会共同需要的部分。经过社会扣除的剩余部分，劳动者用劳动券领取和他提供的劳动量相当的一份消费品。在这一

过程中，分配的主体是社会；分配的媒介是劳动证书；个人消费品以实物形式直接分配。

马克思关于按劳分配的设想是建立在特定理论前提基础上的。实践中的社会主义经济制度特征与马克思的基本理论是一致的，马克思按劳分配思想仍是构建社会主义分配制度的指导思想。但是，在社会主义初级阶段，由于公有制经济具有不同形式，还存在着商品经济，按劳分配的实现形式必然与马克思的设想有很大区别，并呈现出新特点：

第一，按劳分配是个人消费品分配的基本分配原则，不是个人收入唯一的分配原则。按劳分配的范围仅限于公有制经济，即使在公有制内部，按劳分配也与资产收益、经营分配等分配形式并存。

第二，按劳分配的主体是企业，不是社会。市场经济中，企业是自主经营的经济实体、是市场竞争主体和责权利相统一的独立法人。企业具有生产经营权责，自然也包括收入分配权责。按劳分配是先以企业为社会提供的有效劳动量为标准，在各企业之间进行分配；再根据等量劳动相交换的原则，在企业内部职工之间进行分配。个人收入不仅取决于劳动者提供的劳动数量和质量，而且取决于企业经营结果。社会不是分配主体，等量劳动取得等量报酬的原则还不能在全社会按统一的标准得以贯彻。

第三，按劳分配是借助于商品、货币迂回的方式实现的。商品经济条件下，按劳分配的内在尺度是商品交换所依据的社会劳动，不是劳动者提供的个别劳动。劳动者的劳动必须以企业产品的形式参与市场交换，按劳分配只能以劳动成果在市场上的实现程度，通过商品交换，以价值形式进行间接分配。这就要求劳动者提供的劳动在质上应符合社会需要，在量上要转化为社会劳动量，劳动报酬的多少受个别劳动转化为社会劳动的制约。

第四，按劳分配在全社会没有统一的标准。社会劳动是实现按劳分配的前提，但社会劳动受不同行业、地区、竞争程度和供求状况等多种因素的影响，不能在全社会统一计量。按劳分配的公平程度受市场机制和市场成熟程度的制约。

四、按劳分配的实现形式

公有制的形式不同，按劳分配的实现形式也有所区别。为使收入分配充分体现劳动贡献，同一企业的分配形式也有所不同。

第一，城镇公有制经济内按劳分配的主要形式是工资。社会主义工资是按劳分配的劳动报酬形式，是劳动者在必要劳动时间内创造价值的货币表现。

社会主义工资可分为计时工资与计件工资两种基本形式。计时工资是按劳动时间计量的工资。因为劳动的复杂程度和熟练程度不同，不同劳动在同一劳动时间内创造的价值不同，计时工资必须根据劳动的差异安排合理的等级，以发挥工资的激励功能。计件工资是按劳动者完成的产品数量支付的工资。计件工资可以更直接的反映劳动者的劳动水平，更能体现按劳分配的原则，调动劳动者的积极性。同时也应注意计件工资的适用条件是劳动量可准确测量的独立产品或工作量，其他条件需实行计时工资。由于社会主义工资还采取货币形式，市场经济中价格又是经济运行的核心机制，反映在工资上便出现了名义工资与实际工资的差异。提高劳动者的生活水平需要提高实际工资水平，形成合理的价格体系，加强国家对收入分配的调节。工资是劳动者劳动状况的反映，劳动者的劳动是多变的，工资也应随之变化。工资管理制度改革中应增加浮动工资的比例，使劳动者的劳动在工资上得到及时反映。

第二，城镇公有制经济内按劳分配的辅助形式是奖金和津贴。奖金是劳动者提供的超额劳动的报酬。实践中奖金标准应尽量合理，既要杜绝平均主义，又要防止畸重畸轻，力求更准确地反映劳动量。津贴是对在特定条件下职工付出的额外劳动所给予的报酬。津贴设置也应名副其实，不应与工资混同，或成为变形的平均分配。

第三，农村集体经济内按劳分配的形式。农村生产资料集体所有制决定了收益分配在集体内部进行，集体的生产经营成果是进行分配的唯一根据，而没有社会通行的分配标准。劳动的计量，只是集体的平均水平，集体之间的分配结果存在较大差异。经济体制改革后农村普遍实行家庭承包责任制，由此产生了联系最后产品计算报酬的分配形式，这是适合我国现阶段农业生产状况的，是贯彻按劳分配较好的形式。

第二节 社会主义市场经济条件下的按生产要素分配

一、按生产要素分配的客观依据

所谓按生产要素分配是指生产要素所有者凭借要素所有权，根据生产要素在社会再生产过程中所作出的贡献大小来参与收益分配，获得相应的报酬的分配原则。它包括三层含义：（1）参与分配的主体是要素所有者，分配的依据是要素所有权；（2）分配的客体是各种生产要素共同作用而生产出来的产品及提供的劳务；（3）分配的标准包括生产要素的质量、数量以及贡献水平。因此，按生产要素分配的内在依据是生产要素的所有权，其直接表现和标准是生产要素的数量、质量以及生产要素贡献的大小。

收入分配制度改革始终是我国经济体制改革的重要内容，党的十六大报告指出“确立劳动、资本、技术和管理等生产要素按贡献参与分配原则，完善以按劳分配为主体，多种分配方式并存的分配制度”；党的十七大报告进一步指出：“要坚持和完善按劳分配为主体、多种分配方式并存的分配制度，健全劳动、资本、技术、管理等生产要素按贡献参与分配的制度”。个人收入实行按生产要素贡献分配，有其客观依据：

第一，按生产要素分配是由我国现阶段的生产力水平及生产资料所有制结构的多样性决定的。生产方式决定分配方式，生产资料所有制结构决定分配结构，生产资料所有权与收益分配权是不能分离的。社会主义初级阶段，在公有制为主体的前提下，多种经济形式共同发展，生产要素由不同的经济利益主体占有，对这些生产要素的使用和让渡必须是有偿的。由于我国还处于社会主义初级阶段，非公有制经济与公有制经济并存，共同参与创造财富，这就要求按生产要素分配。基于我国社会经济发展的客观现实，只有按劳分配和按要素分配相结合的收入分配制度，才是现阶段唯一公平的分配方式。

第二，按生产要素分配是由各种生产要素在财富的创造过程中的贡献决定的。马克思曾经在《资本论》和《哥达纲领批判》等文献中多次指出，劳动并非一切财富的唯一源泉。常识也告诉我们，仅仅有劳动者而没有资本、土地等其他生产要素的参与，是不可能创造价值和财富的，在生产过程中三者缺一不可。对此马克思曾经讲：“没有自然界，没有感性的外部世界，工人就什么也不能创造。它是工人用来实现自己的劳动，在其中展开劳动活动，由其中生产出和借以生产出自己的产品的原材料。”① 此外，随着经济的发展，知识、技术、信息和管理才能等过去不被重视的要素在现代的生产和经营中占据越来越重要的地位，他们也要求参与分配。所以应该允许资本和技术等生产要素的所有者参与分配，这样有利于生产要素向更有效的领域流动，有利于技术进步的加快，有利于我国产业结构的升级和经济发展方式的转变。

第三，按生产要素分配是完善社会主义市场经济体制的需要。

---

① 《马克思恩格斯全集》第42卷，人民出版社1979年版，第92页。

市场经济是以市场作为资源配置基础的经济体制，一切生产要素都要在市场机制的作用下合理分配于各部门、各企业。市场机制作用愈充分，市场体系愈健全，愈应该承认按生产要素分配的合理性。按生产要素分配是生产要素所有权或占有权在经济上的实现，也是市场经济的重要原则，即凭借要素所有权或占有权获取收益。

第四，按生产要素分配是实现资源优化配置的客观需要。我国的资本、技术、自然资源相对稀缺，实现按生产要素分配，一方面，可以动员资本、技术、信息等生产要素更多的投入扩大再生产，提高经济增长质量；另一方面，使一切生产要素的使用者都遵循价值规律的要求进行有偿使用，才能提高稀缺资源的使用、配置效率，避免资源选择的任意性和浪费。在市场经济条件下，各种生产要素进入市场，通过市场配置资源，必须遵循市场经济原则。确立生产要素按贡献参与分配的原则，可以激励人们更有效地使用生产要素，提高生产要素的利用效率，有利于最广泛最充分地调动一切积极因素，让劳动、知识、技术、管理和资本等各种生产要素充分发挥作用，满足社会对各种物质产品和精神产品的需要，实现共同富裕目标的有效途径。

二、在社会主义初级阶段坚持按生产要素分配的意义

第一，有利于发挥激励机制的作用，促进生产力发展。实行按生产要素分配，让对社会有贡献的人得到相应的收入，可以拉开收入差距，鼓励人们干事业，放手让一切劳动、知识、技术、管理和资本的活力迸发出来，动员一切创造社会财富的要素投入生产，从而解放和发展生产力，为全面建设小康社会提供不竭之源。

第二，有利于巩固和完善社会主义初级阶段的经济结构。实行按生产要素分配，可以激励公有资本得到更加合理地配置和使用，从而获得更好的经济效益，促进公有资本积累和国民经济又好又快地发展，增强公有制的经济技术实力、市场竞争能力和对国民经济

的控制力，有效地巩固和发展社会主义的经济基础；同时又鼓励非公有制经济的发展，发挥他们在市场经济中不可替代的作用。

第三，有利于缩小地区经济差距，促进经济合理布局。按生产要素分配可以激发国内外生产要素所有者对中西部地区投入各种生产要素的热情，扩大中西部开发的规模与领域，通过各种形式的联合与合作，缓解中西部地区资金、技术、人才与发展的矛盾，调节不合理的资源分布，促进地区经济协调发展。

第四，有利于完善人力资本运行机制，提高科技水平。按技术、信息等生产要素分配，可以提高人力资本投资效益，调动微观主体在教育、保健、劳动力流动等方面的投资积极性，完善培养人才、扩大人力资本存量、减少人才外流、提高劳动者素质的有效机制；大量科技成果以出售、技术入股、组建企业集团等方式与企业生产经营相结合，既可以促进科技成果向现实生产力的转化，提高生产经营的技术含量，又可以使科研机构的研发积极性得到保护和延续，形成社会经济发展最活跃的因素和主要推动力。

第五，有利于推动社会主义政治文明发展。按生产要素分配意味着生产要素所有者具有平等竞争、平等获得收益的权利，保证最广大人民的根本利益。而在思想意识层面，可以培养、塑造人们的平等、自主意识和尊重劳动、尊重科学的社会风尚，为发展社会主义市场经济，建设社会主义精神文明提供软环境支持。

三、按生产要素分配的形式

与不同生产资料所有制以及公有制不同实现形式相适应的分配方式可以划分为五种类型：

第一，以生产资料个人所有制和个人劳动为基础的劳动收入。主要指个体劳动者和农村专业户的收入，收入的高低直接取决于所创造价值的多少，不存在工资与利润的区别。

第二，以雇佣劳动为基础的分配方式。包括资本收入与工资两种形式。私营企业和外资企业的所有者收入除一部分是凭借经营管理劳动获得的劳动收入外，主要是凭资本所有权获得的资本收入。在这里，劳动者的收入即工资，本质上是生产资料所有者雇佣劳动力支付给劳动者的劳动力价值或价格，但其数量受到公有制和按劳分配的制约。混合所有制中公有资产之外的资本所有者的收入大部分也属于资本收入，但劳动者既作为公有生产资料的所有者，又有雇佣劳动的性质，其收入兼有按劳分配和劳动力价值或价格双重性质。

第三，以股份制、股份合作制、承包制和租赁制等经营方式为基础的收入，包括资产收益、机会收入和风险补偿等。如股息、红利、利息等属于资产收益。各企业由于拥有的生产资料数量、质量不同，占有的自然资源不同，由此形成级差收入即机会收入。非公有制的机会收入为所有者占有，公有制的机会收入的一部分为企业和职工分享。市场经济条件下，由于市场机制的作用，所有企业的经营都面临着风险。这就使得企业在经营过程中有可能取得较高的收益，形成风险补偿。非公有制的风险收入为所有者占有，公有制的风险收入的一部分经过内部分配转化为经营者和劳动者的收入。

第四，凭技术、信息、房地产等生产要素所有权获得的要素收入。是社会按生产要素对生产经营的作用给予所有者的回报。

第五，社会保障性收入。社会为保证人们的基本生活需要，提高社会成员的福利水平而进行再分配所形成的社会保险、社会福利、社会救济以及对社会公共物品的投资和各种补贴性收入。

四、按劳分配与按生产要素分配的关系

按劳分配与按生产要素分配是我国现阶段分配制度相辅相成的两个方面，是对立统一的辩证关系。两者的统一表现在：（1）依托的体制相同。市场经济体制是我国经济运行机制，也是收入形成机制。按劳分配和按生产要素分配都要通过市场比较，进行相应的

市场评价。(2) 作用互相补充，方向一致。按劳分配的作用是通过机会平等、分配平等调动劳动者的积极性、创造性，提高劳动效率，但会导致一些资源配置效率不高。按生产要素分配可以转化为生产要素投入的动力，提高各种社会资源的利用效率，但容易造成收入差距过大。将按劳分配和按生产要素分配结合起来，才能使两者优势互补，达到经济发展目标与实现目标的手段的统一。(3) 实现的形式和程度互相制约，互相渗透。一方面，按劳分配虽然消灭了私有权垄断，但是在市场经济条件下，由于资源的稀缺性和排他性，公有的生产资料也要有偿使用，按劳分配的实现过程和实现形式都要受市场机制的制约，这是按生产要素分配对按劳分配的渗透；另一方面，为了实现共同富裕的目标，我国实行按劳分配为主体的分配政策，对按生产要素分配进行一定程度的干预，使按生产要素分配受到按劳分配的制约。同时通过国家对国民收入的再分配，使按生产要素分配的成果融入按劳分配之中。

按劳分配与按生产要素分配的区别是：(1) 形成的经济条件不同。按劳分配以公有制为前提，否定了凭借对生产资料私有权的垄断而占有社会产品的制度基础；按生产要素分配则是以不同所有者为前提，是生产要素所有权在分配上的实现。(2) 分配的依据不同。按劳分配分配的依据是以劳动数量和劳动质量度量的劳动量的大小；按生产要素分配是依据其对社会物质财富的创造所作的贡献，即所起的作用进行分配。(3) 在公平与效率上的含义不同。首先，就公平而言，按劳分配是劳动者经济利益的实现，它包含的平等权利是建立在消灭剥削基础上的根本性的平等；按生产要素分配是所有者经济利益的实现，是建立在起点不公平基础上的收入分配的机会均等，是有限的平等。其次，就效率而言，按劳分配的结果只产生由劳动差别所致的收入差别，而按生产要素分配的结果会产生由生产要素占有不平等所致的两极分化。按劳分配可以不断促进效率的提高，而按生产要素分配对效率的促进是有条件的，一旦产生两极分化，就会引发不安定因素，损害效率。因此贯彻社会主义初级阶段的分配制度，应当坚持以按劳分配为主体。

第三节　国民收入的初次分配和再分配

一、国民收入及其创造

（一）国民收入的含义

社会主义国民收入就是从社会总产品中，扣除生产过程中消耗的生产资料后剩余的那部分社会总产品。社会主义国民收入的构成，其实物形态就是从一年中所生产出来的全部生产资料扣除生产中所消耗的生产资料后的新增加部分以及一年中新生产出来的全部消费资料；其价值形式是由生产过程中劳动者消耗的活劳动所创造的新价值，即社会总产值减去同期内所消耗的生产资料价值后的价值，即 $(c+v+m)-c=v+m$。

社会主义国民收入是由生产领域的劳动者创造的，创造国民收入的生产部门包括：工业、农业、建筑业、为生产服务的邮电业和交通运输业以及商业中的产品包装、保管、运输、加工业等。直接进行劳动和直接为生产服务的劳动都属于生产劳动，都创造国民收入。

国民收入是反映一个国家国民经济发展状况和经济实力的一项重要综合指标。尤其是人均国民收入水平是衡量一个国家一定时期社会生产力发展水平的重要尺度。国民收入的量反映了一个国家社会生产投入与产出的宏观效益，同时也决定着一个国家扩大再生产的规模和人民生活水平提高的程度。因此，国民收入的规模及增长速度是一个国家国民经济发展速度的决定性因素和重要指标。只有大力增加社会主义国家的国民收入，才能为“又好又快”地发展社会主义经济、改善人民生活、增强社会主义国家的经济实力奠定坚实的物质基础。

（二）影响国民收入变动的因素

国民收入是由生产领域的劳动者创造的，因此国民收入的增加，主要取决于以下几个方面：

1. 增加生产领域中的劳动量

在生产技术和劳动生产率一定的条件下，随着投入生产领域中的劳动量的增加，创造的国民收入也会增加。劳动投入量的增加，包括劳动的外延量和内涵量的增加，如劳动者人数的增加、劳动熟练程度的提高、劳动技能的提高。这里所讲的通过增加劳动者人数实现国民收入的增加，包括随着生产领域劳动量投入的增加，相应增加物质生产要素的投入，否则会出现人均劳动生产效率下降的现象。

2. 提高劳动生产率

由于劳动生产率同单位时间内生产的产品数量成正比，与单个商品包含的价值量成反比，因此从价值形式看，劳动生产率的变化，不会影响国民收入的总量。但是从实物形态和按可比价格计算的国民收入来看，劳动生产率却与国民收入的数量成正比变化。劳动生产率越高，以实物形态和按可比价格计算的国民收入就越多。而且通过提高劳动生产率来实现国民收入的增加，是在不增加劳动者的劳动时间和劳动强度、甚至是在减少劳动时间和降低劳动强度的条件下获得的，因此随着社会的发展，提高劳动生产率成为增加国民收入的重要途径。

3. 节约使用生产资料

在生产过程中，节约使用生产资料，意味着用同量的生产资料，可以生产出更多的产品，或用同量的生产资料吸收更多的活劳动，生产出更多的产品，创造更多的价值，实现国民收入的增加。

二、国民收入的初次分配和再分配

（一）国民收入分配的性质

国民收入分配作为一种分配关系，它的性质和形式是由社会生产方式决定的。资本主义的分配关系和社会主义的分配关系具有本质的区别。资本主义社会由于资产阶级直接占有生产资料，因而，资本主义国民收入的分配权力掌握在资产阶级手里，分配的原则服从于资产阶级利益的需要；社会主义社会以公有制为主体，分配关系以按劳分配为基本特征，分配的原则服从于广大人民利益的需要。社会主义的国民收入，一部分用于满足社会和劳动者个人消费的需要，另一部分用于扩大再生产等方面的需要。国民收入的这种分配，将国家、集体和劳动者个人的利益，以及劳动者的长远利益和目前利益结合起来，充分反映了国家、集体和劳动者个人之间的根本利益一致和取之于民、用之于民的社会主义生产关系的本质。

社会主义国民收入由生产领域的劳动者创造出来之后，用来满足社会生活各方面的需要。国民收入从创造出来到消费之前，要经历初次分配和再分配两个过程。

（二）国民收入的初次分配和再分配

社会主义国民收入的初次分配，是指在创造国民收入的企业内部进行的分配，即在与再生产直接相关的各个部门之间进行分配。物质生产部门生产的新价值 v + m 在各产业部门的初次分配分为三种收入：v 作为劳动者的个人收入，以工资和其他劳动报酬的形式获得；m 分解为两部分，其中一部分以税金的形式上缴国家，形成政府的收入；另一部分以企业（集体）盈利的形式留在企业（集体）中，形成企业（集体）的收入。

社会主义国民收入经过初次分配，形成国家集中的纯收入、企业（集体）的收入和劳动者的个人收入三部分，这是社会主义社会的三种基本的原始收入。在国民收入初次分配的基础上，还要进行国民收入的再分配。通过再分配获得的收入，称为派生收入。国民收入的再分配是指在初次分配之后在全社会范围内进行的分配。

社会主义国民收入进行再分配的原因有：（1）满足非生产部门的需要。非生产部门虽然不创造国民收入，但它们是社会不可缺少的部门，如文化教育、医疗卫生、国家行政管理和国防治安等，这些部门的存在和发展需要资金，在这些部门工作的劳动者也需要获得劳动报酬；（2）加强国家重点建设、保证国民经济按比例协调发展的需要。国民经济各部门、各地区、各企业的发展往往是不平衡的，它们的发展速度、发展规模以及技术结构等存在差异，不可避免地会出现某些比例不协调现象和薄弱环节，因此需要通过国民收入再分配协调比例关系，增强薄弱环节、薄弱部门的发展；(3) 设立社会保障基金，对丧失劳动能力、生活困难的社会成员给予救济，以及举办各种社会集体福利事业都需要从国民收入再分配中获得解决；（4）建立社会后备基金。为了应付各种突发事件和自然灾害，需要通过国民收入的再分配来满足这方面的需要。

社会主义国民收入的再分配的途径主要有：

第一，国家财政预算。即社会主义国家制定的年度财政收支计划，它是国民收入再分配的主要途径。通过国家预算对国民收入进行再分配，就是在国民收入初次分配过程中，国家以预算收入的形式，把各个部门上缴的税金和国有企业上缴的利润集中起来，然后再以预算支出的形式，有计划地把国民收入再分配到各个部门、各地区，改善人民生活。

第二，银行信贷。银行信贷作为国民收入再分配的手段，主要是通过两种方式实现的：一是存贷款活动，借助信贷工具改变资金使用的主体、使用的方向、使用的时间，从而对国民收入的使用进行再分配。二是通过差别利率实现国民收入的再分配。

第三，劳务费用的支付。享受劳务服务的人用自己的收入支付各种劳务费用。提供服务活动的单位，在得到劳务费用后，用于支付工资、各种管理费用、上缴国家税金以及企业提留的基金。因此，通过劳务费用的支付，使这部分国民收入实现了再分配。

第四，价格变动。国家通过变动价格，影响交易双方的实际收入，从而实现国民收入在社会各部门之间的再分配。

社会主义的国民收入分配是经济利益的分配。正确处理国民收入的分配，应当处理好两方面的关系：一是处理好政府收入、企业（集体）收入和劳动者个人收入三者之间的比例关系。根据我国目前的实际情况，应当在国民收入分配中，提高 v（劳动者个人收入）所占的比重。二是处理好各个层面上的收入分配关系。如在政府收入层面上，要处理好中央财政收入和地方财政收入的关系；在个人收入层面上，要处理好劳动收入与非劳动收入的关系，实现国民收入分配的合理公正。

第四节　公平与效率

一、公平与效率的含义

公平与效率是社会所追求的两大目标。在这里讨论的公平与效率仅限于经济领域，而不是泛指一般意义上的公平与效率。就经济意义上讲，公平是指有关经济活动的制度、权利、机会和结果等方面的平等和合理，可以从两个层面上加以理解：一个是收入方面，另一个是机会方面。前者称为收入公平，后者称为机会公平。所谓“收入公平”，是从货币和实物角度来看社会成员间的公平性大小，通常用基尼系数或洛伦茨曲线来衡量和表示。所谓“机会公平”，是指社会给低收入者在提供更多的可获得的机会、可参与的程度、可进入的领域，从而使每个社会成员都可以通过自己的努力，为社会做出贡献，获得相应的收入。特别是给低收入者更多的机会来提高最终收入。就这两个层面来看，收入公平政策是治“表”，机会公平政策是治“本”。

效率，一般是指资源的有效配置，即投入与产出之对比情况。就企业或社会来说，以较小的成本投入获得较大的产出收益就意味着效率高，反之，则意味着低效率。

公平与效率是对立统一的关系，二者既有矛盾和冲突的一面，又有统一与依存的一面。

第一，公平与效率的矛盾性。公平体现的是经济主体参与经济活动和分配经济成果的机会、结果的公正性与合理性。效率表现的是经济运行与发展的效益与速度。公平属于经济伦理范畴，它更多的是一种道德价值；效率是一个经济概念，体现的是一种经济价值。在分配领域，公平原则要求尽量缩小社会成员之间的收入差别；而效率原则更注重的是按个人贡献大小进行分配，实现一部分人、一部分地区“先富”。在经济活动中，处理公平与效率的矛盾，应该坚持以最小的不公平获得最大的效率，或以最小的效率减少换取最大的公平，尽量防止偏重一方从而损害另一方。

第二，公平与效率的统一性。一方面，效率是公平的前提和基础，效率可以促进公平。因为只有注重效率，先把物质财富的“蛋糕”做大，为公平提供物质条件，才有可能在更高层次上实现公平。公平的最终实现要以效率的极大提高为基础；另一方面，公平又是效率的条件和保证，公平也可出效率。因为维护公平，使得经济资源的配置更合理，物质财富分配更公正，从而为效率创造良好的环境条件，并为提高效率增添更有力的保障。严格地说，真正的效率应该是公平环境下的效率，真正的公平应该是有效率的公平。实现公平与效率的统一，要求因时因势，调整好二者在动态中的平衡。

任何公平、效率都是特定的、具体的，都有其历史性。看待公平与效率问题，只有用马克思主义的辩证唯物主义和历史唯物主义的立场和观点，才能避免片面性。离开一定的经济和社会条件谈公平与效率，是没有实际意义的。

社会主义与市场经济的结合，为公平与效率关系的合理解决提供了制度保障，也为公平与效率达成平衡提供了可能。一方面，社会主义制度为经济提供了高效率发展的可能性，也为保障社会公平提供了强大的推动力；另一方面，市场经济的发展与完善为解决长期以来困扰我们经济发展的效率问题提供了一套有效的机制，也为实现更大范围更高层次的社会公平提供了条件。实践证明，我国的社会主义市场化改革在促进经济效率的快速提高、加快经济与社会发展等各方面都已取得了明显的成效。

二、正确处理公平与效率的关系

党的十六届五中全会指出，要“完善按劳分配为主体、多种分配方式并存的分配制度，坚持各种生产要素按贡献参与分配，更加注重社会公平，加大调节收入分配的力度，努力缓解地区之间和部分社会成员收入分配差距扩大的趋势。”

党的十七大报告进一步指出：“合理的收入分配制度是社会公平的重要体现。要坚持和完善按劳分配为主体、多种分配方式并存的分配制度，健全劳动、资本、技术、管理等生产要素按贡献参与分配的制度，初次分配和再分配都要处理好效率和公平的关系，再分配更加注重公平。”

社会主义市场经济既要体现效率原则，更要体现公平原则。初次分配既要讲求效率，也要讲求公平，再分配更加注重公平。在社会主义市场经济运行过程中，要强化市场机制在初次分配中的作用，合理拉开收入差距，更有力地调动生产者主体的积极性和创造性，促进经济效率的提高，在效率提高的基础上，还应提高劳动报酬在初次分配中的比重。同时，要强化政府对社会再分配的调节作用，限制社会各类人员之间收入差距的过分悬殊，逐步提高居民收入在国民收入分配中的比重，着力提高低收入者收入，逐步提高扶贫标准和最低工资标准，建立企业职工工资正常增长机制和支付保障机制。创造条件让更多群众拥有财产性收入。保护合法收入，调节过高收入，取缔非法收入。扩大转移支付，强化税收调节，打破经营垄断，创造机会公平，整顿分配秩序，逐步扭转收入分配差距扩大趋势。

三、社会主义共同富裕的道路

（一）正确认识我国现阶段的贫富差距

应该说，目前我国的收入差距相当悬殊，城乡之间、地区之间、行业之间差距在不断增大，非法致富现象较为严重，这些不仅是一个经济问题，也是一个社会问题。我们应从多重视角综合分析我国当前的贫富差距，才有可能得出比较客观的结论。

现阶段我国个人收入分配差距较大，而且呈现继续发展的趋势。国际上衡量居民收入差距的指标是基尼系数。一般经验认为，基尼系数在 0.2 以下，表明收入分配处于高度平均状态；基尼系数在 0.2 ~0.3 时，为相对平均；基尼系数在 0.3 ~0.4 时，为比较合理；基尼系数在 0.4，为临界点；基尼系数超过 0.5 时，表明收入分配出现两极分化，它会引起众多的社会问题。0.6 是社会震荡临界点。改革开放以来，我国由基尼系数所反映出来的收入差距，总的来说呈现扩大的趋势。根据世界银行测算，1978 年我国农村居民基尼系数为 0.212，城市居民的基尼系数为 0.16，说明当时居民收入分配基本上呈现平均主义状况。2004 年我国的基尼系数则上升到 0.465，2006 年已升至 0.496。据专家指出，如果加上灰色收入，基尼系数会更大。

形成收入差距扩大的原因是多方面的，包括资源禀赋形成的级差收入；城乡二元结构使劳动力流动后形成城乡收入不公平分配；人口密集形成劳动供给过大，人力资本配置不均衡导致收益上的差异以及体制原因等。判断收入差距适度性的原则：一方面，按著名的库兹涅茨倒U曲线假说，应当承认在我国工业化进程中出现收入差距扩大的客观必然性；另一方面，需要具体考察其对经济增长和社会稳定的影响。

我国收入差距扩大对经济增长影响是双重的：（1）就消费而言，收入差距的扩大形成了多层次的购买力和消费需求，从而拉动了产业结构、产品结构的调整和优化，促进了经济增长和经济质量的提高；但也应注意到，高收入人口比例过少，边际消费倾向低，又在一定程度上制约着企业生产和经济发展。（2）就投资而言，差距扩大，高收入者的相当一部分收入会转化为金融资产，可以支持民间投资，提高承担风险的能力，有利于改善社会投资结构，发展高新技术产业，扩大劳动就业。但过大的收入差距会导致消费需求不足，使投资预期收益率偏低，影响投资增长。尤其是农民收入低，造成农业投资不足，直接威胁农业生产。（3）就人力资本而言，据调查显示，收入与家庭人力资本投资成正比，高收入者对教育文化的投资增长迅速，促进了人才素质的提高。而低收入户投资不足，陷入了文化水平低——就业能力低——收入水平低——教育文化投资低——文化水平低的恶性循环，对提升国民素质、提高经济增长质量产生了负面作用。

收入差距扩大对社会稳定的影响：个人收入分配是社会成员经济利益的体现，收入分配状况直接影响人们对社会的态度和社会关系的协调。社会经济结构转型和经济体制改革会引起社会成员的利益调整、地位变化以及社会结构、道德标准、价值取向等多元化发展。如果收入差距过于悬殊，会加大这些变动的冲击力，从而影响社会稳定。收入差距的程度，要以社会成员对社会变动的认知能力和承受能力为界限。从我国目前收入差距对经济增长和社会稳定的影响看，尚处于合理界限。但不能忽视其隐忧，必须通过政策法规加强相应的调节力度。

我国的社会性质决定了现阶段的贫富差距并没有导致两极分化。应当明确，两极分化与收入差距扩大有本质的区别。两极分化就阶级而言，指的是阶级分化，是生产资料私有制和以私有制为基础的商品经济的产物。两极分化的实际内容是财富在资本一极积累，贫困在无产阶级一极积累。社会主义条件下出现的收入差距扩大，是在公有制为主体的基础上，进行经济体制改革和利益格局调整的过程中形成的。其内容是社会成员收入的差距，是共同富裕进程中的时间、空间差距。虽然高收入者拥有一定数量的资产，但他们占人口的比例很小，很分散，经济上还未形成与社会利益的对立，政治上还不是一支统一的力量，因而不是独立的阶级。收入差距大，不等于阶级对立。当然也应高度重视过大的收入差距产生两极分化的可能性，要随时采取措施，理顺分配关系。

（二）反对平均主义，防止收入差距过大

社会主义既要反对平均主义，鼓励一部分人先富起来，又要防止收入差距过大；既要承认人们之间收入分配的差距，又要创造条件，逐步缩小这种差距。经济体制改革以来，平均主义已得到很大程度的克服，但尚未完全消除。社会上平均主义观念还阻碍着分配制度改革，影响着人们对收入差距心理承受能力的增强。同时，也存在着收入差距过大，甚至非常态收入（诚实劳动、合法经营之外的收入）突出现象。平均主义和收入差距过大，从不同侧面削弱了分配功能，与分配制度所要达到的目标相悖。

进一步消除平均主义，抑制收入悬殊的基本途径有：（1）发挥市场机制的调节作用。事业单位的工资制度应参照市场经济规律进行改革，加大收入弹性和工资级别差距，健全符合职工劳动贡献的名副其实的奖金、津贴制度。对全社会的收入分配要利用市场机制，清除市场进出壁垒，对极少数垄断性行业，应加强国家对其收入分配的管理和税收调节。加快建设劳动力市场，形成劳动力要素合理配置的局面，克服因不平等竞争和就业选择限制等机会不均等而产生的收入差距。（2）发挥政府对收入分配的调节作用。要健全市场规则，整顿流通秩序，强化市场管理，弥补市场机制对收入分配调节的局限性，保护平等竞争。要完善城乡平衡发展，扶贫救困等区域经济政策和分配政策，缩小城乡差距和地区差距。要严格税收管理，提高调节个人收入的力度。通过建立社会保障制度，改革工资制度，提供教育服务和推动教育改革等，缩小收入差距。（3）提高中等收入者比重和低收入者收入水平，增加劳动收入，缩小劳动收入与其他要素收入的差距。总之，要全面落实党的十七大提出的“保护合法收入，调节过高收入，取缔非法收入。扩大转移支付，强化税收调节，打破经营垄断，创造机会公平，整顿分配秩序，逐步扭转收入分配扩大趋势。”

（三）共同富裕是社会主义的本质特征和最终目标

社会主义与资本主义的一个根本区别，就是社会主义坚持共同富裕，不搞两极分化。共同富裕是生产力高度发展基础上的民富国强。

共同富裕是物质生活和精神生活两方面的富裕。共同富裕作为人类追求富裕生活的最新阶段，它所指的不仅是全体社会成员物质生活上的富裕，更重要的表现为全体社会成员生活质量的全面提高，是物质生活和精神生活的双重富裕。走社会主义道路，首先要考虑人民群众的合理物质利益，使人民群众过上富裕的物质生活。但是，只有物质生活的富裕而没有丰富的文化生活这种富裕并不是现代文明条件下的真正富裕。在现代文明条件下，特别是在知识经济时代，高度发展的科学技术和高度发展的文化教育，为人的发展注入了新的内容。分享人类科学文化成果，提高文化生活水平愈来愈成为人们的共同需要。邓小平指出“我们要建设的社会主义国家，不但要有高度的物质文明，而且要有高度的精神文明”。“没有这种精神文明，没有共产主义思想，没有共产主义道德，怎么建设社会主义”？因此“我们要在建设高度物质文明的同时，提高全民族的科学文化水平，发展高尚的丰富多彩的文化生活，建设高度的社会主义精神文明”。高度的物质文明和高度的社会主义精神文明，既是我国社会主义现代化的重要目标，也是我国实现共同富裕的内在要求。

共同富裕不等于同步富裕和同等富裕。邓小平根据我国的国情和经济发展的规律，提出允许一部分地区、一部分人通过诚实劳动和合法经营先富起来，最终实现共同富裕的政策主张。这个“先富”带“后富”实现“共富”的新构想，是邓小平在新的历史时期的创新。先富的积极作用在于：（1）示范作用。一部分地区、一部分人先富起来，其经验能为其他地区和其他人提供示范和借鉴。（2）帮带作用。一部分地区、一部分人先富起来，可以帮助和带动大部分人致富，这是加速发展、达到共同富裕的捷径。（3）经济作用。先富的地区、先富的人可以为落后的地区和人们提供经济发展的空间、机会和手段。（4）激励作用。提倡一部分人先富起来，就可以有效地调动人们的劳动积极性，激发他们的主动性、创造性，激励没有富裕的人奋起直追，从而走上富裕的道路。

思考题

1. 按劳分配的内容和作用是什么？现阶段按劳分配的特点是什么？

2. 按生产要素分配的依据和作用是什么？

3. 按劳分配与按生产要素分配的关系是什么？

4. 什么是国民收入的初次分配和再分配？国民收入再分配的原因和途径是什么？

5. 什么是公平和效率？如何正确处理公平与效率的关系？

6. 怎样正确认识我国现阶段收入差距问题？

第十一章

社会主义市场经济的运行基础

教学要点

1. 社会主义商品流通的作用
2. 货币流通的形式以及货币流通量
3. 市场体系基本含义、构成以及如何完善市场体系
4. 市场机制的功能
5. 市场规则

关键词

商品流通　货币流通　市场体系　商品市场　金融市场　劳动力市场　技术信息市场　土地市场　文化商品市场　市场机制　市场规则　市场秩序

第一节　社会主义的商品流通和货币流通

一、社会主义的商品流通

（一）社会主义商品流通的特点

商品流通，是指以货币为媒介的商品交换。商品流通的过程，是由商品转化为货币，再由货币转化为商品的过程，它既是商品价值形成的过程，又是使用价值相交换的过程。在社会主义商品经济条件下，由不断进行着的交换活动所构成的商品流通，是一个不以人们的意志为转移的客观的经济过程，具有自身的特点。

第一，商品流通具有独立性。商品经济的运行过程是商品生产和商品流通过程的统一，商品流通和商品生产具有不同的经济职能，相对于商品生产而言，商品流通是一个独立地实现商品价值的过程，具有自身的运动规律。

第二，商品流通具有总体性。在商品流通中，普遍联系着的无数商品交换行为和商品形态的变化，形成一个有机运动的整体。商品流通就是从总体上看的商品交换，它从总体上体现着商品生产者的交换关系。

第三，商品流通具有连续性。商品流通作为市场经济运行总过程不可缺少的有机组成部分，其运动是无穷的，是不断地从商品到货币，再由货币到商品的运动。

（二）社会主义商品流通的作用

在社会主义市场经济中，商品流通对于社会再生产和市场经济的正常运行具有重要意义。

第一，商品流通是保证社会主义再生产顺利进行的条件。生产、交换、分配和消费生产四环节能够顺畅进行，在很大程度上取决于商品流通的是否顺畅。商品流通能够实现商品的价值，使社会产品在价值上得到补偿；商品流通实现社会产品的实物替换，为再生产准备必要的物质条件；商品流通为生产提供信息，促进市场供给与需求相一致，实现社会生产的良性运行。

第二，商品流通为经济发展提供积累资金。通过商品流通，可以实现商品的价值，从而实现资本的积累；同时，加速商品流通过程，可以减少流通费用，提高社会经济效益。

第三，商品流通有利于满足人民群众的物质文化的需要。在社会主义市场经济中，人民群众的物质文化需要的满足程度，除了主要取决于社会生产力水平以及所获的货币形式的劳动报酬外，还取决于商品流通的状态。只有商品流通渠道顺畅，货源充足，价格合理，服务周到，才能更好地满足人民群众的物质文化的需要。

二、社会主义的货币流通

（一）社会主义货币流通的本质

货币流通是由商品流通引起的货币的独立运动。商品流通是货币流通的基础，货币流通是商品流通的反映。货币流通的规模、范围、速度受商品流通的制约，货币流通的性质取决于商品流通的性质。在社会主义市场经济条件下，货币流通的目的是促进商品经济的发展，满足人们日益增长的物质和文化生活的需要。这一目的决定了社会主义的货币流通本质上是为全体劳动者利益服务的。

社会主义条件下的货币流通，主要是以银行、特别是国家银行为中心进行的。国家银行是全国的信贷中心、结算中心和现金出纳中心，同时又是唯一的货币发行中心。这就是国家银行能够掌握整个社会货币流通动向，有计划地调节货币流通，使流通中的货币量与商品流通量相适应。

（二）社会主义的货币流通的形式

在社会主义现实经济生活中，货币流通有现金流通和非现金流通两种形式。

现金流通是指以现金作为商品流通手段和支付手段的货币运动。它主要同消费品零售市场的商品流通、居民个人的小额支付相联系的货币流通，它是以银行为中心进行的。货币通过一定的渠道从银行流出，这就是货币的投放；货币又通过另外的渠道流回银行，这就是货币的回笼。社会主义国家通过银行，有计划地投放货币和回笼货币来调节货币流通量，使之与商品流通量以及其他经济活动对货币的需求保持一致。我国投放货币的渠道主要有：(1) 企业、事业单位、国家机关、学校、团体向职工支付的工资。这是向城镇投放货币的主要渠道。(2) 商业部门、企业向农民收购的农产品，这是向农村投放货币的主要渠道，它形成农民的货币收入。(3) 企业、事业单位、国家机关、学校、团体购买办公用品和支付差旅费，以及购买某些生产资料。(4) 国家通过银行投放货币作为农业贷款和支援贫困地区的拨款。(5) 城乡居民从银行提取的储蓄存款等。我国回笼货币的渠道主要有：(1) 商品回笼，即商业部门通过销售商品收回货币，这是货币回笼的主要渠道。(2) 服务回笼，即通过交通、邮电、文化娱乐和公共事业单位的各种服务事业的收费回笼货币。(3) 财政回笼，即国家向企业、居民征收各种税款。(4) 信用回笼，即银行吸收存款和收回各种贷款。

非现金流通，又称银行转账，它主要是同生产资料市场和消费资料批发市场的商品流通、企业、事业单位的大额支付以及金融交易相联系的货币流通。这种货币流通是指付款双方通过各自的银行账户，用转账结算的办法完成货币收付的货币运动。非现金流通是通过银行进行的，它的计划性很强，直接处于银行的管理和监督之下，有利于监督企业的经济活动，有利于加快物资和资金周转，有利于减少流通中的现金需求量。

（三）社会主义的货币流通量

考察货币流通，可以根据货币的灵活性将货币分为三个层次：

M_0 = 现金。它是货币流通中最富有灵活性的部分，是一种不受约束的购买力，因而是最深层次的货币。

$M_1 = M_0$ + 企事业单位的存款 + 城乡居民的活期存款。其中，企事业单位的存款是随时可以通过转账结算而作为现实的流通手段和支付手段的，它虽然是受一定约束的购买力，但是在制度规定的范围内仍然是一种现实的购买力；城乡居民的活期存款则随时可以通过提取现金而成为流通手段，构成现实的购买力。

$M_2 = M_1 +$ 城乡居民的定期存款。城乡居民的定期存款在约定的存期内不参与现实的货币流通，具有极大的稳定性。

当前，银行的转账结算日益普及，电子计算机及互联网技术被广泛应用到经济生活中来，在商品经济高度发达的地区，出现了电子货币。电子货币实际上使用电子计算机系统储存和处理银行存款，是通过计算机互联网络结账的一种新颖的支付手段。它的具体形式就是各种名目的信用卡。信用卡是集存款、取款、转账、结算、查询等多功能于一身的电子货币。电子货币实际上属于 M_1。

社会主义国家流通中的货币量，也同样受马克思所阐明的货币流通规律支配。

第二节 市场体系

一、市场体系的含义和构成

（一）市场

市场是社会分工和商品经济发展到一定阶段的产物。市场，既是指商品交换和商品流通的场所，又是指商品生产者之间以及商品生产者与消费者之间的全部交换关系的总和。

市场作为进行商品交换的场所，不仅指的是一块场地，也包括设立在该场地上的各种从事和服务于商品流通的经济组织和经济机构。作为政治经济学研究的市场，是指经济关系，即商品生产者之间及商品生产者和消费者之间的交换关系。在商品经济社会里，各个生产者都是相对独立的商品生产者，而生产者与消费者之间，生产者与生产者之间，部门与部门之间，企业与企业之间，必须通过等价交换的方式获取各自所需的商品，这就形成了市场。它为商品生产者和消费者提供了一个彼此相聚的平台，并且是供求双方进行交易的物质的和组织上的载体。

（二）市场体系的含义

所谓市场体系，就是在市场经济中，由商品市场和生产要素市场组成的全方位的、互相依存的、开放的市场系统。市场作为商品经济的运行载体，是随着商品经济的发展而发展的。从单纯商品市场到市场体系的形成，是由简单商品生产向市场经济的转化过程中完成的。在这个过程中，市场的范围由商品市场向生产要素市场（包括劳动力市场、土地市场、资本市场）扩大，由短期交易市场向长期交易市场延伸，由地区市场向全国市场、国际市场扩展。随着社会分工的不断深化，社会经济联系日益密切，某些原来独立的生产活动失去了独立性，某些原来非独立的生产活动变成了独立的生产部门，交换更加频繁，市场体系也更加复杂了。

二、市场体系的分类

依据交换对象存在的形态划分，市场体系可分成四类：一是有形的商品市场，主要包括消费品市场和生产要素市场。二是无形的商品市场，即提供劳务活动的市场。三是介于前两类之间的市场，主要是文化产品市场。四是特殊商品市场，在这类市场上，交易的对象不是作为劳动成果的产品，而是进行社会生产的基本资源，包括劳动力、土地和资本等。

依据交换对象在社会再生产中的功能划分，市场体系可分为商品市场和生产要素市场。

从交换活动持续的时间进行划分，市场体系包括短期市场和长期市场两类。

从交换对象流转的空间进行划分，市场体系包括地方市场、区域市场和世界市场。

以下依照交换对象存在的形态对市场体系下的各类市场进行具

体分析。

（一）商品市场

商品市场有广义与狭义之分。广义的商品市场是指所有商品（有形的商品和无形的商品）的交换场所与交换关系的总和。狭义的商品市场则是指实物化的商品交换场所和交换关系的总和。

第一，商品市场在整个市场体系和商品经济中，具有重要的基础地位。商品市场是整个市场体系形成的基础。市场是商品交换的产物，在历史上随着商品生产的发展，各种生产要素以至技术、信息先后商品化了，成为交换的对象，随之形成相应的市场。商品市场的发展客观上孕育着市场体系的诞生，而市场体系的建立则是商品市场扩展的必然结果。

第二，商品市场是整个市场体系的主体。市场体系在构成上可以分为商品市场和生产要素市场，由于诸种生产要素都是以其特定的形式与进入商品市场的各种商品结合在一起，因而商品市场的发展程度必将制约和影响着生产要素市场的发育程度，整个市场体系的正常运转必然是围绕着商品市场进行协调的。

第三，商品市场也是市场经济存在和发展的基本条件。商品市场是商品流通的载体，没有商品市场，市场经济也就无法运转。

商品市场包括消费品市场和生产要素市场。消费品市场，是为满足居民个人和社会团体的物质文化的需要而供应消费品的市场。消费品市场有这样几个特点：（1）它是供人们消费使用的最终产品，人们对商品的品种、规格、外观及质量等要求复杂多变，许多产品的生命周期较短；（2）购买的人数众多，交易次数频繁，交易量较小，在消费品市场占用的劳力较多；（3）消费品市场的购买一般属于非专业购买，购买行为和决策容易受外界因素和广告宣传的影响而引起感情型或冲动性购买；（4）消费品市场的供求关系复杂多变，购买的流动性较大。

生产要素市场是指为满足社会再生产需要而提供物质生产资料

的市场。生产要素市场的特点：(1) 市场较为集中，交易是在企业之间进行，交易次数少，交易量大，交易地区较为集中；(2) 产品的专用性强，技术服务要求高；(3) 供求变动影响的范围较广；(4) 买卖双方都具有专门的商品知识和市场知识；(5) 产销关系比较固定。

(二) 金融市场

金融市场是资金供给者和资金的需求者之间进行资金融通、交易的场所和关系的总和。它由货币市场、资本市场、外汇市场和黄金市场所构成。金融市场同其他市场相比有这样几个特点：(1) 进入金融市场的交易对象是单一货币形态的资金商品，资金商品不同于普通商品，它没有质的差别，只有单一的“使用价值”——获取收益的能力。(2) 在金融市场，利息在形式上表现为资本商品的“价格”，其实则是支付给资金商品供给者的报酬，与资金商品自身无关。(3) 在金融市场上，买卖双方的交易行为从形式上看是随着信用工具的建立和转移而结束，但是，作为资金商品交易所形成的信用关系并没有结束，他还要通过偿还和支付利息的环节完结之后才真正结束。

在我国社会主义经济中，金融市场发挥着重要的作用：首先，金融市场，尤其是其中的资本市场是筹集资金的重要渠道。无论是以发行股票的方式，还是以发行债券的方式，甚至短期融资、拆借等都可以成为国家、企业、银行筹集资金的重要渠道。其次，发展金融市场有利于转化国有企业的经营机制。在现代企业制度下，企业面临着来自股东、股票市场和市场中介组织等多方面的“硬约束”，这就迫使企业必须不断改进生产技术，降低生产成本，提高经济效益，给予股东优厚的回报，获得良好的市场声誉。再次，发展金融市场有利于调整产业结构和地区结构，分散金融风险，改善和加强政府的宏观调控。第四，发展金融市场，有利于为投资者提供良好的投资渠道，实现社会闲置资金向生产和经营资金的转化，提高资金的使用效率。

（三）劳动力市场

劳动力市场是指通过市场关系实现劳动力流动与交流的关系和场所。劳动力流动，是指由于经济发展的需要和社会的变迁所引起的劳动力转移，包括劳动者从一个工作岗位向另一个工作岗位的转移，以及从一个地点向另一个地点的转移。劳动力流动的形式主要有：企业内部的流动；水平流动；垂直流动；全面流动。劳动力流动是一种深刻的社会现象，是社会经济发展的结果。劳动力流动的总趋势是：从农村向城市流动，从农业部门向非农业部门流动，从不发达地区向发达地区流动，从物质生产部门向非物质生产部门流动，从体力劳动为主的领域向脑力劳动为主的领域流动。

劳动力市场的特点在于：劳动力市场买卖的是在一定时期内对劳动力的支配权和使用权。劳动力的这种商品特点并不必然引起劳动者社会身份的变化。社会主义制度下的劳动者既是全民所有的生产资料的主人，享有作为主人应享有的一切权利，同时又是劳动力的所有者，可以在市场上交易自己的劳动力商品。在市场经济条件下，劳动力同其他生产要素一样，也是一种生产要素，社会主义市场经济发展需要劳动力要素流动，劳动者本人对物质利益的追求也驱使着劳动力流动。劳动力市场的存在有助于实现劳动力资源的合理配置。

（四）技术信息市场

技术市场是指技术通过市场关系实行有偿转让和使用的交换关系的总和。主要包括专利技术、商标、专有技术。

专利权是国家法律确认和保护发明人在一定期限内对其发明享有的独占专用权。专利技术交易，又包括专利所有权转让和使用许可两种。专利技术交易，能够调动和激发人们发明创造的热情，推动科技进步和科技成果的应用。

商标是商品生产者和经营者为销售商品而使用的标记，通常用文字和图形表示，以区别于其他商品生产者和经营者的商品。通过商标，可以向消费者提供有关商品质量、服务、信誉等方面的信息，方便使消费者选购商品。商标具有不允许别人侵犯、损害、混同的排他性。

专有技术一般是指未曾公开的、不适宜作为专利申请的技术知识、经验、数据、方法等。专有技术交易，一般要求买方承担保密责任。

专利技术、商标和专有技术，一般统称为工业产权，工业产权加上著作权（包括文学著作、音像作品等），就是知识产权。知识产权上市交易受知识产权法律保护。

技术商品不具有物质形态，它与一般商品相比具有这样几个特点：(1) 占有的垄断性；(2) 交换的多次性；(3) 交换形式的多样性；(4) 定价的复杂性。

信息市场是信息商品交易的场所和这种商品交换关系的总和。信息市场提供的商品是信息。信息的使用价值是抽象的，它不会如其他生产资料那样，以被感知的形式加工转化成最终产品；信息的使用价值最终表现为通过信息的使用，可以提高使用者的经济效益，而且所提供的经济效益要大于信息自身的价值。

信息市场主要包括：商业信息服务、销售研究服务、广告传送服务、电脑终端服务、数据库服务、金融行业信息服务和气象信息服务等。随着信息产业的发展，信息市场在整个市场体系中的地位越来越重要。

技术、信息交易的价格，虽然与技术创造、信息开发中所消耗的物质资料和活劳动相关，但买卖双方却更着眼和关心它们的利用可以带来多少超额利润。因此，新的技术、信息实际成交价格往往大幅度地脱离开发中的劳动耗费，形成很高的价格，带来高额利润。实际上，这些高额利润正是物质生产部门生产的价值进行再分配的结果。

（五）土地市场

土地市场是指土地及其地上建筑物和其他附着物作为商品进行交换的场所及其关系的总和。土地市场由房产和地产两个市场构成。土地市场中交易的是国有土地使用权而非土地所有权。土地市场中交易的土地使用权具有一定的期限，我国土地市场有三种运行模式：一级市场即政府出让市场，是指政府有偿、有期限地出让土地使用权的市场；二级市场是指房地产商对土地使用权买卖的市场；三级市场是指用地单位对土地使用权的有偿转让。

土地市场交易的客体属于一种特殊商品，其特点是：（1）交易对象具有不可移动性。地产、房产一般情况下属于不动产，在房地产市场交易中不存在交易对象的空间移动，只存在产权的转移。(2）交易形式具有多样性。地产、房产交易可以采取出售、出租和房屋互换等方式进行。（3）价格从长期看呈上涨的趋势。由于土地是一种不可再生的资源，因此随着人口的增加、经济的发展以及人们对物质生活改善的需求的增加，土地及房产的市场价格一般会随着级差地租的增长呈上升趋势。（4）地域性差异。受区域经济发展不平衡的影响，房地产市场的供求、价格和竞争等市场机制的作用状态在不同区域之间存在一定的差异。

（六）文化商品市场

文化商品是从精神产品当中分离出来的专门用来交换的劳动产品。精神产品相对于物质产品和服务产品而言，是指人类在社会历史发展过程中所创造的、体现社会发展进步的精神成果，包括思想、文化、道德、宗教、教育、科学、文学和艺术等观念形态的产品。在商品经济社会，依据精神产品的消费特点可以将其分为两类：一类是非商品性的精神产品，也可称之为公共精神产品。如政治法律、哲学、宗教、伦理道德、自然科学、语言学、逻辑学等。它们一旦被创造和发明出来，并作为公理、社会准则及社会规范，就成为社会共有资源，社会成员可以免费使用。另一类则属于商品性的精神产品，如文学、影视、书籍、戏剧、音乐、舞蹈、绘画、雕塑等艺术品。它们按照商品经济的原则参与市场经济活动，因此，这类精神产品可以称之为私人精神产品——文化商品。

文化商品市场是一个新兴的富有极大发展前途的市场。发达国家以及新兴市场国家如韩国等都将发展文化产业作为带动经济发展的引擎。2002 年 11 月，党的十六大报告明确提出了发展中国文化产业的战略构想。国家统计局将以下八个方面归为文化产业：(1) 新闻服务；(2) 出版发行和版权服务；(3) 广播、电视、电影服务；(4) 文化艺术服务；(5) 网络文化服务；(6) 文化休闲娱乐服务；(7) 其他文化服务；(8) 文化用品、设备及相关文化产品的服务等。

作为文化产业的产品即文化商品，在市场经济条件下有其不同于一般物质商品的特点。具体表现为：(1) 就文化商品的价值而言，有两种存在形态：物化劳动的形态和活劳动的形态。(2) 从文化商品生产方面来看，它具有独创性、垄断性和非同质性特点。所以，每一种文化商品都有别于其他种文化商品，甚至存在相当大的差别。每个创造者创造的都是具有特定品质的产品，因而也是该品质产品的唯一创造者、生产者。(3) 文化商品具有高附加值、低污染、低消耗以及吸纳众多的人就业。(4) 具有艺术性和审美性的特点，文化商品的生产者通过创造性的思维和独特的表现手法将人们对美的追求物化为文化商品，以实现自身的审美目的。(5) 文化商品具有强烈的意识形态性，并对消费者及社会在观念层面上产生影响。文化商品的意识形态特征使其承载着教化、激励和社会导向的功能，因此，文化商品的使用价值不仅仅对消费者个体有影响，而且还会作为一种社会观念产生社会影响。

三、市场体系的作用

从宏观上来看，市场体系的作用表现在：市场体系是市场经济运作的基础，是建立和健全宏观调控体系的基础；市场体系是实现宏观调控目标、发挥宏观调控的效果的重要条件。在建立市场经济体制的过程中，不仅是重新塑造和培育微观经济主体、赋予市场主体在经济运行中相应的责、权、利，而且国家要有计划的培育和健全完备、开放的市场体系。

对市场运行的微观主体来说，市场体系的作用表现在：市场体系是实现各经济主体相互联系的纽带；市场是微观经济主体充分发挥创造性的舞台；市场是微观经济主体行为合理化的重要条件。

四、现代市场体系的结构与特征

（一）现代市场体系的结构

结构是一个系统内部各构成要素之间的内在联系或相互关系。市场结构是构成市场系统的诸要素的内在联系。现代市场体系的结构是由市场的主体结构、客体结构、时间结构和空间结构等结构而构成的。

市场的主体结构是社会主义市场体系的基础结构。所谓市场主体，就是参与市场活动的当事者，即生产者、经营者和消费者。在社会主义市场经济条件下，市场主体具体表现为企业（包括各类所有制性质的企业）、广大消费者、政府以及作为购买者的非营利的社会团体等。他们在市场交易中的地位和作用各不相同，参与交换的目的和要求也不一样，并有各自的经济利益。处理好市场主体之间的利益关系，对社会主义市场经济的良好运行具有重要意义。

所谓市场客体，是指市场上交易的对象物（包括有形产品和无形产品）。市场的客体结构，则是指加入交易活动的各个交易对象所形成的市场的总和。如上面所述的各类市场。

所谓市场体系的时间结构，就是指该体系中各种交易活动的时间形态及其构成，它以各类市场的空间并存性为前提。如现货交易市场、期货交易市场；短期市场，长期市场等。

所谓市场体系的空间结构，就是市场主体支配市场交换客体的活动范围。随着市场经济的不断发展，商品交换的范围越来越大。依据其扩散和吸引作用的大小，市场空间可以分为三个层次：一是以经济活动地域专业化分工为基础的区域市场；二是在各具特色互为供求关系的各个区域市场的基础上形成的国内市场；三是在各国统一市场基础上形成的国际市场。

（二）现代市场体系的特征

统一、开放、竞争、有序是现代市场体系的基本特征。

统一是指各种商品和生产要素都能够按照商品经济的内在联系，遵循价值规律等客观经济规律的要求，自由交换和顺畅流通，打破一切行政条块分割、地区封锁，使商品和生产要素可以在不同行业、部门、地区之间自由流动。统一意味着各种经济成分和经营方式的企业和个人，都可以平等地进入统一的市场，从事商品经济活动。统一还意味着市场按照统一的规则、制度进行组织和运作，政府或监管机构能够利用市场调节工具和监管手段，克服不同部门、地区或经济主体之间由于利益不一致给商品流通和资源流动造成的障碍，把局部利益和社会的整体利益协调起来。

开放和统一是相辅相成的。开放要求打破地域之间、部门之间由于自然的、经济的和人为的因素而形成的一切障碍和壁垒，使商品和要素能够突破行业、部门、地区甚至国家的界限进行自由流动。市场体系不仅要求对内开放，也要求对外开放，通过与国际市场的广泛联系，积极参与国际分工和竞争，发挥比较优势，充分利用国际、国内两个市场、两种资源，在更大范围内去实现资源的优化配置。

竞争是指市场体系必须在一个公平竞争的环境下运行。只有通过充分竞争、优胜汰劣，形成合理的价格信号，才能有效引导商品流通和要素流动，实现资源优化配置。这就要消除市场垄断、贸易壁垒和歧视措施，帮助市场主体在公开、公正、公平的规则下，根据合理的价格信号来获取资源或做出投资决策。

有序是指市场体系运行的规范化和秩序化。包括市场主体及其行为的规范化，市场体系环境的完善化、市场交易和管理的规范化、制度化和法制化。这些规则既包括国家的法律、法规，也包括正式、非正式的行业规范、国际惯例和商业信用等。社会主义市场体系强调依法维持市场秩序，反对不合理的行政干预，也反对不讲商业道德、商业信誉的欺诈、造假等行为。只有做到有序化，才能保证市场主体的公平竞争和资源的合理流动。

五、发展和完善社会主义市场体系

社会主义市场体系包含社会主义消费品市场和各种生产要素市场。它是各类市场相互影响、相互作用而形成的有机整体。由于我国生产力水平低、商品经济不发达，市场体系虽有较快的发展，但仍不十分完善。建立社会主义市场经济体制必须加快培育和发展各类市场，完善市场体系。

（一）发展和完善商品市场

商品市场包括消费品市场和生产资料市场。发展和完善商品市场，一是完善重要商品的储备制度和风险基金，健全商品调节机制。二是以批发市场为重点，积极发展和完善现代流通组织形式。三是积极培育农工商、产供销一体化的大型商贸集团。四是在消费品市场，要抓好“菜篮子”、“米袋子”工程，扩大农副产品市场，发展日用工业品和耐用消费品市场，稳定消费品价格，鼓励名、优、特、新产品进入市场，提高人民消费水平。五是进一步发展各种生产资料市场，除极少数生产资料品种外，绝大多数生产资料都要作为商品进入市场流通，形成高效、畅通、可控制的生产资料市场体系。

（二）发展和完善金融市场

金融市场是指货币的借贷、融通和票据、证券的汇兑及买卖关系的总和。它主要包括货币市场和证券市场。发展金融市场，有利于广泛聚集社会闲散资金，缓解建设资金的不足；有利于加速资金流转，提高资金使用效率。因而，必须发展和完善以银行融资为主的金融市场。货币市场要发展规范的银行同业拆借和票据贴现，中央银行开展国债买卖。积极稳妥的发展债券、股票等证券市场，建立发债机构和债券信用评级制度，规范股票的发行和上市，促进证券市场健康发展。还应理顺利率结构，制定以市场利率变化为基本依据的基准利率，逐步放开货币市场利率。

（三）发展和完善劳动力市场

传统的“统包统配”的劳动就业制度是高度集中的计划经济的产物，同市场经济不相容。在市场经济条件下，劳动力必须同其他生产要素一样，通过市场交换选择职业，实现劳动者同生产资料相结合。劳动力市场有助于促进劳动力的合理流动和布局。工资作为劳动力市场的主要市场信号调节着劳动力的供求，促进人才的合理流动。依据劳动者的知识水平和技能的差异所形成的各种层次的劳动力供给市场，以及根据社会分工所形成的不同行业和不同部门对劳动力的不同需求，在客观上要求通过多种途径充分发展和完善劳动力市场，如此，既有利于经济的增长，也有利于扩大就业。

（四）发展和完善土地市场

目前，发展和完善土地市场，表现为农村土地市场的健全，制定合理的土地政策，使农村土地得到合理利用。实行土地使用权有偿有限期出让制度，以提高土地效率，增加国家财政收入。土地市场能够促进土地资源的优化配置。土地市场可通过租金和土地出让价格等信号，使土地资源合理配置，这既有利于生产力的合理布局，又有利于我国产业结构的调整。

加快城镇住房制度的改革，加快建立和完善廉租房、经济适用房和商品房相互补充适合国情的房产市场。

（五）发展和完善技术和信息市场

随着世界科技革命的发展和知识经济的出现，科学技术和信息作为重要的生产要素，其作用日益突出。经过改革开放30年的发展，我国技术和信息市场日趋活跃。实践证明，技术和信息市场是促进科研与生产结合的纽带，发展技术和信息市场，可以使科研单位的科技成果及时向商品转化，为经济建设服务，同时也强化了科研单位的实力，大大促进社会主义市场经济的发展。要发展和完善技术和信息市场，必须引入竞争机制，保护知识产权，实行技术成果有偿转让，实现技术产品和信息商品化、产业化；必须采取鼓励、扶植政策，吸引企业进入技术市场，完善技术、信息交易法规，加强技术、信息市场的管理。

（六）发展和完善市场中介组织

市场中介组织可以分为两类：一类是主要为商品流通提供服务和进行沟通的市场中介，如经纪人和经纪商、信息咨询等；另一类是主要对市场运行提供公证和进行监督的市场中介，如会计师事务所、律师事务所等。在我国现阶段重点发展和完善市场中介组织应当是：会计师事务所、审计师事务所、律师事务所、公证和仲裁机构、计量和质量检验认证机构、信息咨询机构、资产和资信评级机构等。由于中介组织对社会经济运行起着十分重要的作用，政府又赋予了很大的权力，因而对其加强监督和管理非常重要。

（七）发展和完善文化商品市场

根据《国家“十一五”时期文化发展规划纲要》（2006年9月13日）的精神，发展和完善文化商品市场主要是：第一，培育文化市场主体。着力重塑文化市场主体，提高国有文化企业竞争力，形成以公有制为主体、多种所有制共同发展的文化产业格局。第二，健全各类文化市场，充分发挥市场配置资源的基础性作用，建立健全门类齐全的文化市场，促进文化商品和生产要素合理流动。第三，发展文化商品市场。鼓励发展城镇中小型特色书店、专业书店、社区书店和网络书店。第四，重点培育农村文化市场，发展农村各种形式的出版物市场。规范和发展演出市场。繁荣电影、广播电视节目交易市场，开拓动漫游戏、移动电视、付费电视、网络广播电视等新兴市场。完善文化要素市场。充分利用国内外资本市场，拓展文化产业投融资渠道。第五，规范文化产权交易，重点发展版权和其他无形文化资产交易市场。第六，健全文化行业组织。各类文化行业组织要依照法律和章程，认真履行市场协调、行业自律、监督服务与维权等职能，促进行业健康发展。中国文联、中国作协、中国记协等人民团体，要积极发挥行业自律和维权作用。第七，鼓励和引导文化消费。适应城乡居民消费结构变化的趋势，创新文化产品和服务，培育消费热点，拓展消费领域。

第三节 市场机制

一、市场机制的构成及其功能

市场机制，亦称市场运行机制或市场调节机制，它是指通过市场价格的波动、市场主体对各自利益的竞争、生产供求关系的变化调节经济运行的机制。它由价格机制、供求机制和竞争机制三个要素构成。

（一）价格机制

价格机制是通过价格与供求之间相互依赖、相互制约的联系而发生作用的一种机制。它是市场机制的核心构成要素。

市场价格除取决于价值，还受市场供求的影响。因此，通过市场供求变化而引起的价格水平的变化，可以引导生产者和消费者行为的变动。价格水平上升，既会增加供给，又会抑制需求；价格水平下降，则会增加需求，同时减少供给。这样，价格与供求就构成了市场机制中的一组联动关系，而这种联动关系的实现，又必须以市场竞争为条件。价格影响供给，要以生产者的相互竞争为条件，价格影响需求，也要以消费者的相互竞争为条件。所以，在市场机制中，价格处于核心的地位。从这样的意义上，市场机制的作用也可以归结为价格机制的作用。

价格机制对市场经济运行的作用是多方面的，在不同的层面上具有不同的功能。

价格机制对生产同种商品的生产者来讲是竞争的工具。因为，生产同种商品的生产者要在市场上获得市场占有率，在其他条件相同的情况下，只有在价格上取胜，才能获得市场。价格机制对生产不同种商品的生产者来说，是调整生产方向和生产规模的信号。由价格机制决定的价格比例，是社会劳动在各部门之间分配的条件。价格比例的变动以及同价值比例趋于一致会调节社会劳动在各个部门的分配比例，从而使社会生产各部门按比例、协调地发展。

价格机制为政府进行宏观调控提供客观依据。根据价格总水平的变动，一方面给政府反馈宏观经济调控的信息，另一方面以价格的变动自动调节微观经济主体、特别是企业的经济行为，使社会生产的总供给与总需求保持一致。

价格机制对消费者来说，是改变需求方向和需求规模的信号。不同商品的价格水平的上升或下降，可以影响消费者的消费选择，影响消费水平和消费结构，从而调节消费者的消费规模、消费方向。

（二）供求机制

供求机制是与价格机制紧密联系、共同发挥作用的机制。商品的价格不仅要反映价值，而且还要反映供求关系。供过于求的商品价格会低于价值；供小于求的商品价格会高于价值。借助市场供求机制的作用，可以促进商品生产者努力适应市场需求的变化，引导生产要素的合理流向，提高资源配置效率。

商品的供给与需求在市场上呈现极其复杂的矛盾运动状态。一般说来表现为三个方面：一是商品的供求总量的矛盾；二是商品的供求结构的矛盾；三是商品的供求在时间上和空间上的矛盾。这三种矛盾运动又表现为两种状态：一种是供给和需求相互适应的供求均衡状态；另一种是供求彼此偏离的供不应求或供大于求的供求非均衡状态。商品的供给与需求作为矛盾双方，既互相对立，又互相联系，供给靠需求来实现，需求靠供给来满足。如果在一定的条件下，供求双方相互适应，趋于或达到均衡，市场交换就会顺利进行，反之，供求双方彼此偏离，在总量、结构、时空等方面出现非均衡状态，市场交换就会出现障碍。

供求机制是供求双方矛盾运动的平衡机制。对供求机制作用的分析，应结合市场机体的状态进行分析。

当市场机体表现为卖方市场时，供求机制难以起到促进经济效益提高和保证社会生产顺利进行的作用。这是因为：在严重的供不应求的卖方市场条件下，商品的市场价值要由劣等生产条件下的生产商的个别价值决定。在这种情况下，不仅优等和中等生产条件的生产商可以获得超额利润，而且劣等生产条件下的生产商的生产费用可以得到补偿。这就使得生产者失去了提高劳动生产率的动力和压力，从而阻碍社会生产力的进步。另外，卖方市场下的过度需求会使价格、税率、利率、工资等市场信号严重扭曲，并造成严重的分配不合理现象，最终使经济运行出现偏差。

在买方市场机体下，供求机制能够很好地起到促进经济效益提高和保证社会生产顺利进行的作用。因为，在买方市场机体下，供给略大于需求，商品的市场价值要由社会必要劳动时间来决定，甚至由优等生产条件下的生产商的个别价值来调节，这就使那些个别价值高于社会价值的生产商难以维持生产，由此迫使生产者必须努力改进生产技术，提高劳动生产率，进而促进社会生产力水平的提高。另外，在买方市场机体下，供给略大于需求的状况会使各种市场信号趋于正常，从而保证市场机制充分发挥作用。

（三）竞争机制

竞争机制是市场经济中又一个重要的机制。它是反映竞争同价格机制和供求机制有机结合共同调节经济运行的机制。

市场竞争从交易主体的角度看包括：买者之间的竞争；卖者之间的竞争；买者与卖者之间的竞争。市场竞争从部门来看包括生产同一种商品的同一部门内部的竞争和生产不同一种商品的不同部门内之间的竞争。

市场竞争的主要手段包括：在同一生产部门内主要是价格竞争；在部门之间主要是通过资本的转移进行竞争。市场竞争的主要内容包括：争夺销售市场、原料来源、先进技术及人才等。竞争机制充分发挥作用和展开的标志是优胜劣汰。

竞争机制作用的充分发挥，关键是竞争机制在运行中所需要的条件是否具备。第一，企业必须成为真正的独立市场主体，能够在竞争中获得相应的经济利益。第二，建立和健全社会主义市场体系，消除各种人为的垄断。

二、社会主义市场机制的作用

发展社会主义的市场经济，必须充分发挥市场机制的功能，使其在资源配置中起基础性作用，主要表现在以下几个方面：

1. 促进市场价格的形成

商品的价值是在生产过程中形成的。在生产过程中形成的价值，要在市场中通过供求机制和竞争机制的作用，进行检验，并使价值完成向市场价格的转化，最终形成市场价格。

2. 促进资源配置的优化

市场机制以价格水平的变化，灵敏、高效地向市场的各个主体提供信息，作为市场主体决策的依据，同时也为国家提供对市场进行宏观调控的基本参数。各市场主体出于对自身利益的考虑，将不断地重组和改变资源配置的增量和存量，政府也将根据市场价格的变动调整各项宏观政策，从而决定生产要素在社会各部门和企业的投资比例，由此灵活地引导资源在各部门各行业之间的自由流动，使全社会的资源配置不断地逼近优化目标，实现资源配置的效率。

3. 促进供求关系的平衡

在复杂多变的市场上，经常会发生供给与需求在总量上和结构上不平衡的状况。市场机制的作用就在于，可以通过供求与价格变动的相互影响关系，调整供给和需求的数量，实现总量和结构在动态中的平衡。

4. 增强市场主体的竞争能力

市场机制的作用结果，是使生产商品的个别劳动时间低于社会必要劳动时间的企业获得超额的利润，从而在竞争中处于优势地位。同时竞争中的优胜劣汰，又会使生产商品的个别劳动时间高于社会必要劳动时间的企业产生亏损，从而形成被淘汰的压力。这种作用，会使企业基于对经济利益的追求，不断采用新技术，加强管理，拓展市场，以提高劳动生产率，降低生产成本，优化产品结构，加强在市场竞争中的能力。

5. 评价市场主体的经济效益

市场经济中经济主体经济活动的效果如何，不取决于市场主体的主观评价，而是取决于市场的客观评价，即产品在市场上实现的程度。只有经过市场机制的检验、按商品价值出售的产品才被证明是为社会所承认的，才是有效益的。经济利益的实现，不仅取决于生产者本身的生产努力程度，还取决于市场状况和生产者在市场竞争中的实力。市场机制客观上起着评价主体经济利益的实现的功能。

除此之外，社会主义市场经济中的市场机制功能的发挥，还呈现以下两个特点：

第一，在资源配置中市场机制的作用与政府导向结合在一起。社会主义市场经济中，市场机制的资源配置功能仍然发挥基础性作用，但这种作用与政府对国民经济的宏观管理结合在一起，具体表现在两个方面：一是政府运用计划手段配置某些关系国计民生和国家安全的重要资源；二是政府运用宏观调节手段对资源配置中市场机制作用过程进行引导和调节。

第二，在经济利益调节中市场机制的作用与社会协调结合在一起。在社会主义市场经济中，国家、企业和个人三者利益在根本上是一致的，但是由于外部不经济的存在，例如企业和个人追求内部效益可能同时造成外部环境污染，企业和个人追求自身利益可能造成资源的过度利用等等，所以单纯由市场机制进行利益调节并不一定总能符合社会整体和长远利益的要求。这在客观上就需要国家代表全社会在市场机制调节经济利益的基础上，进行经济利益的再协调，这种关系在社会主义市场经济中表现的十分明显。

第四节　市场规则和市场秩序

一、重视社会主义市场的培养

我国市场体系培育的目标是，建立统一、开放、竞争、有序的社会主义市场体系。与此相适应，我国的市场体系具有以下四个特征：一是全国统一的市场体系。即消除人为的条块分割的壁垒，形成全国统一的大市场；二是形成对内对外开放而不是封闭的市场体系；三是竞争而不是垄断的市场体系。这要求打破行业垄断和行政垄断，保护和促进市场竞争；四是依照市场法律和法规有序运行而不是混乱的市场体系。

改革开放以来，我国市场体系的培育和发展取得了长足的进步，统一、开放、竞争、有序的市场体系的基本轮廓已经初步形成。但是，当前我国市场体系发展中仍然存在不少的矛盾和问题，如要素市场发育滞后，地区封锁、部门分割和行业垄断比较严重，市场主导的价格形成机制尚未完全确立，市场的组织化水平比较低，等等。市场体系建设是市场经济的基础性工程，为了更好地发挥市场在资源配置中的基础性作用，今后要重视社会主义市场的发育，针对我国市场体系中存在的矛盾和问题，采取具有针对性和前瞻性的措施，加强我国的市场体系培育。

第一，在继续发展商品市场的同时，着重发展生产要素市场，使各类市场健全并形成一个完整的市场体系。我国各类市场的发展极不平衡，从总体上讲，一般商品市场发育最快，尤其是农副产品市场和日用工业品市场发育最早，成熟程度也最高；而要素市场发展则相对滞后，劳动力市场，金融市场尤为明显。我国当前市场体系的不平衡发展，往往造成各类市场之间的联系脱节，影响了市场体系整体功能的发挥。因此，今后要在继续发展各类市场的基础上，着重发展金融、劳动力、技术、房地产等生产要素市场，最终培育和建立起体系完整，功能齐全的市场体系。

第二，打破地区和部门对市场的分割、封锁，促进全国统一大市场的形成。地区和部门对市场的分割、封锁，阻碍了全国统一大市场的形成。这种状况虽然对本地区和本部门的短期利益有一定好处，但从长期来看，由于缺乏竞争，这些地区和部门市场主体的效率难以提高，缺乏竞争实力，最终会损害这些地区和部门的利益。市场的分割、封锁阻碍了资源的自由流动，市场供求关系会因此而发生扭曲。要打破地区和部门对市场的分割、封锁，就必须依靠深化改革，真正解决政企不分问题，排除政府对企业微观活动的干预；推进政府机构的改革；加快财政、税收、金融等相关体制改革，合理构建中央和地方的利益关系格局，消除地区和部门分割、封锁市场的体制原因。

第三，改善和加强对市场的监督与管理，建立和维护公平竞争的市场秩序。改革开放以来，我国已经制定了一批保护市场主体利益、规范市场行为、维护市场竞争秩序的法律和法规。但总的看，与市场管理有关的法律制度还很不健全，一些重大的法律尚未出台，市场秩序仍较混乱。这些问题都需要通过加强立法和执法予以解决。要依法惩处生产和销售假冒伪劣产品、欺行霸市、在市场交易中行贿受贿等违法行为的主体，提高市场交易的公开化程度，建立有权威的市场执法和监督机构，加强对市场的管理，并发挥社会舆论对市场的监督作用，使我国的社会主义市场经济健康地发育起来。

二、市场秩序

市场经济运行是建立在一定的秩序和规则基础之上的。

市场秩序是指市场主体在从事经济活动中所必须遵循的行为规范的总和。它包括明文规定的各种市场法律以及约定俗成的传统。规范有不同的表现形式，它可以是内化的，并转化为经济活动主体的意志和习惯；也可以通过外部社会的裁决，或另一方当事人的行为习惯来贯彻。在现代市场经济中，作为市场主体行为的共同规范与制度法规是分不开的，它可以以法律、法令或国家制定的条例、规章等形式表现出来，并通过国家的强制力来实施。

市场秩序在运行中所表现出来的是一种有序性，是与市场有关的各种经济制度和规则相互作用的综合结果。市场秩序是市场运行所具有的内在规律的外在具体表现形式，它是市场发展的基本条件。市场秩序关系着市场中的各种基本经济关系的巩固和经济联系的稳定可靠，它能使市场主体的应有利益得到保证，使其具有安全感，形成比较稳定的经济预期，从而市场本身也才能持续的运行和发展，而良好的市场秩序则是通过制定和落实具体的市场规则建立起来的。

三、市场规则

（一）市场规则的特点和作用

市场规则是指以法律、公约、契约形式规定的市场主体共同遵守的行为准则和规范。市场规则旨在规范市场主体的行为，它绝不是人们主观随意的产物，而是市场运行内在要求的外在表现，是保证市场有序运行的基本条件。

市场规则作为规范市场主体及市场运行的规范和准则，必须具备以下特点：（1）科学性。市场规则必须能够科学地、客观地和有效地反映市场运行的内在要求，不能同市场运行的内在要求相违背，应当客观地将市场运行的内在要求制度化、规范化，使每个市场经济主体都能够严格按照市场运行的内在要求从事经济活动。（2）系统性。市场规则内部的各规则之间应遵循统一性原则，不能相互矛盾，而且所有的规则要相互协调，使市场规则构成有机统一体。（3）强制性。市场规则是建立在法制的基础上，任何人都不能拒绝和违反，否则，将受到严厉的制裁。（4）公平性。市场规则要求给予每一个市场主体平等的权利和机会，任何市场主体都不能以各种超市场的力量来寻求特殊待遇，更不能摆脱公平原则对自己的约束，而只能通过公平竞争来获得自身利益。

市场规则通过两个方面发挥作用：一方面，通过对市场主体是否有资格参与市场活动作出判断来规范市场运行过程。也就是说，禁止那些会给市场运行过程带来紊乱因素的市场主体进入市场，把市场紊乱因素阻挡于市场运行过程之外，以保证市场有序运行。另一方面，通过确定市场主体的行为准则并协调他们之间的关系来规范市场运行。也就是说，对于市场主体的行为准则都作了具体的规定，以防止某些市场主体因追求自身利益而损害他人合法权益，并且规定了对市场主体之间利益矛盾的协调办法。

（二）市场规则的构成

具体来说，市场规则主要包括市场进出规则、市场竞争规则、市场交易规则和市场裁判规则等。

1. 市场进出规则

它是指市场主体和客体进入或退出市场的法律规则和行为准则。哪些市场主体可以进入或退出市场，哪些市场客体可以进入或退出市场，都必须由市场规则给予明确。凡是符合市场进入（或退出）规则的主体和客体，都可以自由地进入（或退出）市场；凡不符合市场进入（或退出）规则的，都坚决不许进入（或退出）市场。市场进出规则对市场主体的规范作用是：规范市场主体进入市场的资格，规范市场主体的经营规模与范围，规范市场主体退出市场的行为。市场进出规则要对进入市场的客体进行全面约束，要求客体必须名副其实；商品质量必须符合标准；商品的效用要符合消费者的利益，损害消费者身心健康的商品不能进入市场；商品的价格、计量和包装等都要符合规定。

2. 市场交易规则

它是指各市场主体在市场上进行交易活动所必须遵守的行为准则与规范。它又可以进一步细分为狭义的交易规则如定价规则，信息披露规则，商品服务检验规则，交割、支付和清算规则，契约规则等。在不同行业、不同市场上，这些规则分别具有不同的具体内容，一般来说，它们对市场交易方式和交易行为的规范作用，主要包括：禁止强买强卖、囤积居奇、哄抬物价；公开交易、明码标价，禁止黑市交易和内幕交易；等价交换，实行交易货币化；商品和服务质量检测和计量标准化；合同鉴定规范化、法制化等。市场交易规则化，包括交易场所、计量器具、计价方式、批发和零售、支付、交割、清算等，都要按照规则进行。

3. 市场竞争规则

它是指国家依法确立的维护各市场主体之间的平等交换、公平竞争的规则。市场竞争规则要充分体现和反映竞争者地位平等、机会均等的要求。它主要包括：各市场主体机会均等地从市场上选购生产投入品，在平等竞争中由市场形成商品价格，公平税负，机会均等地进出市场，禁止不正当竞争，防止和限制垄断市场的行为发生。

4. 市场裁判规则

它是针对市场主体之间发生纠纷而进行裁判的准则和规范。在各市场主体进出市场、开展竞争和进行交易的过程中，难免会发生各种矛盾和纠纷，因此需要有市场裁判规则。市场纠纷的裁判，包括司法、行政管理、社会仲裁和调节机构等多种组织和多种形式。市场裁判规则要划分各种裁判机构和裁判形式的职责范围及其相互关系，规定裁判的程序、裁判依据的标准等。各种形式的裁判规则都同时包括对当事人责任的认定、赔偿规则和惩罚规则。这个规则必须体现公平原则，对买卖双方一视同仁，不能偏袒任何一方。

（三）社会主义市场经济法律制度的作用

在任何一种经济体制下，要使经济生活正常化，就要有一定的经济秩序。计划经济的经济秩序是和行政秩序同一的，可以说，计划经济实质上是行政经济。而市场经济的一个显著特点在于它的经济秩序是通过法制来形成和维持的，或者说，是一种法律秩序。现代市场经济并不是单纯的自由竞争，而是一个有序化、制度化过程，这一过程是通过一系列具体的法律制度来实现的。与计划经济相比，市场经济可以更有效地配置资源。但是，市场只有具备合理而完备的法律前提，才能发挥有效配置资源的功能。正如美国经济学家布坎南所说，没有合适的法律和制度，市场就不会产生任何体现价值最大化意义上的效率。从这个意义上可以说，市场经济就是法制经济。或者说，法制是市场经济的法律特征。法制在市场经济体制中的作用主要表现在：

1. 引导作用

法律对市场经济的引导作用，是由市场经济运行的规律决定的。客观地认识这些规律，真实地反映这些规律，并通过对市场的引导使之符合这些规律的要求，这是法律的根本任务。市场经济经历着复杂的生产、分配、流通和消费的过程，实质上是人与人之间的社会互动过程。为了使密集的、复杂的，且随机性很大的社会互动井然有序，必须运用法律对人的活动进行引导。在社会主义条件下搞市场经济既要借鉴现代市场经济的一般经验，又要结合中国的具体情况，并使之符合社会主义的要求，这也必须借助法律的引导。必须明确的是：现代市场经济的覆盖面越来越大，无论是市场机制，还是市场体系规模，都是复杂而庞大的。再也不能按近代市场经济那样单纯依靠市场自身的力量和市场主体的个人意志而自发运行与发展，必须实行高层次宏观调控，并使这种宏观调控的形式多样化、精密化，并以引导为主要形式。

2. 促进作用

法律对市场经济的促进作用主要表现在这样两个方面：一是直接促进作用。那些直接调整市场经济的法律，如民法、商法、经济法以及经济行政法、劳动法、知识产权法等等，不仅促使市场经济按照法律所确认的原则深入发展，而且为市场的进一步完善扫除障碍和创造条件。任何一项直接调整市场关系的法律，只要它是符合我国实际情况的和反映市场规律的，就能促进市场经济的发展。二是间接促进作用。主要是指那些以调整政治关系、管理关系、家庭伦理关系为主的那些法律。如刑法、诉讼法、家庭婚姻法等等。它们虽然不直接调整市场经济中的各种行为，但由于通过对各种政治关系、管理关系和家庭伦理关系的调整，正确处理各种矛盾和纠纷，从而调动人们从事社会主义市场经济活动的积极性。

3. 保障作用

法律以其特有的属性——国家强制性和规范性，在保障经济顺利发展的过程中，起着不可替代的特殊作用。这种保障作用表现在以下两个方面：一是利益保障作用。市场经济关系的各种行为，都是为了实现一定的物质利益并体现为一定的权利。法律通过及时制止、制裁那些侵犯他人、集体和国家利益的违法、犯罪行为，来保障市场经济的建立与完善。二是秩序保障作用。市场行为只有在良好的、稳定的、有序的秩序中进行才能达到预期目的的效果。没有秩序，就不可能建立市场，更不可能进行商品交换，也就谈不上建立社会主义市场经济体制了。市场秩序实质上就是法律秩序。

4. 制约作用

法律在引导、促进和保障市场经济发展的同时，还发挥制约、限制市场经济发展中某些消极因素的作用。我国的市场经济虽然尚处于初始阶段，但市场竞争中的某些消极因素已开始出现，必须运用法律手段抑制和消除这些消极因素，保证社会主义市场经济的健康发展。

（四）建立完备的社会主义市场经济法律体系

为了保障社会主义市场经济体制的健康发展，为了规范市场经济中的各种利益关系，确保市场规则和秩序的贯彻，实现经济运行和管理的法制化，就必须加强经济立法和经济司法的建设。

1. 加快经济立法，完善社会主义市场经济的法律体系

社会主义市场经济的法律体系是一个需要逐步完善的系统工程。要加快立法，明确社会主义市场经济法律体系的基本内容，抓紧制定和完善基本法律。

第一，规范市场主体的法律。从法律上确立企业的自主经营、自负盈亏的市场主体地位，确立国有企业与国家的产权关系，以及各种所有制形式的企业的平等关系。

第二，制定保障市场规则和秩序的法律。由反不正当竞争法，规范不同主体之间的交易活动，通过法制制止经济活动中的欺诈、不正当竞争的一切行为；通过法制规定反垄断，包括行政性垄断、部门和行业垄断、地方保护主义、行业保护主义等等。由证券交易法、房地产交易法、产品责任法、保护消费者权益法等等，维护公

平交易。

第三，规范政府宏观调控市场的法律。一方面通过法律规范政府行为，明确政府调控哪些方面，以及通过何种手段进行调控；另一方面通过法律保障政府宏观调控，如预算法、信贷法、投资法等等。

第四，健全社会保障体系的法律。建立和完善包括社会保险、社会救济、社会福利、社会优抚安置和社会互助、个人储蓄等在内的社会保障法律制度。

第五，制定涉外经济法律。如外贸法、外国投资法、外资银行管理法、涉外经济合作法、外汇管理法、进出口管理法、反倾销法等等。同时确立国际商法及惯例法等。这都是进一步改善投资和外贸环境，加速国内市场与国际市场顺利对接所必需的法律。

第六，建立和完善企业与政府之间的法律服务中介的法律制度。律师事务所、审计事务所、会计事务所、证券事务所、专利事务所、资产评估事务所等以及各行业协会组织，都要有法可依。这些法律服务机构都是市场经济运行的重要环节。

2. 加强经济司法和执法，维护社会主义市场经济

要使经济法规在发展社会主义市场经济中发挥应有的作用，必须健全经济司法制度，积极开展经济司法活动，由司法部门以国家强制力保证经济法规的贯彻执行。经济司法按照经济法规解决经济纠纷，审理经济案件，在维护社会主义市场秩序方面发挥以下作用：

第一，维护经济立法的尊严，从法律上保证市场经济立法的实施。经济立法是调整经济关系的法律准则，经济司法是执行、实施经济立法的保证。只有经济立法，没有经济司法，即使经济法规制定的再好，也只是一纸空文；当然只有经济司法，而经济立法不健全或制定的不正确，经济司法也无能为力，起不到应有的作用。

第二，实施法律制裁、经济制裁，同破坏社会主义市场经济秩

序的行为进行斗争。经济司法机关是代表国家行使审判权的机构，它对企业里损害、侵犯公共财产的犯罪分子给予严厉打击，对那些官僚主义作风严重而导致企业遭受重大经济损失的部门或企业负责人追究法律责任；它维护合同纪律，按照法律追究违约一方的经济责任。

第三，公正解决经济纠纷，促进生产经营，增强团结。经济司法机关应加强经济审判庭即经济法庭工作，对于经济纠纷案件，给予及时审理，维护当事人的合法权益，保证经济秩序的正常运转。

思考题

1. 什么是社会主义的商品流通和货币流通？它们的作用是什么？
2. 什么是市场体系？现代市场体系的特征是什么？
3. 什么叫市场机制？社会主义市场机制的作用有哪些？
4. 什么叫市场秩序？什么叫市场规则？
5. 如何加强我国市场体系的培育？
6. 社会主义市场经济法律制度的作用有哪些？
7. 如何建立完备的社会主义市场经济法律体系？

第十二章

社会主义市场经济的微观基础——企业

教学要点

1. 现代企业的含义与作用
2. 现代企业制度的特征与基本内容
3. 国有企业改革的方向以及完善国有资产的管理体制

关 键 词

企业　自主经营　自负盈亏　现代企业制度　财产关系　国有企业改革　国有资产的管理体制

第一节　企业是社会主义市场经济的微观基础

一、现代企业的含义与作用

（一）现代企业的含义

现代意义上的企业是指从事商品生产和经营活动的经济组织，是面向市场、自主经营、自负盈亏、独立承担民事责任和民事义务的具有法人资格的经济实体。

企业并不是从来就有的，而是社会生产力发展到一定阶段的产物。从经济发展的历史来看，企业是社会生产力发展到一定水平，生产社会化和商品经济发展到一定阶段的产物。在自然经济状态下，社会的基本经济单位是家庭，那时也有一些手工作坊，但他们的产品主要是供奴隶主和封建主消费，而不是为了交换。因此，这种家庭和手工业作坊都不叫企业。在封建社会末期，从分散的小生产生长出资本主义的手工业工场，它是现代企业的最初典型形态，它表现为许多劳动者被置于同一资本的支配下，共同劳动，从事以获取利润为目的的商品生产经营活动的经济单位。马克思指出："以分工为基础的协作，在工场手工业上取得了自己的典型形态。这种协作，作为资本主义生产过程的特殊形式，在真正的工场手工业时期占统治地位。这个时期大约从 16 世纪中叶到 18 世纪末叶。"[①] 第一次工业革命带来了生产力的巨大变革，人类社会从农耕时代进入机器大工业时代，于是从事资本主义生产的企业大量涌现，并逐渐从工业领域扩展到商业、建筑、运输、金融等各个领域。可见，企业是生产力发展到一定水平的产物，是商品经济和社会分工发展到一定阶段的产物。在社会主义条件下，社会生产依旧是建立在社会化大生产基础上，商品经济依然是社会主义经济的内在属性。因此，作为社会主义社会经济活动基本单位的企业，同样是社会化和商品经济意义上的企业。

为什么在市场经济的发展过程中会产生和形成企业这一经济组织形态呢？早期的经济学家主要从协作效益、规模经济等技术因素分析企业产生的根源，把企业看成是一种以最小的投入获得最大的产出的经济组织。忽视了企业存在的制度方面的原因。直到 20 世纪 30 年代，情况才发生了变化，科斯在 1937 年发表了他的开创性

① 马克思：《资本论》第 1 卷，人民出版社 1975 年版，第 373 页。

论著《企业的性质》，从企业起源的角度来重新思考企业的本质。由科斯所创立的产权经济学和新制度学派从制度分析出发向传统理论提出挑战。科斯发现，现代经济中存在着两种基本的调节方式：在市场经济中，在企业之外，生产由市场机制协调。而在企业之内，市场的作用被企业家所替代。于是，这里出现了一个问题：既然市场是协调经济活动的一种很有效的方式，为什么还需要用企业这种组织形式来取代市场呢？现代产权理论是用交易费用来解释的。交易费用是指直接生产过程之外的一系列制度费用。当人们通过企业，并允许企业家来支配资源和组织生产时，其交易费用会低于通过市场来支配资源和组织生产所花费的交易费用。这就是在市场条件下产生和形成企业的原因所在。在科斯的视线内，企业是市场的替代物，但并非可以无限替代。

可见，企业不仅仅是组织生产的基本单位，而且同市场一样，也是一种资源配置的机制。实际上，企业也是资源配置的组织。同时，应明确企业的正常运行是以产权清晰为前提的。换句话说，明确界定产权，乃是建立真正企业的前提。

（二）企业的作用

市场交换的实质是产权的互换。拥有产权，进行交易的经济活动当事人，就是市场活动的主体。在经济学中一般将市场主体概括为三类：居民、企业、政府。为集中研究企业这个市场经济的最重要主体，我们将居民、政府的分析予以舍象。在市场经济条件下，企业是最基本、最重要的市场活动的主体，是市场机制运行的微观基础。在社会主义市场经济中，企业是集合生产要素，并在利润动机和承担风险条件下，实行自主经营、自主盈亏的经济组织，企业是社会主义市场经济的微观基础，对于整个社会经济的发展具有重要的作用。

第一，企业在经济运行中具有利用和有效配置社会资源的功能。在商品经济条件下，市场是配置社会资源的基本手段，然而，市场手段要发挥配置资源的作用必须通过市场主体——企业的经济活动来实现。企业在其经济活动中，按照效率最大化原则，尽可能以最小成本获取最大收益，合理使用生产要素；以优化原则发展企业间的横向联合或重组，以促进部门或行业优化，进而推动社会规模的资源优化配置，提高宏观经济效益。

第二，企业是直接从事生产、流通、提供各种产品和服务的经济组织，企业的经济活动为社会提供大量的物质产品和劳务，满足人民的各种需要。社会主义企业生产的最终目的是满足人民日益增长的物质和文化的需要。企业根据市场信号安排生产活动，实质上是根据消费者对物质产品和劳务需求的规模和结构而进行的。因此，企业对经济活动，客观上承载着实现社会主义生产目的的要求。

第三，企业是社会生产力发展和技术进步的主导力量，科学技术的发明、创造以及转化为现实的生产力，高度社会化的分工和专业化的生产，都是通过企业的生产经营活动来实现的。

第四，企业是劳动者从事生产劳动并得到收入分配的基本单位，社会经济活动和各种经济关系也都通过企业来发生的。

第五，一个国家的经济在国际经济关系中是否有竞争力，主要表现为企业是否具有竞争力。企业在世界经济中的地位和竞争力，直接表现为国家在世界经济中的地位和经济竞争力。正是企业在国民经济中具有的重要地位和作用，所以，为企业的发展创造一个良好的社会环境和条件，实行各种有利于企业发展的政策，以及采取各种措施帮助企业发展和解决各种问题，就成为政府的一项重要职能。

二、企业的类型和基本特征

（一）企业的类型

在我国，对企业有不同的分类：

第一，按企业的生产资料所有制性质划分，可将企业分为国有企业、集体企业、私营企业、混合所有制企业等。

第二，按企业所属的行业进行划分，可将企业分为工业企业、商业企业、农业企业、交通运输企业、建筑企业等。

第三，按企业的国别归属划分，可将企业分为内资企业、外商投资企业。

第四，按企业的组织形式的不同，可将企业分为独资企业、合伙企业、公司制企业等。

第五，按企业的法律地位的不同，可将企业分为法人企业和非法人企业。

长期以来，我国主要是按企业的生产资料所有制性质对企业进行归类，主要分为两类：一类是公有制企业，一类是非公有制企业。对这两类企业的认识，我们经历了曲折的过程。对于非公有制企业是否能够作为社会主义市场经济的微观基础，非公有制企业在社会主义市场经济中处于何种地位等问题的探索，也经历了一个极其艰苦的过程。直到党的十五大，在所有制问题的认识上才取得了重大突破。党的十五大报告明确提出，公有制为主体，多种所有制经济共同发展是社会主义初级阶段的基本经济制度，非公有制经济是我国社会主义经济的重要组成部分。以公有制为主体、多种所有制经济共同发展的社会主义所有制结构，决定了社会主义市场经济条件下，多种所有制企业共同发展。从而在理论和实践的结合上，确认作为社会主义市场经济微观基础的不仅仅是国有企业，各种形式的公有制企业，还包括大量的非公有制企业，它们共同构成社会主义市场经济的微观基础。在实践上，要消除对不同经济成分的差别待遇和对非公有经济在法律地位和社会身份以及价格、税收、金融、市场准入等方面的歧视，除少数部门有准入限制外，对所有企业一律实行国民待遇。着力营造平等竞争的环境，实现在市场规则面前人人平等，使不同企业都在国家统一法律框架下各显其能。

（二）企业的基本特征

在商品经济条件下，企业具有如下述特征：

1. 自主经营

自主经营，即企业拥有生产经营的自主权。企业作为市场经济中的独立的经济主体和交易主体，在法律允许的范围内，有权决定自己的经营方向和经营目标，有权决定经营什么、经营多少和怎样经营，有权按效益最优化原则配置资源。虽然不同类型的企业程度不等地要接受来自政府的宏观调控，但政府不能直接干预企业经营活动。

2. 自负盈亏

自负盈亏是指在扣除成本、税收后的盈利归企业所有，亏损也由企业自己负担。只有自负盈亏，企业在市场经济运行中才有足够的动力和压力。诚然，在市场经济国家，对特殊行业的企业政府会采取扶持政策或补贴，但不会改变自负盈亏的市场制度。

3. 自我发展

自我发展是指企业生存空间的拓展、营销渠道的延伸、跨行业甚至跨国经营，都取决于企业自身能力并由企业根据市场状况及其预期自主决策。企业发展的资本主要来自企业的自我积累，或凭借自身能力，或企业信誉取得的直接融资、间接融资。

4. 自我约束

自我约束是指企业自觉地约束自己的行为。市场经济中的企业，除了必须接受相关的法律约束、市场交易规则的约束、政府规制的约束、市场道德的约束等来自企业外部的约束外，还必须实行企业内在的自觉的行为约束。企业作为独立的市场主体，从自身利益出发，要在成本与效益、收益与风险的比较中，形成自觉的约束机制和风险防范机制。

市场经济中的企业只有具备上面四个特征，才能真正成为市场经济的主体，其中自负盈亏是核心，企业不能自负盈亏就不可能自我发展，更不可能形成自我约束的机制，自主经营也难实现。

第二节　现代企业制度

一、企业制度的形式和特点

企业作为一个独立的经济实体，是通过一定的财产制度组织起来的。企业财产的组织制度也就是企业资本组织形式。从法律的角度对企业资本组织进行界定，主要有三种类型，即个人业主制，合伙制，公司（法人）制。

（一）个人业主制

个人业主制企业是由业主个人出资兴办，业主个人经营的、由业主个人享有全部经营收益、并对债务负有完全责任的企业。个人业主制企业的优点是：所有权和经营权统一，企业的创办或关闭手续简单，经营灵活，管理成本低，决策效率较高，经营动力较充分。但是个人业主制企业也存在着缺点：企业本身还不是法人实体，企业的经营规模小，综合实力较弱，不利于技术进步，个人财产有限，企业的筹资能力差，一旦企业经营失败，业主就可能倾家荡产。

（二）合伙制

合伙制企业是由两个或两个以上的个人联合经营、由合伙人分享企业所得，并共同经营和共同承担责任的企业。它也可以由一位合伙人经营，其他合伙人仅仅出资并共负盈亏，也可以由所有的合伙人按协商一致的原则共同经营。

合伙制企业与个人业主制企业相比有很多优点：主要是企业的经营规模有所扩大，资本实力增强，筹资能力提高，信誉度上升；合伙人对企业盈亏负有完全责任，这意味着他们要以自己的全部家产为企业担保，因而有助于增强经营者的责任心，提高企业的信誉程度。

合伙制也有明显的缺点，这就是它是根据合伙人之间的契约建立的，当合伙人发生变动时，就要重新确立新的合伙关系，从而造成法律上的复杂性，通过接纳新的合伙，增加资金的能力也就受到限制；合伙人须负无限清偿债务责任，风险大；由于所有的合伙人都有权代表企业从事经营活动，同时重大决策都需要得到所有合伙人的同意，因而很容易造成决策上的延误和差错，导致企业内部协调成本增大。

（三）公司（法人）制

公司制是依据公司法规定，由股东出资成立的盈利性经济组织。公司制企业一经依法成立，法律就赋予它以人格化的地位，与自然人一样享有民事权利、承担民事责任。公司制企业的股东作为出资者按投入公司的资本额享有所有者的资产受益权、重大决策权和选择管理者等权利。公司享有由股东投资形成的全部法人财产权。公司以其全部法人财产，依法自主经营，自负盈亏。在我国公司制企业有两种基本形式：有限责任公司和股份有限公司。

有限责任公司，也称为有限公司，是指由两个以上股东共同出资，每个股东以其认缴的出资额对公司行为承担有限责任，公司以其全部资产对其债务承担责任的企业法人。它具有以下特点：(1) 公司不对外公开发行股票，股东的出资额由股东协商确定，股东之间并不要求等额，可以有多有少。股东交付股金后，公司出具股权证书，作为股东在公司中所拥有的权益凭证，这种凭证不同于股票，不能自由流通，须在其他股东同意的条件下才能转让，并要求优先转让给公司原有股东。(2) 公司股东所负责任仅以其出资额为限，即把股东投入公司的财产与他们个人的其他财产脱钩。(3) 公司的股东人数通常有最低和最高限额的规定。我国的《公司法》规定，有限责任公司由 2 个以上 50 个以下股东共同出资设立。作为一种特例，规定国家授权投资的机构和国家授权的部门可以单独设立国有独资有限责任公司。(4) 公司设立程序比较简单，不必发布公告以及公开账目，尤其是公司的资产负债表一般不予公开，公司内部机构设置灵活。其缺点是由于不能公开发行股票，筹集资金的范围和规模一般都较小，难以适应大规模生产经营活动的需要。因此这种公司形式一般适合中小企业。

股份有限公司，又称为股份公司，是指注册资本由等额股份构成，并通过发行股票（或股权证）筹集资本，公司以其全部资产对公司债务承担有限责任的企业法人。它具有以下特征：(1) 公司股东人数有法律上的最低限额。我国《公司法》规定，设立股份有限公司应当有5人以上为发起人，并必须经国务院授权的部门或省级人民政府批准。国有企业改建为股份有限公司的，发起人可以少于5人，但应当采取筹集设立方式。(2) 公司的资本总额均分为每股金额相等的股份。在交易所上上市的公司，其股票可在社会上公开发行，并可以自由转让，但不能退股，以保持公司资本的稳定。(3) 公司股东不论大小，只以其认购的股份对公司承担有限责任。(4) 公司账目必须公开，以保护股东和债权人的利益。在每个财政年度终了时要公布公司的年度报告和资产负债表，以利于股东和债权人查询。(5) 公司的所有权与经营权分离。公司的最高权力机构是股东大会，由股东大会委托董事会负责处理公司重大经营管理事宜。董事会聘任总经理，负责公司的日常经营。此外，公司往往还设立监事会，对董事会和经理的工作情况进行监督。为完善上市公司的治理结构，要求公司逐步建立健全外部董事和独立董事制度。

公司制企业的突出特点是比较彻底地实现了所有权与经营权的分离，这种分离具体表现为两个层次：第一层次是出资人所有权与企业法人财产权的分离。公司的出资人即股东以掌握的股份为凭证成为公司的所有者，企业作为独立的法人拥有出资人投资形成的全部法人财产权。第二层次是企业法人财产权与经营权的分离。企业作为独立的法人实体拥有法人财产权，经理阶层作为具体的经营者拥有企业的经营权。在现代公司制企业中，从所有权与经营权的关系来看，实际上涉及三个方面的关系，即企业的出资者（财产终极所有者）、企业法人（企业法人财产所有者）、企业经理阶层（经营者），与此相联系的是企业股东、企业法人、企业经营者。

在公司制企业中，与所有权与经营权的分离相联系，在企业中也存在着两个层次的委托代理关系：第一层次的委托代理关系是股东与董事会之间的关系，由股东大会选举产生的董事会是股东的受托人，它代理股东监护企业的财产，维护股东的利益。第二层次的委托代理关系是董事会与经营者之间的关系，董事会把企业的经营权委托给经营者，经营者代表董事会行使企业经营权。

二、现代企业制度

（一）现代企业制度的基本特征

资本主义市场经济经历了数百年的孕育和发展，逐步形成了个人业主制、合伙制和公司制等三种企业制度。前两种企业制度属于自然人企业，后一种则为法人企业。在现代资本主义市场经济中，公司制企业虽然数量不多，但是却占据支配地位，起主导作用。公司制企业在组织结构上虽然比自然人企业复杂，但是由于具有明确的委托—代理关系，从而更具有科学性。通常所说的现代企业制度，不是指"现在"存在的所有企业制度，而是指现行市场经济条件下的法人企业制度，即公司制。

公司制萌芽于15世纪的西欧。当时，地中海沿岸商业贸易相当发达，出现了从事航海贸易的一种名为康门达的契约组织，契约规定委托方将货币或商品委托给受托方，后者则以委托财务经营某一事业，经营所得利润由双方按照契约分享，委托人的责任仅以所出财物为限。16世纪后，英国出现了一批以发展海外殖民贸易为目的的合股贸易公司，随后荷兰、法国等国也先后出现了一批类似的公司。17 世纪上半叶，在英国确立了公司是独立法人的法规，它具有与自然人相同的民法能力；17 世纪下半叶，英国出现了合股公司组织，股本成为长期投资，定期发放股息和红利，股权不能退，但是可以转让，从而出现了股票买卖市场。18 世纪，这种合股公司发展到法国、德国、美国等。19 世纪后半叶，公司首先在银行、交通运输和一些公共事业部门得到迅速发展，以后又在各制造业中得到推广。20 世纪以来，各主要资本主义国家的许多大中型企业都采取公司制形式，从而成为现代企业制度的主要形式。

所以，现代企业制度是指适应社会化大生产需要，反映社会主义市场经济体制的要求能使企业真正成为面向市场的法人实体和市场竞争主体的一种企业制度。现代企业制度的基本特征可以概括为以下方面：

第一，产权关系明晰。这是指出资者与作为法人企业之间产权关系的清晰。产权就是财产权利，就是经济主体用自己的财产去从事经营活动时所拥有的权利，出资者是企业财产的最终所有者，拥有出资者所有权，企业拥有法人财产权。企业拥有包括所有出资者投资形成的全部资产的法人财产权，是享有民事权利，承担民事责任的法人实体。

第二，权责明确。权责明确就是要通过法律法规确立所有者和企业法人对企业财产分别拥有的权利、承担的责任和各自履行的义务。企业以其全部法人财产，依法自主经营，自负盈亏，照章纳税，对出资者承担资产保值、增殖责任，不得损害所有者权利。出资者按投入企业的资本额享有所有者的权益，即资产受益、重大决策和选择管理者等权利。股份有限公司或有限责任公司破产时，出资者只以投入企业的资本额为限对企业债务承担责任。

第三，政企分开。政企分开就是要使政府与企业的职能分离，建立与市场经济体制相适应的政府与企业的关系。企业按照市场需求组织生产和经营，以提高劳动生产率和经济效益为目的，政府不直接干预企业的经营活动，企业在市场竞争中优胜劣汰。

第四，管理科学。管理科学主要是针对企业内部而言。管理科学就是要建立科学的企业领导体制和组织管理制度，以调节所有者、经营者和职工之间的关系，形成激励和约束相结合的经营机制。

（二）现代企业制度中的财产关系

所谓财产关系，包括对财产的所有、占有、使用、收益和处分的关系。在单个业主制企业中，这五种关系全部集中于业主个人身上，在合伙制企业中，则集中于合伙者集体，不存在财产关系分离的问题。但是，公司制企业的出现，使企业的财产关系裂变为两种权利："财产终极所有权"和"企业法人财产权"，从而使产权主体由单一初始主体变为"出资者"和"法人"两个对等的经济行为主体和法律主体。

出资者所有权在一定条件下表现为出资者拥有股权，但不能对法人财产中属于自己的部分进行支配，只能运用股东权力影响企业的行为，而不能直接干预企业的经营活动，这就切断了出资者对企业经营活动的操纵。

法人财产权表现为企业依法享有对法人财产的占有、使用、收益和处分权，以独立的财产对外承担自己的经营活动的有关责任。股东除了参加股东大会外，无权支配企业的资产；除了依照股份份额领取股息、红利外，不能侵占企业的任何其他利益；在有限责任制度下，股东以其出资额（或所持股份）为限对公司承担责任，公司以其全部资产对公司债务承担责任。

由出资者投入企业的资本金及其增值和企业经营中的负债所形成的财产，构成企业的法人财产。法人财产权表现为企业依法对法人财产的占有、使用、收益和处分权，以独立的财产对外承担企业经营活动的有关责任。企业法人财产权是企业对法人财产权依法拥有的独立支配的权利，这是企业最重要的民事权利。

（三）现代企业制度的基本内容

现代企业制度，就其内容看，主要包括法人财产制度、有限责任制度和法人治理结构。

1. 法人财产制度

法人财产制度是以企业法人作为资产控制主体，企业出资者不直接控制企业的资产为特征的一项法律制度。它以投资者放弃对资产的直接占有权和支配权，将其转让给企业法人组织，从而使企业法人获得对财产的实际占有、使用、处分、受益等权益。在这一权力分割中，虽然投资者依然以所有者身份享有资本受益、重大问题决策和管理者的选择权，但企业法人财产主体具有相对于投资者的鲜明的独立性，主要表现为：一是任何投资者不得以个人的身份干预企业经营活动，其管理权益只能通过整体形式以及委托机构（股东会、董事会）来体现。二是无论是投资者，还是投资者代表，通常退出对日常经营活动管理，而由受雇于董事会的经理进行经营管理。三是出资者注入的资本金形成法人财产，具有不可分割性，在企业解散、破产之前投资人不能收回，但在二级市场上可以转让。四是董事会具有双重身份，即作为财产终极所有者代表和作为法人财产代表。

2. 有限责任制度

有限责任包含两方面内容：一是就投资者而言，出资人仅以投入企业的出资额为限，对企业债务承担责任；二是就企业而言，企业以其全部法人资产为限对债务承担有限责任。有限责任制度的出现，是企业财产组织形式的重大进步。美国的一位经济学家曾说过，有限责任公司是近代最伟大的一个发现，甚至连蒸汽机和电的发现都不如有限责任公司来得重要。它的重要意义在于：一方面，投资者可以比较放心地把资本投入企业。另一方面，经营者可以比较大胆地经营公司财产。公司作为独立的法人，其财产虽然来自股东，但经营者对股东承担的财产责任是有限的，对自己经营的全部财产责任也是有限的，这有利于经营者放手经营，独立负责，推动公司的快速发展。

3. 法人治理结构

法人治理结构最明显的特征是，所有者、经营者和生产者三者之间，通过公司的权力机构、决策机构、执行机构和监督机构，形成各自独立、权责分明、相互制约的机制，并由法律和公司章程加以确立和保证。在法人治理结构中体现了四种既相联系又具有质的差别的关系：即股东大会和董事会之间的信任托管关系；董事会与公司经理人员之间的委托—代理关系；监事会与股东财产受托人董事及公司经理人员的监督关系；股东会、监事会与经理人员之间的相互制衡关系。

第三节 国有企业改革

一、国有企业改革的方向

建立现代企业制度是国有企业改革的方向。这是国有企业在制度和运行机制方面所形成的新优势所在。

1. 现代企业制度是发展社会主义市场经济的必然要求

建立社会主义市场经济体制，是为了充分发挥市场机制配置社会资源、调节经济运行的作用。市场机制发挥作用的关键在于企业能否成为真正的市场竞争主体，这是社会主义市场经济高效运行的微观基础。国有企业作为独立的商品生产者和经营者，是社会主义市场经济的基本要素，国有企业只有真正成为独立的市场主体，市场机制才能通过作为市场竞争主体的企业的市场活动发挥作用，实现资源的有效配置。

现代企业制度是社会主义市场经济体制的基础。由于企业是独立的法人实体和市场竞争主体，这就决定了在构造市场经济体制基本框架的过程中，最重要的是重塑我国企业制度，使国有企业按照市场法则运行。具体包括：（1）现代企业制度对于建立全国统一开放的市场体系具有重要作用。不论是资本市场、劳动力市场，还是生产资料市场、技术市场，企业既是市场的供给方，又是市场的需求方，如果不建立现代企业制度，国有企业没有法人财产权，就不能支配和运作自己的财产，就会直接影响各种要素市场的发育和成熟，延缓整个市场体系的建立。（2）宏观调控体系的作用对象主要是企业，国有企业在我国国民经济中占据主导地位，如果国有企业没有现代企业制度作基础，约束和规范企业行为，那么调控将起不到应有作用。（3）合理的个人收入分配制度的核心是现代企业分配制度，因为企业劳动者是社会财富的直接创造者。建立现代企业分配制度，引入竞争机制，打破平均主义，实行多劳多得，才能形成市场经济运行的动力机制，创造更多的社会财富。（4）社会保障制度的建立既是建立现代企业制度的保障，又必须以现代企业制度的建立为物质基础。由此可见，只有真正建立起现代企业制度，才能使国有企业适应社会主义市场经济体制和社会化大生产的客观要求，成为适应市场需要的真正法人实体和竞争主体。

2. 建立现代企业制度是我国国有企业改革实践的必然结果

党的十四届三中全会明确提出建立现代企业制度是国有企业改革的方向，这是十几年来经济体制改革特别是企业改革经验的总结和理论的发展。我国传统的企业制度是建立在高度集中的计划经济体制的基础上的。在高度集中的计划经济体制下，国有企业不是一个真正的利益主体，国有企业只是政府行政机构的附属物，没有权利、责任和利益，企业和政府是一种“父爱关系”，严重压抑了企业和职工的积极性。国有企业的弊端主要表现在：（1）产权不清。国有企业的所有权在宪法中明确界定为归全体人民所有，采取国家所有制的形式，但具体由谁承担负责，在实际运行中还是不具体不确定的，因而不具备作为市场经济微观基础的企业那样的投资主体责任，不能形成有效的委托—代理关系和激励—约束机制。(2) 政企不分。市场经济中的企业应该是自主经营的，但在计划经济体制下，企业的基本权利分散在各级政府部门手中。如要素供给，经营管理者的行政任命，产品的调拨和企业利润的统收统支。(3) 责、权、利不明。计划经济体制中，国有企业在各个方面的主体之间不仅责、权、利的界定不明确。同时在分配中存在严重的平均主义，“大锅饭”现象。第四，管理不科学。计划经济体制中的国有企业由于产权不清、政企不分和权责利不明，行政管理代替现代管理，特别是企业缺乏制度创新和加强管理的动力，因此不可能形成科学的管理制度。

国有企业按照现代企业制度的要求进行改革，建立法人财产制度，有利于国有资产的保值、增值；有利于增强国有企业的活力，因为企业拥有法人财产权后，通过“资本金”制度和各种委托经营制度，真正成为市场经济的主体，从而实现社会主义公有制与市场经济体制的有机结合。

正因如此，我国把国有企业的改革看成是整个经济体制改革的中心环节。只有深化国有企业改革，才能提高国有企业的活力和市场竞争力，才能发挥国有企业在发展社会主义社会的生产力，实现社会主义现代化重要的作用。

二、国有经济的战略性调整

国有经济的改革经过 30 年的探索，取得了长足的进展。但是由于长期以来积累的问题很多，加上国民经济总体在改革发展过程中不断出现新情况、新问题，使国有经济的改革处于复杂的环境之中。面临经济全球化挑战，处于社会转型时期的国有经济，在新世纪到来时如何应对，举世瞩目。国有经济改革的进度，国有经济的战略性调整，不仅决定中国改革事业的成败，而且将影响中国经济的长期发展和国家的长治久安。

对国有经济进行战略性改组是实施国有经济战略性调整的重要内容。对国有经济进行战略性改组，就是通过国有资产的流动和重组，在适当收缩国有经济战线的前提下，改善国有资产的配置结构，使国有资本从一般竞争性领域向由国有经济发挥作用的战略性领域集中。

党的十五大和十五届四中全会提出了从战略上调整国有经济布局和改组国有企业的任务，确定了有进有退、有所为有所不为和抓大放中小的方针。国有经济应当控制关系国民经济命脉的四大重要行业和关键领域，即涉及国家安全的行业、自然垄断的行业、提供重要公共产品和服务的行业以及支柱产业和高新技术产业中的重要骨干企业。这是国有经济有所作为和重点发展的行业和领域。其他行业和领域特别是一般竞争性行业，由于国有经济不具备优势，要逐步退出和收缩。党的十六大在此基础上提出“继续调整国有经济的布局和结构，改革国有资产管理体制，是深化经济体制改革的重大任务。”党的十七大报告继续对国有企业的改革做出了战略性的部署：“深化国有企业公司制股份制改革，健全现代企业制度，优化国有经济布局和结构，增强国有经济活力、控制力、影响力”。按照十七大的精神，在对国有企业调整过程中应注意避免出现三种情况：一是简单化倾向，把国有经济战略性调整简单地理解为“一退了之”甚至是“一卖了之”。二是绝对化倾向，要求一切国有企业当下就从竞争中不分轻重缓急地统统一并退出。三是短期化倾向，为尽快甩包袱、解除国有企业的困境，盲目地乱“调”一气。

（一）借助资本市场，改组处于竞争领域的大型国有企业

如何实现国有资本从一般竞争性领域向战略性领域集中，从分散的中小企业向大型和特大型的企业集团集中，从低效的劣势企业向高效的优势企业流动和集中以及如何通过国有资本的流动与重组

实现企业产权结构的多元化，这是至关重要的问题。实践要求大多数处于竞争性领域的国有企业，主要依靠市场经济的办法推进改组，亦即依托经过初步改革建立了现代企业制度的优势企业，通过资本市场股权转让或收购兼并等活动，实现对国有经济的改组。资本市场对国有企业公司化改革所具有的积极作用表现在：首先，有助于推动企业的公司制改造。其次，有助于促进国有企业产权结构的改变。再次，有助于企业内部治理结构的转变。

国有企业公司化改革可供选择的重组方式有：（1）出售变现；（2）国有全资和独资企业转为控股或参股企业；（3）上市公司中的优势企业购并非上市公司；（4）非上市的优势企业购并上市公司；（5）上市公司之间的购并；（6）优势企业对目标企业的托管；（7）承担债务式兼并；（8）债务证券化式购并；（9）交换式购并；（10）集团内剥离上市，融资后再改造其他部分以及由政府出面组织控股公司。在重组过程中，应特别强调优势企业的核心作用。

（二）进一步加快放活中小企业的步伐

第一，根据中国中小企业的分布现状，今后地县级以下，原则上不再搞新的国有企业，现有的国有企业，除少数属于社会公益性事业而必须由地县级政府继续拥有和经营外，绝大多数将逐步转为非国有企业。

第二，根据近年中小企业改制的经验，不能采取一刀切的方式，而应因地制宜、具体问题采取具体办法加以解决。

第三，必须慎重对待中小企业改制过程中涉及职工和公众切身利益的问题，防止改制过程中国有资产的流失，解决好职工社会保障基金补偿问题。

放活中小企业的具体做法就是采取改组、联合、兼并、租赁、承包和股份合作制、出售等形式，使其灵活的适应市场。

（三）集中财力，重点发展关系国计民生大计的行业和部门集中财力、重点发展控制国民经济命脉的四个重大行业和领域中的国有企业，即发展涉及国家安全的企业（军工、造币、航天），自然垄断的行业（铁路、电力、煤气、自来水），提供重要公共产品和服务的行业以及支柱产业和高新技术产业中的重要骨干国有企业。

对国有企业的改革，要同对国有企业的改组、改造和加强管理结合起来。改革，就是建立现代企业制度，推进国有企业改革。改组，就是结构调整、布局调整。国有企业改组要着眼于搞好整个国有经济，有所不为才能有所为。改造，就是要推进企业技术进步，鼓励引导企业和社会的资金投向技术改造，形成面向市场的新产品开发能力和技术创新机制。加强管理，就是要努力探索符合市场经济运行规律和符合中国国情的企业领导体制和组织制度，建立决策、执行和监督体系，形成有效的激励机制和约束机制。

为加快国有企业的改组和调整，要鼓励优势企业兼并困难企业，提高资源配置效率；对长期亏损且扭亏无望的企业要实施规范破产；建立健全社会保障制度等配套措施。

三、改革国有资产管理体制

建立现代企业制度不仅是对国有企业制度进行微观上的变革，而且也涉及对整个国有资产管理体制的宏观上改革。改革开放以来，我国国有企业改革取得了显著的成效。但是，随着市场经济体制的建立和国有企业改革的深化，国有资产管理体制存在的问题凸现出来，主要有三方面：

第一，国有资产运营效率低下，重复建设现象普遍，收入分配混乱，国有资产流失严重。

第二，政企职责不分，一些政府部门仍然同时兼有国有资产出资人职责和社会管理者职责。

第三，出资人职责由多个部门分割行使，管人、管事与管资产相脱节，“无人负责”与“行政干预”的问题并存。

解决上述问题关键在于改革国有资产管理体制。国有资产管理体制的改革，应在坚持国家所有的前提下，充分发挥中央政府和地方政府两个积极性。建立中央和地方两级政府履行国有资产出资人职责，享有国有资产所有者的权益，实现权利、责任和义务三者统一的国有资产管理体制。具体要做到：

第一，明晰中央与地方两级政府对国有资产的产权，构建符合我国社会主义基本经济制度要求的国有资产管理体系。国有资产属于全民，归国家统一所有，这是深化国有资产管理体制改革的基本前提，是从体制上落实国有资产管理的重要措施。统一制定国有资产管理的相关法律和法规，具体由中央政府和地方政府分别代表国家履行出资人职责。在现实中，国有资产尽管由国家统一所有，但资产形成相当复杂，既有中央的直接投资，也有地方政府的投资，还有政府未注入资本金，而由企业靠借贷和积累所形成的。更重要的是，在实际工作中，国有资产的管理、监督和营运主要由各级政府承担，没有明确国有资产的产权。因此，分级行使出资人职责，通过逐级授权，明确界定各自管理国有资产的范围，负责所管辖国有资产的管理、处置和收益等，有利于发挥各级政府有效管理国有资产的积极性，有利于从整体上落实对国有资产的管理，搞活国有资产，实现保值增值的目标。

第二，成立统一的国有资产管理机构，解决国有资产多头管理的问题。实践证明，统一的国资产管理机构是解决部门分割，使出资人到位，实现管资产和管人、管事相结合的有效的选择。统一的国有资产管理机构应是受政府委托管理国有资产的特殊法定机构，代表政府部门专门行使国有资产出资人职责。正确处理好政府和国有资产管理机构的关系，明确界定国有资产管理机构、国有资产营运主体和企业生产经营之间的责任和权利。国有资产管理体制的改革是一个不断发展完善的过程，深层次的体制问题和矛盾会随着国有资产管理体制改革的实践进一步显露。因此，必须在实践中积极探索，把国有资产管理体制的改革不断推向深入。

深化国有资产管理体制改革，在体制上的一项重大改革是设立国务院国有资产监督管理委员会（简称国资委）。国务院授权国资委代表国家履行出资人职责。国资委监管的范围，确定为中央直属企业的国有资产。地方所属企业的国有资产，由省、市（地）两级地方政府国有资产管理结构负责监管。国资委的主要职责是：根据授权，依照《中华人民共和国公司法》等法律和行政法规履行出资人职责，指导推进国有企业改革和重组：代表国家向部分大型企业派出监事会；通过法定程序对企业负责人进行任免、考核并根据其经营业绩进行奖惩；通过统计、稽核对所管国有资产的保值增值情况进行监管；拟订国有资产管理的法律、行政法规和制定规章制度，依法对地方国有资产管理进行指导和监督。

思考题

1. 企业在社会经济发展中有哪些作用？
2. 市场经济中企业的基本特征是什么？
3. 简述现代企业制度及其基本特征？
4. 现代企业制度的基本内容是什么？
5. 建立现代企业制度的客观必然性是什么？
6. 什么是国有经济的战略性改组？
7. 建立国有资产管理体制要解决哪些问题？

第十三章

社会主义的经济发展

教学要点

1. 经济增长的含义、衡量的指标、影响经济增长的因素
2. 经济发展的含义、衡量的指标、影响经济发展的因素
3. 经济增长与经济发展的关系
4. 科学发展观与经济发展方式的转变

关键词

经济增长　国民生产总值　经济发展　人口　科学技术　教育制度　科学发展观　经济发展方式　经济发展战略

第一节　经济增长与经济发展的关系

一、经济增长

(一) 经济增长的含义及衡量指标

经济增长通常是指一个国家或地区在一定时期内由于生产要素投入的增长或效率的提高，使经济规模在数量上的扩大，它包括商

品与劳务总量的增加。

衡量经济增长的指标通常有：

1. 国民生产总值（GNP或人均GNP）或国内生产总值（GDP或人均GDP）

GNP是指一国或地区所有常住居民在一定时期内（通常为一年）所生产的全部最终产品和提供的劳务价值的总和。GDP是指一个国家或地区范围内的所有常住单位，在一定时期内（通常为一年）所生产的最终产品和提供的劳务价值的总和。

用GNP或GDP作为衡量经济增长的尺度，能够将国民经济的全部活动以简明的统计数字表示出来，因此，它是世界大多数国家衡量经济增长的基本尺度。但是，GNP或GDP指标也有其不足之处：（1）GNP或GDP不能说明产业中的产品和劳务的种类，也不能说明由于使用这些产品和劳务而获得的福利的大小，更不能说明增长过程中由于生态环境破坏、城市化和人口膨胀所付出的社会代价。（2）不通过市场的产品和劳务不能反映在GNP或GDP中；收入分配的状况也不能客观地反映出来。（3）不同国别的GNP或GDP难以做出真实的比较。因为各国的GNP或GDP一般是以各国货币按照汇率用美元计算的，而固定汇率往往定值过高或定值过低，如汇率浮动，只好用一年的平均值计算。（4）GNP或GDP不易反映各国真实的生活。由于各国的相对物价结构差异很大，从而以美元折算的GNP或GDP在各国的实际购买力也差异很大。

2. 国民收入

国民收入是社会总产品扣除用来补偿已消耗的生产资料后的剩余的部分。它表示的是一国在一定时期内（通常为一年）物质生产部门所生产的净产值或净产品。这个指标能够比较真实地反映一国的物质财富的增长情况。

3. 社会总产值

社会总产值是指一国的各个物质生产部门的劳动者在一定时期

内（通常为一年）所生产的物质产品的价值总和。它是社会总产品的价值形态。这个指标的缺点在于：（1）统计上存在着重复计算。（2）只核算物质生产部门所创造的价值，没有将非物质生产部门劳动者所提供的劳务价值核算进去。

（二）影响经济增长的因素

在社会化大生产和市场经济条件下，决定经济增长的因素众多，但是，直接影响经济增长的因素通常有三个：

1. 投资额

投资额在国内生产总值中所占的比率为投资率。投资额等于投资率乘国内生产总值。一般情况下，投资额与经济增长成正比。

2. 劳动量

在劳动者同生产资料数量、结构相适应的条件下，劳动者数量与经济增长成正比。

3. 社会劳动生产力增长率

劳动生产率的增长，就微观来看，取决于劳动者的积极性、企业的经营管理水平和技术水平；从宏观来看，取决于产业结构和生产力地区布局的合理性。这三个因素对经济增长贡献的大小，在经济发展程度不同的国家或不同的阶段，是有差别的。一般来说，在经济比较发达的国家或阶段，社会劳动生产力增长率的提高对经济增长的贡献较大。在经济比较落后的国家或阶段，资本投入和劳动投入增加对经济增长的贡献较大。

（三）实现经济稳定增长的途径

经济稳定增长是指在一个较长时期内经济不断平稳增长的态势，即经济总量和人均产量在这个时期内稳步地上升。经济稳定增长并不等于经济低速增长，实现经济稳定增长，主要是防止经济的“大起大落”。从我国目前的情况看，如果能保持国民生产总值（GNP）年均7%～8%的增长率，就可以实现我国经济的稳定增长。

实现社会主义条件下经济稳定增长的基本途径有：

1. 保持适当的经济增长速度

适当的经济增长速度是经济稳定增长的基础，合理的增长速度有利于经济稳定增长和优化发展。

2. 保持投资和消费的适度增长

从理论上说，只要投资适度增长，消费就会适度增长；如果投资规模过大，消费比重就会较小而不会过高。但实际上，由于财政赤字和信贷逆差造成国民收入超分配（通过货币超量发行来支持），可以出现投资需求和消费需求一起扩张，并同时出现超速增长的现象。所以，在控制投资增长速度的条件下，还必须使消费增长保持适当速度，才能使经济稳定增长。

3. 保持货币增长和价格水平的相对稳定

既要使货币供给与经济增长的要求相适应，又要保持一定的相对独立性。在货币供给保持适度增长的条件下，保持价格水平的相对稳定就有了客观基础。避免价格波动幅度过大，影响经济稳定增长。

此外，保持经济稳定增长还必须依赖国有企业和地方体制改革的推进，硬化企业和地方的预算约束和风险约束，弱化微观和中观的投资冲动，以保证经济总量的稳定增长。

二、经济发展

（一）经济发展的含义

经济发展一般是指一个国家或地区随着经济增长而出现的经济、社会和政治结构的变化，包括三个大的方面：一是经济数量的增长，它是实现经济发展的物质基础。二是经济结构的优化，即一个国家或地区投入结构、产出结构、分配结构、消费结构以及人口结构等各种结构的协调和优化。三是社会整体的进步，即一个国家或地区社会和个人福利水平、居民实际生活质量、生态环境的改善、民主政治的发展、观念及意识形态的改变以及社会和谐程度等等，它是经济发展的最终标志。

经济发展与经济增长存在着密切的关系。

1. 从联系方面来看

经济增长既是经济发展的一个内容，又是实现经济发展的物质基础。一般而言，经济增长是手段，经济发展是目的；经济增长是经济发展的基础，经济发展是经济增长的结果。

2. 从区别方面来看

经济增长意味着一国或一个地区物质产品和劳务数量的增长，而经济发展除了包括经济增长外，还包括随着经济增长而出现的经济、政治、文化和社会等方面的全方位的进步。在社会主义条件下，经济发展的核心在于社会和个人福利的增进以及居民实际生活质量的提高。

（二）衡量经济发展的指标体系

一个国家的经济发展包含着经济、政治、文化和社会等方面的多种目标，很难用一种指标加以概括和反映。通常衡量经济发展的指标体系分为两类：一类是以生活质量标准来衡量；另一类是以经济、政治、文化及社会的发展程度来衡量。

第一类指标体系，主要是由美国海外发展委员会的 M. D. 莫里斯于 1977 年提出来的“物质生活质量指数”，简称为 PQLI 指标体系。它是由一些容易获得的、反映大多数人不同基本需要的指标构成，具体包括三个主要项目：1 岁时的预期寿命；婴儿死亡率；识字率。预期寿命指数由营养、公共卫生、收入和一般环境等指数综合衡量；婴儿死亡率由饮用水的净化程度、居住的环境条件、母亲的健康状况等加以反映；识字率反映了与一国经济发展水平相适应的人民生活水平和教育发展程度。这一指标体系的特点是简便易算。

第二类指标体系，是由联合国开发计划署在对莫里斯的“物质生活质量指数”改进的基础上提出的“人类发展指数”，简称为HDI指标体系。它按照预期寿命、成人识字率和实际人均GNP三个变量指标计算。预期寿命代表物质生活水平；成人识字率代表文化生活水平；实际人均GNP经过购买力的调整，考虑到一个人购买商品以满足其需要的能力。HDI指标体系既考虑了GNP的增长，又注重了GNP的分配；既可以代表人类的发展程度，还可以反映各国的发展水平，因此，这一指标体系被作为衡量一国经济发展的重要指标。

20世纪末，世界银行在《世界发展报告》中提出了一个比较完整的评价经济社会发展的指标体系，其中包括世界概览、人口、环境、经济、政府和市场及全球联系6大类指标，涉及人口的预期寿命、婴儿死亡率、小学入学率、使用卫生设施的人口、获得卫生保健的人口、贫困人口、儿童营养不良的状况、获得安全饮用水的人口、成人文盲率等近千项指标。世界银行的指标体系虽然全面，但在国家或地区经济社会发展评价方面的应用性不强。

中国社会科学院社会学研究所的学者结合我国的具体情况，提出一套“社会指标”体系。该指标体系由人均GNP、社会结构、人口素质、生活质量四个部分组成，分解为16项指标。

第二节　影响经济发展的因素

凡是引起经济增长变动的因素都会对经济发展产生影响。但是由于经济发展的内涵要比经济增长的内涵宽泛得多，因而影响经济发展的因素也就要比影响经济增长的因素多而复杂。从长期来看，人口、自然因素、科学技术、教育以及制度等因素对一国经济发展具有重要影响。

一、人口

人口是生活在特定社会、特定地域范围和特定时期内的具有一定数量和质量的人的总体。人口是社会经济活动的主体，是社会再生产的前提、条件和结果。

没有一定数量的人口，就不会有任何社会经济活动，也不会有社会经济制度及其运动。人口数量的多少，对社会经济的发展有着重要的影响。人口之所以是社会经济活动的基础和主体，可以对社会经济活动产生广泛而重要的影响，在于人既是生产者，又是消费者，人口是社会基本生产力和消费力的统一。

第一，人是生产者，人口是社会基本生产力，是一切社会财富的创造者。在人类历史发展的长河中，生产力所取得的每一个进步，无不是劳动群众创造的。正如列宁所说："全人类的第一个生产力就是工人，劳动者。"① 具有一定数量和质量的、并与一定的生产资料相结合的劳动适龄人口是现实的生产者，构成社会的基本生产力。生产力的进步，最终是依赖于劳动者的推动。因此，没有一定的人口，就不会形成社会基本生产力。

第二，人是消费者，是促进社会经济发展的一个重要力量。一定的人口数量是经济发展所不可缺少的条件，适度的人口规模是推动经济发展的一个重要因素。在生产力水平一定的条件下，一国人口数量的多少，在很大程度上影响着人均国民收入水平和国民收入分配中的消费基金与积累基金的比例，从而影响着人民生活的改善和扩大再生产的发展速度。

经济发展不仅同人口的数量有一定的关系，还同人口的质量存在联系。人口质量是指人口的身体素质、科技文化素质和思想道德素质。在社会化大生产条件下，人口质量对经济发展的影响是通过

① 《列宁全集》第29卷，人民出版社1985年版，第327页。

就业结构的合理性反映出来的。即人口质量是否适应产业结构、部门结构变化对劳动力的素质的要求。人口素质的提高，会促进科学技术的发展、管理水平的提高，有利于经济的发展。人口的分布合理、密度适宜，能够促进生产力的合理布局，有利于各种自然资源的开发利用，保持生态平衡，促进生产的发展。人口构成和人口分布的变化、人口素质的提高，对商品流通量、商业网点设置有着重大影响，它会使商品需求构成发生变化，使人口消费水平、消费方式和消费倾向发生变化，从而影响经济的发展。但是，人口对经济的影响作用，只表现为促进或延缓，而不是决定性的。

然而，人口的过快增长，人口规模过大，也会成为经济发展的障碍。因为，人口的过快增长会导致经济增长的其他因素（如土地、矿产等自然资源）更加短缺；经济增长而带来的收入会被新增的人口所抵消，使现有的人口素质提高受到抑制，并使社会和个人福利的增进以及居民实际生活质量的提高受到影响；过大的人口规模，会降低储蓄率，从而削弱资金的积累能力，给社会吸收劳动力就业和提高就业效率带来困难；过大的人口规模使环境的承载能力受到巨大压力，生态平衡极易遭受人为破坏；此外，过大的人口规模还会引发各种社会问题，有的甚至直接威胁到社会的安定。

二、自然因素

自然资源包括土地资源、矿产资源、海洋资源和环境资源。一国的自然资源禀赋可以影响一国的经济结构，进而影响经济发展。通常而言，一个国家所拥有的自然资源的数量、质量和构成及其分布状况，对经济发展关系极大。自然资源对社会劳动地域分工以及地区经济发展特点、发展方向和劳动生产率的影响很大，一个国家在选择经济发展方向时，必然考虑本国的资源禀赋，利用本国自然资源的特点，以期获得更多的产品。自然资源对经济发展的作用或影响，主要表现在以下四个方面：

第一，自然资源对一国劳动生产率水平有重要影响。在一定的生产技术水平下，自然资源的数量和质量状况不同，其劳动生产率也就不同。

第二，自然资源是制约一国产业结构状况的重要因素。一般说来，一国所拥有的自然资源种类、数量及质量的状态可以在一定程度上决定一国的产业结构状态，从而形成与之相适应的产业部门。

第三，自然资源制约一国参与国际分工的程度。按照比较优势理论，一国自然资源的丰裕程度不同，决定了该国参与国际分工的能力及其程度。

我国自然资源在总量上具有优势，但在人均占有量上则居于劣势。改善自然资源的供给，合理使用自然资源，提高自然资源的利用率，是摆在我国人民面前的一个非常重要的课题。对自然资源的合理开发和利用，必须遵循以下原则：（1）立足基本自给与适当进口相结合。（2）资源开发与资源节约使用相结合。（3）资源开发的超前准备与后续开发相结合。（4）资源的使用与生态平衡相适应。自然界于一定区域范围内，构成了相对稳定的生态系统，在开发利用自然资源时，要注意保护自然资源，不破坏自然生态平衡。（5）技术可能性与经济合理性相结合。同一种自然资源在开发利用中可以有多种用途，各种用途的经济合理性又是不同的。例如，一块土地可用于建工厂，也可用于种植粮食或经济作物、造林、放牧等，而最佳的利用方案即经济合理性只能选择其中一种。

三、科学技术

科学是反映自然、社会和思维运动规律的理论和知识体系，技术是根据自然科学理论和生产实践经验创造和总结出来的工艺、技能及生产设备的技术性能。科学回答的是“是什么”、“为什么”的问题，技术回答的是“做什么”、“怎么做”的问题；科学是发现，技术是发明；科学是创造知识的研究，技术是综合利用知识与需要的研究。在现代经济增长中，科学技术作为第一生产力，不仅是经济增长的决定性因素，而且对经济发展的其他方面也起着巨大的推动作用。这些作用主要表现在：

第一，科学技术不仅物化在生产的物质条件上，还体现在高度熟练的劳动力及生产的科学组织和科学应用上，这使科学技术参与了生产体系中所有的组成部分的发展。同时，科学技术在生产上的应用，可以节约活劳动、节约物化劳动以及创造出新的材料，从而将劳动者的智力、自动控制的机器和依靠科学技术再生产出的自然界稀缺或耗尽的资源和新材料作为生产要素加入到生产过程中去。因此，现代经济增长与经济发展主要是依靠科技的进步来推动的。

第二，现代经济增长的速度主要由科学技术转化为现实的生产力的速度决定。当前，科学技术转化为现实的生产力的时间大为缩短。20 世纪的头几十年，从新的科学思想出现到以它作为基础做出技术发明再到批量生产，时间较长，以至于科学对技术进步的影响很难察觉。据统计，在 1900 ~ 1930 年，75 种重大发明从研究到生产平均周期是 36 年。20 世纪中期以来，科学发明的实现周期大为缩短。科学技术在经济增长中所占的比重大幅度上升。在经济发达的国家，20 世纪以来国民生产总值的增长靠科学技术进步因素的比重，在世纪初仅占 5% ~ 20%，50 ~ 60 年代则上升为 50% 左右，到 80 年代则高达 60% ~ 80%，有些生产部门如电子工业则高达 90% 以上。20 世纪以来，随着科学技术的发展，生产过程机械化、自动化程度的提高，体力劳动与脑力劳动的比例，在机械化初级阶段是 9 : 1，在中等机械化阶段是 6 : 4，在自动化条件下是 1 : 9。①

① 《文汇报》，1994 年 12 月 24 日。

四、教育

当今世界，对经济增长起决定作用的劳动已不再是简单劳动，而是通过接受教育而掌握一定知识和技能的劳动者的复杂劳动和熟练劳动。

教育作为科技进步的基础，在经济增长中的作用日益突出。

第一，经过教育形成的现有劳动者的知识和技术的存量的增大，越来越成为现代经济增长的源泉。现代经济增长有两个趋势，一是从资本——收入比率的长期变动来看，资本相对于收入而言使用得越来越少；二是国民收入相对于国民资源（用于生产收入的土地、实际劳动量和再生产性基金的数量）而言增长得越来越快。造成这两个趋势的根源是人力资源的增长，人的能力的提高，最终是教育的结果。据世界银行1980年的报告显示，44个发展中国家教育投资的所有收益率超过世界银行标准的可接受的最低比率10%以上，其中初等教育投资的收益率平均为22%；中等教育投资的收益率分别为17%和14%；高等教育投资的收益率分别为13%和12%。

第二，教育是培养科技人才的唯一途径。为加强综合国力，世界各国在高新技术领域展开了激烈的角逐。高新技术的竞争，其实质是知识和人才的竞争，是人们掌握和运用最新技术能力的竞争。在当前这场世界空前的、全球规模的经济和科技激烈竞争中，竞争的焦点是科技，而科技竞争的核心则是人才竞争。为在国际竞争中保持领先地位，发达国家都在大幅度地增加教育投资，大力培养年轻科技人才。

发展教育、开发人力资源应从以下两方面入手：

第一，增加教育投资。教育是对人的智力投资，是提高人力资源质量的各种途径中最重要的途径。教育虽然不能直接提供产品，但能提高生产产品的劳动者的智力素质和思想素质，从而成为推动经济发展的重要因素和源泉。尤其在当代，如果说科学技术是带动经济发展的火车头，那么，教育则是推动这个火车头的动力源。据联合国教科文组织 1985 年的统计，文盲数与人均国民生产总值按相反方向变化。经济发达国家平均文盲率为 2.1%，人均国民生产总值为 8 324 美元；发展中国家平均文盲率为 38.2%，人均国民生产总值则下降为 656 美元；最不发达国家平均文盲率为 67.6%，人均国民生产总值仅为 195 美元。

第二，调整和优化教育结构，实现教育投资的有效配置。改革教育体制、更新教学内容，完善教材建设、充实和提高师资力量。实施科教兴国战略，是中国实现经济发展和民族振兴的唯一选择。科教兴国，就是把加速科技进步和教育发展放在经济社会发展的关键地位，使经济建设真正转移到依靠科技进步和提高劳动者素质的轨道上来。实现科教兴国战略的措施主要有：提高干部和全民的科技意识；切实把教育摆在优先发展的地位；深化科技和教育体制改革；不断完善有利于科技进步的法律、法规和政策；研究世界科技革命的动向，适应国际科技进步的步伐；进一步扩大科技领域的对外开放，积极引进和消化吸收人类的科学文化优秀成果；增加对科技和教育的投入。

五、制度

关于制度的含义，T. W. 舒尔茨在《制度与人的经济价值的不断提高》一文中将制度定义为管束人们行为的一系列规则，这些规则用以规范社会、政治经济行为，例如，宪法中关于政治和社会的有关规则，国家关于经济运行的政策，有关当事人签订的合同、不同社会的价值信念、伦理规范、道德观念等。舒尔茨对于制度的解释被多数研究制度的学者所接受。V. W. 拉里在《诱致性制度变迁理论》一文中认为，制度是一套行为规则，它们被用于支配特定的行为模式与相互关系。

D. 诺思认为，制度是由非正式约束、正式约束及其实施机制组成的规范体系。正式规则是人们有意识创造的一系列政策法规，包括政治规则、经济规则和契约，以及由这一系列的规则构成的一种等级结构。主要是指宪法、成文法、不成文法、特殊的细则及个别的契约。最重要的制度就是产权。产权不是指人与物之间的关系，而是指由物的存在及使用所引起的人们之间相互认可的行为关系。产权是一种权利，是一种社会关系，是规定人们相互行为的一种规则，而且是社会的基础性规则。非正式规则是人们在长期交往中无意识形成的、具有持久生命力的规则。包括：价值信念、伦理规范、道德观念、风俗习惯、意识形态等。在纷繁复杂的社会经济生活中，由于信息不对称，道德风险的存在，导致交易成本很高，制度的缺失或不健全可以使经济活动的行为者从欺骗和违约中获得的收益大于从合作中获得的收益，因此，建立制度实施机制是必要的，这就是通过规则的实施为合作者提供足够的信息，监控合约的履行和实施。

从一国的长期经济发展来看，制度具有重要的作用：

1. 降低交易成本，提高效率

因为有效的制度能够降低市场中的不确定性、抑制人的机会主义行为倾向，从而降低交易成本，减少资源浪费。

2. 为经济发展提供服务

每一种制度都有其特定的功能和经济价值，如货币的功能之一就是为人们从事交易活动提供了便利；租赁、抵押贷款和期货可以提供一种使交易费用减低的合约；市场可以提供信息；保险公司可以共担风险；学校可以提供公共产品服务等。因此，制度客观上为经济发展提供了服务。

3. 制度为实现经济合作创造条件

古典经济学家如亚当·斯密强调竞争带来效率，而忽略了分工的协调成本问题。事实上，制度就是人们在社会分工与协作过程中经过多次博弈达成一系列契约的总和，它为经济的广泛合作提供了基本框架。

4. 制度可以抑制人的机会主义行为、防止和化解冲突

制度是通过传统、习惯或法律约束的作用力来创造出持久、规范化的行为类型的社会组织。在一个错综复杂、变化莫测的世界中，正是这种持久性和规范性，才使得经济运行得以顺利进行下去。

5. 制度为经济发展提供一种激励机制

制度为人们的行为提供了一种准则，并进而使人们形成不同的行为预期，并提供了不同的激励。从制度的具体表现看，制度体现为人类合作的一种共同知识。“制度提供了人类相互影响的框架，它们建立了构成一个社会，或确切地说一种经济秩序的合作与竞争关系。”①

第三节　科学发展观与经济发展方式的转变

一、科学发展观的内涵

科学发展观是党的十六届三中全会中提出的“坚持以人为本，树立全面、协调、可持续的发展观，促进经济社会和人的全面发展”，按照“统筹城乡发展、统筹区域发展、统筹经济社会发展、统筹人与自然和谐发展、统筹国内发展和对外开放”的要求推进各项事业的改革和发展。

① （美）道格拉斯·C. 诺思：《经济史中的结构与变迁》，上海三联书店、上海人民出版社 1994 年版，第 225～226 页。

在党的十七大上，胡锦涛总书记在《高举中国特色社会主义伟大旗帜　为夺取全面建设小康社会新胜利而奋斗》的报告中进一步丰富和发展了科学发展观的内涵，指出：科学发展观第一要义是发展，核心是以人为本，基本要求是全面协调可持续性，根本方法是统筹兼顾。指明了进一步推动中国经济改革与发展的思路和战略，明确了科学发展观是指导经济社会发展的根本指导思想，标志着中国共产党对于社会主义建设规律、社会发展规律、共产党执政规律的认识达到了新的高度，标志着马克思主义的中国化，标志着马克思主义和新的中国国情相结合达到了新的高度和阶段。

科学发展观的具体内容包括：

1. 科学发展观的第一要义

发展是科学发展观的第一要义。发展是马克思主义的重要范畴之一，马克思主义最注重发展社会生产力。在社会主义国家，作为执政党的第一要务就是发展生产力。发展，对于全面建设小康社会、加快推进社会主义现代化，具有决定性意义。只有发展生产力，创造丰富的物质产品和精神产品，才能不断满足人民日益增长的需要，才能从根本上把握人民的愿望，把握社会主义现代化建设的本质。改革开放以来我们所取得的一切成果，都是建立在发展基础之上的。不发展，就没有中国特色社会主义；不发展，就不可能解决我们所面临的各种问题。紧紧扭住经济建设这个中心，时刻牢记发展是硬道理的战略思想，坚持聚精会神搞建设、一心一意谋发展，不断解放和发展社会生产力。为此，必须更好地实施科教兴国战略、人才强国战略、可持续发展战略，着力把握发展规律、创新发展理念、转变发展方式、破解发展难题，提高发展质量和效益，实现又好又快发展，为中国特色社会主义事业的科学发展、和谐发展、和平发展打下坚实基础。

2. 科学发展观的核心

科学发展观的核心是坚持以人为本。人是社会发展的主体。以人为本，就是以最广大人民的根本利益为本。以人为本是马克思主义历史唯物论的基本原理，是我们党全心全意为人民服务根本宗旨的集中体现。中国特色社会主义事业是全国各族人民实现自己利益、创造美好生活的共同事业，是亿万人民群众广泛参与的创造性事业。党的一切奋斗和工作都是为了造福人民。坚持以人为本具体表现在：（1）就要坚持人民在中国特色社会主义事业中的主体地位，尊重劳动、尊重知识、尊重人才、尊重创造，发挥人民首创精神，充分调动人民群众的积极性、主动性、创造性；（2）就要按照立党为公、执政为民的要求，坚持权为民所用、情为民所系、利为民所谋，始终把实现好、维护好、发展好最广大人民的根本利益作为党和国家一切工作的出发点和落脚点；（3）就要把解决民生问题放在首位，切实解决广大人民群众最关心、最直接、最现实的利益问题，保障人民经济、政治、文化、社会权益，走共同富裕道路，促进人的全面发展。集中起来，就是做到发展为了人民、发展依靠人民、发展成果由人民共享。

3. 科学发展观的基本要求

科学发展观的基本要求是全面、协调、可持续。全面，是指各方面的发展。即按照中国特色社会主义事业总体布局的要求，以经济建设为中心，全面推进中国特色社会主义经济、政治、文化和社会的建设。这四个方面紧密联系、相互影响。其中，经济是基础，只有大力发展社会主义社会的生产力，才能为政治、文化、社会建设提供坚实物质基础；政治是经济的集中体现，只有积极发展社会主义民主政治，建设社会主义政治文明，才能为经济、文化及社会建设提供坚强的政治保证；文化是经济、政治、社会的反映，只有大力发展社会主义先进文化，才能为经济、政治、社会建设提供有力精神支撑；社会建设是经济、政治、文化建设在社会领域的综合体现，只有大力加强社会建设，构建社会主义和谐社会，才能为经济、政治、文化建设提供良好社会环境。

协调，是指各个方面的发展要互相适应。唯物辩证法认为，世界是普遍联系的，任何事物的发展必然与其他事物相互联系、相互制约，只有协调好各方面关系，才能实现健康发展；否则，只能是畸形的发展。要实现全面发展，就必须立足新的历史起点，处理好由发展的阶段性特征所伴生的新矛盾和新问题，因此，协调发展是实现全面发展的正确道路和政策途径。协调发展，可以概括为"五个统筹"和"两个协调"，即统筹城乡发展、统筹区域发展、统筹经济社会发展、统筹人与自然和谐发展、统筹国内发展；对外开放，促进现代化建设各个环节、各个方面相协调，促进生产关系与生产力、上层建筑与经济基础相协调。

可持续，是指发展进程要有持久性、连续性。人类的延续是社会发展的基本前提和基本要求，每一代人的发展都应该为下一代人的更好生存和发展留下空间和条件。因此，发展必须充分考虑资源和环境的承受能力，要做到：既重视经济增长指标，又重视环境资源指标；既积极满足人民群众现实的物质文化需要，又为子孙后代留下充足的发展条件和发展空间。坚持走生产发展、生活富裕、生态良好的文明发展道路，建设资源节约型、环境友好型社会，实现速度和结构质量效益相统一、经济发展与人口资源环境相协调，使人民在良好生态环境中生产生活，实现经济社会永续发展。

4. 科学发展观的根本方法

科学发展观的根本方法是统筹兼顾。统筹兼顾，是我们党在长期执政中总结出来的一条行之有效的重要经验，也是在新的历史条件下保证全面协调可持续发展的根本方法。统筹兼顾，就是要从中国发展全局和最广大人民的根本利益出发，正确反映和兼顾不同方面群众的利益，调动一切积极因素，调节并处理好各种具体的利益关系，促进整个社会协调发展，使全体人民朝着共同富裕的方向稳步前进。坚持统筹兼顾，关键是坚持科学的思想路线和思想方法，用发展的、联系的、全面的观点看问题、抓发展。坚持统筹兼顾具体表现在：（1）正确认识和妥善处理中国特色社会主义事业中的重大关系，统筹城乡发展、区域发展、经济社会发展、人与自然和谐发展、国内发展和对外开放；（2）统筹中央和地方关系，统筹个人利益和集体利益、局部利益和整体利益、当前利益和长远利益，充分调动各方面积极性；（3）统筹国内国际两个大局，树立世界眼光，加强战略思维，善于从国际形势发展变化中把握发展机遇、应对挑战风险，营造良好国际环境；（4）处理好政府与市场的关系，既要积极发挥政府作用，适当运用行政手段，又要尊重和遵循市场规律，更大程度地发挥市场在资源配置中的基础性作用，增强发展的活力和效率。在工作的部署和安排上，要始终站在战略的高度，处理好各种复杂的矛盾和问题，既要总揽全局、统筹规划，又要抓住牵动全局的主要工作、事关群众利益的突出问题，着力推进、重点突破。

二、转变经济发展方式

（一）经济发展方式

经济增长方式通常有两种类型：一是粗放型的经济增长方式；二是集约型的经济增长方式。粗放型的经济增长方式是在生产要素质量、结构和使用效率不变的情况下，单纯依靠生产要素的大量投入和扩张而实现的经济增长。这种经济增长的方式实质就是单纯数量扩张型的增长方式。集约型的经济增长方式是依靠生产要素质量和使用效率的提高，以及生产要素的优化组合，通过技术进步、提高劳动者的素质等方法而实现的经济增长。这种经济增长的方式实质就是质量效益型的增长方式。

经济发展方式，是指在不破坏生态环境和保持生态平衡的条件下，依靠科学技术的进步和资源利用效率的提高实现经济的增长和发展、经济结构的合理、经济效益的提高以及社会整体的进步。从世界各国工业化进程历史看，在经济发展初期，由于资本、技术的制约，经济发展主要依靠资源投入来提高产量。但当工业化进入到一定阶段、经济总量达到一定规模、明显受到资源供给约束时，就必然要求转变经济增长方式。

从经济增长方式和经济发展方式的含义来看，二者存在一定的联系，表现在：（1）二者目的都包含实现经济的发展。经济增长方式侧重于经济数量的增加，经济发展方式侧重于经济质量的提高和经济结构的改善，二者构成经济增长数量与质量、总量与结构的统一。（2）经济发展方式包含经济增长方式。经济发展方式更讲究经济增长的质量，追求集约型、效益型增长，也就是又好又快的增长。（3）二者相互促进，又好、又省、又快的经济增长方式能促进经济发展，而经济发展方式的转变可以使经济增长方式更有效、更有持续性。

（二）转变经济发展方式的必要性

改革开放以来，在经济快速发展的过程中，我们解决了许多旧矛盾，并取得了举世瞩目的发展成绩。但同时也应当看到，在发展过程中也积累和产生了许多新的矛盾和问题，在社会、环境、资源等许多方面也付出了不小的代价。（1）在社会问题方面，主要问题是，单纯强调经济增长而忽略增长成果的社会分配，导致经济增长与社会发展的不协调，城乡差距、地区发展差距持续扩大，就业难，贫富差距日趋严重。（2）在环境和资源方面，由于片面强调经济增长，忽视对生态环境的保护，导致环境恶化日益严重。这些矛盾和问题，既是由于经济发展中客观存在的难以避免的因素造成的，也是由于主观上更强调“快”而忽视了“好”所造成的。经济发展的历史证明，如果不转变观念，不从根本上处理和解决好“快”与“好”的关系，就会抑制我国经济的可持续发展。因此，转变经济发展方式，不仅符合世界性经济增长方式变革的一般规律，更符合我国经济发展的客观实际。

“转变经济发展方式”，首先要处理好经济发展中的“好”与

"快"的关系。对我国来说，实现全面建设小康社会的目标是建立在一定的经济增长速度之上的，没有一个较快的发展速度，难以实现物质财富和劳务的增长，因此，"快"是我国经济社会发展的内在要求。但是，在"快"的同时，还要"好"字当头，实现速度与效益的统一。可以说，从经济增长方式到经济发展方式，虽然仅仅是一个词的变化，但却蕴含了深刻的经济伦理含义，它凸显了中国经济发展理念的重大转变，标志着中国经济发展新理念的确立，这也将是今后引领中国经济发展的基本指导思路。

三、转变经济发展方式的内容

当前和今后一个时期，转变经济发展方式主要做到"两个坚持"和"三个转变"。即要坚持走中国特色新型工业化道路，坚持扩大国内需求特别是消费需求的方针，促进经济增长由主要依靠投资、出口拉动向依靠消费、投资、出口协调拉动转变，由主要依靠第二产业带动向依靠第一、第二、第三产业协同带动转变，由主要依靠增加物质资源消耗向主要依靠科技进步、劳动者素质提高、管理创新转变。①

（一）"两个坚持"

坚持走中国特色新型工业化道路，就是要坚持以信息化带动工业化，以工业化促进信息化，走出一条科技含量高、经济效益好、资源消耗低、环境污染少、人力资源优势得到充分发挥的新型工业化路子。新型工业化道路是以信息化带到工业化，是以科技进步为动力、以提高经济效益和市场竞争力为中心的工业化，是同实施可持续发展战略相结合的工业化，是充分发挥我国人力

① 胡锦涛：《高举中国特色社会主义伟大旗帜　为夺取全面建设小康社会新胜利而奋斗——在中国共产党第十七次全国代表大会上的报告（2007年10月15日）》，人民出版社2007年版。

资源优势的工业化。

新型工业化道路的“新”，就在于它同信息化等高科技发展紧密结合；注重经济发展同劳动密集型产业的结合。走新型工业化道路是从中国国情和实际经济发展情况出发，既遵循工业化客观规律，又体现时代特点的工业化道路。因为随着经济的发展和对外开放的扩大，我国经济已经融入世界经济，成为国际分工体系中的一个重要组成部分。在经济全球化的条件下，我们已经不可能关起门来先搞工业化，再搞信息化，而是必须走新型工业化道路。

走中国特色新型工业化道路，要做到：(1) 突破传统的狭义工业化观念，在促进第二产业发展的同时，大力促进第三产业的发展。(2) 发展现代产业体系，大力推进信息化与工业化融合，促进工业由大变强，振兴装备制造业，淘汰落后生产能力；提升高新技术产业，发展信息、生物、新材料、航空航天、海洋等产业；发展现代服务业，提高服务业比重和水平；加强基础产业基础设施建设，加快发展现代能源产业和综合运输体系，逐步形成全面发展的产业格局。(3) 通过市场调节与政府调节相结合的方式，促进城乡工业按照各自的比较优势合理分工、协调发展。(4) 以经济全球化与知识经济为背景，充分考虑其对国内经济结构调整所带来的机遇与挑战，立足我国人口多、资源少、经济发展不平衡的现实国情，把促进资本、技术密集型产业的发展与大力发展劳动密集型产业结合起来。(5) 进一步扩大开放，加快实现新兴工业化的目标。

(二)“三个转变”

转变经济发展方式的基本思路是：实现“三个转变”，这是我国今后一个时期推动经济发展的重要方针。

1. 促进经济增长由主要依靠投资、出口拉动向依靠消费、投资、出口协调拉动转变这一个转变包括内外需求结构、内需中消费与投资结构和整体需求结构三方面的调整。近年来我国经济增长过于依赖投资和出口，忽视国内需求。我国是一个人口大国，而且是一个发展中的人口大国，这一基本国情决定了我国比世界上任何国家都更加具备立足扩大国内需求推动经济发展的有利条件。立足扩大国内需求推动经济发展，必须处理好投资需求和消费需求的关系。因为在国民收入一定的情况下，投资基金和消费基金是此消彼长的关系。近年来，我国资本形成对经济增长的贡献率不断提高，而消费率特别是居民消费率的贡献率持续降低。这既是由于消费结构的因素导致的，更是由于消费能力不足造成的。因此，要保持经济持续、稳定地的发展，必须立足于扩大国内需求，特别是居民的消费需求上，形成消费与投资、出口协调拉动经济增长的合理格局。

2. 促进经济增长由主要依靠第二产业带动向依靠第一、第二、第三产业协同带动转变

这是我国产业结构调整的基本方向，是针对农业基础薄弱、工业大而不强、服务业发展滞后以及三大产业之间比例不合理的状况提出来的。我国农业基础薄弱；工业大而不强，同时资源消耗高、污染多的行业和企业所占比重较高；服务业发展滞后，特别是现代服务业的数量和质量远远不能满足需求，影响了经济整体素质和经济效益的提高，经济持续、稳定发展的动力不足。因此，必须立足推动产业结构的优化升级，加强农业的基础地位，逐步实现农业由弱变强；提高工业技术水平，实现工业由大变强；加速发展服务业，实现服务业由慢变快，使经济增长由主要依靠第二产业带动向依靠第一、第二、第三产业协同带动转变。

3. 促进经济增长由主要依靠增加物质资源消耗向主要依靠科技进步、劳动者素质提高、管理创新转变

这是经济增长中要素投入结构调整的基本方向，是针对经济增长中过于依赖物质资源投入的增加和简单劳动的追加，忽视科技进

步、劳动者素质的提高、管理创新等要素对经济发展的贡献而提出的。我国目前面临的情况，无论是从国际上的科技竞争加剧的态势看，还是从我国劳动力供给出现的新情况、生态环境以及资源压力看，都要求更多地依靠科技进步、劳动者素质提高、管理创新等带动经济的发展。因此，必须全面提高自主创新能力，逐步形成科技进步和创新为基础的新竞争优势。

四、经济社会发展战略

（一）经济社会发展战略的含义

经济社会发展战略，是一个国家或地区包括经济在内的整个社会的发展战略，具体包括经济、人口、社会生活、社会关系、文化教育等。一个完整的经济社会发展战略，包括战略目标、战略重点、战略阶段和战略措施等。

发展战略目标通常包括三大类：（1）发展生产方面的目标。能够综合表示社会生产发展水平的指标有：主要产品产量；技术装备水平；社会总产出；国内生产总值或国民生产总值；国民收入；经济增长速度等。（2）改善人民生活方面的目标。能够表示人们生活水平提高和改善的指标有：人均消费水平；吃、穿、用、住、行和文化娱乐、医疗保健状况。（3）全面提高劳动者素质方面的目标。能够表示劳动者素质提高的指标有：科技；教育；体育事业等发展状况。

上述指标中，有的从量上表示，有的从质上表示，有的从价值总量上表示，有的从物质结构上表示。只有将量和质、总量和结构等多方面综合来衡量，才能全面体现一个国家经济和社会发展的状况。

（二）经济社会发展战略制定的依据和原则

1. 制定经济社会发展战略的依据

第一，要体现一国的社会生产目的。社会制度不同决定其的社会生产的目的不同，任何一个国家的经济社会发展战略都必须以实现其社会生产目的为指导思想。社会主义制度决定社会主义的经济社会发展战略必须以满足人民日益增长的物质和文化需求为原则。

第二，从本国的基本国情以及国际环境出发。经济社会发展战略总是指在一定国家、一定时期或一定阶段的发展战略。因此，一国制定发展战略时，必须依据本国的历史、现状和社会发展阶段，按照本国的人口状况、经济技术状况、社会政治状况、环境与生态状况，自然条件，消费习惯、文化传统等实际情况而制定，才具有可行性。在经济全球化的条件下，一国的经济社会发展还要受到国际环境的制约。因此，一国制定发展战略时，必须充分考虑国际形势及其变动趋势，加强对世界形势的研究和预测，使发展战略尽量避免国际形势变化带来的不利影响，利用其有利影响求得本国经济的迅速发展，从而使自已紧紧跟上世界发展的潮流。

第三，遵循经济社会发展规律。经济发展和社会发展有其自身规律性，不以人们的主观意志为转移。因此，一国制定经济社会发展战略，必须遵循客观规律。既看到需要，也根据可能；既发挥主观能动性，也不违背客观规律。

2. 制定经济社会发展战略的原则

第一，适合本国国情。所谓国情是指一个国家中与经济社会发展密切关联的一些基本情况：一方面，要符合本国社会制度的客观要求。一国的社会制度规定着这个国家经济和社会发展的性质和方向，制约着各种因素发挥作用的程度；另一方面，要符合本国资源、经济、技术、人口和历史文化等方面的实际状况。

第二，考虑所处的国际环境。在经济全球化的条件下，任何一个国家都不可能脱离国际经济社会而独立发展。利用他国之长，弥补本国之短，是发展本国经济的必由之路。我国已加入 WTO，这既是一个机遇，也是一个挑战。我们制定经济社会发展战略，应立足本国，放眼世界，积极参与国际分工和国家竞争，提高我国的国际竞争力。

第三，尊重和利用客观经济规律和社会规律。经济社会的发展是受各种规律支配的，但是人们在规律面前并不是无能为力的，人们能够认识规律、掌握规律、利用规律来为人类服务。经济社会发展战略的制定和实施，就是人们在正确认识规律的基础上，发挥人的主观能动性，使客观可能性向符合人们的主观意愿的现实性转化的过程。

第四，注意反对两种倾向。制定经济社会发展战略，要从实际出发，讲求实效，既要反对固步自封，又要反对盲目冒进。保守的发展战略不能激励和指导人们前进，而冒进的发展战略又违背量力而行的原则，两者都会给国民经济发展造成损失。因此，这两种倾向都要反对。

（三）实现全面建设小康社会奋斗目标的新要求

党的十七大顺应国内外形势的新变化，顺应各族人民过上更好生活的新期待，把握经济社会发展趋势和规律，坚持中国特色社会主义经济建设、政治建设、文化建设、社会建设的基本目标和基本政策构成的基本纲领，在十六大确立的全面建设小康社会目标的基础上对我国发展提出五个方面新的更高要求。

1. 增强发展协调性，努力实现经济又好又快发展。转变发展方式取得重大进展，在优化结构、提高效益、降低消耗、保护环境的基础上，实现人均国内生产总值到2020年比2000年翻两番。社会主义市场经济体制更加完善。自主创新能力显著提高，科技进步对经济增长的贡献率大幅上升，进入创新型国家行列。居民消费率稳步提高，形成消费、投资、出口协调拉动的增长格局。城乡、区域协调互动发展机制和主体功能区布局基本形成。社会主义新农村建设取得重大进展。城镇人口比重明显增加。

2. 扩大社会主义民主，更好地保障人民权益和社会公平正义。

公民政治参与有序扩大。依法治国基本方略深入落实，全社会法制观念进一步增强，法治政府建设取得新成效。基层民主制度更加完善。政府提供基本公共服务能力显著增强。

3. 加强文化建设，明显提高全民族文明素质。社会主义核心价值体系深入人心，良好思想道德风尚进一步弘扬。覆盖全社会的公共文化服务体系基本建立，文化产业占国民经济比重明显提高、国际竞争力显著增强，适应人民需要的文化产品更加丰富。

4. 加快发展社会事业，全面改善人民生活。现代国民教育体系更加完善，终身教育体系基本形成，全民受教育程度和创新人才培养水平明显提高。社会就业更加充分。覆盖城乡居民的社会保障体系基本建立，人人享有基本生活保障。合理有序的收入分配格局基本形成，中等收入者占多数，绝对贫困现象基本消除。人人享有基本医疗卫生服务。社会管理体系更加健全。

5. 建设生态文明，基本形成节约能源资源和保护生态环境的产业结构、增长方式、消费模式。循环经济形成较大规模，可再生能源比重显著上升。主要污染物排放得到有效控制，生态环境质量明显改善。生态文明观念在全社会牢固树立。

为了尽快实现目标，我们还应具体实施“科教兴国战略”、“人才强国战略”、“可持续发展战略”、“知识产权战略”、“区域发展总体战略”、“自由贸易区战略”、“重大文化产业项目带动战略”、“扩大就业的发展战略”、“互利共赢的开放战略”等一系列的发展战略。

1. 什么是经济增长？影响经济增长的因素都有哪些？

2. 什么是经济发展？影响经济发展的因素都有哪些？

3. 经济增长与经济发展二者之间是什么关系？

4. 科学发展观与经济发展方式是什么关系？为什么要转变经济发展方式？

5. 如何转变经济发展方式？

6. 经济发展战略是什么？制定经济发展战略的依据和原则是什么？

第十四章

社会主义市场经济的宏观调控

教学要点

1. 宏观调控的必要性
2. 宏观调控的任务和目标
3. 宏观调控的手段
4. 财政政策和货币政策
5. 社会保障体系的内容和作用

关键词

宏观调控　经济稳定增长　充分就业　国际收支平衡　物价稳定　税收　公债　财政政策　货币政策　社会保障

第一节　对社会主义市场经济进行宏观调控的必要性

一、社会主义市场经济中的政府职能

在市场经济中，政府既是重要的政治组织，又是重要的宏观经

济或社会经济管理者和调控者。在社会主义市场经济条件下，政府之所以具有经济职能，主要有两方面的原因：一是由社会化大生产的特性决定的。社会主义的经济活动是建立在社会化大生产基础上的，需要有一个社会中心组织、引导、管理和调控国民经济的运行，以弥补“市场失灵”所造成的缺陷，实现资源的优化配置。在现阶段，这个社会中心就是政府。二是由社会主义国家的特殊性决定的。社会主义市场经济是建立在生产资料公有制为主体的基础之上，有必要借助国家政权力量，保护社会主义经济基础；同时，为了发展社会生产力，不断提高人民的物质和文化生活水平，社会主义国家必须担负其经济和社会管理的职能。作为宏观经济或社会经济的管理者和调控者，政府的主要经济职能有四个方面。

（一）经济调节

国民经济的持续、协调、健康的发展离不开政府的经济调节。政府的经济调节职能主要是对宏观经济的调节，包括：（1）对宏观经济总量的调节，即综合运用各种调节手段，对国民经济运行实行间接的调节，力争使社会总供给与社会总需求在总量上保持平衡。（2）对经济结构的调节，即政府从经济社会发展战略、提高产业结构层次的角度，有意识地进行经济结构的调整，使之符合社会整体发展的需要。（3）对经济利益的调节。无论是对经济总量还是对经济结构的调节，包括我国正在进行的改革，归根到底都是对社会各群体经济利益的调节，这是经济调节和经济改革的出发点和落脚点。

（二）市场监督

所谓市场监督职能就是建立和调整政府微观规制，促进市场主体得以正常竞争的职能。社会主义市场经济的健康发展必须有良好的市场环境，特别是对于我国这样一个正在向市场经济体制“转轨”的国家来讲，政府更应承担起建立和维护市场竞争制度的重任。市场监督职能包括：（1）明确政府与微观市场主体的各自定位，政府可以依据微观规制制裁违规经营的市场主体，但不能直接干预微观主体的经济活动。（2）制定市场准入规则，对我国境内的所有合法的市场微观主体给予国民待遇。（3）加强市场监督，营造良好的竞争环境。通过整顿和规范市场经济秩序，健全现代市场经济的社会信用体系，打破行业垄断和地区封锁，促进商品和生产要素在全国市场自由流动。

（三）社会管理

政府承担的社会管理者的职能包括：（1）健全统一、开放、竞争、有序的现代市场体系，完善市场机制，为国民经济正常运行提供良好的市场基础。（2）汇集和保护经济信息，掌握和运用经济调节手段，引导市场并通过市场调节地区、部门、企业的发展计划和经济关系，以保证国家重要经济决策和发展计划的实施。（3）调节社会收入分配和建立健全社会保障体系，调整和规范国家、企业和个人三者之间的分配关系，促进经济发展、社会稳定和国家的长治久安。

（四）公共服务

由政府提供重要的公共物品是现代社会对政府的要求。所谓公共物品是指用来满足公共需要的，每个人在消费它们时并不排斥他人同时消费的物品和劳务。由于公共物品具有非竞争性和非排他性的特点，私人生产公共物品难以在经济上获得收益，所以，公共物品通常由政府来生产或提供。政府提供的公共物品主要有：（1）为企业的经营和发展提供良好的服务，如市场环境、投资环境和经济发展环境。（2）为社会提供良好基础设施和公共服务，如道路、交通、公共卫生、文化教育、城市公用设施、环境保护等。（3）提供完善的法律、法规、基本制度与规则，以奠定市场经济顺畅运行的制度前提。（4）为各类产权主体依法提供财产权利的保护，为公民提供良好的社会治安环境和国家安全保障。

二、社会主义国家实行宏观调控的必要性

宏观经济是指国民经济的总体（总量）经济活动，如社会总供给与总需求，国民收入或 GNP、GDP 的生产、分配和使用，国民经济各部门的比例关系，货币供给量与需求量等有关国民经济全局的经济活动。社会主义的宏观经济调控是指社会主义国家根据社会化大生产和客观经济规律要求，运用各种政策手段，对全社会的经济活动从总体上进行监管、控制和调节，为微观活动创造必要的外部条件和市场环境，促进整个国民经济持续发展的一种管理形式。

（一）宏观经济调控是社会化大生产的客观要求

社会主义经济制度的物质基础是社会化的大生产，随着社会化大生产的不断发展，社会分工和协作的不断扩大，社会各地区、各部门、各企业之间，社会再生产各环节之间以及国内市场和国际市场之间的联系日益紧密，它们相互依赖、相互制约，共同构成一个复杂的国民经济有机整体。社会化大生产客观要求国民经济各部门保持一定的比例关系，社会再生产才能顺利进行。要达到这个目标，单靠企业根据市场机制的自发调节，难以实现资源的最优配置，以及实现各产业部门、各地区、社会再生产各环节按比例地又好又快发展，必须通过国家的宏观调控，从国民经济发展的全局制定科学的经济发展战略和计划。

（二）宏观经济调控是巩固和发展生产资料社会主义公有制的需要

社会主义经济制度的基础是社会主义公有制。随着公有制的主体地位的确立，一方面使整个国民经济的主体不再被生产资料私有制所分割，而结成为一个统一的有机整体，它的正常运行，需要通过国家的宏观调控，把社会主义公有制的各个经济部门、各地区、各经济单位有机地联系起来，把人民的当前利益与长远利益、局部

利益与整体利益结合起来，充分调动劳动者的积极性，促进社会主义经济制度的巩固和发展。而且，在社会主义公有制条件下，各个部门、地区、企业之间的根本利益是一致的，这就为国民经济的宏观调控创造了良好的前提条件，使社会主义国家完全有可能比较好地实现对社会经济生活的全面调控和计划指导。

（三）宏观调控是社会主义市场经济有效运行的需要

社会主义市场经济体制的建立与完善，对加快经济发展，提高经济效益，实现资源的优化配置，起着强有力的推动作用。同时也应看到，市场不是万能的，市场经济有其自发性、盲目性和滞后性的弱点。市场调节往往是事后调节，企业为追求更多利润和市场刺激的短期行为，盲目进行生产，导致生产的波动，影响总供求的平衡，造成资源的破坏与浪费；市场对许多基础设施和公共设施的建设以及公共消费难以进行有效地调节；市场不能自发地实现收入分配的社会公平，自由竞争容易导致贫富差别扩大；市场经济不能使企业自发地保护环境和维护生态平衡。因而，为了弥补市场缺陷、纠正市场机制调节的不足，更加有效地发挥市场对资源配置的基础性作用，必须加强和改善国家对经济的宏观调控。当今世界上已经没有实行完全自由放任市场经济的国家，西方资本主义国家的政府都对市场经济的运行，从不同程度上实行了宏观调控。我国是在社会主义条件下实行市场经济，由社会主义基本经济制度决定的全体人民根本利益的一致性，应该完全有条件搞好国家的宏观经济调控。

（四）宏观经济调控是协调微观经济与宏观经济运行的需要

在社会主义国民经济的总体运行中，宏观经济与微观经济存在着密切的联系，微观经济的活动构成宏观经济的基础，宏观经济是微观经济的有机总和。在社会主义市场经济条件下，企业和个人的微观经济活动是分散的，它们各自进行经济决策，按照自己的需要从事生产和经营，追求自身利益的最大化，因而它们的经济活动不可能自发地同宏观经济的整体利益和需要相互协调。为解决微观经济行为与宏观经济整体运行的矛盾，必须加强和完善国家的宏观经济调控，运用各种手段和政策，引导微观主体的经济活动与宏观经济运行的要求相适应，使企业的生产经营目标同社会的宏观发展目标相互统一和衔接。

社会主义国家宏观调控体系包括：宏观调控目标、宏观调控方式、宏观调控手段和宏观调控政策等。宏观调控过程，实质上是一个运用是对那个的调节方式和手段，采取有效的经济政策，使社会总体经济协调有序运行，并对分散的微观经济活动进行调节和引导，促使宏观调控目标实现的过程。

第二节 宏观调控的目标、方式和手段

一、社会主义宏观调控的任务和目标

社会主义宏观调控的任务和目标应充分体现社会主义本质的要求，服从于社会主义生产目的。根据我国社会主义市场经济的特殊情况，政府宏观调控的目标一般包括经济增长、结构优化、总量平衡、物价稳定、充分就业、国际收支平衡等项内容。

经济稳定增长是指国民经济的发展速度始终呈现不断增长的趋势，而且各年份之间经济增长速度的变化率较小。只有保持经济稳定增长，才能避免经济的大起大落，才有可能发展社会生产力，提高人民群众的物质文化生活水平，缩小同发达国家发展水平的差距。国民经济稳定增长是宏观经济运行处于正常状态的动态表现。因此，经济稳定增长就成了宏观调控的首要目标。

经济结构优化是指各种经济结构的协调与合理。经济结构既包括所有制结构、分配结构，又包括产业结构、地区结构、投资结

构、商品供求结构。结构优化对于经济稳定增长及经济总量平衡有重要意义。宏观经济结构的优化，能使社会供给更好地满足社会需求，防止结构性的供需失衡，提高社会资源的利用效率，实现经济增长。就产业结构而言，尽管市场活动可以调节产业结构，推动技术进步，促进高新技术的产业化，但这种调节是一种事后调节，是以一定程度的经济波动和资源浪费为代价的，而且市场不可能根据国民经济发展的需要，自动地向某些重点产业倾斜。所以，必须由政府制定和实施产业政策来加快产业结构的优化。此外，国民经济的区域结构也必须由政府制定地区发展规划来合理化，因为市场调节的结果往往是扩大地区差距。因此，优化结构始终是宏观经济调控的重要目标。

总量平衡是指社会总供给与社会总需求在数量上大体一致，即市场上商品和劳务供给总量与对这些商品和劳务需求总量的平衡。只有在供需总量平衡的条件下，才能保持正常的市场秩序、基本稳定的价格和良好的市场供销环境，从而才有可能从资金、物资、技术等方面，有力地促进供需结构的优化。经济总量失衡本身就意味着生产要素配置比例的失衡。我国经济总量调控的目标关键是要形成总供给略大于总需求的市场运行环境，形成适度的买方市场，以促进生产者之间的有效竞争，更好地满足社会需要。

保持物价稳定是指保持物价总水平基本稳定。在市场经济条件下，物价绝对稳定既不利于经济发展，也不可能真正实现。保持物价总水平的基本稳定，即将物价变动保持在经济顺畅运行所允许而居民又能承受的范围内，既不发生严重的通货膨胀，也不发生严重的通货紧缩。物价基本稳定，是国民经济持续健康发展的必要条件，对于稳定经济进而维持社会稳定和调动劳动者的积极性，都具有十分重要的作用。

充分就业，是指尽可能消除非自愿失业，使每个有劳动能力并愿意工作的劳动者都能有平等的就业机会，并实现了的就业。将充分就业作为宏观经济调控的目标，能促使一国人力资源得以充分利用，促进经济发展，提高人民生活水平，保持社会稳定。我国是一个人口大国，劳动力供大于求的矛盾将长期存在，经济体制转轨和结构调整都会使这一矛盾显得十分突出。所以通过宏观调控，尽可能地实现充分就业，是我国宏观调控的重要任务。

保持国际收支平衡。国际收支平衡，主要指资本流出、流入的平衡和进出口的平衡。在开放经济条件下，国际收支平衡对于国内的货币循环、资金循环和社会总供求的平衡都有重要影响。积极吸引外资，发展对外贸易，可以缓解本国资金不足、技术缺乏和需求不足的矛盾。但借入外资需要还本付息，进口需要用出口创汇来抵补，反过来也会限制本国经济的增长。在现今世界经济形势中，国际收支的严重逆差会损害长期的经济增长能力；过度顺差又易引发国际贸易争端。对国际收支宏观调控的目标是，促进对外贸易的发展与国际资本流动，以保障国际收支的基本平衡。

上述宏观调控的目标构成了一个相互联系、相互制约的目标体系。要保持经济总量平衡，必须保持物价的基本稳定，消除失业，而总量平衡又是国民经济稳定增长的条件。经济结构的优化、国际收支的基本平衡也是长期保持经济总量平衡，实现国民经济持续、稳定和快速增长的重要条件。但在一定条件下，有的目标之间可能会发生矛盾和冲突，因此，要实现有效宏观调控就必须协调各有关目标，进行最优决策。

二、宏观调控的方式

要实施有效的宏观调控，选择适合的宏观调控方式具有重要意义。宏观调控方式选择得当，有利于达到预定目标，否则，不仅难以达到预定目标，甚至还会妨碍国民经济的正常运行。宏观调控的方式作为整个经济体制模式的重要组成部分，是由经济体制模式决定的。由于各个国家所面临的具体历史条件和经济发展环境不同，生产力的发展水平、社会生产结构和社会文化背景的差别，因而在不同国家乃至同一个国家的不同时期，经济体制和由经济体制决定的宏观调控方式也是不完全相同的。而且一种宏观调控方式也不应该一经选定就固定不变，应该随着生产力的发展和其他条件的变化，不断进行相应的调整和改革。

社会主义国家对国民经济的运行进行宏观调控，有直接调控和间接调控两种方式。直接调控是国家运用行政手段和指令性计划，对国民经济运行和微观经济主体的活动进行调控。间接调控是国家运用经济手段和指导性计划，借助市场机制和市场信号，引导微观经济主体的经济行为符合社会整体经济运行的需要的一种调控方式。

社会主义经济在实践中曾经形成多种宏观调控方式，其中影响范围最大、持续时间最长的是高度集中型的指令性计划经济方式。这种调控方式由于与生产力的发展水平不相适应，对社会主义经济发展造成了较大的危害。我们要建立的社会主义市场经济体制，是要使市场在社会主义国家宏观调控下对资源配置起基础性作用，也就是让市场在资源配置上发挥基础作用，而国家计划则发挥导向作用，即间接调控的方式。以间接调控为主，并不排斥和否定必要的直接调控。与社会主义市场经济体制相适应的宏观调控方式，则应该是既能充分发挥市场调节对资源配置的基础性作用，又能充分发挥政府宏观调控的导向作用，实现市场调节与政府宏观调控的有机结合。

三、宏观调控的手段

政府进行宏观经济调控时，需借助一定的调控手段来实现调控目标。一般来说，宏观调控手段主要有经济计划、经济手段，法律手段和必要的行政手段。

（一）经济计划

这是通过政府所制订的长期、中期和短期经济计划，对国民经济的运行和发展进行宏观调控。宏观调控计划是社会化大生产发展的必要手段，是社会主义宏观经济调控的重要手段之一。计划提出国民经济和社会发展的目标、任务，以及需要配套实施的经济政策。市场经济条件下，计划的形式主要是指导性计划，突出其宏观性、战略性和政策性。

市场经济不是不要计划。西方发达资本主义国家的市场经济也都有程度不同、形式不同的计划管理，有的国家政府还专门设有计划部门。从他们的计划运行情况看，有如下一些特点：计划的形成是经过社会各阶层代表人物和社会力量的反复协商后产生的，具有明显的集思广益的特点；计划的作用是指导性计划，给予导向，对市场主体没有强制约束力；计划的实施要借助其他的经济变量和参数，具有较强的预测性，同时也为微观经济活动提供信息。

我国的计划体制改革，目的在于更好地发挥计划手段的长处，避免集中过多、统得过死的弊端。计划调控的主要功能是从宏观上保持社会总供求平衡，实现国民经济按比例地协调发展；在全社会范围内对资源配置进行调控，动员和集中必要的人力、物力和财力，进行重点投资，建设重大项目，合理调整产业结构；调节收入分配，保持社会稳定和公平，提高经济效益。计划调控的这些功能有效地弥补了市场功能的不足。

（二）经济手段

经济手段是指政府在自觉依据和运用客观经济规律的基础上，通过经济机制，按照经济利益原则作用于经济活动，并对国民经济运行进行调节和控制的手段。它是保证国民经济正常运行的内在因素，对调节社会各方面的经济利益，协调经济发展，具有十分重要的作用。经济手段主要包括经济杠杆体系和经营性调节手段。

1. 经济杠杆体系

经济杠杆体系主要包括价格、税收、信贷、汇率、工资等杠杆。经济杠杆体系是国家调节经济活动的主要手段，它们各自具有不同的调节功能。

价格杠杆是指国家根据客观经济规律的要求，通过一定的经济政策与管理措施，影响市场价格水平来引导和控制社会经济活动的手段。由于市场经济受价值规律支配，市场优化资源配置和促进经济效益的作用，都要通过价格的涨落才能实现。因而，市场经济条件下，价格杠杆将发挥着极为重要的作用。

税收杠杆是指国家运用税收参与国民收入的分配和再分配，从而对各经济主体的行为发生影响，达到调节经济活动的手段。它是最主要的经济调节手段。同其他经济杠杆相比，税收杠杆具有强制性、统一性、稳定性、灵活性等特点。由于税收是通过国家政治权力和以法律规定的形式对一部分国民收入进行分配的，所以该杠杆具有经济、法律和行政手段的三重性质，对宏观经济具有重要的调控功能。

信贷杠杆是指国家根据货币金融政策、国民经济运行的实际情况，通过调节利率，确定不同的贷款方向、贷款条件和贷款数量，以控制和引导资金运动，调整国民经济整体运行的经济手段。信贷杠杆具有资金筹集的广泛性、使用的有偿性与选择性等特征。

汇率是两个不同国家货币之间的比率。以直接标价法计算，汇率升降与本国货币对外价值的高低成反方向变化。由于汇率只适用于开放经济国家的中央经济决策部门运用，因而它是宏观经济的特殊调节手段。在社会主义市场经济条件下，汇率是影响宏观经济的一个重要因素，它对整个国家的生产、就业、物价、经济增长和国际收支平衡都产生重要的调节作用。具体地讲，汇率升降的影响主要有三方面：（1）影响进出口贸易总量与结构，从而影响国内资源的配置。在市场机制正常发挥作用的条件下，通过使本币贬值即让汇率上升，可以引起出口增加，进口减少，反之，汇率下降，将使出口减少，进口增加。（2）影响资金的流入流出。如果本币贬值，对外在预期汇率不会继续上升的条件下，资金流入量将增加，资金流出量将减少。（3）影响侨汇收入、旅游收入等非贸易外汇收入。如果本币对外贬值，非贸易外汇收入将增加，反之，非贸易外汇收入将减少。

工资杠杆的调节作用表现在，通过选择不同的工资形式，确定合理的工资等级差距，调动劳动者积极性；还可通过确定工资总水平，来调节国家、企业和个人的分配关系。工资杠杆作用的发挥，与完善分配结构和分配方式有重要联系。随着分配结构和分配方式的不断完善，工资杠杆的作用也将很好地发挥出来。

2. 经营性调节手段

经营性调节手段主要是指国家直接经营一定数量的生产和流通企业及开展一定限度的国家订货活动，参与经济调节。经营性调节手段实质是国家利用自己所直接掌握的物质力量对市场机制进行调节，以弥补经济杠杆手段的不足。

国家直接经营企业参与调节。由于市场调节对促进公共产品与高投入产业发展的局限性，国家为加强宏观经济调控，直接经营一定数量的社会化程度高，对国计民生影响很大的重要企业，是非常必要的。由于在各种产品及各个产业之间存在着内在的有机联系，国家通过调节这些由自己直接经营的重要企业的生产经营规模与方向，可以有效地影响其他企业的生产经营规模与方向，从而对社会供求总量及结构发生协调作用。国家通过直接经营某些重要企业而调节经济运行的方式，不仅比其他调节手段来得快，而且也是其他调节手段有效发挥作用的保证。需要注意的是，这些企业在生产经营上只有有限的经营权和经营责任；不是以经营利润而是以调节为目的，经营活动应把社会效益放在首位。

国家订货参与调节。国家订货是指国家以顾客的身份出现在市场上，从而影响企业的生产规模和生产方向，实现预期的调节目标。这种调节方式对于一个发展中的社会主义大国尤显必要。国家根据调节的要求，通过订货总量及品种的变更，有效地协调经济运行。由于国家订货具有规模大、价格优惠及货物支付保证性强等其他任何购买活动都无法比拟的优点，因而国家订货对企业有极大的吸引力，可以使调节目标通过订货规模及结构的变化而有效地实现。

由上可见，几种经济手段其作用范围、作用方向和程度都有所不同，单独运用某种经济杠杆进行宏观调控，常常难以达到预期目标。因此，运用经济手段进行宏观调控，关键是综合利用各种经济手段。

（三）法律手段

法律手段是指政府依靠特有的法权力量，通过经济立法和司法，运用经济法规来调节经济关系和经济活动，以达到宏观调控目标的一种手段。

法律手段的内容包括经济司法和经济立法两个方面。经济立法主要是由立法机关制定各种经济法规，保护市场主体权益；经济司法主要是由司法机关按照法律规定的制度、程序，对经济案件进行检察和审理的活动，维护市场秩序，惩罚和制裁经济犯罪。以法律手段调节经济运行，主要是通过经济法律体系的形式实现的。经济法律体系包括工农业经济管理，财政金融管理，交通运输管理，自然资源与环境保护法规等等，如计划法、企业法、银行法、环保法等。

法律手段同其他调节手段相比，具有以下显著特点：（1）法律手段运用的经济法规具有国家意志的属性，是社会经济生活的行为准则，因而具有普遍的约束性。（2）法律手段是通过经济法规的严格贯彻而实现其对经济的调控作用的，因而具有严格的强制性。（3）法律手段所调节的只是经济活动中最稳定的经济关系，法律中所涉及的重大问题，往往保持长久的效力，同时，法律的制定或修订都非常慎重，要遵守严格的立法程序，因而法律手段具有相对的稳定性。(4) 法律手段是通过经济法规而对经济活动主体规定出大致的活动准则及方向，因而，具有较强的事前调节性质。

发挥法律手段的宏观调控作用，必须尽快健全和完善各项法律与规章，主要应注意以下几方面：(1) 使法律的制定能够充分体现和适应社会主义经济规律的要求，使经济主体的活动在法律的约束下按照客观经济规律行事。(2) 继续完善经济立法。建立和健全严格的市场交易规则，逐步使市场各类交易活动公开化、有序化、规范化，把一些重要的行之有效的政策加以条理化、具体化、法律化，以保证市场经济条件下宏观控制目的的顺利实现。(3) 加强经济执法，包括健全经济审判机构、扩大检察机关的法律监督权力等，确保办案质量，消除以政代法等弊端。

(四) 必要的行政手段

行政手段是指国家经济管理机构凭借国家政权力量，采取发布命令、指示、规定、条例等形式，按照行政系统、行政层次、行政区划，直接引导和控制社会经济活动，以达到宏观调控目标的一种手段。

与经济手段相比，行政手段一般具有强制性、直接性、纵向性，强调经济利益一致性等特点。社会主义宏观经济调控还不能放弃必要的行政手段。因为计划手段、经济手段的调节功能都有一定的局限性，如计划手段有相对稳定性，不能灵活地调节经济活动；经济手段具有短期性、滞后性和调节后果的不确定性。当计划、经济手段的调节都无效时，就只能采取必要的行政手段。尤其当国民经济重大比例关系失调或社会经济某一领域失控时，运用行政手段调节将能更迅速地扭转失控，更快地恢复正常的经济秩序。当然，行政手段是短期的非常规的手段，不可滥用，必须在尊重客观经济规律的基础上，从实际出发加以运用。

发挥行政手段的有效调控作用，必须做到：(1) 把行政手段的运用建立在市场经济基础上，使其充分反映市场经济规律的要求。(2) 明确国家的经济职能和经济管理权限，使行政手段的运用保持在合理的限度内。(3) 精简行政管理机构，消除人浮于事的弊端，建立合理的行政调节决策程序、决策责任制和决策审批制度，不断提高行政调节的决策水平。

宏观调控的计划、经济、法律和行政等手段，各具特点，各有所长，它们相互联系、相互补充，共同组成宏观调控手段体系。在这一体系中，由于经济手段比较符合市场经济原则，所以，要以经济手段为主，综合运用其他手段，发挥各种调节手段总体功能，以便有效地调控宏观经济。

第三节　宏观经济调控政策

宏观经济政策是国家在一定时期内，按照宏观调控目标的要求而制定的组织、调节、控制经济活动的行为规范和准则。宏观经济政策是建立在市场机制作用基础上的，并同市场运行变量有内在联系的经济范畴，是国家宏观调控经济运行、保障市场经济健康发展的重要工具。由于经济运行的复杂性与调控目标的综合性，决定了宏观经济政策在现实中总表现为互相联系，取长补短的政策所组成的政策体系，这一政策体系包括财政政策、货币政策、产业政策、价格政策、收入分配政策等等。

一、国家对经济总量的调控

宏观调控的首要任务，是保持社会总供给与社会总需求在总量上的基本平衡，并在此基础上实现经济的适度快速增长。社会主义国家对经济总量的调控，主要是通过财政政策和货币政策实现的。

(一) 财政政策

财政政策是指政府在一定时期内为实现特定的政治经济任务和

战略目标而调整财政收支规模和收支平衡的指导原则及其相应的措施。

财政政策主要包括财政收入政策和财政支出政策。财政收入政策主要是指政府通过税收政策和公债政策调节经济活动。税收政策包括税种、税率和税收起征点等三个政策的变动调节政府的财政收入；公债政策是政府通过发行公债调节政府的财政收入。财政支出政策主要指财政投资政策、财政补贴政策等；财政投资政策如政府购买和公共工程建设，财政补贴政策如政府的转移支付（转移支付是指政府对某些地区、阶层及人士实行的津贴和补助等）。财政政策的主要任务，在于调节总供给和总需求的平衡。按财政政策在调节总供给和总需求方面的不同功能，财政政策可具体分为平衡性财政政策、紧缩性财政政策和扩张性财政政策三种类型。平衡财政政策是财政支出根据财政收入的多少来安排，既不要有大量结余，又不要有较大赤字，保持财政收支基本平衡，从而对总需求不产生扩张或紧缩的影响。紧缩性财政政策是通过增加税收、压缩财政支出以达到抑制或减少社会总需求。扩张性财政政策则是通过减税而减少财政收入，或通过扩大财政支出的规模，来刺激社会总需求。

财政政策作为政府的宏观调控手段，其在经济管理中的重要地位和作用主要体现在四个方面：（1）平衡社会需求总量。政府通过财政政策的正确制定和适时调整，可以达到总需求水平与总供给水平基本平衡，从而实现国民经济的稳定发展。（2）合理配置资源。财政政策通过财政分配职能的有效发挥，调节和影响社会物质利益关系，调节经济主体行为，从而使社会资源得到合理配置。（3）优化经济结构。财政政策通过直接预测安排，税收政策的制定、调整等，协调社会的投资结构、产业结构，促进整个国民经济结构的调整和优化。（4）调节收入分配，实现社会公平。财政具有收入分配职能。收入分配的目标是实现公平分配。公平分配包括经济公平和社会公平。经济公平强调的是要素投入和要素收入相对称；社会公平强调收入差距维持在社会各阶层居民所能接受的合理范围。在没有政府干预的条件下，市场分配虽然体现出效率原则，但并不能有效地防止因收入分配悬殊所导致的社会矛盾。财政介入收入分配活动，可以通过再分配对工资、企业利润、租金收入、财产收入、股息收入等进行调节，通过转移性支出，保障每个社会成员维持起码的生活水平和福利水平。

（二）货币政策

货币政策是中央银行代表中央政府，为实现宏观经济调节目标而制定的用于调节货币供应量及货币供应量与货币需要量相互关系的指导原则和行为准则。

货币政策的基本目标是稳定币值与发展经济。稳定币值是将货币供应量控制在流通中对货币客观需要量所允许的范围之内，以保持物价水平的基本稳定。发展经济实质通过合理分配货币资金，充分发挥各种生产要素的作用，使社会总供求保持基本平衡，推动国民经济顺利发展。

根据社会总供给与社会总需求矛盾的状况，与财政政策相配套，货币政策可具体分为三种类型，即均衡性货币政策、紧缩性货币政策和扩张性货币政策。均衡性货币政策是保持货币供应量与经济发展对货币的需求量的大体平衡，以实现总供给与总需求的基本平衡。紧缩性货币政策是通过提高利率、紧缩信贷规模、减少货币供应量，以抑制社会总需求过度增长。扩张性货币政策是通过降低利率、扩大信贷规模、增加货币供给量，以刺激社会总需求增长。货币政策目标是通过货币政策工具的运用来实现的。货币政策工具主要有三个，即法定存款准备金率、公开市场业务和再贴现率。

法定存款准备金率是指国家法律规定的、各商业银行向中央银行缴存的存款占各商业银行所吸收到的存款的比率。这一比率的变动直接影响着商业银行的贷款规模，中央银行可以通过改变法定准备金比率，控制货币供应总量的变化。

再贴现率是指商业银行因再贴现而向中央银行支付的利息率，其实质是中央银行对商业银行的再贷款利率。在商业银行资金不足时，可以向中央银行筹资。在信用关系发达的情况下，各商业银行主要通过两种方式从中央银行贷款：一是将各种票据，如国库券、国债等向中央银行进行再贴现。二是用自己所拥有的政府债券、其他财产作担保从中央银行贷款，这两种贷款方式都叫再贴现。由于进行再贴现而向中央银行支付的利息率就是再贴现率。这样，中央银行就可以通过调节再贴现率来影响商业银行的借款成本，从而达到调节商业银行贷款规模，调节货币供应量的目的。

公开市场业务是指中央银行在金融市场（又称公开市场）上买卖各种政府债券，以调节货币供应量的活动。公开市场业务要逆经济风向行事。当总需求不足，失业增加，经济走向衰退时，中央银行在金融市场上买进政府债券，放出货币，扩大货币供应量，迫使利率下降，进而引起投资增加和需求扩张，推动经济增长和就业增加；反之，当总需求膨胀，价格水平上升时，中央银行则卖出政府债券，收回货币，从而紧缩银根，减少货币供应量，导致利息率上升，以抑制需求扩张和通货膨胀。

货币政策主要是由中央银行实施的，它能够间接地影响市场主体的行为，调节资金供求。在宏观调控中，正确灵活的货币政策对于稳定物价水平、促进经济协调发展具有不可忽视的重要作用。

（三）政策运用类型

在调控宏观总量平衡时，需要财政政策与货币政策的相互配合。财政政策与货币政策分别都具有扩张性、紧缩性和中性三种类型。财政政策与货币政策的配合使用，也就是它们的三种政策类型的不同组合。

1.“双松”政策或扩张性政策

为了有效地刺激社会总需求，可以把扩张性的财政政策和扩张性的货币政策搭配使用。财政政策表现为减少税收和扩大政府支出规模，增加社会总需求；松的货币政策表现为降低存款准备金和利率而扩大信贷规模，增加货币供应量。

2. “双紧”政策或紧缩性政策

为了有效地抑制社会总需求，可以把紧缩性的财政政策和紧缩性的货币政策搭配使用。财政政策表现为增加税收和缩减政府支出规模，从而减少社会总需求；紧的货币政策表现为提高存款准备金和利率而压缩信贷规模，从而减少货币供应量。

3. “松紧搭配政策”

为了在刺激社会总需求、保持经济适度增长的同时又不至于引起严重的通货膨胀，可以把扩张性的财政政策和紧缩性的货币政策搭配使用。

4. “紧松搭配政策”

为了在控制通货膨胀的同时又能保持经济的适度增长，可以把紧缩性的财政政策与扩张性的货币政策搭配使用。

二、国家对经济结构的调整

国家对经济结构的调整是指调节社会供给结构与社会需求结构相适应，这是通过产业结构的优化升级来实现的。主要是运用产业政策而进行。

产业政策是指政府为实现一定的经济和社会发展目标，调整产业结构和产业布局，从增加有效供给方面促使社会总需求与总供给平衡而采取的政策措施及手段的总和。产业政策由产业布局政策、产业结构政策、产业技术政策和产业组织政策等组成。一项完整的产业政策，包括政策主体、政策目标和政策手段三个构成要素。政策主体是指政策的制定者，在我国是代表全体人民利益的政府。政策目标即政府根据经济社会发展的要求、趋势及某些特定的目的而确定的发展目标。主要有：规划产业结构演进的方向、步骤及各产业发展顺序；确定支持什么产业，限制什么产业；选择重点产业、主导产业、支柱产业；妥善处理各产业之间的关系，最终促使国民经济各产业部门按比例协调发展。政策手段是指为了实现政策目标，从实际出发所采取的各种措施。如在税收、财政拨款、信贷、投资和价格等方面对不同产业给以优惠或限制，以及采取相关的工商行政管理和市场调节措施。

产业政策目标及手段的确定，必须充分考虑经济运行的实际环境，既要充分地考虑经济体制条件，又要考虑生产力发展水平和资源状况等多种因素，同时要充分反映社会主义经济发展的客观要求。这些要求包括：要使产业发展服从于不断提高经济效益，满足人民需要的目的；要使产业的发展符合按比例有效配置资源的要求，形成合理的产业结构；要使产业结构与技术结构协调发展等等。

同其他宏观经济政策相比，产业政策以调控供给为主。产业政策主要通过对供给的源泉和基础即产业活动的调控，使供给在总量和结构上都能满足社会需求。

产业政策的主要作用概括有以下几方面：（1）保护和促进主导产业、新兴产业、朝阳产业以及幼小产业的发展，加快资源优化配置的过程。（2）为市场发育和市场运行提供导向，促进市场机制和市场结构的完善。（3）为市场主体提供一个透明度较高的发展环境，有利于各市场主体明确市场环境变化方向，增强长期投资信心，促进市场主体行为的长期合理化。（4）促进产业结构不断地适应世界科学技术的发展潮流，提高产品竞争力和本国经济在世界市场的参与度，加快产业结构高度化，实现经济发展的良性循环。

三、价格政策与收入政策

（一）价格政策

价格政策是指国家通过对市场总供求的干预来影响价格总水

平，以及用各种直接或间接的手段对重要商品和劳务的价格形成施加影响，以理顺供求关系，保证宏观经济运行的稳定和协调的政策与措施的总和。

在社会主义市场经济体制下，价格政策的作用主要表现在：(1) 价格政策的合理制定和实施，可以有效地控制价格总水平，保证价格总水平的相对稳定，减轻市场经济自发波动引起的价格波动幅度，缩短价格波动的持续时间，为经济增长创造适宜的宏观环境。(2) 国家对少数重要商品与劳务的直接定价及有关补贴，可以避免市场不完全竞争带来的垄断与供求失衡，有利于资源的合理配置与居民生活水平的稳定提高。(3) 通过对商品价格的间接调控，避免市场商品价格大起大落导致的市场信号失真，矫正市场调节的偏差，并可为市场主体的公平竞争创造良好的环境。

(二) 收入分配政策

收入分配政策是对国民收入初次分配和再分配进行调节的政策，是政府调节收入分配的基本方针和原则。收入政策包括政策目标选择和具体实施措施两个部分。收入政策目标选择可分为收入结构政策目标选择和收入总量政策目标选择。前者是政府考虑收入差距的可接受程度，在公平与效率之间进行选择。当社会成员之间的收入差距过分悬殊、影响社会稳定时，政府的收入结构政策就侧重于缩小收入差距，增进公平；反之，如果劳动者缺乏积极性，劳动效率低下，政府的收入结构政策则侧重于提高效率。为了促进收入政策目标的实现，需要采取实施措施。一般有以下几种：(1) 以法律形式规定最低工资标准。这是为了保障社会成员的最低生活水平，维持社会稳定。(2) 税收调节。税收是实施收入政策的重要手段，政府在实行有利于调动劳动者积极性、提高效率的分配政策的同时，对个人收入征收累进所得税，征收高额财产税和遗产税等，可抑制一部分人收入过高，有利于实现分配的社会公平，防止收入分配差距的过分拉大。同时，将征收的税收用于公共投资，也有利于增加就业，降低失业率，提高某些个人和阶层的收入。(3）实施工资和物价管制。这是政府在特定情况下为实现收入政策目标而实行的非常措施。(4）增加转移支付和其他各种福利措施。例如，政府对贫困地区拨付扶贫款，对科技专家支付政府津贴，对失业者和低收入阶层发放失业补助金和救济金等。

收入分配政策的宏观调控作用主要有以下几个方面：第一，通过变动国民收入最终分配量（即总需求）调节社会总供求关系，从而达到对市场经济运行的有效调控。第二，通过对经济利益关系的调整，影响劳动者在生产中的作用，对预期供给发生间接调节作用，最终通过供给方面来调节总供求的关系。第三，通过变动收入分配，同时从供求两个方面直接或间接影响总供求关系，调整收入分配比例，兼顾积累与消费，改善供求关系，促使社会总需求与总供给大体平衡。

社会主义经济中实施收入政策的目的，是促进国民经济的总量平衡，避免通货膨胀或通货紧缩；促进分配的公平和效率的提高，避免收入分配差距过大；调动劳动者劳动积极性，促进经济发展，提高人民生活水平。

针对我国在经济体制转轨时期的收入分配状况及存在的问题，在运用收入政策进行调控时，既要在初次分配上讲求效率，也要讲求公平，在再分配时更加注重公平；既要鼓励一部分人和一部分地区通过诚实劳动和合法经营先富起来，并最后达到共同富裕的目的，又要防止收入分配差距过大，特别是要防止由非劳动因素造成的收入分配悬殊。

宏观调控各项政策相互作用，共同构成宏观调控政策体系。各项宏观调控政策各有特点，各自调控的具体对象和力度不同，各项政策的具体操作有不同的选择。在宏观调控过程中，要从国民经济运行的实际出发，综合运用并有选择地采用各项调控政策，形成相互协调配合的总体功能，才能达到最佳宏观调控效果。

第四节　完善社会保障体系

一、社会保障体系的内容及作用

（一）社会保障体系的内容

“社会保障”一词最早见于美国1935年颁布的《社会保障法》中，后来逐渐被世界各国所使用。国际劳动组织给“社会保障”一词下的定义是：“社会通过一系列公共设施，为其成员提供保护，以防止因疾病、产期、工伤、失业、年老和死亡致使停止和大量减少收入造成的经济和社会困难，提供医疗和为有子女的家庭提供补助金。”

社会主义国家的社会保障是指国家和社会通过立法对国民收入进行再分配，对社会成员特别是生活存在困难的人们的基本生活权利给予保障的社会安全制度。社会保障的基本目标是保证劳动力的再生产，从而保证社会再生产得以顺利进行。

1. 社会保险

社会保险是在既定的社会政策指导下，由国家通过法律手段，对社会全体劳动者强制征缴保险基金，用以对其中丧失劳动能力或失去劳动机会的成员提供基本生活保障的一种社会保障制度。社会保险的保障对象是社会成员中最活跃、最富有创造力的劳动者，因而是社会保障制度的主干和核心。

为维持社会生产正常进行，保护社会劳动力的健康成长，保障社会成员生活的安定，国家有必要采取措施，建立相应的组织机构，通过一定的途径和方式筹集保险基金，当社会劳动者丧失劳动能力或失去工作机会时给予一定的经济补偿，保障其基本生活需求。

社会保险一般由养老保险、失业保险、医疗保险、工伤保险与生育保险组成。其基本特征主要是强制性、保障性、普遍性、互济性和福利性。

2. 社会救助

社会救助是社会保障的最低层次，是最后一道防线。在市场经济条件下，由于各种主客观的原因，总会有一部分没有收入来源，但处于贫困状态而难以维持生计的社会成员，需要通过社会救助给予最低生活保障。

社会救助也称社会救济。它是指国家和社会对无劳动能力和生活来源的社会成员以及因自然灾害或其他经济社会等原因导致生活困难者，给予临时或长期物质帮助的一种社会保障制度。社会救助作为社会保障体系的组成部分，是社会成员应享有的基本权利，是国家和社会应尽的责任和义务，是政府解决社会问题的重要手段，也是稳定社会经济秩序的一种重要机制。

社会救助的对象主要是那些陷于生活困境的社会成员，按照它们致贫的原因，大致可以分为以下三类：一是无依无靠无生活来源的人，二是各种自然灾害造成的生活暂时困难的人，三是城乡贫困者。社会救助的内容是救济，救灾和扶贫。

3. 社会福利

社会福利是指国家或社会通过有关政策或立法，向全体社会成员提供的、旨在改善和不断提高其物质文化生活水平和质量的资金保障和服务保障。

社会福利是继社会救助、社会保障制度普遍建立后，面向全体社会成员，为提高其生活水平和质量而建立的一项现代保障制度，是社会保障体系中一个高层次的组成部分，也是评价一个国家或地区社会文明进步程度的重要指标。

社会福利与社会救助、社会保险相比较，具有福利对象的全民性、福利内容的广泛性、福利待遇的均等性等特征。社会福利体系由社会补贴、职业福利和社会服务组成。

4. 社会优抚

社会优抚是国家和社会对特定阶层的一种带有褒扬、优待和抚恤性质的特殊保障制度。同社会福利相比较，社会优抚的对象不是社会全员，而只是社会某些特定阶层如军人或军烈属，或为国家利益或公益事业而受伤、致残的本人或其家属等。社会优抚的主要内容是优待、安置等。

（二）社会保障体系的作用

社会保障体系同现代企业制度和企业经营机制、市场机制和市场体系、国家宏观调控、收入分配制度一起，组成现代市场经济体制的基本框架，是现代市场经济顺利运行的基本条件之一，是社会稳定的重要保证。社会保障体系的作用，主要体现在社会保障体系的功能中。社会保障体系的主要功能有：

1. 社会稳定功能

社会保障体系通过对国民收入再分配的调节，避免社会成员的收入差距悬殊；通过社会救助和社会保险，保证了社会公民的基本生活需求；通过社会福利和社会优抚，缓解了社会矛盾和避免了社会震荡，从而有效地维持社会稳定，社会保障体系是社会的“安全网”和“减震器”。

2. 市场运行保障功能

市场经济体制下的经济运行，需要企业成为真正独立的商品生产者和经营者。社会保障有利于企业减轻对员工社会福利、生活保障的负担，从而集中力量按市场要求组织经营活动，有利于企业成为真正的市场主体。

3. 劳动力再生产功能

劳动力再生产，是社会经济稳定运行的必要条件。社会保障体系通过多方面作用，能为劳动力的再生产提供物质保障；能保证生活困难者和失业者得到基本生活条件，从而为就业和再就业创造条件；此外，社会保障还能为劳动者后代的成长，提供物质保证。

4. 经济调节功能

社会保障体系内部，依社会宏观经济形势，可自行调节保障支出的多少。当经济过热时，由于社会救济金支出的减少，可相对减少社会总需求；当经济萧条时，由于社会救济金支出的增加，会刺激社会总需求，从而有利于社会总需求与总供给的平衡，防止社会经济膨胀或紧缩，促进社会经济的稳定。

二、建立和完善社会主义保障体系

（一）建立和完善社会保障体系的基本目标

关于完善社会保障体系的目标，党的十七大报告指出：要以社会保险、社会救助、社会福利为基础，以基本养老、基本医疗、最低生活保障制度为重点，以慈善事业、商业保险为补充，加快完善社会保障体系。加快发展社会事业，全面改善人民生活。现代国民教育体系更加完善，终身教育体系基本形成，全民受教育程度和创新人才培养水平明显提高。社会就业更加充分。覆盖城乡居民的社会保障体系基本建立，人人享有基本生活保障。合理有序的收入分配格局基本形成，中等收入者占多数，绝对贫困现象基本消除。人人享有基本医疗卫生服务。社会管理体系更加健全。

（二）建立和完善社会保障体系的主要任务

我国社会政治稳定，经济快速发展，财政收入持续增加，为我们进一步完善社会保障体系提供了有利条件。但是，建立和完善社会保障体系是一个长期复杂的过程，面临着许多困难和矛盾，任务十分繁重。目前建立和完善社会保障体系要做好的工作主要有：

1. 调整和完善基本养老保险制度

近年来的实践证明，社会统筹与个人账户相结合的基本养老保险制度模式是成功的，要予以坚持。目前的突出问题是养老金有较大缺口，造成这种情况的原因主要是过去没有足够的资金积累和人口老龄化导致退休人员急剧增加，以及一些地方职工大量提前退休等。解决这个问题的主要办法是进一步规范基本养老金计发项目和待遇标准，加大调剂基金的力度；坚持不懈地扩大覆盖面，加强基金征缴；多渠道筹集养老保险资金，努力扩大资金积累规模。

2. 积极稳妥地推进城镇职工基本医疗保险制度改革

为加快医疗保险制度改革，国务院决定医疗保险制度、医药卫生体制和药品流通体制三改并举、同步推进。城镇职工基本医疗保险制度及相关配套政策已经确定，应努力扩大新制度的覆盖范围，督促尚未开始实施的地区尽快启动。要研究解决改革过程中遇到的新情况、新问题，区别情况，分类指导，妥善处理好特殊人群的医疗保障。

3. 强化城市居民最低生活保障制度的作用

城市居民最低生活保障制度是近年来保障国有企业下岗职工、失业人员和城市生活贫困居民的“最后保障线”。这条保障线的作用需要进一步强化，要按照《城市居民最低生活保障条例》的要求，将符合条件的所有城市贫困居民纳入最低生活保障范围，并注意做好与其他社会保障线的衔接，特别是要加强对产业结构调整和企业改组改制过程中出现的特殊困难人群的最低生活保障。

4. 加强社会保障资金的筹集、管理和监督

社会保险费是社会保险资金的主要来源，要增强用人单位和职工缴纳社会保险费的观念，加强社会保险基金的征收力度，依法扩大社会保险覆盖范围，认真核准缴费基数，切实提高基金收缴率。各级政府要调整财政支出结构，加强社会保障部门预算，落实破产关闭企业职工分流安置、城市居民最低生活保障资金，弥补养老保险资金缺口，逐步增加社会保障支出。要进一步规范社会保险基金收支两条线管理，明确部门职责，做好工作衔接。要建立由政府部门、用人单位、职工代表和专家等组成的社会保障监督委员会，依法加强对社会保障基金的监督，保证基金的安全、完整和保值

增值。

5. 实现社会保障管理和服务的社会化

高效的社会管理和服务是完善的社会保障体系的主要特征。我国现阶段社会保障的社会化程度比较低，刚刚起步，还有许多工作要做。在基本实现离退休人员养老金的社会化发放后，逐步推行退休人员社区管理，使城镇各类企业、事业单位退休人员日常管理和服务与原用人单位脱钩，转到职工户口所在地的街道，由社区组织统一管理。要广泛运用现代信息技术手段，建立覆盖全国的社会保障信息服务网络，加强对社会保障的信息服务支持。

思考题

1. 社会主义市场经济中的政府职能是什么？

2. 什么是宏观调控？社会主义国家实行宏观调控的必要性是什么？

3. 如何正确认识我国宏观调控的任务和目标？

4. 我国宏观调控的手段有哪些？

5. 政府如何运用财政政策和货币政策调控经济总量？

6. 政府如何运用产业政策调控经济结构？

7. 社会保障体系的内容和作用是什么？

第十五章

科学技术革命与当代世界经济的发展

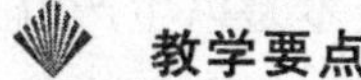

教学要点

1. 科学技术是第一生产力
2. 战后新科技革命对生产力的推动作用
3. 科技革命对当代资本主义经济发展的影响
4. 科技革命对中国经济发展的影响

关键词

科学技术　新科技革命

第一节　科学技术革命与社会生产力的发展

一、科学技术是第一生产力

（一）马克思主义关于科学技术是生产力的思想

科学技术是推动经济和社会发展的决定性因素，是社会生产力的重要组成部分。尤其是当今时代，科学技术在社会生产和生活中的作用日益突出。科学技术是第一生产力，是社会文明进步的基石，也是推动人类摆脱危机、走上可持续发展道路的重要力量。

科学技术是生产力的思想，在马克思的《资本论》、《经济学手稿》等著作中多处可见。早在19世纪40年代，马克思就已经有了科学是生产力的思想的萌芽。他在《1844年经济学—哲学手稿》中指出：自然科学是“通过工业日益在实践上进入人的生活，改造人的生活，并为人的解放做准备。”① 马克思在《政治经济学批判》（1857—1858年手稿）一文中首先明确提出了“生产力中也包括科学”的著名论断。他指出：“同价值转化为资本时的情形一样，在资本的进一步发展中，我们看到：一方面，资本是以生产力的一定的现有的历史发展为前提的，——在这些生产力中也包括科学”②。马克思在谈到资本的发展、资本利用科学、占有科学使之成为发财致富的手段时，也强调了这种观点。他指出，另一种不需要资本家花钱的生产力是科学力量。马克思还精辟地指出，社会劳动生产力，首先是科学的力量。

马克思、恩格斯生活的时代，正是第一次产业革命时期，那时科学技术对社会生产力发展的影响远没有当代这样强烈。但是，他们不仅揭示了科学技术对生产力发展的伟大变革作用，而且指出了科学在生产力发展中的巨大推动作用。马克思说：“大工业把巨大的自然力和自然科学并入生产过程，必然大大提高劳动生产率”③。

自18世纪以来，人类社会已经发生过三次科学技术革命。每次科学技术革命，都在不同程度上提高了社会生产力。尤其是二战后的第三次科技革命，极大地提高了社会生产力，给人类社会的发展带来了巨大的效益。正是在第三次科技革命使人类社会发生日新

---

① 《马克思恩格斯全集》第42卷，人民出版社1979年版，第128页。

② 《马克思恩格斯全集》第46卷下册，人民出版社1980年版，第211页。

③ 《马克思恩格斯全集》第23卷，人民出版社1972年版，第424页。

月异变化的基础上，邓小平提出了“科学技术是第一生产力”的著名论断。他说：“马克思说过科学技术是生产力，事实证明这话讲得很对。依我看，科学技术是第一生产力。”① 此后，他又多次论证了“科学技术是第一生产力”的理论。

科学技术是第一生产力，是邓小平根据科学技术发展的新特点和世界经济变化的新情况提出的最新论断。他重申了马克思主义的科学技术是生产力的观点，丰富和发展了马克思主义关于科学技术和生产力关系的学说，使人们对科学技术的认识又有了新的提高和推进，对于指导我国的社会主义现代化建设具有十分重要的意义。

从“科学技术是生产力”到“科学技术是第一生产力”，这是理论上的一个重大飞跃，是对马克思主义生产力理论的深化、丰富和发展。这个论断揭示了科学技术对当代生产力发展和社会经济发展的第一位变革作用，更明确地指出了科学技术是促进生产力发展的首要的决定的因素，是推动经济发展的强大动力。

进入 21 世纪，科学技术的更新更是呈爆炸性的方式增长，科学技术的竞争成为国家间竞争的焦点。因此，江泽民在纪念建党 80 周年的讲话中，明确提出“科学技术是第一生产力，而且是先进生产力的集中体现和主要标志”的著名论断，赋予“科学技术是第一生产力”思想新的时代特色和更加丰富的内涵。

科学技术来源于生产，科学的产生和发展一开始就是由生产决定的。直到 19 世纪以前，科学、技术和生产的关系都表现为：从生产到技术，然后上升为科学。只是到了近代，科学实验从生产中分离出来，成为人类社会一种与生产并列的基本实践活动。许多重大发现直接从科学实验中产生出来，然后应用到生产中去。因此，19 世纪 70 年代以来，从科学到技术、再从技术进入生产，形成生

① 《邓小平文选》第三卷，人民出版社 1993 年版，第 274 页。

产——技术——科学——技术——生产的循环过程。在这一过程中，生产是基础，科学是主导，处于中心地位。科学技术起主导作用，首先表现在一旦科学技术上有重大突破，就会使生产力有跳跃式的发展，按几何级数增长。其次表现为科学技术成为推动国民经济增长的首要因素。

在社会生产力的诸要素中，劳动者是最积极、最活跃的因素，但劳动者的劳动能力不再仅取决于劳动者的体能，更取决于知识的高低，只有掌握了科学技术的劳动者才能创造出远远超过普通劳动者所创造的使用价值。因此，各国都在加大教育投资，努力提高劳动者的素质。甚至不惜重金，利用各种途径招揽优秀的科技人才。

劳动工具的技术革新，对生产力的发展起着巨大的作用。不同时代使用不同的劳动工具，这是由当时的科技水平决定的。人类历史的每一次产业革命，都是以劳动工具的变革为标志的。某些机器设备和生产工艺的改进，归根到底是物化了的科学技术进步，以及人们不断发现、利用、改造、扩大劳动对象的结果。现在作为劳动对象已不再限于自然和半自然品，更多的是人类利用科学技术创造的新材料。特别是合成材料越来越多地被采用，极大地拓宽了劳动对象。

由此可以看到，依靠现代科学技术发展生产力的显著特点是，科技人员愈来愈成为主要劳动者，以电子计算机控制的自动化机械体系日益成为主要的劳动工具，合成材料和扩展型资源正在成为主要劳动对象。经济学家们指出，随着科学技术的进步，现代科学技术与生产力诸要素的关系，可以用公式表示为：生产力 = 科学技术 ×（劳动者 + 劳动工具 + 劳动对象）。从这一公式中可以看到，由于科学技术具有乘数效应，科学技术进步越快，其乘数值也越大。科学技术已经渗透到生产力诸要素的方方面面，这说明科技作用正上升到第一位，是第一生产力。

（二）科技革命与社会生产力的进步

科技革命是科学革命和技术革命的统称，是指人类认识与变革客观世界的质的飞跃，是在把科学变成发展社会生产的主导因素的基础上，从根本上和从质上改造生产力的过程。自人类进入资本主义时期以来，曾经发生过三次科学技术革命。每一次科学技术革命，都引起了社会生产力的深刻变革和人类社会的巨大进步。

第一次科技革命始于18世纪下半叶，以蒸汽机的发明为标志。从伽利略到牛顿的力学革命为其奠定了理论基础，使人类社会进入了使用蒸汽动力技术的时代。第一次科技革命的历程，是机器大工业代替以手工技术为基础的工场手工业的过程，也是机械动力代替自然力的过程。纺织、冶金、采煤、机器制造和交通运输成为资本主义工业的五大支柱。此次科技革命把人类从手工劳动中解放出来，而且使人类在不到一百年的时间里所创造的生产力比以往一切社会所创造的生产力总和还要多。对此，马克思曾指出：“自然力的征服，机器的采用，化学在工业和农业中的应用，轮船的行驶，铁路的通行，电报的采用，整个大陆的开垦，河川的通航，仿佛用法术从地下呼唤出来的大量人口——过去哪一个世纪能够料想到有这样的生产力潜伏在社会劳动里呢？”①

第二次科技革命开始于19世纪下半叶，以电力的广泛应用和内燃机的发明为标志。从法拉第到麦克斯韦完成了电磁学革命，为这次科技革命亦为近代电力工业、电子工业、无线电工业打下了坚实的科学理论基础，使人类社会进入了电气化时代。第二次科技革命，使人类的生产工具从蒸汽机转变为发电机、电动机，进而形成了以重工业、新兴工业和化学工业为主导的新的工业体系，相继出现了汽车、化工、新型冶炼等一系列工业部门。第二次科技革命广泛而深刻地影响着人类生活的各个领域，再一

① 《马克思恩格斯选集》第1卷，人民出版社1972年版，第256页。

次极大地提高了社会生产力，此后的一百年间，全世界的工业总产值增长了20倍。

始于20世纪40年代的第三次科技革命以原子能、电子技术的广泛发展和运用为主要标志。其科学理论基础是爱因斯坦的相对论、普朗克等人的量子论以及19世纪末自然科学的三大发现（电子、X射线和放射线），使人类步入了原子和电子时代。这是一次知识的革命、信息的革命、解放人类脑力的革命。前两次科技革命主要是材料、能源方面的革命，在生产过程中消耗掉了大量的不可再生性能源和资源；此次科技革命则凭借知识和信息的力量，减少了能源和物质的消耗，并生产出符合人类需要的各种新型材料。这次科技革命使技术知识密集型的新兴工业迅速崛起，如电子计算机、原子能、半导体、宇航、激光、人工合成材料工业等新兴工业部门迅猛发展，使人类社会的劳动生产方式提高到自动化、智能化、现代化的水平。

二、新科技革命对生产力的巨大推动作用

（一）新科技革命的主要内容

开始于20世纪40年代的第三次科技革命，70年代又掀起了新的高潮，以数字化和网络化为特征的信息技术和信息产业在这次科技革命中充当“火车头”的作用，使全球经济增长方式发生了根本性的变化。这次科技革命涉及的领域是空前的，影响范围是广阔的、深远的。就当前情况看，对社会生产力产生极大影响的科技革命主要发生在信息技术、生物技术、新材料技术、新能源技术、激光技术、新制造（加工）技术、空间开发技术、海洋开发技术等高新技术领域。

1. 信息技术

能量、材料、信息是物质世界的三个基本要素，随着科学技术与社会生活的不断发展，信息的重要性愈来愈显得突出。信息技术

则是有关信息的产生、收集、传输、接受、处理、存贮、检索等技术的总称。信息技术是一门由计算机技术、通信技术、信息处理技术和控制技术等构成的一门综合性高新技术，它是所有高新技术的基础和核心。它的发展是以电子技术，特别是微电子技术的进步为前提的。信息技术对其他高新技术的发展起着先导作用，其他高新技术的发展又反过来促进信息技术更快地发展。

在信息技术发展中，给世界各国人民的生产和生活带来巨大影响的是互联网的普及。将一种传媒推广到5 000万人，收音机用了38年，电视机用了15年，而互联网仅用了5年。1969年互联网在美国诞生，1994年互联网来到中国。到2008年3月底，中国互联网用户数量就达到了2.33亿，超过美国成为世界第一网络大国。2008年12月，全球互联网用户总数突破10亿，其中41.3%的用户来自亚太地区。中国互联网用户占全世界用户总数的17.8%，美国和日本分列第二位、第三位，分别为16.2%和6%。互联网的普及，在很大程度上改变了人们获取信息的方式、交流方式、工作与生活方式等。每一个人在网络上既可以浏览信息，又可以发布信息。在世界上任何一个角落发生的事情，以音频、视频的方式瞬间就可以传遍全球，达到身临其境的效果，从而把整个世界变成了一个“地球村”。

2. 生物技术

生物是一种高级的物质运动形态，它们是同时具有自我更新、自我调节、自我复制的物质系统。生物技术指的是运用工程的方法对生命系统进行作用，以实现预期目的的一种技术，故生物技术又称为生物工程。生物技术对解决能源、环境、粮食、疾病等困扰人类生存和发展的重大问题有着极其深远的影响。例如，在改革开放30年中，以袁隆平先生选育的超级杂交水稻为代表，解决了近5 000万人口的吃饭问题。近年来超级稻的研究又进入分子生物水平，研究成功了亩产800千克的二期超级稻，正在向亩产900千克挺进。

在生物技术中，基因重组技术处于核心地位。基因重组技术指的是将某些具有特殊性能的遗传基因从生物体中分离出来并进行重组，然后再转移或整合到另一些生命体中去。由于这种基因重组技术的出现，人类就可以根据需要，用工程的方法来改造现有的生物物种或制造新的生物物种。在众多生物技术应用的项目中，“人类基因组计划”具有特殊的重要意义。1990年10月，“人类基因组计划”开始实施。其要点是：测出人类DNA中全部（约30亿）核苷酸的顺序，搞清楚人类的10万个基因的全部蓝图以及这些基因在人类23对染色体上的位置。美国、英国、德国、日本、法国和中国的1 000多名科学家参加了这个计划的研究，并于2006年顺利完成。“人类基因组计划”的完成及进一步研究（解读基因密码的含义），将对人类疾病（特别是癌症、艾滋病等疑难病）的预防及治疗产生决定性的作用，开辟了人类延年益寿的新途径。据有关统计表明，全球生物技术产业的销售额约每5年翻一番，增长率高达25%～30%，是世界经济增长率的10倍左右。

3. 新能源技术

能源是指能够提供能量的自然资源。能源是一切物质活动的基础。

目前，人类所使用的能源（煤、石油、天然气等）多为非再生能源，已日渐枯竭，因此，寻找新能源成为关系人类生存与发展的重大问题。20世纪70年代以来，人类加快了新能源的开发利用，目前主要集中在太阳能、地热能、风能、核聚变能、海洋能、生物能、氢能、可燃冰以及多种多样的节能技术的开发利用。新能源的开发利用可以在一定程度上缓解各国越来越严重的能源危机。能源的紧缺成为制约我国经济发展的瓶颈，所以我国加快新能源的开发和利用。根据规划，到2010年我国的发电结构中火力发电规模将减少到68%，水电、核电、风电及太阳能发电比例将分别达到23%、2%、7%；到2020年火电比例将减少到50%，水电、核电、风电及太阳能发电比例将分别达到30%、8%、12%。①

4. 新材料技术

材料是物质世界三个基本要素之一，材料技术的发展是各种新技术发展的基础。20世纪70年代以来，具有各种特殊性能的材料，如纤维、非晶态、新型陶瓷、碳60、钛合金、纳米材料、生物材料、智能材料等不断涌现。据统计，目前已有25万种性能各异的材料问世，以满足生产及生活各方面的需要。某些重要材料的出现，往往导致某种程度的技术革命或推动新兴产业的出现，产生巨大的经济效益。目前，新材料技术正朝着研制生产更小、更智能、多功能、环保型以及可定制的产品、元件等方向发展。例如，20世纪90年代蓬勃发展的纳米科技，因其一系列独特的性能及广泛应用，正在形成一个新产业群落，推动并影响整个科学技术研究及产业的发展。

5. 激光技术

激光是一种新型光源，它具有高亮度、方向性好、单色性好、脉冲时间短、覆盖波段宽且可调谐等优点，从而成为一种强有力的技术手段。第一台激光器出现于20世纪60年代。20世纪70年代以来，找到可产生激光器振荡的工作物质千余种、激光谱线万余条、研制成不同类型的激光器数十种。与此同时，激光技术得到广泛应用，包括激光测量、激光全息、激光医学、激光通信、激光光谱分析、激光热处理及激光武器等诸多方面。

6. 新制造（加工）技术

制造（加工）技术在生产过程中具有关键性的作用。传统制造（加工）技术指的是机械加工技术，即原材料经过机械加工转

① “我国新能源产业现状与前景”，《中国证券报》，2009年4月24日。

化为产品的技术，而新制造（加工）技术主要指自动化加工技术、激光加工技术、微加工技术等。20 世纪 80 年代发展起来的纳米技术的加工尺度已经达到毫微米级。

7. 空间开发技术

空间开发技术也称宇航技术，它是新科技革命的前沿领域。20 世纪 50 年代以来，宇航技术或空间开发技术得到迅猛发展。空间开发技术主要围绕人造卫星的发射及利用、空间工业化和行星际探测三个方面展开。目前，人类向宇宙空间发射人造卫星约 5 000个，包括资源卫星、气象卫星、通信卫星、技术试验卫星、科学探测卫星、军用卫星等，拓展了人类的生存与发展空间。

8. 海洋开发技术

人类除向空间发展外，也向海洋发展。海洋占地球面积 71%，它蕴藏着极其丰富的食物资源、矿物资源和能源。尤其在陆地资源日渐枯竭的今天，海洋开发技术的深入发展有着极其特殊的意义。目前海洋资源开发技术主要包括海洋资源开发、海洋养殖与捕捞、海洋能的开发利用等方面。例如，近年在海洋中发现了一种被西方学者称为“21 世纪能源”或“未来新能源”的“可燃冰”。迄今为止，在世界各地的海洋及大陆地层中，已探明的“可燃冰”储量已相当于全球传统化石能源（煤、石油、天然气、油页岩等）储量的两倍以上，其中海底可燃冰的储量够人类使用 1 000年。目前美、中、日、德都在进行科学考察，进行开采“可燃冰”的试验。

（二）新科技革命的特点

这场科技革命既是以往科技革命的延续，又是突破性的发展，并在其发展过程中形成了自身的特点。

1. 这次科技革命具有全面性，影响到生产力的各个方面

邓小平曾经在 1978 年指出：“现代科学技术正在经历着一场伟大的革命，近三十年来，现代科学技术不只是在个别的科学理论

上，个别的生产技术上获得发展，也不只是有了一般意义上的进步和改革，而是几乎各门科学技术领域都发生了深刻的变化，出现了新的飞跃，产生了并且正在继续产生一系列新兴科学技术。"[①] 因此这次科技革命在生产工具、劳动对象以及人在物质生产中的地位等方面都发生了全面的重大变化。

2. 这次科技革命具有综合性，改变了以往科学和技术平行发展、各为系统的特点，实现了科学、技术和生产的综合发展和辩证结合

在19世纪以前，科学和技术是分离的，没有形成一个统一的革命过程。科学与技术的关系一般说来是技术提出问题，科学解答问题。比如，第一次科技革命中，瓦特发明蒸汽机，生产经验是起先导作用的，科学原理是后来被引用进来，它只是起到辅导作用；在第二次科技革命中，理论起到先导作用，但科学与技术之间的界限还是比较分明的，许多技术问题的解决都要求助于经验；在新科技革命中，新兴技术群的各领域都呈现出科学技术化、技术科学化、科学技术密不可分的一体化特点。现代的技术发明越来越依靠科学，科学革命和技术革命是同时发生和展开的。

3. 科学技术应用于生产的周期大为缩短

当代科技革命从科学发现到技术应用再到投入生产的周期愈来愈缩短。由于科学革命与技术革命形成一个统一过程，科学技术转化为生产力的时间大大加快。如今，像生物、纳米等新兴的科学领域，科学和技术之间的界限已经非常模糊。许多科学发现很快就转化成为专利和产品。[②]

---

① 《邓小平文选》第二卷，人民出版社1994年版，第87页。

② 徐冠华："科技创新与经济发展"，载《中国经济大讲堂》，辽宁人民出版社2006年版。

4. 现代科技革命要求大力开发科技人才资源

人类进入信息时代，其战略资源是人力资本，人才是人力资本的核心。因为人力资本表现为人的知识、技能、经验和熟练程度等，概括起来就是人的能力和素质。在高科技时代，掌握现代科技和专业知识的人才，是科学技术的载体、是人力资源的核心。正因为这样，发达国家大幅度增加智力投资，大力培养科技人才。例如，美国在 20 世纪 80 年代就提出了以提高全美国人的科学素质为主要目标的教育创新计划——“2601”计划，这项计划的目的是要使美国人能够成为具有高度科学素质的新一代美国人。克林顿时期，又提出《美国教育面向 21 世纪的行动提案》，旨在建立一流的教育制度，培养世界一流人才，保持 21 世纪美国在国际竞争中的优势地位。克林顿在国情咨文中提出对人力资源素质的具体要求：美国人 8 岁要能读、能写，12 岁能上计算机进行互联网操作，18 岁要能读懂大学课本，成年人要接受终身教育。

5. 科学技术在经济增长中的作用日益突出

随着科学技术的不断进步，科学技术在经济增长中的作用也越来越大。现在，一个国家经济实力的强弱，国际竞争能力的高低，社会经济增长的快慢，越来越取决于科学技术的决定作用。现在发达国家科学技术在经济增长中占的比重达到 70% ~80%，其中美国的科技进步在工业发展中的贡献率达到 82%。科学技术尤其是高新科技成为当代经济发展的第一推动力和第一生产力，成为增强综合国力的核心资源和战略资源。

（三）新科技革命对社会生产力的推动作用

新科技革命将极大地推动着生产力的发展。生产力中的劳动者、劳动资料和劳动手段三个实体要素，成为现代科学技术的物质承担者，任其日益广泛、深入地渗透于其中，极大地改变生产力各要素的面貌。

1. 科技促进劳动者劳动能力的提高

劳动者是社会生产力中的能动因素，处于主导地位。随着科学技术的发展，劳动者掌握了更加丰富的自然科学、管理科学理论和现代化的生产技术，使其技术水平不断提高，生产经验日益丰富，更加熟悉和掌握生产过程的规律，提高生产效率。科学技术可以扩展人的劳动能力，延长人手和其他体能，甚至可替代一部分人的脑力劳动。20 世纪 70 年代以来，在以信息技术为主要标志的新科技革命中，劳动者的能力不再取决于体力，而是主要取决于他所掌握的知识和技能。现有的研究证明：一个受过初等教育的工人就可以使劳动生产率提高 30%；一个熟练工人进修一年可以提高劳动生产率 1.6 倍。

2. 科技促进劳动资料效能提高

劳动资料是随着科技进步而不断发展的，劳动资料本身是科学技术的物化。劳动资料中生产工具是关键因素，人类社会的发展源于不断进步的生产工具，由原始社会的木棍、石器发展到铜制和铁制的简单手工工具，以后由手工工具发展到半机械化和机械化工具，现在又发展到由电子计算机操纵和控制的自动化机器体系。历次科技革命都曾带来劳动资料的质变和劳动生产率的大幅度提高。从 1900 年至 1950 年，世界钢铁产量从 4 000万吨增加到 2 亿吨，增长了 15 倍；钢产量则从 2 800万吨，增长到 2.08 亿吨，增加了 7 倍多。2008 年 1 月，总部位于布鲁塞尔的国际钢铁协会（IISI）公布的统计数据显示，2007 年全球 67 个主要产钢国家和地区粗钢总产量为 13.297 亿吨，同比增长 7.5%，这是连续第五年增速在 7% 以上。钢铁产量在 20 世纪上半叶的大幅度增加，主要归功于 19 世纪最后 40 年出现的两项重大生产工具创新：贝塞麦转炉和西门子—马丁的平炉炼钢法。现代新兴科学技术的发展，如电子技术、生物工程、激光技术、集成电路、自动化技术等的推广、应用，促使生产工具发生了更加巨大的变革，从而大幅度地提高了社会生产力和劳动生产率。例如，美国 IBM 公司（国际商用机器公司）与美国能源部科研人员 2008 年 6 月 9 日展示了他们最新开发的超级计算机，运算速度达每秒1 000万亿次，是迄今全球运算速度最快的超级计算机，也是第一台运算速度达每秒1 000万亿次的超级计算机。每秒1 000万亿次的运算能力大概相当于把 10 万台目前配置最好的笔记本电脑的运算能力累加到一起。这台超级计算机一天的计算量相当于地球上 60 亿人每周 7 天、每天 24 小时不间断地用计算器算 46 年。所以说劳动资料在科技进步的条件下，可以几十倍、上百倍地提高社会生产力。

3. 科技促进劳动对象的进步

随着现代科技革命的发展，劳动对象无论在种类、性能与用途上都发生了革命性的变化。首先，随着科技革命的发展，人类对自然资源开发利用的范围在不断扩大，已经经历了从陆地资源到海洋资源，再到大气层资源，并且正在向外层空间资源扩展的过程。其次，运用现代科学技术可以合成新的物质材料，扩大劳动对象的来源，使劳动对象更加广泛。目前世界上的传统材料已有几十万种，人工合成的化合物有 800 多万种，而且新材料还以每年大约 5% 的速度增长。当前所进行的新技术革命，对材料提出了前所未有的高要求：一是超高温（3 000℃以上）；二是超强度（每平方米2 000千克以上）；三是超微比重（每立方厘米 1.3 克以下）；四是多功能；五是无污染（可自毁）；六是可再生。随着科学技术的发展，现在具有上述性能的各种材料已展现在人类面前，极快地推动社会生产和生活的发展。

此外，随着科学技术的进步，生产过程的其他方面，如生产管理、工艺流程、信息收集、传播等要素也会发生极大变化，从而极大地促进生产力的发展。

第二节　新科学技术革命对当代经济发展的影响

一、新科学技术革命对当代资本主义经济发展的影响

新科技革命（以下简称科技革命）与前两次科技革命相比，对资本主义的影响更加广泛而深刻。以蒸汽机的发明为标志的第一次科技革命，将工业文明传送到欧美主要国家，为资本主义最终取代封建社会奠定了物质技术基础；以电力与内燃机的发明为标志的第二次科技革命，为社会化大生产进一步解决了能源和动力问题，促进了生产和资本的集中，推动了资本主义由自由竞争阶段向私人垄断和国家垄断阶段过渡；以信息技术为核心的新科技革命大大拓展了人类认识世界和改造世界的广度和深度，使人类由电气时代跨入到自动化、智能化时代，从而对当代资本主义的发展产生了深远的影响。新科技革命对当代资本主义经济发展的影响主要如下：

（一）拉动经济增长

以信息技术为代表的科技革命，对世界资本主义各国经济社会的发展产生了广泛而深刻的影响。发展中国家期望以新技术、信息化推动工业化；新兴工业化国家盼望通过科技革命加快信息化跻身世界先进国家行列；发达国家则普遍希望凭借科技优势保持其领先地位。20 世纪 70 年代以来科技对经济的拉动作用表现越来越明显，科技进步贡献率越来越高。科技进步贡献率是指科技进步对经济增长的贡献份额，它是衡量区域科技竞争实力和科技转化为现实生产力的综合性指标。目前美国、日本等主要发达国家的科技贡献率现已达到 80% 以上，而且仍然呈递增趋势，而资本与劳动力的作用在递减。据测算，1889 ~ 1929 年，美国经济增长中科技进步

贡献率只有33.5%；在1929～1967年，科技进步贡献率达到78%，正是在这一时期，美国由于重视和大力推进技术进步，奠定了其世界科技大国和经济盟主地位。亚洲“四小龙”经济的迅速发展，与其大力引进技术并在此基础上不断消化、不断创新是分不开的。1970～1980年，“四小龙”中的中国台湾和韩国GNP年均增长率分别为9.8%和9.5%，此间科技进步贡献率前者为48%，后者为40%。“四小龙”从20世纪60年代起，先是引进劳动密集型技术，然后是资本密集型技术，继而是高新技术。它们实行引进与创新相结合的策略，在短时间内建立起一批新兴产业部门，壮大了民族工业基础。

目前美国等发达国家垄断着世界上大多数行业的高新技术和生产的核心环节，在激烈的国际竞争中占据优势，从而能够从海外取得高额利润。据统计，全球每年高技术产业约70%的巨额利润被少数几个发达国家分享，尤其是信息产业产值中发达国家所占比重高达98%。

（二）促进产业结构演变

科技革命必然带动产业革命，新科技革命使产业结构出现新的分化组合：在20世纪50～60年代，各国重点发展的还是原材料工业和深加工工业；而到70年代，便升级为以微电子为主导产业；80年代转入以计算机为主体的信息产业；90年代高新技术产业得到全面发展，信息技术、生物技术、新材料技术、新能源技术、空间技术、海洋开发技术的产业化，使世界产业结构迈向了一个更高的层次。在产业结构的世界性演进过程中，科技进步成为第一推动力。新科技革命促进产业结构的演变，主要体现在以下几方面：

1. 高新技术产业迅速发展

新科技革命的一个重要特征就是高新技术成群成批地出现和发展，高新技术开发的浪潮持久不衰，科技成果转化为生产力的周期越来越短，往往一种新技术的出现能迅速物化，产生一种新产品，造就一个新市场，从而形成一种新产业。现代科学技术这种强大的扩散效应，使得近年来各种高新技术产业不断涌现出来。已经形成了信息产业、生物产业、新能源与可再生能源技术产业、新材料科技产业、空间科技产业、海洋技术产业等现代化高新技术产业群。特别是信息产业的飞速发展，构成了现代社会产业结构演变中最引人注目的现象，信息技术产业正在成为西方主要国家国民经济中的主导产业，成为新的经济增长点。据专家预测，到2010年人类全部工作的80%将与信息技术有关，全球信息产业总产值将达到3.5万亿～5.0万亿美元，成为世界第一大产业。[①] 目前，美国有80%的资金投入竞争力强的高新技术产业，15%的资金投入一般产业。

2. 第三产业在整个国民经济中的地位上升

近些年来，发达资本主义国家普遍出现产业结构变化：第一产业的比重逐渐下降；第二产业有升有降；第三产业迅速发展。在北美、西欧等经济高度发达地区，科学技术的发展提高了农业生产社会化、专业化水平，劳动生产率大幅度提高，大大减少了农业部门的劳动力人数，节约下来的劳动力转而投入到第二、第三产业，无形中降低了农业在国民经济中所占的比重。据美、日、德、英、法五国统计，1989年国内生产总值的构成中，农业的比重都在2%～3%；第三产业国内生产总值中所占的比重在60%～70%。2004年发达国家第一、第二、第三产业占国内生产总值的比重分别为1.7%、25.9%、72.4%。[②]

20世纪80年代以来，发达国家的产业结构又一次发生新的变化，产业结构调整向服务化、高科技化和信息化转变，第三产业和信息产业迅速发展，以信息产业为主的高科技产业成为国民经济的

① 陈庆修："落实科学发展观应注意把握的几个问题"，北京社科门户网站：http：//www.bjpopss.gov.cn/bjpssweb/n17728c52.aspx

② 数据来自中华人民共和国国家统计局网站：http：//www.stats.gov.cn/tjsj/qtsj/gjsj/2007/t20080626_402488257.htm

主导性产业。据估计，目前美国高科技产业的产值在国民生产总值中已占50%以上，其中信息产业就占到30%以上，它表明信息技术产业已超过美国的支柱产业之一的汽车业，成为最大的产业部门。

3. 用新技术改造传统产业

20世纪70年代以来，发达资本主义国家的诸如钢铁、汽车、建筑等传统产业存在如下问题：设备陈旧，生产力下降，企业开工不足等。在新科技革命的影响下，它们开始对传统工业实行技术改造。如机电一体化技术、信息技术、激光技术等渗入机械工业，促使机械工业内部通过产业衍生、延伸、替代而发生变化。核技术、精细化工技术等渗入农业这一古老产业，引起农业内部结构向科技农业、高效农业转变。在1983年，美国钢铁业中的2/3以上普及了电脑辅助设计和电脑辅助制造系统，使传统工业焕发出新的生机；另外，传统工业在采用高新技术实现自动化的同时，还改变了经营战略，即商品多样化转向新型的高科技产业，并带来新的经济增长点。据一项统计表明，从1994～1996年的三年中，美国高新技术产业产值占国内生产总值的比重已达到27%。相比之下住宅和汽车的产值比例只占国内生产总值的14%和4%。目前各国都十分重视运用高新技术改造传统产业，加快产业结构调整和升级，传统产业转型成为一种潮流。美国的通用电器公司就是以敏锐的感知能力和市场适应能力，抓住信息化机遇实现转型的。

4. 促进企业管理方式发生了一些新变化

生产组织管理形式是生产力三要素的最佳“整合”的基础，也是社会生产力发展的一个必要条件。随着科学技术的发展，企业生产规模的扩大，企业与外界交往的频繁，生产过程必须更多的依赖科学的管理方式。新科技革命使发达资本主义国家企业管理方式经历了科学管理、现代经营管理、行为科学、系统理论、决策论等发展阶段，企业管理进入了更加注重平等和尊重、创造和直觉的

"人性化"管理新阶段。

世界经济全球化的背景强化了科技革命对西方国家经济发展的影响，经济全球化与高科技发展相互支撑、相互作用、相互促进，形成整体大于部分之和的综合效应。使生产国际化和国际分工的趋势进一步加强，跨国公司和国外投资越来越多，封闭性的民族经济和国家经济将被区域经济集团化和世界经济全球化的趋势所代替，科技革命对西方国家经济在这些方面的影响已在第十四章涉及。

二、新科技革命对当代社会主义经济的影响

（一）新科技革命为社会主义生产力的发展提供了强大动力

根据马克思主义经典作家的设想，社会主义革命应该在高度发达的资本主义国家同时实现的。也就是说社会主义、共产主义应该建立在生产力高度发达的基础上的。但是现实的社会主义革命是在经济文化落后的国家逐个取得胜利的。现实的社会主义存在着先天不足的问题，在与资本主义的竞争中处于弱势，社会主义的优越性没能充分显现出来。新科技革命给世界各国生产力的快速增长带来了难得的机遇。新科技革命为社会主义生产力的发展提供了强大动力。在新科技革命的进程中，电子计算机、原子能发电设备和人造地球卫星等新型生产工具，不但改造了传统生产部门的技术装备，而且催生了很多新兴的产业部门，使生产力跃进到一个新的更高的水平。在信息时代，发展机遇将成倍增加，这使相对落后社会主义国家实现跳跃性发展成为可能。在信息时代，科技转化为现实生产力所需时间越来越短，新技术、新发明在全球传播速度也将越来越快，这样相对落后国家只要决策正确、政策对路，就有可能超越某些传统技术发展阶段而直接引进、消化、开发高新技术。20 世纪 70 年代末以来，我国通过改革开放，利用发达国家产业转移的有利时机，充分引进先进技术，及时进行产业结构调整，既发展了自己，壮大了社会主义的力量，又显示了社会主义的优越性，成为利

用新科技革命的时机发展社会主义生产力的典范。

（二）新科技革命为社会主义生产方式和管理体制创造物质技术条件

新科技革命及其成果的应用使人们的生产能力、生产方式及其在生产中的地位发生变革，逐步为社会主义的自主联合劳动和对社会生产的计划调节创造前提条件。例如，电子信息技术的应用，使人们在原有机器体系的发动机、传动机和工具机或工作机这三个基本组成部分的基础上，又增加了第四个部分——自动控制和调节装置，由此推动的生产自动化和智能化，大大提高了人类认识和改造自然以及对社会生产进行计划调节和科学管理的能力。新科技革命还催生新的先进的生产关系，使人们逐渐接受知识（或信息）具有共享性的观念。目前，利用电脑和互联网等手段在家庭办公（又称远程办公）的劳动方式，不仅增强了劳动者的自主性，而且降低企业管理成本 25% ~75%。从发展趋势看，互联网的发展将打破产业之间、地域之间和国家之间的界限，逐渐形成全球一体化的生产体系、生活体系和计划管理体系，将使“天下为公”、“世界大同”的共产主义社会成为现实。①

三、新科技革命对中国经济发展的影响

产业革命以来，世界经济的发展始终与科技革命、科技创新相伴而行，因此许多国家都把强化科技创新作为国家战略，把科技投资作为战略性投资，大幅度增加科技投入，并超前部署和发展前沿技术及战略产业，实施重大科技计划，着力增强国家创新能力和国际竞争力。“科学技术是第一生产力”已成为我国转变发展方式的理论支撑，在今后的中国特色社会主义建设中将发挥越来越大的指导作用。党的十七大把“提高自主创新能力，建设创新型国家”

① 罗文东：“新科技革命与资本主义、社会主义”，《江汉论坛》，2006 年第 7 期。

作为国家发展战略的核心、提高综合国力的关键。建设创新型国家也是我国应对新科技革命、在日趋激烈的国际竞争中能够保持快速发展的根本战略。

目前看来，我国加快科学技术发展、缩小与发达国家的差距，有着以下有利条件：（1）我国经济持续快速增长和社会进步，对科技发展提出巨大需求，也为科技发展奠定了坚实基础。（2）我国已经建立起比较完备的学科体系，拥有丰富的人才资源，部分重要领域的研究开发能力已跻身世界先进行列，具备科学技术大发展的基础和能力。（3）坚持对外开放，日趋活跃的国际科技交流与合作，使我们能分享新科技革命成果。（4）坚持社会主义制度，能够把集中力量办大事的政治优势和发挥市场机制有效配置资源的基础性作用结合起来，为科技事业的繁荣发展提供重要的制度保证。（5）中华民族拥有5 000年的文明史，中华文化博大精深、兼容并蓄，更有利于形成独特的创新文化。

改革开放30年来，中国经济实现了连续高速增长，但也付出了沉重的资源和环境代价。这种发展模式难以为继，必须贯彻落实科学发展观，深入实施科教兴国战略和人才强国战略，加快提升自主创新能力，调整产业结构、转变经济发展方式。为此，我们必须：

1. 培育科学技术创新能力

创新是民族进步的灵魂，是国家兴旺发达的不竭之源。迎接科技革命的挑战，创新显得尤为重要。以科技进步带动工业化，才能为加快我国工业化进程，为实现跨越式发展提供强大的技术支持。科技创新要解决好如下几个问题。

（1）调整主体。目前在我国由于受传统管理体制的影响，直接参与科技创新活动并占主导地位的是科研院所和高等院校，而不是企业。我国大中型国有企业中设立了技术研究开发部门的比例偏低，还不到企业总数的1/2，其中还有相当部分由于经费不能到位、技术力量不足而名存实亡。企业的科研与开发（R&D）经费仅占全国 R&D 经费的 22.7%。在这种科技创新主体错位的状况下，产学研结合不够紧密，科研部门的科研活动往往是根据现有的技术优势，以跟踪国际先进水平为目标，与企业的生产需要严重脱节，导致科研成果的供求矛盾，科研成果转化率很低。

（2）广聚人才。加速培养和吸引创新人才是技术创新的关键。技术创新是一项复杂的系统工程，是一个需要多种类型人才参与的过程，不仅包括专业技术和研究开发人才，还要有敢冒风险的经营管理人才，勇于开拓市场的营销人才以及有技能、高素质的企业员工。为了解决目前我国创新人才资源不足的问题，一方面要通过改革和完善人才培养、管理制度，用足、用好国内现有的人才，另一方面要积极吸引海外高层次留学人员回国工作，留学人员从来都是我国人才资源的重要组成部分。中国目前已有 140 万人外出留学，其中回国的有 30 多万人，仅占 20% 多，而且归国留学人员的比例在下降。中国过去实施了多项引进海外人才的计划，其中包括“长江学者奖励计划”、“百人计划”、“国家杰出青年科学基金”等。2009 年年初我国又制订了更高待遇的“千人计划”，即《中央人才工作协调小组关于实施海外高层次人才引进计划的意见》。根据该计划，围绕国家发展战略目标，中国将在未来 5～10 年引进海外千名高端人才。符合条件的高层次引进人才，可以担任高等院校、科研院所、企业和商业金融机构的领导职务和高级专业技术职务，领衔实施重大科研和工程项目，申请政府部门的科技资金和产业发展扶持资金，参与重大项目咨询论证、重大科研计划和国家标准制订、重点工程建设，参加国内各种学术组织等。

（3）增加投入。改革开放以来，我国虽然逐年提高科研经费的投入，但总体来说仍然很低。R&D 经费支出占 GDP 比重，是一组国际通用的、用于衡量一个国家科技活动规模及科技投入强度的重要指标，并在一定程度上反映国家经济增长的潜力和可持续发展的能力。中国2008年R&D（研究与开发）经费支出为4 570亿元，比上一年增长23.2%，占国内生产总值的1.52%。虽然国内R&D支出占GDP的比例在发展中国家中高于俄罗斯、巴西、南非、印度等国家，但与世界发达国家的水平仍有较大差距。绝大多数发达国家的R&D支出占GDP比例都在2%以上，高R&D投入强度是这些国家具有较高创新能力的重要保障。而且在美国、日本等发达国家，企业是科技研发的主要投资者。据资料统计，世界500强企业用于研究与开发（R&D）的费用占全球R&D费用的65%以上，平均每个企业的技术开发费用占其销售额的10%～20%。根据国际经验，技术研发投入占销售额比例在1%以下的企业是难以长期生存的，比例为2%左右的企业仅可以简单维持，只有比例达到5%的企业才有核心竞争力和国家竞争力。另据资料表明，日本企业用于技术开发的资金占到其销售额的1.8%，美国企业这一比重达到3.1%，我国大中型企业的技术开发费用占产品销售收入的比重只有1.4%左右。研发费用投入不足已经成为目前我国企业技术创新的软肋，从而形成一个恶性循环：对科技投入越少，经济发展越慢，越没有力量对科技进行大量投入。增加对高新技术及其产业化的投入、建立风险投资机制、实现风险投资多元化、吸收外国风险资金都是这方面的有力举措。

2. 兴建新的高科技产业

高新技术产业，是应用和生产高新技术产品或劳务的企业。由现代科技成果、风险资本和人力资本相结合形成新的经济实体，是高新技术产业形成的主要途径之一。高新技术产业具有成长快、技术含量高、产品对社会经济活动的影响面广等特点。高新技术产业的成功发展，不仅可以改造传统产业、调整国家产业结构、提高产业水平，而且能生成新的产业、新的经济增长点或增长面，大大推动经济总量的增长速度，促进国家经济增长方式由粗放型向集约型的转变，保证国民经济能以较高的发展速度稳定持续地运行。

新中国成立以来，科技事业在党和政府的高度重视下取得了一系列的重大突破，包括核技术及其应用、人造卫星及其运载系统、高能物理、杂交水稻等等重大科技成果，对中国整体综合国力的提高和国民经济的发展起到了巨大的促进作用。改革开放以来，我国政府先后投巨资于“863”计划、“星火计划”和“火炬计划”等基础研究和科技产业化项目，取得了明显的社会效益和经济效益。然而，面对以信息技术为代表的高新技术日新月异的趋势，我国高新技术产业的水平还处在初级阶段，远不能适应经济发展的要求，中国的科技进步对经济增长的贡献率仅为40%左右，而发达国家已经达到60%～80%；我国的出口贸易中劳动、资源密集型产品占了绝大多数；国内高科技企业在中国加入WTO以后普遍面临巨大的国际竞争压力；我国人口和经济的增长对农业的压力越来越大；环境的恶化对企业的技术升级提出了更高的要求。总之，新科技革命条件下形成的国际经济新格局和国内经济的持续发展都迫切要求调动各种因素，加速培育我国的高新技术产业。

近年来，我国政府出台了一系列的政策、法规鼓励科学技术研究、科技成果转化和实现产业化，例如1996年10月1日起开始实行的《中华人民共和国促进科技成果转化法》。1999年8月发布的《中共中央国务院关于加强技术创新，发展高科技，实现产业化的决定》进一步明确我国将“在电子信息特别是集成电路设计与制造、网络及通信、计算机及软件、数字化电子产品等方面，在生物技术及新医药、新材料、新能源、航空航天、海洋等有一定基础的高新技术产业领域，加强技术创新，形成一大批拥有自主知识产权、具有竞争优势的高新技术企业”。在国家一系列政策的鼓励下，我国高新技术产业保持持续增长势头。在2009（第十一届）中国风险投资论坛上，科技部副部长刘燕华介绍说，2008年高新技术产业总产值达到5.8万亿元，比上年增长14.1%；高新技术产业增加值约2.17万亿元，比2007年增加14%。但是，目前就我国高科技产业发展还有许多问题亟待解决：投资严重不足、投资主体单一、投资规模小抵御风险能力弱；缺乏更多地向高新技术产业倾斜的政府扶持政策；技术与资本市场发育滞后；法律、法规不健全等等。我国高新技术企业规模普遍不大，尚难以全面进入国际竞争。我们的邻国印度，其软件产业同中国一样，都是从20世纪80年代起步的，但现在印度已经成为仅次于美国的第二大软件出口国，其发展速度远远超过中国。重要原因之一便是印度的大型高新技术企业具备很强的国际竞争力。

3. 运用高科技改造传统产业

建设高科技产业的另一条途径是运用高技术改造传统产业。传统产业是相对于信息工业、新材料工业、新能源工业和生物工程工业等新兴产业而言的，主要包括钢铁、造船、汽车、纺织等部门。在新经济时代，高技术正在对传统工业进行改造，使传统工业内部的结构、功能等方面都正在发生变化，从而引起工业体系的变革。在工业发达国家，自动化成为改造传统产业和发展新产业的基本目标。它们正在利用电子技术与机械技术的结合把工业机器人用于生产，使机械化转向自动化，从而大大提高了生产率，降低了成本，增强了竞争能力。日本装备有机器人的工厂生产一辆汽车只要9小时，而美国不装机器人的工厂生产一辆汽车要花31小时；用机器人生产的每辆日本汽车的成本，要比美国低1 000～2 000美元。在1963年时，日本的汽车工业还落后于美国半个世纪；而现在，日本的汽车工业无论在产量或质量上都已经超过美国，居世界首位了。日本汽车工业之所以能把美国汽车工业打败，很重要的原因是日本的汽车工业在生产线上使用的机器人多。目前，机器人的应用已从汽车行业推广到重型机械、金属加工、电气机械等许多部门。

我国人口众多，保证人民的衣、食、住、行以及教育、文化、娱乐等基本需要是首要的任务，在满足人民基本生活需要和为国家经济发展积累资金方面，传统产业有着不可替代的作用。从总体上看，我国的传统产业生产能力已经过剩，但在局部，还存在着产品大量短缺，短缺的大多是国内暂时生产能力不足或生产不了的性能好、附加值高的产品。我国每年还要进口1 000多吨特种钢材、100多万吨化纤原料、30%的高中档服装面料，50%至60%的机床和70%的轿车工业装备。形成这种缺口的主要原因是制造业的素质和水平不适应市场需求。传统产业的作用取决于其技术水平与经济效益的高低。我国传统产业，从生产技术结构看，目前尚处于十分落后的境地。据世界银行调查，我国国有企业设备中，属于20世纪60~70年代水平的占20%，其中应淘汰的占55%~60%。我国属于资源消耗型经济，创造1亿美元国民生产总值所消耗的标准煤为21万吨，分别是美国和日本的2.3倍和5.6倍。从生产效率看，我国同发达国家的差距更大，美国和日本的劳动生产率分别是我国的23.34倍和27.30倍。庞大的传统产业群体及落后的状况提供了高科技在我国大展宏图的平台。

综上所述，高科技产业化有两条途径，一是兴建新的高技术产业，二是运用高技术改造传统产业，二者应当并重，处理好积极发展对经济增长有突破性重大带动作用的高新技术产业，与用高新技术和先进适用技术改造传统产业，大力振兴装备制造业的关系。

为了提高中国的科技水平，2006年我国制订实施了《国家中长期科学和技术发展规划纲要》。该纲要制定了到2020年我国科学技术发展的总体目标是：自主创新能力显著增强，科技促进经济社会发展和保障国家安全的能力显著增强，为全面建设小康社会提供强有力的支撑；基础科学和前沿技术研究综合实力显著增强，取得一批在世界具有重大影响的科学技术成果，进入创新型国家行列，为在本世纪中叶成为世界科技强国奠定基础。到2020年，全社会研究开发投入占国内生产总值的比重提高到2.5%以上，力争科技进步贡献率达到60%以上，对外技术依存度降低到30%以下，本国人发明专利年度授权量和国际科学论文被引用数均进入世界前5位。

1. 为什么说科学技术是第一生产力？

2. 如何理解新科技革命对社会生产力的推动作用？

3. 科技革命对当代资本主义经济发展有哪些主要影响？

4. 科技革命给我国带来了哪些方面的机遇和挑战？

5. 我国如何利用科技革命的机遇实现社会生产力的跨越式发展？

第十六章

经济全球化趋势及其影响

教学要点

1. 经济全球化及其表现
2. 战后经济全球化迅速发展的原因
3. 跨国公司在经济全球化中的作用
4. 经济全球化对世界经济发展的影响
5. 建立国际经济新秩序的必要性
6. 经济全球化与中国经济的发展

关 键 词

经济全球化　跨国公司　发展中国家　国际经济新秩序　机遇　挑战

第一节　经济全球化发展的客观趋势及其影响

一、经济全球化及其表现

经济全球化是当代经济发展的一种趋势。它是指经济资源如商品、资本、劳动力、信息、技术等超越国界在全球范围内的流动、配置、重组的过程，以及在这个过程中世界各国经济相互融合、相互影响、相互竞争和相互制约的发展趋势。

作为一个客观历史进程，发端于19世纪60~70年代的经济全球化，在20世纪90年代以来获得蓬勃发展。总体说来，经济全球化主要表现在以下几个方面：

1. 贸易全球化

在人类社会发展史上，国际贸易是沟通国家之间经济联系的最早形式，也是经济全球化的最初表现形态。在当代，贸易全球化主要表现在以下两个方面：

第一，国际贸易增长率高于世界生产总值增长率。根据统计，1960~2003年，世界货物贸易出口的年均增长率为9.9%，比世界生产总值年均增长率高2个百分点。同期世界货物贸易规模扩大了57倍，而世界经济总量只增长了26倍。即使受金融危机影响，2008年世界贸易增长率降至4.0%，但仍高于同期经济增长率（2008年世界经济增速为3.7%）。

第二，国际贸易规模日益庞大，世界各国的贸易依存度不断提高。根据有关历史资料和世界银行的统计，在1820~1950年，世界贸易依存度仅上升了6个百分点；而1950~2003年，世界出口依存度却上升了近14个百分点。

2. 生产的全球化

生产全球化是经济全球化的核心内容，生产全球化的主要推动力量是跨国公司。跨国公司通过大量直接投资、在世界各地建立分支机构，就地雇佣工人，就地生产，就地销售或向世界各地出口，使生产全球化的程度进一步提高，范围进一步扩大。

20世纪90年代以来跨国公司急剧发展，主要表现在跨国公司的数量急剧增多、跨国公司在生产、贸易、投资等方面在世界相关领域占有举足轻重的地位。据联合国贸发会议统计：1980年全球跨国公司仅 1.5 万家，境外机构仅 3.5 万个；2007 年全球已有 7.9 万个跨国公司，拥有 79 万个国外分支机构。这些跨国公司形成了一个庞大的全球生产和销售体系，控制了全球 1/3 的生产，70% 的对外直接投资，2/3 的世界贸易、80% 的专利和其他技术转让。跨国公司在全球范围内组织生产和销售，使国际分工和专业化协作的程度越来越高，形成了统一的国际生产体系。

3. 投资全球化

20 世纪 80 年代以来，随着经济全球化从国际流通领域向国际生产领域的深入发展，直接投资在世界经济发展中的地位日渐突出。1970 年国际直接投资数额为仅为 400 亿美元，1990 年已达到 2 043 亿美元，2007 年更是达到 18 330亿美元的规模。国际直接投资的增长速度远远高于同期世界生产和国际贸易的增长速度。国际直接投资意味着生产要素和资源在世界范围内的流动和配置，所以说由国际直接投资所形成的国际流通过程与国际生产过程的全球结合，成为经济全球化的基本标志。

4. 金融全球化

金融全球化是指金融资本在全球范围内的大规模扩张和自由流动。互联网的使用为金融市场 24 小时不间断的交易体系提供了技术支撑。金融全球化主要体现在：一是金融业的跨国并购日益高涨；二是包括国际信贷、国际债券、国际外汇、国际股票、国际金融衍生品等国际金融市场迅猛发展。

二、战后经济全球化迅速发展的原因

（一）科学技术的进步及生产力的迅猛发展

科学技术的进步不仅通过研究开发和技术转让把各国联系起来，而且大大降低了远距离联系的成本，缩短了远距离联系的时间，这就为贸易、生产、投资、金融等活动的全球化提供了物质技术基础。20 世纪 80 年代以来，以微电子为中心的信息技术和交通运输技术的发展，使国际运输通讯极为方便，费用大为降低，加快了资源、信息、人员在全球的传播，便利了商品和资本的国际流动。20 世纪 90 年代中期以来的全球互联网的迅速普及，把整个世界连在了一起。高新技术不断涌现，极大地加快了信息化的进程，也推动了经济全球化。

（二）市场经济体制在全球的运行，为经济全球化提供了体制保障

经济全球化的本质要求是在全球范围内配置生产要素和资源，这一点和市场经济的本质要求是一致的。20 世纪 90 年代以来，一场大规模的市场化改革浪潮席卷全球。随着前苏联解体、东欧剧变，这些国家都放弃原先的高度集中的计划经济体制，走上市场经济道路。与此同时，战后选择“非资本主义道路”的亚、非、拉的发展中国家为了摆脱长期以来经济增长乏力、人民生活水平提高缓慢、政局不稳等弊病，也相继宣布向西方靠拢，走私有化和市场经济道路。以中国为代表的社会主义国家在改革过程中逐渐认识到计划经济和市场经济不是社会主义和资本主义的本质区别，市场经济是人类在经济运行方面取得的成果，社会主义国家也可以实行市场经济，所以中国把建立社会主义市场经济作为经济体制改革的目标。

（三）各国政府的推动

战后的资本主义向国家垄断阶段深入发展。在国家的推动下，西方发达国家的垄断资本竭力向国外扩张。同时，新技术革命带来了产业升级。西方发达国家建立起一大批新技术产业，迫切要求用新技术改造传统产业或将其转移到国外。在国家的推动下，西方发达国家的跨国公司逐渐把耗能高、污染严重及劳动密集型的产业，转移到自然资源丰富、劳动力廉价的发展中国家，推动了生产、资本、贸易和技术等的国际化。

（四）国际组织的作用

战后建立的国际货币基金组织、世界银行和关贸总协定等国际组织，对世界经济全球化起了重要推动作用。20 世纪 80 年代以来，它们都致力于发展中国家的经济调整与改革，许多发展中国家主动利用国外资金，扩大引进外国技术，使其经济更深地卷入世界经济体系之中。近年来，世界银行还把注意力集中到解决人类共同关注的问题，从而把各国经济发展紧紧地连接在一起。关税及贸易总协定经过八轮谈判，大幅度降低了有关国家的关税，促进了贸易自由化。世界贸易组织取代关贸总协定，不仅在国际商品贸易，而且在国际服务贸易及与贸易有关的知识产权等领域活动。

三、跨国公司在经济全球化中的作用

二战后，跨国公司在经济全球化的舞台上扮演了主角，成为经济全球化的主要载体。跨国公司的迅猛发展推动了经济全球化和区域经济集团化，对世界经济发展产生了巨大的影响：

（一）促进了世界各国生产的增长

跨国公司是推动世界生产增长最强劲的发动机，同时它也给世界各国提供了更多就业机会。联合国贸发会议《2007 年世界投资报告》显示，全球的跨国公司及子公司的销售额、增加值和出口比前一年分别增长了 18%、16% 和 12%，占世界国内生产总值的 10% 和世界总出口的 1/3。跨国公司外国子公司的外国雇员数量较 1999 年增长了近 3 倍。美国公司的海外子公司在所有母国的外国子公司中创造的工作职位最多达 900 万个。

（二）推动国际技术交流

跨国公司为了保持在竞争中的优势地位，必须积极进行新技术的研究、新产品的开发和新工艺的应用。跨国公司通过子公司推广先进技术，将先进技术在东道国转换成现实的生产力，大大缩短了科技的传递过程，促进了先进的科学技术在国际的流动。当今世界，跨国公司几乎主宰了所有先进技术领域，无论在传统的制造业，还是在现代的信息、通讯、生物、航天、气象等等领域。据联合国贸发会议的研究，中国已经成为全球跨国公司海外研发的首选地，有高达 61.8% 的跨国公司将中国作为其 2005 ~ 2009 年海外研发地点的首选，美国以 41.2% 排在第 2 位，印度以 29.4% 排在第 3 位。商务部发布的《2007 中国外商投资报告》显示，外资企业引进技术在中国引进技术总额中约占 50%，中国高新技术产品出口的 88% 是由外资企业实现的。

（三）促进国际贸易的发展

跨国公司在国际范围内组织生产和销售，必然对国际贸易产生影响。相当数量的跨国公司在国外不断新建、扩建子公司，兼并和收购国外企业，并向国外子公司提供必须的生产设备、原材料和半成品，大大带动了国内产品和技术的出口。跨国公司与子公司、子公司与子公司之间生产专业化和协作化程度较高，形成了诸生产要素的内部交易，不仅加强了国际经济技术的合作与交流，而且使得跨国公司内部的贸易数额不断增加，从而促进世界贸易规模不断扩大。目前，据统计，20 世纪 70 年代，跨国公司内部贸易仅占世界贸易的 20%，而目前世界贸易总量的近 80% 为跨国公司内部贸易。

然而，跨国公司在促进世界范围内生产力的提高和经济增长的同时，也会产生一定的负面影响。跨国公司本质上是国际垄断组织，和其他企业一样，以利润最大化为宗旨，因此会产生诸如冲击国际金融市场、操纵国际市场价格和操纵弱小国家经济命脉的弊端。发展中国家要善于采取正确对策，尽量减少跨国公司对本国经济的不利影响。

四、经济全球化对世界经济发展的影响

经济全球化使资本、技术、信息、劳动力等各类生产要素在全球范围内进行流动配置，使世界各国的经济逐渐形成了“你中有我”、“我中有你”的局面，从而对世界经济的发展产生着广泛而

深远的影响。然而，经济全球化是一把双刃剑，它在推动世界经济发展的同时，又给世界经济的发展带来了新的矛盾。

（一）经济全球化的积极作用

第一，经济全球化促使生产要素在全球范围内的流动和有效配置，提高资源利用效益。在经济全球化的背景下，世界各国的经济资源得以在全球范围内有效配置，发达国家的资金、技术、管理经验和发展中国家的资源、廉价劳动力和广阔市场得以最佳结合，使各国实现优势互补，促进各国和世界经济的增长。现在，全球70%的资源是通过市场配置的。根据联合国国际劳工组织近年来的统计，全世界约有1.3亿人在国外工作，这还不包括没有记录的流动人口，这些劳动力来自55个国家，在大约67个国家中工作。

第二，经济全球化推动了世界产业结构的调整和升级。当下，国际分工出现了从垂直分工到水平分工、从产业内分工到产品内分工的转变，既促进了世界范围内产业结构的调整和升级，又促使中国、印度等发展中国家制造业、软件业的发展，提高了这些国家在世界经济中的地位和作用。

第三，经济全球化为科学技术的创新、发展与应用提供了广阔的前景，加速了科技向生产力的转化，有力地推动着世界经济的发展。在经济全球化条件下，各国为了增强经济力量和综合国力，增强国际竞争力，无不以更大量的资源投入科技开发，争先恐后地发展以信息技术为中心的高科技。同时，都致力于科技产业化，把先进科技成果尽快应用于生产，以促进生产率的提高、新产品的开发、新产业部门的发展。

第四，经济全球化推动了国际规则、国际惯例的制定和实施，在一定程度上维护了世界和平。在经济全球化发展的过程中，必然会伴随着国家之间经济矛盾和经济摩擦的爆发。各国经济联系越密切，彼此间发生矛盾和冲突的机会就越多。为了避免各国经济矛盾和摩擦发展到激烈对抗的地步，同时为了避免一国经济危机或政策失误对他国造成恶劣影响，有必要建立在世界通行的、为大多数国家认可的国际规则和国际惯例。这也在一定程度上维护了世界和平。

（二）经济全球化的消极影响

第一，经济全球化加剧了世界经济的动荡和风险。经济全球化将世界各国的经济紧密地联系在一起。当世界各国经济运转良好时，这种紧密联系会有利于世界经济的增长，当某一个或某几个国家出现问题时，就会很快蔓延到其他国家，给世界经济造成很大的破坏。所以说经济全球化条件下，世界性的经济动荡或风险发生的概率增加。尤其是随着国际金融市场的急剧扩大，金融创新工具的不断增多，以及投资自由化的发展，在给世界经济发展带来好处的同时，也导致国际投机活动猖獗，蕴藏着破坏性、传染性很大的金融危机。2007 年由美国次贷危机引发的全球金融危机，不仅造成世界各国经济增长率的下降，还给各国人民的生活带来巨大的影响，甚至造成个别国家的经济破产、政权更替。

第二，经济全球化拉大了发达国家与发展中国家的差距。经济全球化是以发达资本主义国家为主导的，发达国家具有经济和科技上的优势，掌握着推动经济全球化趋势的现代信息技术，主导着世界市场的发展，左右着国际经济的“游戏规则”，一边是发达国家财富的不断积累，一边是发展中国家贫困的不断加剧。

第二节 经济全球化与资本主义经济关系

一、经济全球化与发达资本主义国家

（一）经济全球化对发达资本主义国家经济发展的影响

发达资本主义国家在世界经济体系中占据主导地位，掌握着世

界上最先进的科学技术、最雄厚的资本，掌握着制订游戏规则的权力，因此经济全球化不可避免地具有不平等的性质，即在全球范围内的资源配置上的不平等和利润分配上的不合理。所以说，发达资本主义国家是经济全球化的最大受益者。

第一，经济全球化过程中的大多数规则都是由发达资本主义国家制定的，这些规则的实施必然使发达资本主义国家首先受益。经济全球化是建立在发达的市场经济的基础之上的，而发达资本主义国家的市场经济都处于发达阶段。经济全球化运行的一些规则和达成的协议都是按照发达资本主义国家的意图通过的，发达资本主义国家利用它们在经济、政治、文化等方面的优势，在经济全球化中起着支配作用，经济全球化为少数发达资本主义国家带来了巨大利益。

第二，发达资本主义国家在国际资本流动中发挥主导作用。从国际直接投资来看，由于发达国家集中了最新科学技术成果，有着熟练的劳动力、良好的基础设施、广阔的消费市场和政府的优惠政策，使北美、西欧成为国际直接投资的热点地区。联合国贸发会议《2008 年世界投资报告》显示：2007 年全球吸引外国直接投资（FDI）达18 330亿美元，其中流入发达国家的 FDI 为12 480亿美元，美国仍占首位，其次是英国、法国、加拿大和荷兰。欧盟作为一个整体，所吸引的 FDI 占发达国家总量的 2/3；发展中国家吸引 FDI 为5 000亿美元。① 但当发达国家在经济危机发生时，往往通过世界市场转移危机，把经济全球化带来的风险和成本转移到其他国家和地区。

第三，发达资本主义国家在国际分工和国际贸易中处于主导地位。从当前国际分工格局来看，经济发达国家在资本和技术密集型产品生产以及航天、计算机、通讯、生物制品等现代高科技领域占

---

① 联合国贸发会议：《2008 年世界投资报告》，2008 年 9 月 24 日。

据主导地位，而发展中国家一般在劳动密集型产品的生产中占主导地位。从国际分工的发展趋势来看，发达国家正由工业经济向知识经济转化，美国、日本和欧盟掌握着信息产业的核心和关键技术，高新技术信息产业正成为其支柱产业，在国际竞争中处于优势地位；发展中国家被动接受从发达国家转移来的资本和劳动密集型产业，从而形成以高技术产业为一方和以传统产业为另一方的国际分工。发达资本主义国家主导的国际分工体系，是有利于发达资本主义国家进行国际剥削的分工体系，广大发展中国家在国际分工体系中处于依附、受剥削和边缘化的地位。

(二) 发达资本主义国家的经济竞争和协调

经济全球化的发展，加剧了各发达资本主义国家之间的经济矛盾和摩擦。这些矛盾和摩擦主要表现为贸易、投资、货币与金融诸领域的一系列竞争和冲突。

第一，贸易领域的矛盾和摩擦。二战后发达资本主义国家间的经济关系中，最常见的是贸易摩擦，即贸易战。自20世纪50年代以来，美、日、欧贸易摩擦在某些产品上趋于激化，如50年代后期日本对美棉纺织品出口，60年代后期以来的欧日对美钢铁出口，70年代中期日本对美彩电出口，70年代末开始的日本对美欧汽车出口所引发的商品战。目前，美日欧的商品战正向高科技产品领域扩展。美国是发达资本主义国家中科技水平最先进的国家，长期以来一直在高技术产品贸易中占据优势，但是近些年来，美国的地位受到日本的严重挑战。

第二，投资领域的矛盾和竞争。投资冲突虽然没有贸易摩擦那么激烈，但也是各发达国家经济矛盾的集中点。战后初期，美国是世界上最大的资本输出国。从20世纪50年代开始美国对西欧、日本的私人直接投资迅速增长，并在电子、汽车、机械、石油化工等新兴行业占据了重要地位，损害了这些国家垄断资本的利益。随着西欧、日本经济的恢复和发展，70年代，西欧、日本等国家的资本开始加速向美国渗透。20世纪80年代以来，美、欧、日之间在投资领域的矛盾和竞争日趋激烈。从某种意义上说，投资战是贸易战的继续。因为在东道国投资设厂，生产的商品就地销售，可以绕过关税壁垒和非关税壁垒，直接占领对方市场。

第三，货币金融领域的矛盾和竞争。资本输出中的矛盾不仅引起投资场所的争夺，同时带来货币金融方面的问题和矛盾，所以国际货币与金融关系越来越成为发达资本主义国家之间矛盾和斗争的焦点。首先，各国都要为巩固和加强各自货币在国际货币资本市场和金融事务中的地位而斗争。20世纪60年代末70年代初，由于美元危机的持续爆发和西欧、日本经济实力的上升，二战后初期形成的美元的霸主地位被削弱，日元、马克迅速崛起并成为世界货币，这就引发了西欧、日本与美国在货币领域的斗争，但时至今日，美元仍处于优势地位。其次，各国货币的汇率是不断变化的，由于在对外贸易中，货币贬值可以引起出口商品的降价，从而增加出口；货币升值会因价格上升而减少出口，所以发达资本主义国家常常因为汇率问题发生矛盾和摩擦。

（三）资本主义国际经济协调的形式

目前，资本主义国际经济协调主要三种形式：

1. 国际经济组织的协调

国际货币基金组织、世界银行、世界贸易组织被公认为是以国际经济组织协调国际经济关系的三大支柱。国际货币基金组织、世界银行主要对国际金融领域出现的矛盾和摩擦进行调节；世界贸易组织主要对国际贸易领域的矛盾和问题进行调节。此外，由美国、日本和欧元区国家在内的30个成员国组成的经济合作与发展组织也是协调发达资本主义国家经济关系的重要国际经济协调组织。该组织对成员国的经济增长、资本输出、多边贸易、财政稳定、技术合作、能源、环境等方面进行协调。

2. 区域经济联盟的协调

欧盟是当今世界上的一体化程度最高的区域政治、经济集团组织。欧盟经济一体化进程以关税同盟为起点，通过实施共同市场、统一大市场而最终向全面的经济货币联盟迈进。促进欧盟内部各国家经济社会的协调发展是欧盟的主要目标之一。

3. 政府首脑会晤的协调

政府首脑会晤是各发达国家经济关系矛盾重重、经济动荡、危机四伏的情况下渡过难关的应急措施，是在政府最高领导人层次上对重大国际经济问题进行协调的一种形式。被称为“富国俱乐部”的八国集团首脑会议就是政府首脑会晤协调的一个典型。20 世纪 70 年代初，西方国家经历了二战后最严重的全球性经济危机。为协调各国政策，重振西方经济，在法国的倡议下，法、美、德、日、英、意等六国领导人于 1975 年 11 月在法国举行了第一次首脑会议。1976 年加拿大应邀与会，形成七国集团，也称为“西方七国首脑会议”。此后，七国首脑会议作为一种制度固定了下来，每年轮流在各成员国召开一次。1997 年俄罗斯正式加入，形成八国集团首脑会议。八国集团首脑会议对于协调发达资本主义国家之间的经济矛盾和摩擦起着越来越重要的作用。

虽然发达资本主义国家间国际经济关系协调还不足以使世界经济发展避免某些波动和摩擦的影响，但合作、发展与协调是今后世界经济发展的主流。

二、经济全球化与发展中国家

经济全球化对发展中国家来说，既提供了难得的机遇，又使发展中国家面临着严峻的挑战。

（一）经济全球化给发展中国家经济发展提供的机遇

1. 为发展中国家经济发展提供了大量的资金

在经济起步阶段，发展中国家普遍面临着资金严重短缺的局面。经济全球化有利于发展中国家在自然资源、劳动力资源等方面发挥优势，从而吸引更多的外资，以弥补本国资金的不足，推动经济起飞。1975～1981年，发展中国家利用外资的主要形式是以石油美元为主的私人银行借款。1990年以后，发展中国家利用外资的主要形式是外国直接投资（FDI）。联合国贸发会议《2008年世界投资报告》显示：发展中国家2007年吸引FDI达到前所未有的5 000亿美元，比2006年增长21%；最不发达国家2007年吸引FDI 130亿美元，也创了历史最高纪录。发展中国家只要能够提供良好的投资环境，就有可能吸引到更多的国外投资。

2. 推动了发展中国家产业结构的调整和优化

早在20世纪60年代世界产业结构调整中，一些发展中国家和地区利用自身的有利条件，适时采取出口导向发展战略，大力发展外向型经济，实现了经济起飞，形成了学术界所说的新兴工业化国家和地区。在20世纪90年代以来新一轮世界产业结构调整中，发展中国家的产业结构调整态势从总体上可以分为两类，一类是那些经济发展水平较高、国内具有一定研究开发能力的国家，它们选择某些领域加大投资，追赶世界先进水平，同时有选择地吸收发达国家对外转移的产业。另一类是经济发展水平低的发展中国家，为了取得经济上的真正独立，在依靠自身力量发展经济的同时，结合国内情况，吸收发达国家转移的一般制造业。经济全球化加速了全球产业结构调整的进程，对发展中国家加速实现工业化是一个极为有利的条件，为发展中国家实现较快发展提供了良好的机遇。

3. 为发展中国家利用后发优势实现跨越式发展提供了可能

所谓后发优势，是指经济发展落后的国家，通过利用先进国家的技术成果、经验教训，实现经济迅速发展的目的。经济全球化和信息化推动了世界经济发展的同时，也拉大了各国经济发展的不平衡状况。发展中国家在收入水平、技术发展水平、产业结构水平等方面都与发达国家有着很大的差距。面对这样一种富国越富，穷国越穷的局面，发展中国家若不能参与到经济全球化的进程中来，仍然按部就班的发展，就只能被时代甩得更远。经济全球化加速了资金、人才、技术和信息的流动，这使得发展中国家比以往任何时期更容易学习和借鉴到发达国家的发展经验和先进技术，为发展中国家发挥后发优势、实现跨越式发展提供了机遇。

（二）经济全球化给发展中国家带来的挑战

1. 经济全球化使发展中国家的经济安全受到威胁

经济全球化对经济结构相对脆弱、市场发育不充分的发展中国家会造成一定程度的冲击。由于各国经济联系的日益密切，发展中国家国内经济稳定要受到世界经济运行状况的影响，世界经济的波动导致国内经济发生动荡和危机的可能性增加，任何国际性的通货膨胀或通货紧缩、金融危机，都会迅速影响到发展中国家，使发展中国家在贸易、市场、民族工业、金融等方面面临着很高的风险，进而影响到发展中国家的经济安全和社会稳定。尤其是国际金融市场的风吹草动很容易引起经济结构本来就脆弱、对外资严重依赖的发展中国家经济的动荡。

2. 经济全球化使发展中国家的政治风险增大

在以美国为首的西方发达国家主导的经济全球化进程中，发达国家在向发展中国家输出资本、技术和市场体制的同时，也输出了跨国公司的规则、惯例和观念，甚至还包括发达国家的价值观念，意识形态和社会制度。发达国家企图借此实现其政治霸权的全球化。随着经济全球化进程的深入，发达国家利用其经济优势衍生出的政治和文化优势对发展中国家施加压力和影响的趋势将进一步增强。发展中国家在参与经济全球化进程中，如果忽视保护和发扬本民族的优秀传统和特色，那么负效应的反向传递，将使其在经济上和文化、价值观念上同样受制于人，对此必须保持清醒的认识。

3. 经济全球化使发展中国家越来越面临着严重的生态安全的威胁

经济全球化使发达国家有更多的机会将劳动和资源密集型产业

以及环境污染严重的产业转移到发展中国家，使得发展中国家在劳动和资源密集型产业得到发展的同时，自然环境受到污染，生态平衡遭到破坏，资源浪费严重。一般说来，发达国家向发展中国家转移污染、危害发展中国家的生态安全的途径有三个：一是发达国家借着产业结构调整的机会将高污染、高能耗的产业转移到发展中国家；二是发达国家抓住发展中国家环保要求不高、法规不健全的缺陷，直接将有害废弃物——洋垃圾出口到发展中国家；三是发达国家通过不合理的国际经济秩序，利用发展中国家急于发展的心理，使其廉价出售本国的自然资源，以此保护发达国家本国的生态环境。

三、发达资本主义国家与发展中国家的经济关系

发达资本主义国家和发展中国家之间的经济关系，是当代国际经济关系中的一个重要方面。世界上工业发达的资本主义国家绝大多数位于北半球，被称为北方国家；而大多数发展中国家位于南半球，被称为南方国家。因此发展中国家之间的合作被称为“南南合作”；发展中国家与发达国家之间的相互关系被称为“南北关系”。南北关系亦可称为“穷国与富国”的关系。当代的南北关系，是从战前帝国主义国家和殖民地或半殖民地国家的关系演变而来的，这种关系的实质，仍是发达国家对发展中国家的控制和剥削。

（一）不平等的南北关系

战后民族解放运动迅猛发展，许多殖民地半殖民地获得政治上的独立，但它们之间的关系并没有发生根本的变化发展中国家对发达国家仍然存在依附关系，发达国家对发展中国家的剥削和控制并没有消失。所以说南北关系仍然是不平等的。发展中国家独立后面临的首要任务是：致力于发展经济，改变贫穷落后的面貌，以彻底摆脱发达国家的控制。20 世纪 60 ~ 70 年代开始，发展中国家以不

结盟运动和七十七国集团为载体，开始了争取建立国际经济新秩序的斗争。1974 年联合国第六届特别会议通过了“七十七国集团”提出的建立世界经济新秩序的《宣言》和《行动纲领》，主张新的世界经济秩序应建立在“公平互利、主权平等、相互依赖、共同利益与合作”的基础上。此后，西方一些发达国家开始重视改善南北关系，对南北对话采取了积极态度，并向南方国家提供了某些援助。20 世纪 80 年代由于发达国家拒绝在贸易、资金、货币等领域做出重大让步，南北关系处于僵局，国际经济旧秩序没有得到根本改变。不少发展中国家的经济命脉仍旧控制在发达国家手中。许多发展中国家在旧的世界经济秩序下，依然是发达国家的原料产地、销售市场和投资场所。冷战结束后，南北经济矛盾更加复杂：南北差距继续扩大、南北贸易权利极不平等、发达国家的贸易壁垒更加隐蔽等等。据世界银行的资料，全球最富有的 1/5 人口与最贫穷的 1/5 人口之间的收入差距，从 1980 年的 30∶1 扩大到 1997 年的 74∶1。世界上最不发达国家数量也由 1987 年的 36 个增加到 1997 年的 48 个，到 2005 年这一数目已达到 50 个，占世界人口绝大多数的发展中国家人民生活改善的进程仍很缓慢。自 1990 年以来，每日靠不到 1 美元生活的人数虽然已从 13 亿人下降到 12 亿人，但是，这一下降并不是均衡的。在东亚，贫困率已快速降低，足以在 2015 年达到目标。但撒哈拉以南的非洲地区却非常落后，一些国家的贫困率反而恶化。虽然贫困人口在南亚最多，但撒哈拉以南非洲的贫困人口比例却最高，约有 51% 的人口每日靠不到 1 美元生活。

综上所述，战后发达国家与发展中国家的“互相依存”关系带有极大的不平等性，是剥削与被剥削、控制与反控制、依附与摆脱依附的关系。在此基础上形成的南北经济关系的基本框架是：以不合理的国际分工为基础的国际生产体系，不等价交换为特征的国际贸易体系，少数国家金融垄断资本控制的国际货币金融体系。这三个体系的存在，导致权利和财富的严重失衡，使发达国家与发展中国家的差距持续拉大。

（二）南北经济差距扩大的原因

造成南北国家贫富差距扩大的原因很多，除了发展中国家历史的因素外，就国际环境而言，至少还有如下方面：

第一，债务危机已经成为困扰发展中国家的首要问题。1990年，发展中国家的债务总额高达1.3万多亿美元，相当于其国民生产总值的4.5%，每年仅还本付息总额就多达1 300多亿美元。债务负担几乎吞噬了发展中国家的发展能力。2009年2月德国独立发展组织在柏林发表的《2009年债务报告》指出，金融与经济危机将使发展中国家陷入债务危机。贝宁、布隆迪、冈比亚、利比里亚、莫桑比克、尼日尔和圣多美和普林西比民主共和国今年将无力偿还外债。而非洲之外也会有很多国家迈进负债累累的国家大军。世界银行专家2008年9月就已经预言，卢旺达无力偿还债务的风险越来越大。

第二，不平等的贸易结构以及发达国家极力推行和加强贸易保护主义，使发展中国家本来就很脆弱的出口结构更趋恶化。20世纪90年代以来，随着世界经济的好转和经济全球化的加快，各种形式的新贸易保护主义日渐抬头，而且越来越猖獗。发达资本主义国家通常以反倾销、技术性贸易壁垒和绿色贸易壁垒等手段打压发展中国家的商品贸易。这些新型的非关税壁垒保护手段比较隐蔽，便于调整和操作，而且限制的商品种类不断增加，涉及的领域也不断扩大，从传统产品、农产品已经转向工业品、劳务部门和高科技领域。发达国家越来越多地打着保护国内消费者利益、保护生态环境等旗号，对国内产业进行保护，使发展中国家的利益受到很大损害。

第三，经济全球化的发展，有可能加剧南北经济差距。伴随着科技革命及发达国家国内经济结构的调整及升级，出现了发达国家对发展中国家的原料、初级产品依赖程度的减弱和发展中国家对发达国家技术依赖程度的加深，加之发达国家利用生产技术的梯度差异，把过时和陈旧的技术和产业转移到发展中国家，使一些发展中国家刚刚引进的工业即成了“夕阳工业”，产品缺乏竞争力，形成了国际分工中新的依附关系，严重影响这些国家的经济发展。从技术实力上看，由于发展中国家受到资金、技术、设备和人才的限制，绝大多数先进技术为西方工业发达国家所垄断，发达国家决不会无代价地向发展中国家转让技术，南北科技差距还会越来越大。国际货币基金组织在《2007 年全球经济展望报告》中称，科技提高了技术工人的收入水平，比如外国直接投资，从而在大多数国家扩大了富人与穷人之间的差距。因此，该报告认为，在发达国家与发展中国家之间的不平等变得不断加大的背后，高科技成为造成这种现象的主要推动力。

（三）建立南北新的经济关系

发展中国家、发达国家继续开展对话是建立南北新的伙伴关系、促进发展中国家与发达国家共同发展的唯一途径。在公平、合理、互利的基础上，发展中国家愿意就贸易和发展的一切有关问题，同发达国家进行富有成效的全面对话，特别是同发达国家八国集团的对话。发达国家的一些有识之士也已经认识到，发展中国家的文盲、贫穷、饥荒、环境破坏、缺少医疗保健等问题，不仅不符合发达国家经济发展利益，使地球生态环境恶化，甚至成为导致地区冲突新的不稳定因素，因此积极呼吁开展对话。

近年来，同一区域内南北对话有所进展。世界经济区域化促使同一地区内的南北国家之间的对话日益发展，如亚太经合组织、北美自由贸易区，是由该地区的发展中国家和发达国家组成的，这种同一区域内的南北国家就经济贸易合作等进行对话，由于地缘经济等因素，比全球性的南北对话容易达成一些共识。每年一度的八国集团首脑会议也都邀请一些发展中国家参加。但时至今日，平等的全球性对话的局面远远没有形成。

为了真正改变南北之间依然很不平等的状况，发展中国家实行经济开放，进行经济结构调整，并为此付出积极的努力和很大的牺牲，发达国家也须承担一定的责任。

四、建立国际经济新秩序

在当今世界，不平等的南北关系是由不公正、不合理的国际旧秩序决定的。二战后，国际社会政治格局发生显著变化，一大批殖民地国和附属国纷纷摆脱殖民统治而成为政治上独立的新兴主权国家。但是，旧的经济格局并没发生明显变化，新兴国家仍然难以摆脱发达国家的控制，严重阻碍了发展中国家的发展，因此发展中国家面临着改革和破除旧的国际经济秩序，建立国际经济新秩序的历史使命。

建立什么样的国际新秩序，对一个国家来说，是维系其生存和发展的最基本、最重要的外部条件。因此在新旧格局交替的历史性转变关头，许多国家尤其是大国都从自身的国家利益出发，提出各种关于建立国际新秩序的主张和设想：美国企图利用苏联解体、两极格局瓦解的有利时机建立一个有利于美国长期维持其全球利益的“世界新秩序”；多数西欧国家明确反对美国独霸的“一极世界”，要求在“国际新秩序”中分享领导权；日本也从自身的利益出发，提出了建立“美欧日”三极主导的国际秩序，巩固日美同盟，确立在亚太地区的领导地位。

中国作为一个发展中的社会主义国家，同其他发展中国家一样，长期以来遭受着国际经济旧秩序的不公正待遇。中国从捍卫国家和民族利益、维护世界人民根本利益出发，积极地参加建立国际新秩序这场重大的国际斗争，尽可能争取建立起比较平等、公正、合理的国际经济政治新秩序。中国积极倡导在和平共处五项原则的基础上建立国际经济新秩序。和平共处五项原则是：互相尊重领土主权、互不侵犯、互不干涉内政、平等互利和和平共处。经过几十年国际风云变幻的考验证明，和平共处五项原则具有强大的生命力，得到国际上越来越多国家的认同。据不完全统计，我国同100多个国家签署的条约、公报、宣言、声明等重要国际文件均确认了这一原则。

随着经济全球化的深入发展，越来越多的发展中国家被卷入到经济全球化的浪潮之中。它们迫切要求建立一种平等公正合理、互利合作的国际经济新秩序。大多数发展中国家具有相似的历史遭遇、面临共同的困难和任务，由此决定了它们把选择加强自身的经济合作（包括区域经济合作），作为融入经济全球化的重要途径。发展中国家需要增强团结和合作，增进相互理解和信任，加强相互帮助和支持，拓宽合作领域，提高合作效果，共同抵御发达国家的经济冲击和应对全球化带来的挑战，为建立国际经济新秩序而不懈斗争。

第三节　经济全球化与中国经济的发展

一、经济全球化对中国经济的影响

经济全球化是世界经济发展的必然趋势。自1978年中国实行改革开放以来，中国经济与世界经济的联系逐渐加深。在经过15年的艰辛谈判后，中国终于在2001年12月正式加入了世界贸易组织（WTO）。这标志着中国经济正式融入世界经济全球化的潮流中来了。实践证明，经济全球化既给中国经济的发展带来了难得的机遇，促进了中国经济又快又好的发展；同时也使中国经济面临严峻的挑战。

（一）经济全球化给我国经济发展带来的机遇

1. 为利用外资，发展对外贸易提供了机遇

经济全球化为我国提供了更多的利用外资的机会。从1993年起，我国利用外资一直处于世界第二位（仅次于美国），居发展中国家之首。据统计，截至2007年底，全国外商直接投资累计超过7 700亿美元，年均增长速度为20.1%，远高于同期我国国民经济增长速度。2008年全年实际使用外资金额923.95亿美元，比上年增长23.6%，连续17年居发展中国家首位。外国直接投资的大量流入，极大地缓解了我国现代化进程中资金短缺、就业压力沉重的问题。遍布全球、发展迅猛的跨国公司日益成为我国与西方大国进行有效合作的经济载体。由于市场潜力巨大，随着投资环境的不断改善，我国将越来越成为跨国公司投资的主要对象国，这将有利于我国更多地引进国外资金、技术和管理经验。截至2006年11月底，来自192个国家和地区的投资者在华累计设立外商投资企业57万多家，遍及第一、二、三产业的几乎所有行业，实际投入外资金额达6 500亿美元。全球最大的500家跨国公司中近450家已在华投资，其中30多家设立了地区总部，外商投资设立的研发机构600多个。

经济全球化为我国提供了更多的贸易机会。2007年中国进出口总额首次超过20 000亿美元，达到21 738亿美元，增速连续6年超过20%。2008年受全球金融危机的影响，中国进出口增长速度有所放缓，比上年增长17.8%。2008年我国贸易进出口总额占世界的7.7%。而且改革开放以来，中国对外贸易的国际竞争力也明显增强。工业制成品出口占出口总额比重由1980年的49.7%上升到2007年的94.9%。以食品、农副产品等为主的初级产品出口占出口总额的比重由1980年的50.3%下降到2007年的5.1%。与此同时，机电产品和高新技术产品进口快速增长，而初级产品进口额占比下降。从经济总量看，目前外贸和外资对我国经济增长的贡献率保持在20%以上，成为经济增长的重要引擎之一。

2. 为发展高新技术，调整产业结构提供了机遇

经济全球化加速了全球产业结构调整的步伐，发达国家正把传统的工业和技术成熟的部分产业向发展中国家转移，即使是某些高技术产业，也力求扩大和加强国际合作。20 世纪 80 年代后，全球进入以信息技术为核心的产业结构优化升级期：美国、日本和欧洲发达国家发展知识密集型产业，新兴工业化国家和地区发展技术密集型产业，劳动密集型和一般技术密集型产业向发展中国家转移。跨国企业成为这次产业转移的载体。从 20 世纪 80 年代开始，中国通过直接引进国外的先进技术设备和利用外资等形式改造传统工业和农业，并推动我国一些新兴产业的产生和发展，最为典型的是中国信息产业的高速发展。加入世贸组织后，中国以大力承接 IT 产业生产制造环节为机遇，进一步改善投资环境，鼓励外商投资高科技产业。目前我国已超越美国成为全球最大的 IT 产品生产国，成功实现了 IT 产业从国民经济新兴产业到重要支柱产业的历史性跨越。

3. 为我国深化改革，进一步完善社会主义市场经济体制提供了机遇

党的十六大把完善社会主义市场经济体制，作为本世纪头二十年我国经济建设和改革的首要任务；党的十七大提出了加快形成统一、开放、竞争、有序的现代市场体系的要求。经济全球化，实质上就是市场经济向世界范围的扩展。2001 年中国加入到世贸组织以后，中国市场经济改革的步伐明显加快。仅以金融市场为例，近几年，我国金融业对外开放的步伐明显加快。在机构设立、市场业务准入、战略投资者引进、客户和地域范围拓宽等方面实施了多层次、宽领域的开放措施。同时，国内银行与在外资银行竞争中，或者与国外战略投资者的合作过程中，提高了市场服务能力和赢利能力，明显改善了公司治理、风险管理和服务意识等，实力不断增强。以上海为例，截至 2008 年 6 月底，已有 375 家各类外资和中

外合资金融机构汇聚上海，占在沪金融机构总数的44.1%。其中，有17家外资银行将总部设在上海，占全国外资法人银行的2/3。5家外资法人财产保险公司将境内总部设在上海，占外资法人财产保险公司总数的5/7。

（二）经济全球化使我国经济发展面临的挑战

由于经济全球化是在不公正、不合理的国际经济旧秩序的基础上进行的，我国和其他发展中国家一样处在国际分工的不利地位。因此，在分享经济全球化带来的机遇的同时，我们也面临着一系列的挑战和冲击。

1. 经济全球化对中国的国内产业和市场将造成一定的冲击

经济全球化把中国的国内市场和国际市场联结为一体。随着中国入世过渡期的结束，关税对我国国内产业的保护逐渐减弱，中国的国内产业面临着外国竞争力较强的商品的冲击。过去，中国通过贸易保护的办法建立了门类繁多、体系齐全的国内产业，这些产业中的大多数都不具有国际竞争力，开放国内市场后所受到的外来冲击将是巨大的。

2. 经济全球化使中国经济发展面临的风险增大

经济全球化使中国经济同世界经济的联系越来越紧密，每天都发生着中国与世界之间的商品和生产要素的大规模流动。通过这种日益密切的经济联系，中国影响着世界，世界也影响着中国。在这一背景下，中国国内经济的稳定将不仅取决于国内因素，而且也受到国际因素的巨大影响。随着国际交换规模的不断扩大，进出口贸易状况和国际收支状况在宏观经济平衡中的影响力越来越显著，进出口贸易状况和国际收支状况将直接影响整个国民经济的运行状况。国际性的经济波动如通货膨胀、通货紧缩、金融危机等现象将通过国际经济的传递机制影响到国内经济发展，如果国内经济结构存在某些类似的隐患，这些现象不可避免地要在国内出现。例如随着金融市场的开放，国际上对人民币升值预期的增强，大量的

“热钱”进入我国。仅2008年第一季度进入中国的“热钱”已经超过851亿美元。大量“热钱”进入中国，既扰乱了国内的货币环境，造成流动性过剩，给中国宏观经济波动造成很大的风险；又抬高了人民币币值，给我国商品的出口以及稳定人民币币值造成不利影响。另外，伴随着我国对外贸易规模的持续扩大，对外贸易依存度也快速走高。由2001年的38.5%迅速增加到2007年的66.2%。对外贸易依存度的增加，使中国经济与国际经济的关联度大增。2008年爆发的全球性的金融危机对中国造成很大的影响。金融危机直接造成外需的减少，特别在沿海发达地区，过去主要从事外贸的企业遇到了生产上的困难，有的企业甚至破产倒闭，使大约2 000万农民工失去了就业岗位。

3. 中国产业发展面临着更大的国际贸易摩擦压力

我国入世已经8年多了，在此期间，一方面，国内市场进一步开放，对外贸易持续增长；另一方面，我国出口贸易摩擦不断加剧。在WTO框架下，传统的贸易壁垒受到很大的限制，我国的一些主要贸易伙伴为保护国内市场，纷纷转向采用反倾销、反补贴等保障措施、技术性贸易壁垒和绿色贸易壁垒等更加隐蔽、更具歧视性的贸易保护手段，由此产生了与我国的双边或多边贸易摩擦。贸易摩擦已成为严重制约我国对外贸易持续快速发展的障碍。中国出口产品在遭遇越来越多以安全和环保为名的技术壁垒的同时，反补贴、反倾销等新型贸易摩擦在过去一年里呈现出更加频繁密集的态势。另据世贸组织统计，自1995年世贸组织成立以来，成员方反倾销立案中涉及中国产品的调查案件占总数的1/7左右。中国已连续多年成为世界上遭受反倾销调查最多的国家，目前全世界1/3的反倾销案件针对中国。最近两年，美国等西方国家还增加了对中国产品的反补贴调查。反补贴已成为我国贸易摩擦的新领域、新热点，中国遭遇反补贴调查数量已跃居全球第一。

二、经济全球化条件下中国经济发展的新特点

党的十六大以来，我国成功地应对了加入世界贸易组织后面临的各种困难和挑战，实现了平稳过渡。但是随着经济全球化的深入和加速发展，其双刃剑的特性更加明显，给我们带来的机遇和挑战同时上升。为了把握好本世纪头二十年这一重要的战略机遇期，我们建议在对外开放方面采取如下政策措施：

（一）适应加入世贸组织的新形势，进一步扩大对外开放

改革开放，是我国走向经济全球化的开始，经过30多年的发展，我国已取得了巨大的成就。2001年中国成功地加入了世界贸易组织。入世标志着中国完全融入经济全球化之中，同时，中国入世又将进一步推进了世界经济全球化的进程。

世贸组织是在关贸总协定的基础上成立的，是以市场经济机制和多边贸易规则为基础，以其成员国达成的各项协议为法律框架，并具有法人地位的国际性经济组织。世贸组织本身的功能和作用对进一步推动经济全球化的发展起到了非常重要的作用。

我国加入世贸组织时承诺：遵守以世界贸易组织的法律框架为基础的国际规则，继续逐步地开放中国市场。当然在向其他成员履行承诺、开放市场的同时，其他成员也向我国开放市场。我们要抓住加入世贸组织的机遇，充分享受相应权利，实现权利和义务平衡。在两个“进一步”上下功夫：一是进一步扩大商品和服务贸易，实施市场多元化战略，发挥我国的比较优势，巩固传统市场，开拓新兴市场，努力扩大出口；坚持以质取胜，提高出口商品和服务的竞争力；优化进口结构，着重引进先进技术和关键设备；深化外经贸体制改革，推进外贸主体多元化，完善有关税收制度和贸易融资机制。二是进一步吸引外商直接投资，提高利用外资的质量和水平。逐步推进服务领域开放。通过多种方式利用中长期国外投资，把利用外资与国内经济结构调整、国有企业改组改造结合起

来，鼓励跨国公司投资农业、制造业和高新技术产业。

（二）实施“走出去”战略，进一步提高我国企业的跨国经营能力和国际竞争力

由于国情和实际需要，我国对外开放在很长一段时间是以“引进来”为主。随着经济全球化趋势向纵深发展，国际资本流动和产业结构调整步伐加快，产业竞争日趋激烈，我们必须实施“走出去”战略。只有加快“走出去”步伐，增强开拓市场、技术创新和培育自主品牌的能力，才能不断提升国际竞争力，逐步做大做强。十六大报告指出，“实施‘走出去’战略是对外开放新阶段的重大举措”、“鼓励和支持有比较优势的各种所有制企业对外投资，带动商品和劳务出口，形成一批有实力的跨国企业和著名品牌。”

实施“走出去”战略，有利于缓解我国在经济发展过程中面临的资源紧缺的压力，实现国民经济可持续发展。我国是发展中国家，石油、天然气以及许多重要矿产资源、森林资源、渔业资源等蕴藏量不足，人均占有量更低。在经济全球化加速发展的新形势下，我们必须借鉴其他国家的经验和做法，在国际市场上配置资源，加强境外资源开发合作与综合利用，为我国获取重要资源提供相对稳定的来源，实现国民经济的长远发展。

实施“走出去”战略，有利于我国调整产业结构。我国的产业结构已经不能适应经济全球化的要求，调整和优化产业结构是我国融入世界经济，获得健康良性发展的前提条件。我国进行经济结构调整，应当在立足国内的基础上，充分利用国际国内两个市场、两种资源，这样才有更大的发展空间。我们要发挥比较优势，推动我国有条件的企业以成熟技术和设备开展对外投资合作，促进经济结构调整和产业升级，同时也有利于我国集中力量发展高新技术产业和新兴产业。中国企业“走出去”开展国际化经营，能够改变出口产品的结构和方式，推动国内产业结构升级

和优化。中国东南沿海较发达地区的企业可以充分利用自身的比较优势，通过对外直接投资的方式，将劳动密集型产业和资源消耗型产业转移到其他发展中国家，集中资源在本地区发展高新技术产业和新兴产业。

实施“走出去”战略，有助于提高中国企业的国际竞争力。在国内市场竞争日趋国际化、资源短缺、产业结构不尽合理、与其他国家的贸易摩擦日益增多的背景下，中国企业按照国际惯例参与全球化生产和资源配置的要求更为紧迫。因此，中国企业“走出去”不仅是自身发展壮大的内在要求，也是适应经济全球化趋势的现实选择。随着中国实力的上升，人民币升值是必然趋势。然而人民币升值会削弱中国出口企业的竞争力。中国企业“走出去”，在国外投资设厂，在当地或国际市场上销售产品，以境外企业作为交易和结算主体，以外币作为记账本位币，则可以在很大程度上避免人民币升值产生的不利影响，提高其在国际上的竞争力。

中国企业“走出去”，可以降低对外贸易顺差，改善与相关国家的经贸关系。中国企业可以选择贸易目标国进行投资，并在当地市场销售产品。作为东道国的法人，中国的境外企业在当地市场销售产品，维护和扩大了当地市场份额，但并不直接表现为中国企业对该东道国的出口贸易。对外直接投资产生的出口替代效应，在一定程度上减少了中国与东道国之间的贸易顺差，从而改善与该国的双边贸易关系。

入世以来，中国企业“走出去”的步伐明显加快，我国企业对外投资步入较快发展期。2002 年我国对外直接投资仅有 27 亿美元，到 2007 年已经上升到 265 亿美元，2002～2007 年年均增速 25.1%。截至 2007 年底，7 000 多家境内投资主体设立的境外直接投资企业已超过 1 万家，我国企业对外直接投资（非金融类）累计达 920.5 亿美元。

三、经济全球化条件下中国提高国际竞争力的途径

国际竞争力反映的是一个国家在经济全球化背景下的发展能力，涉及诸多要素，包括国内经济实力要素，国际化要素，政府管理要素，金融要素，基础设施要素，企业管理要素，科学技术要素，国民素质要素。因此提高国际竞争力是一项综合的系统工程。中国要在经济全球化的背景下实现中国国民经济的健康、可持续发展，必须采取措施提高中国的国际竞争力：

第一，进一步完善社会主义市场经济体制，这是提升我国国际竞争力的体制基础。建立健全社会主义市场经济体制，既是我国经济体制改革的目标，也是我国全面参与经济全球化、提高国家竞争力的体制保障。我国必须从本国的国情出发，按照世界经济运行的国际规则与我国国情相结合的原则，建立既适应世界经济发展需要，又能对外部经济过度冲击具有应变能力的开放型的市场经济。世界经济全球化使中国面临一个竞争激烈、形势多变的世界市场，同时多种多样的市场经济体制模式和类型也为中国提供了可以广泛借鉴和参考的机会。不同国家有不同的环境因素，使得各国的市场经济模式各有千秋，但市场经济的共性即注重运用市场方式配置资源蕴于其中。中国的社会主义市场经济有其独特的优势，但还需要进一步完善：需要加快形成统一开放竞争有序的现代市场体系，为企业创造良好的竞争环境；需要发展各类生产要素市场，完善反映市场供求关系、资源稀缺程度、环境损害成本的生产要素和资源价格形成机制。以规范化的市场经济体制参与全球竞争，才能使中国经济立于不败之地。

第二，加快转变经济发展方式，推动产业结构优化升级，是提升我国国际竞争力的关键。改革开放以来，我国经济持续快速增长，综合国力明显增强，国际竞争力有所提高。但是产业结构不合理、经济增长方式粗放的问题更加突出，资源环境面临的压力越来

越大。产业结构不合理的状况，不仅加大了资源环境的压力，影响经济整体素质的提高，也不利于缓解就业压力，影响经济的稳定，从而影响我国的国际竞争力。党的十七大报告提出了转变经济发展方式、推动产业结构优化升级的基本思路：促进经济增长由主要依靠投资、出口拉动向依靠消费、投资、出口协调拉动转变，由主要依靠第二产业带动向依靠第一、第二、第三产业协同带动转变，由主要依靠增加物质资源消耗向主要依靠科技进步、劳动者素质提高、管理创新转变。

第三，深化国有企业改革，发展规模经济，提高企业竞争力，是提升我国国际竞争力的微观基础。我国企业竞争力较低的原因比较复杂，但无非是内部和外部两个方面。提高企业竞争力，首先必须深化企业内部改革，建立现代企业制度，提高企业开发、生产、销售和服务的能力，增强企业竞争意识，加强和改进企业管理，提高企业的运作效率。企业的经营绩效是国际竞争力提升的前提条件。90 年代，日本企业国际竞争力下降，其主要原因是企业的经营绩效迅速下滑。如三菱 1994 ~ 1996 年平均年销售利润率仅为 0.19%，三井的平均销售利润率更低。1996 年世界 500 强企业的平均销售利润率为 3.54%，居于世界500 强前 10 位的 3 家美国公司达 4.17%，几乎是三菱的 22 倍。其次，要提高我国企业的国际竞争力，发展一批大企业集团公司，提高产业的集中度。大型企业跃居、保持世界领先地位是提升国际竞争力的重要条件。如何“做大”国内企业，全球 500 强的发展经历告诉我们，兼并、联合、收购等方式是企业成长的有效方式。根据我国的实际情况，可以通过强强联合，对现有生产要素进行重新整合，重新配置资源，不断扩大生产能力、生产规模，从而提高产业的集中度，以增强与外国产品和企业相抗衡的国际竞争力。

第四，改善出口产品结构，增强我国参与国际化的竞争力。改革开放 30 年来，我国的对外贸易获得了迅猛发展，我国已成为世界第三贸易大国。然而贸易大国并非贸易强国，中国出口企业明显缺乏核心竞争力。一方面，我国出口产品技术含量低。我国主要出口产品前几位的分别是服装、棉布、棉针织品、粮食、皮鞋和玩具，虽然机电产品出口增长迅速，但其中有很多是加工转口贸易，还有的是外国的跨国公司在利用我国廉价的生产要素与环境资源，很少是我们有效的技术出口。我国科技含量高的产品只占出口总额的5%，我们的科技成果转化率仅为5%，只相当于美国的1/9。目前世界市场上需求旺盛的技术密集型和加工程度高的产品，几乎都是我国的弱项或竞争力差的产品。另一方面，目前我国高新技术产品中八成以上都是由外资企业生产的。而其中大部分都是低水平、劳动密集型的贴牌加工，属于内资企业自主知识产权的产品份额还不高，自有品牌还不多。数字显示，2008 年货物出口 14 285 亿美元，我国外商投资企业出口7 906亿美元，占总出口的 55. 3%，其中高新技术产品出口中，外资企业出口比例接近 88%。

我国出口商品结构存在劳动密集型产品比重过大、工业制成品档次较低、高附加值和高科技含量的产品比重偏低、服务贸易发展滞后、出口商品结构趋同化现象严重等诸多问题，虽然每年贸易顺差很大，但赢利微薄，只赚取了一点加工费而已。只有进行出口产品结构调整和优化，逐步由熟练的劳动密集型产品为主向物质资本、人力资本密集型产品为主，乃至向技术与知识密集型产品为主转化，才能提高我国出口产品在国际上的竞争力。

第五，实施科教兴国战略，培养创新型人才。科技和人力资源的竞争是 21 世纪全球竞争的关键，实施科教兴国战略是提高我国国际竞争力的根本所在。我国教育和人才培养的落后，直接制约着科技和管理竞争力的提高。我国公共教育支出占 GDP 的比例一直徘徊在 2% 左右，不仅远低于发达国家，而且也低于一些发展中国家（如马来西亚、印度、泰国和菲律宾）。教育的低投入在警示基础教育的危机、素质教育的危机、精英教育的危机。因此，大力发展科技和教育，提高科技成果转化效率，积极培养各类人才，全面提高劳动者素质，特别是重视和加强基础研究和高科技研究，支持并稳定一支精干的高水平科研队伍和各类学科带头人，实为当务之急。为此，我们必须从以下两个方面入手：一是提高高技术创新对经济发展的支持力度。当今世界科技进步日渐成为经济发展的决定性因素，国际竞争已经成为以科技特别是高科技为先导的综合国力的竞争。科学技术对经济发展的推动力量不断上升，发达国家科技进步对经济增长的贡献率超过了其他生产要素。很长一段时期以来，由于自主创新能力不强，缺乏核心技术，缺乏自主知识产权，缺少世界知名品牌，我们不得不依靠廉价劳动力的比较优势换来微薄的利润，成为低端产品的“世界工厂”。因此，我们必须把培养创新型人才、提高自主创新能力、建设创新型国家作为国家发展战略的核心，才能提高高技术创新对经济发展的力度、逐步形成以科技进步和创新为基础的竞争优势。二是积极培养大批各类人才。经济全球化的竞争归根到底是人才竞争，努力提高国民素质，是人才辈出的基础和关键。中国人才的缺乏不仅是教育的问题，还有用人机制和人才流失的问题。为此，必须在加大对教育的投资力度、大力发展高等教育、加强职业培训与再教育、努力提高国民整体素质的同时，切实建立公平、公正、公开的人才竞争激励机制；疏通人才流动渠道；建立灵活而富有吸引力的人才机制，在允许充分交流与对比中吸引人才；改革和完善优秀人才的收入分配制度，鼓励和吸引出国留学人员及国外工作的优秀人才回国工作，解决综合竞争力提高的根本动力问题。

四、经济全球化条件下两种社会制度的并存和发展

在经济全球化条件下，社会主义和资本主义将长期并存。社会主义国家和资本主义国家作为两种不同的社会制度和两种不同社会形态的国家，已被经济全球化这一自然历史过程紧密地联系在一

起。在相当长的一段时期内，资本主义要想完全瓦解社会主义或者社会主义要彻底取代资本主义都不可能。社会主义和资本主义将长期共存。从目前来看，资本主义还有较强的生命力，社会主义代替资本主义的历史任务，不可能在短期内完成。当今世界，西方发达国家是经济全球化的主导力量，是全球化规则的制订者。这就决定了全球化必然向着有利于西方发达国家的方向发展。世界社会主义的发展则处于相对弱势。然而，发源于资本主义、又以资本主义国家居支配地位的经济全球化过程，既不意味着资本主义的全球化，也不预示着社会主义的终结。社会主义国家可以利用经济全球化提供的难得机遇，借鉴发达国家的一切优秀成果发展社会主义的生产力。因此，在今后的很长一段时间里，社会主义与资本主义仍将和平共处、长期共存，其相互间的较量与斗争，在全世界范围内仍将是长期的、复杂的、艰难的，有时甚至是很残酷的。

资本主义制度与社会主义制度在竞争中发展。经济全球化为资本主义和社会主义在相互交流、相互借鉴中共同发展提供了条件。在和平与发展成为时代主题的条件下，以经济和科技为核心的综合国力的竞争成为当今世界各国竞争的焦点。在这种情况下，社会主义国家与资本主义国家之间的关系，出现了一些新的特点。比如，社会主义制度和资本主义制度就其性质而言是对立的，但社会主义国家为了改变经济文化落后的状态，需要引进、吸取发达资本主义国家的资金、技术、管理经验来为社会主义服务；资本主义国家也需要社会主义国家的市场、原料以及某些方面的科技成果和社会管理经验。这是在经济全球化的条件下，双方在合作中的竞争，合作中的较量。双方都认识到：合则两利，斗则两伤。因此社会主义和资本主义两种制度在相互交流、合作的过程中发展。

两种社会制度在竞争中长期共存，在交流中共同发展的状况，要求我们必须把握住本世纪头二十年的重要战略机遇期，在积极参与经济全球化的过程中发展自己。尤其注意既不要因为存在经济安全问题而反对参与经济全球化，也不要因为加入了世贸组织而失去对经济安全的警惕性。我们必须始终保持清醒的头脑，立足于社会主义初级阶段这个最大的实际，科学分析我国全面参与经济全球化的新机遇、新挑战，积极采取应对措施，提高与经济全球化负面效应相抗衡的能力，开拓更为广阔的中国特色社会主义道路，增强社会主义的吸引力。

思考题

1. 什么是经济全球化，战后经济全球化迅速发展的原因是什么？

2. 经济全球化分别给发达资本主义国家和发展中国家的经济发展带来什么样的影响？

3. 在建立国际经济新秩序中我国应从哪些方面发挥作用？

4. 经济全球化给中国经济带来哪些新变化？

5. 我国在融入经济全球化浪潮时应当注意哪些问题？

参考文献

1. 马克思：《资本论》第1卷、第3卷，人民出版社1975年版。

2. 马克思：《剩余价值理论》第3卷，人民出版社1975年版。

3. 《马克思恩格斯全集》第1卷，人民出版社1969年版。

4. 《马克思恩格斯全集》第13卷，人民出版社1962年版。

5. 《马克思恩格斯全集》第21卷，人民出版社1965年版。

6. 《马克思恩格斯全集》第23卷，人民出版社1972年版。

7. 《马克思恩格斯全集》第24卷，人民出版社1972年版。

8. 《马克思恩格斯全集》第25卷，人民出版社1974年版。

9. 《马克思恩格斯全集》第42卷，人民出版社1979年版。

10. 《马克思恩格斯全集》第44卷，人民出版社2001年版。

11. 《马克思恩格斯全集》第46卷下，人民出版社1980年版。

12. 《马克思恩格斯全集》第47卷，人民出版社1979年版。

13. 《马克思恩格斯选集》第一卷，人民出版社1972年版。

14. 《马克思恩格斯选集》第二卷，人民出版社1972年版。

15. 《马克思恩格斯选集》第三卷，人民出版社1972年版。

16. 《马克思恩格斯选集》第四卷，人民出版社1972年版。

17.《列宁选集》第2卷，人民出版社1972年版。

18.《列宁选集》第3卷，人民出版社1995年版。

19.《列宁全集》第18卷，人民出版社1975年版。

20.《列宁全集》第1卷，人民出版社1955年版。

21.《列宁全集》第4卷，人民出版社1955年版。

22.《列宁全集》第30卷，人民出版社1985年版。

23.《列宁全集》第29卷，人民出版社1985年版。

24.《邓小平文选》第二卷，人民出版社1994年版。

25.《邓小平文选》第三卷，人民出版社1993年版。

26. 江泽民：《在中国共产党第十六次全国代表大会上的报告》，人民出版社2002年版。

27. 胡锦涛：《高举中国特色社会主义伟大旗帜为夺取全面建设小康社会新胜利而奋斗——在中国共产党第十七次代表大会上的报告（2007年10月15日）》，人民出版社2002年版。

28.《十七大报告辅导读本》，人民出版社2007年版。

29. 中国经济大讲堂编委会：《中国经济大讲堂》，辽宁人民出版社2006年版。

30. 斯塔夫里阿诺斯：《全球通史：1 500年以后的世界》，上海社会科学出版社1992年版。

31. 中华人民共和国国务院新闻办公室：《2000年美国的人权纪录》。

32. 中华人民共和国国务院新闻办公室：《2007年美国的人权纪录》。

33. 程恩富主编：《现代政治经济学》，上海人民出版社2000年版。

34.（美）道格拉斯·C. 诺思：《经济史中的结构与变迁》，上海三联书店、上海人民出版社1994年中译本。

35. 郭新赞主编：《马克思主义政治经济学原理》，天津人民出版社 2003 年版。

36. 夏长森等主编：《政治经济学原理（资本主义部分）》第三版，南开大学出版社 2001 年版。

37. 刘诗白主编：《马克思主义政治经济学原理》，西南财经大学出版社 2003 年版。

38. 谷书堂主编：《政治经济学（社会主义部分）》2003 年修订本，陕西人民出版社 2003 年版。

39. 吴树青主编：《政治经济学（社会主义部分）》，中国经济出版社 1993 年版。

40. 蒋学模主编：《政治经济学教材》（第 13 版），上海人民出版社 2005 年版。

41. 卫兴华主编：《政治经济学原理》（1998 年版），经济科学出版社 1999 年版。

42. 本书编写组：《毛泽东思想和中国特色社会主义理论体系概论》，高等教育出版社 2008 年版。

43. 《中华人民共和国国民经济和社会发展第十二个五年规划纲要》，人民出版社 2011 年版。

后 记

本书由天津财经大学、天津科技大学、天津财经大学珠江学院、天津商业大学宝德学院长期从事高校经济学理论教学和科研工作的教师编写。郭新赞、郭俊华任主编。本书在近几年的使用过程中，获得了师生的好评。为了能够及时反映党和国家政策的变化以及理论界最新的相关研究成果，我们对本书极个别文字进行了修改，由出版单位第三次印刷。各章具体撰写人员为：郭新赞：导论、第一章；郭俊华：第二、三、五章；孙富和：第四章；李洪琴：第六、七、九章；郭静：第八章；郭静、毛丽芹、赵志勇：第十章；郭俊华：第十一章；毛丽芹：第十二章；郭俊华、赵志勇：第十三章；郑淑婷：第十四章；赵志勇：第十五章、第十六章。

南开大学经济研究所所长柳欣教授为本书作序，南开大学的丁军教授、天津大学的施风江教授、天津商业大学的王树春教授、天津医科大学的宋森刚教授对本书的编写给予了具体指导和帮助。在编写本书过程中，作者参阅了全国同类教材的一些内容和观点，吸收了理论界的相关研究成果。中国财政经济出版社对本书的出版给予了大力支持。在此一并表示衷心的感谢！

主编

2011 年 6 月于天津